KB161367

서촌
/
종로3가
/
홍대
/
가로수길 · 사이길
/
한남동
/
구로공단
/
창신동
/
해방촌

동아시아
연구소
학술총서

서울,
젠트리피케이션을
말하다

성공회대학교 동아시아연구소 기획 / 신현준 · 이기웅 편

푸른숲

일러두기

1. 각 장에서 지은이의 서술은 명조체로, 인터뷰이의 말과 책, 논문, 신문기사 등 다른 문헌에서 직접 인용한 부분은 이탤릭체로 표시했다.

2. 인터뷰이 명단은 각 장 끝에 본명의 이니셜, 연령 및 성별, 직업 및 활동 내용, 인터뷰 날짜 등과 함께 정리했다. 동일한 이니셜이 있는 경우 K1, K2 등으로 표기했다.

3. 본문에서 단행본과 보고서는 《 》로, 신문, 잡지, 논문, 정부발표문건, 법안, 정책, 프로젝트, 노래, 영화, 드라마 등은 〈 〉로 표기했다.

4. 인명과 지명을 비롯한 외국어 표기는 '국립국어원 외래어표기법'을 따랐다.

5. 글 안의 인용 출처는 괄호 안에 이름과 책 또는 논문의 발행연도를 함께 표기했다. 단, 넝문 이름은 성씨만 밝혀주었다.

6. 참고문헌에서 영문 저서는 이탤릭체로 영문 논문은 " "로 표기했다.

매혹 또는
현혹의 도시 서울로
깊숙이 들어가다

젠트리피케이션을 만나다

이 책이 서울의 젠트리피케이션gentrification을 다루지 않았다고 말하기는 곤란하다. 이렇게 미지근한 논조로 글을 시작하는 이유는 나를 포함해 이 책을 쓴 이들에게 젠트리피케이션 연구의 정통 권위자가 되고 싶은 욕심은 없기 때문이다. '어찌하다 보니 젠트리피케이션 연구에 휘말려 들어갔다'라는 표현이 더 적절할 것이다.

사실 젠트리피케이션, 나아가 도시공간 연구는 나의 1차 전공이 아니다. '저 사람이 왜 이런 연구를 하게 됐을까?' 하며 궁금해할 사람을 위해, 내 개인적인 이야기를 시작으로 이 연구를 하게 된 연유를 말해보려 한다.

1990년대 말, 박사학위 논문 집필을 잠시 멈추고 프리랜서 평론가 생활을 하고 싶은 마음을 버리지 못했던 나는 우연찮

게 마포구 상수동에 작업실 하나를 얻었다. 허름한 5층짜리 붉은 벽돌 건물 4층의 다섯 평 정도되는 아담한 작업실이었다. 이곳은 때마침 등장한 초고속 인터넷에 힘입어 대중음악 웹진 〈웨이브weiv〉 발간의 산실이 되었다. 또한 나는 이곳에서 한국 음악 산업을 연구한 박사학위 논문(2001)과 한국 대중음악 역사를 다룬 《한국 팝의 고고학》(2005)을 집필하기도 했다. 돌이켜보면 상수동에서 보낸 그 시간은 내 생애에서 가장 창의적으로 활동했던 소중한 시간이었다.

한때 입시학원으로 쓰였던 이 건물 내부는 작은 규모로 쪼개지고 그 사이에 칸막이가 설치되었다. 이렇게 만들어진 작은 방들은 대체로 젊은 예술가들이 사용하는 작업실이나 소규모 사업체의 사무실로 쓰이곤 했다. 나는 그 어느 쪽에도 속하지 않는 묘한 중간 지점에 있었다. 같은 건물을 쓰던 사람들이 나에게 "여기는 뭐 하는 곳이에요?"라고 묻곤 했다. '수익이 없어 보이는데, 거기서 도대체 뭘 하는 거지?' 하는 궁금증이었을 것이다.

여기서 보낸 시간들이 마냥 유쾌하지만은 않았다. 지루한 일상적 작업이 이어졌고 '여기서 이러고 있어도 되는 걸까'라는 고민이 불쑥불쑥 엄습하기도 했다. 작업실이 위치한 동네는 나의 문화적 취향과 미학적 성향을 충족시켜주었다. 서울 사대문 밖에서는 나름 오래된 동네와 그곳에 옹기종기 모인 낮은 건물과 좁고 구불구불한 골목이 나에게 특별한 정감을 불러일으켰다. 작업이 잘 되지 않을 때마다 산책을 하면서 발견한 동네의 매력은 남달랐다. 인근에 있던 상수아파트는 1960년대 건설된 서민아파트의 기원 같은 모습이었다. 당인리발전소(현 서울화력발전소) 방향으로 걸어가다 보면, 석탄공장을 비롯해 이런저런 공장이 눈에 들어왔다.

대중문화를 연구하는 나의 직업과 관련해서도 내 작업실은 최적의 위치에 있는 셈이었다. 홍대 앞은 지척에 있었고, 연구를 위해 종종 들러야 하는 라이브 클럽, 아트 갤러리, 출판사와 잡지사 등은 걸어서 갈 수 있는 위치에 있었다. 나의 아지트라고 생각한 곳도 몇 군데 있었다. 나는 홍대 앞 상주인구도, 그렇다고 유동인구도 아닌 애매한 사람이었지만, 당시 상수동, 그리고 인근의 홍대 앞은 '내가 접수한 구역'이라고 호기롭게 말할 수 있었다.

한때 이곳에 살 생각도 해보았다. 그렇지만 수도권 신도시 변두리에 아파트 한 채를 겨우 장만한 뒤 거액의 대출금을 갚느라 허덕이는 형편에 견주어보니 서울 시내 마당이 있는 단독주택 가격은 나의 상상을 한참 초월할 정도였다. 생활 패턴으로 본다면, 나는 교외(신도시)에 살면서 서울로 통근하는 '마지막 중산층'의 삶을 반복하고 있었다.

2000년 지하철 6호선 상수역이 개통되고 난 뒤 이곳 상수동이 변하기 시작했다. 역 주변에 오피스텔이 몇 개 들어서더니 이를 시작으로 오래된 서민아파트인 상수아파트는 대기업 브랜드의 아파트로 재개발되었다. 내가 작업실을 얻어 살던 동안에는 그래도 단독주택 골목이 아직 남아 있었다. 그러나 2008년 작업실을 정리할 즈음에는 그 구역 전체에 합동재개발이 이루어져 아파트가 여기저기 생기기 시작했다. 내가 산책하던 골목길은 흔적도 없이 사라지거나 아파트 단지 내 도로로 사유화되었다. 작업실이 있던 건물은 한동안을 버티다가 철거된 뒤 아파트 단지의 일부가 되었다. 아파트 단지 앞에 차단기가 설치되면서 작업실 건물이 있던 곳은 '외부인 출입금지' 지역이 되어버렸다. 상수아파트가 있던 시절, 동네 여기저기 아무 데나 주차할 수 있었던 시절은 금세 아득한 옛날 이야기가 되어버렸다.

2008년에 내가 작업실을 정리한 과정을 '전치displacement, 자신이 살던 곳에서 쫓겨나고 밀려나는 과정'라고 표현할 수 있을지는 잘 모르겠다. 그 과정이 강제적이거나 비자발적이었다고 무리하게 주장하고 싶지는 않다. 분명히 그 사건은 독립적이고 보헤미안적인 삶을 추구하고픈 내 희망의 불씨를 꺼뜨리고 내 희망을 유예시켰다. 그런 생활은 이제 더 이상 가능하지 않을 것 같다.

내가 상수동을 떠난 뒤에도 상수역의 남서쪽, 즉 상수역에서 당인리발전소에 이르는 구간은 오래된 동네의 물리적 구조를 유지해왔다. 2009년 Y카페와 G다방이 이곳의 한 골목으로 이사를 왔고, 그 뒤를 이어 카페들이 옹기종기 모여들면서 홍대 앞 특유의 예술적이고 창의적이며 보헤미안적인 분위기가 나름대로 재현되었다. 홍대 앞 상권이 날이 갈수록 번잡해지면서 나는 서교동 일대보다는 상수동 일대를 더 자주 찾았고, 한편으로는 학자로서의 삶을, 다른 한편으로는 독립적이고 보헤미안적인 삶을 살아가는 나의 이중생활을 어느 정도 이어갈 수 있었다.

그런데 그 생활도 오래가지 못했다. 일 때문에 홍대 앞과 상수동을 찾는 일이 갈수록 뜸해졌다. 가끔씩 Y카페나 G다방에서 약속을 잡아 그곳을 들르는 정도였다. 여전히 그곳에는 처음 보는 사람과 쉽게 대화와 친교를 나누는 소소한 기쁨이 있었지만, 그곳을 더 이상 '나의 장소'라고 부르기는 어려웠다.

이렇듯 20세기와 21세기 사이 십수 년간 상수동에는 공간 변화가 극적으로 일어났다. 그 변화의 과정에서 어떤 사람은 배제되고, 어떤 사람은 새롭게 진입하여 '여기는 내 자리'라고 주장하는 일들이 벌어졌다. 그 '배제'의 가장 최근 사례는 바로 Y카페다. 2009년에 상수동에 자리를 잡아 현재 이 동네의 분위기를 만드는 데 크게 공헌한 Y카페가 건물주의 요청으로 쫓겨날 운명에 처한 것이다.

나에게 이 사건은 젠트리피케이션이 하나의 사이클로 완료된 것으로 다가온다. Y카페는 상수동으로 옮기기 전 2004년에 홍익대학교 정문 근처인 서교동에서 시작했다. 그리고 상수동에서 밀려날 것을 예상해서인지 지금 서울 동북부의 석관동에 분점을 하나 차린 상태다. 2004년 서교동, 2009년 상수동, 2016년 석관동으로 이어지는 Y카페의 경로는 무엇을 말해주는가.

'2009 홍대 두리반'부터
'2015 한남동 테이크아웃드로잉'까지

앞서 한 이야기는 어떤 장소에 대한 한 개인의 경험과 기억에 지나지 않을지도 모른다. 하지만 같은 시기에 발생한 몇몇 사건은 개인의 경험을 벗어난다. 무분별한 도시재개발과 도시공간을 둘러싼 자본의 횡포는 가끔 사회 전반의 이슈로 부각되기도 했다. 그 신호탄이 두리반 사건이다. 2009년 겨울 홍대 앞 한 구역이 재개발되면서 쫓겨나게 된 식당, '두리반'이 있던 건물을 지키기 위해 젊은 문화예술가들이 1년이 넘도록 점거투쟁을 했다. 그리고 그 투쟁은 공연과 전시를 포함한 문화예술 행사의 성격을 띠었다. 참여자가 아니라 관찰자일 뿐이었던 나에게 이 사건은 꽤 강력한 인상으로 남아 있다. 이 투쟁과정에서 예술가와 상인 사이에 이루어진 연대는 분명 새로운 현상이었고, 나는 이를 시대의 징후로 느꼈다.

두리반 투쟁에 참여한 예술가들의 문화적·미학적 성향은 생각보다 다양했다. 어쨌든 두리반 투쟁은 분명 독립적 예술과 급진적 이념이 서로 손을 잡은 드문 사건이었다. 그 뒤로 서울 중구 명동과 종로구 서촌, 양평 두물머리, 경북 내성천, 경남 밀양, 제주 강정마을 등 공간의 개발이나 재개발로 인해 환경이 파괴되고 사람이 쫓겨나는 사건들에 활동가들뿐만 아니라 예술가들도 적극적으로 참여했다.

이들 사건으로 얻은 영감을 이론적 개념으로 조망하는 것은 나에게 더 이상 미룰 수 없는 과제로 다가왔다. 이 책은 2000년대 말부터 2010년대 중반까지 서울에서 발생한 공간적 변화를 들여다보고 싶은 욕망과 들여다봐야만 한다는 어떤 의무로 시작되었다. 그 무렵 대중음악과 장소의 관계를 역사적으로 고찰하는 연구를 하고 있던 나는 이런 일련의 사건들을 목격하고 하던 연구를 뒤로 미루었다. 돌이켜보면, 최근에 벌어지는 현실을 주목하는 것이 연구자의 사명이라고 느꼈던 것 같다.

2000년대 말에서 2010년대 초까지 일어난 일련의 사건을 거치면서 젠트리피케이션은 또렷한 목적을 지닌 사회적 담론이 되었다. 젠트리피케이션을 일으키는 주체나 행위자 가운데 하나로 힙스터라는 말이 등장한 것도 이 무렵이다. 그 이후 젠트리피케이션이나 힙스터라는 단어가 그럴싸하고 멋지다고 오해하는 사람도 생겨났다.

이런 이유로 젠트리피케이션을 연구의 키워드로 삼는 것이 불가피해졌다. 이는 이 책의 글쓴이들이 이 단어를 사용할지 말지를 정하는 선택의 문제를 넘어섰다는 의미다.

이 책을 처음 준비할 때만 해도 젠트리피케이션은 학계나 예술계에서 아는 사람만 아는 용어였지만, 연구를 진행하는 동안 사태가 급변해 이제는 대중매체에서도 공공연하게 사용하는 용어가 되었다. 그 결과 나와 글쓴이들은 의도한 것은 아니지만 이런저런 학술·준準학술 회의에 참가할 기회가 많아졌다. 시쳇말로 이 단어 자체가 '핫'해져버렸다.

8인의 연구자, 132명의 인터뷰이, 1,095일의 현장조사

2014년 초 나와 이기웅이 함께 있는 성공회대학교 동아시아연구소에서는 〈아시아의 도시〉라는 연구 및 출판 프로젝트를 기획했다. 이를 위해 오랜 동료인 인류학자 양재영과 사회학자 김필호를 모아 스터디 팀을 구성해 이론공부 모임을 격주로 진행했다. 이렇게 모인 네 연구자는 각각 종로구, 마포구, 강남구, 용산구를 나누어 맡아 각 지역의 공간변화를 연구하기로 했다. 미국에 체류 중인 김필호는 오프라인으로 만나기 힘들어서 온라인으로 공부모임 결과를 공유했다. 책의 집필까지 함께하지는 못했지만 이나라, 허준, 박주형도 공부모임에 참석해서 토론을 풍부하게 해주었다.

　이론공부와 더불어 현장연구를 위해 여러 장소를 방문해야 했다. 그래서 연구자들은 핫 플레이스를 방문하여 그 장소를 경험해보기 시작했다. 이는 어떤 서양 연구자가 이야기한 '카푸치노에 의한 순치domestication by cappucino', 즉 젠트리피케이션을 비판하기 위해 연구한다고 하면서 실제로는 그걸 즐기는 행태와 다르지 않았다.

다행히도 우리의 연구는 그저 장소를 소비하는 데 그치지 않았다. 어떤 장소에 대해 깊이 알아갈수록 처음 방문했을 때 발견하지 못했던 사람들과 그들의 실천이 속속 눈에 들어왔다. 그들의 실천이란 문화기획, 예술운동, 마을만들기, 청년활동, 사회적 경제 등 그동안 어렴풋이 들어보기는 했지만, 어떻게 수행되고 있는지 정확하게 파악하지 못했던 활동들이다. 다양한 사람이 만드는 다양한 실천이 이 넓은 도시공간의 틈새에서 이루어지고 있었다. 이전과는 다른 새로운 장소를 만드는 실천은 시장, 공원, 옥상 등에서도 진행되고 있었다. 이를 관찰하는 과정에서 연구자들은 단지 '젠트리피케이션이 진행되고 있다'라는 사실을 확인하는 것 이상의 작업이 필요함을 절감했다.

작업 범위를 확대하는 과정에서 싱가포르 국립대학교에서 도시사회학으로 박사학위를 받고 서울의 성곽마을을 연구하고 있던 김지윤이 합류했다. 런던에 사는 예술가이자 지리학 박사인 최영숙은 직접 만나서 같이 공부하며 현장연구를 수행할 수는 없었지만, 이전의 연구를 발전시켜서 구老구로공단 지역에 관한 글을 이 책에 기고했다. 그리고 커뮤니케이션 연구자인 옥은실과 오현주는 자신들의 박사학위 논문을 미루면서까지 이 연구에 집중하며 종로3가 연구를 진행했다. 뒤늦게 동참하며 함께한 이들에게 미리 특별한 감사를 표한다.

연구를 해나갈수록 처음에 예상했던 것보다 훨씬 많은 현지답사와 심층면접(인터뷰)을 통한 현장연구가 이루어졌다. 2014년 여름에 시작하여 2015년 봄까지 수행한 1차 연구에서 나는 모든 지역 연구에, 이기웅은 대부분의 지역 연구에 참여했고, 연구를 할 수 없는 조건에 있는 다른 저자들의 집필을 위해서 대신 연구를 수행하기도 했다. 여기서 말하고 싶은 것은 이 책이 각자 조사를 수행하고 연구결과를 서술한 뒤 글을 취합하는 방식을 취하지 않았다는 점이다.

이 연구를 처음 시작하고 기획할 때 가졌던 문제의식이 연구를 마무리하는 지금과 같지는 않다. 연구과정에서 연구의 외연이 확대되고 그 성격도 변했다. 특히 핫 플레이스들의 젠트리피케이션과 더불어 낙후된 장소들의 도시재생이라는 현실을 마주한 것이 가장 큰 변화다. 젠트리피케이션과 도시재생이 이론적으로는 전혀 다르지 않다는 주장이 있긴 하지만, 최근 한국의 정책 담론에서 이 둘을 구분하고 있다는 사실 때문에 우리는 젠트리피케이션과 도시재생에 대한 추가적인 이론공부와 현장연구를 해야 했다. 이 부분 역시 개별 연구자의 책임과 역량만이 아니라, 어느 정도의 집단적 협력을 통해 이루어졌다.

2015년에 모든 연구조사 과정에서 가장 큰 영향을 미친 사건이 발생했다. 그해 3월 한남동의 갤러리이자 카페인 '테이크아웃드로잉'에 용역이 출동하여 강제 퇴거를 시도한 사건이다. 유명 연예인인 P가 건물을 구입하면서 시작된 이 사건은 그 뒤 1년이 넘는 기간 동안 건물주의 명도明渡 요구에 저항하는 예술가들의 투쟁으로 이어졌다. 이 투쟁에는 갤러리 운영자뿐만 아니라 다른 예술가, 활동가, 지식인, 자영업자들이 동참했다.

나는 2009년의 '두리반 사건' 때는 관찰자에 머물렀지만, 2015년의 '테이크아웃드로잉 사건' 때는 참여자가 되었다. 그 과정에서 나는 나 자신이 오랜만에 급진화되는 경험을 했다. 그 결과 이 책은 인식론적 설명explanation이 아니라 존재론적 기술description이 되었다. 즉 연구자인 '나'는 연구대상을 객관적이고 중립적으로 인식하는 차원을 넘어서 연구대상과 융화되는 과정을 겪었다. 한 예로 이제까지 살아오면서 가까이 할 필요가 없었던 부동산 이론과 실제에 대해서도 공부하고 관찰해야 했다!

대상, 방법 그리고 감사

이제 이 책의 구성과 연구대상과 방법을 풀어놓을 차례다.

먼저 1장은 젠트리피케이션의 개념과 이론에 대한 프레임워크를 다루고 있고, 그 나머지는 각 장소들의 사례연구들이다. 서촌, 홍대, 가로수길, 한남동, 해방촌을 다룬 장들은 처음부터 기획된 연구들이다. 거기에 종로3가, 구 구로공단, 창신동, 그리고 부분적으로는 해방촌을 다룬 장은 연구진행 과정에서 새롭게 제기된 주제들을 새로운 글쓴이들이 썼다. 1부는 서울 구도심의 대조적인 변화를, 2부는 이른바 '뜨는 동네'로 지칭되는 장소들의 변화를, 3부는 낙후된 동네로 간주된 장소들의 변화를 다룬다.

그런데 연구를 진행하면서 이 책에서 제대로 다루지 못한, 각각의 고유한 의미를 지닌 장소들을 접하고, 그곳에서 장소를 만드는 사람들을 만나게 되었다. 여기에는 세운상가 일대(중구), 문래동(영등포구), 성수동(성동구), 갈현동과 역촌동(은평구), 성북동과 정릉동(성북구) 등이 포함된다. 시간과 인력 부족으로 이 장소들과 사람들에 대한 연구가 더 이상 진행되지 못한 점이 못내 아쉽다. 하지만 그 장소를 만들어낸 사람들이 제공해준 정보와 지식은 다음 기회에 어떤 식으로든 소개할 것임을 알리고자 한다.

이 책은 현장연구에 많은 비중을 두었고, 현장연구에는 현장답사, 참여관찰, 인터뷰가 포함된다. 현장연구를 통해 이루어진 인터뷰 대부분은 글쓴이가 아닌 다른 사람들이 녹취했다. 이 지루한 노동을 감내해준 이들에게 감사를 보낸다. 그들이 없었다면 이 책은 훨씬 늦게 세상에 나왔을 것이다.

연구자들을 만나준 인터뷰이에게도 감사를 드린다. 그들 대부분은 '신자유주의의 광풍'이라는 표현을 무자비한 현실에서 체감하며 '다르게 살아가기'를 실천하고 있는 사람들이었다. 그들 가운데 이 연구에 특별한 영감을 준 A, C, K, S에게 감사의 말을 전한다. 학술연구를 위해 정보를 추출하는 대상으로만 대하지 않기 위해 노력했지만, 그들이 보여준 성의에 비해 그 성과가 미미한 건 아닐까 염려되기도 한다.

마지막으로 소장 백원담을 비롯한 성공회대학교 동아시아연구소 동료들에게도 감사를 드린다. 그들은 때로는 독려하고,

때로는 보아주면서 이 연구를 진행하기에 적절한 환경을 제공해
주었다. 특히 동아시아연구소의 연구예산이 없었다면 이 연구는
불가능했을 것이다. 연구기간 동안 안미옥, 박준우, 김태윤은 성
실하고 충직하게 연구를 보조해주었다.

　이 모든 것을 돌이켜보았을 때, 아무리 미약한 연구성과라
고 할지라도 다수의 행위자와 네트워크가 복잡하게 작동한 결과
물이라는 것을 새삼 확인하게 된다. 조한나를 포함한 푸른숲 출
판사의 노고는 그 행위자와 네트워크의 중요한 결절점이다. 다시
금 말하지만 이 책에 실린 글들은 나와 동료들 각 개인의 작업이
아니라 무수한 행위자들의 대화와 소통을 통해 세상에 나오게 되
었다. 그들 모두에게 글쓴이를 대표해 깊은 감사를 드린다.

2016년 5월
신현준

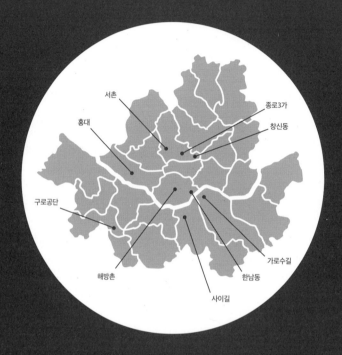

서촌
홍대
종로3가
창신동
구로공단
가로수길
해방촌
한남동
사이길

《서울, 젠트리피케이션을 말하다》에서 다룬 동네들

이 책은 여덟 명의 연구자가 2011년부터 2013년,
그리고 2014년부터 2015년까지 진행한
현장연구를 바탕으로 쓴 책이다.

서문 매혹 또는 현혹의 도시 서울로 깊숙이 들어가다 - 5

서장 서울의 젠트리피케이션, 그리고 개발주의 이후의 도시

신현준
이기웅

들어가며: '개발주의', 그 이후? - 24   젠트리피케이션: 기원, 정의, 원인 - 27
젠트리피케이션과 예술/예술가, 그리고 로프트 생활 - 34
변이, 물결 그리고 지구화 - 40   어떤 괴리, 그리고 그 괴리의 조정 - 49
나가며: 서울의 젠트리피케이션 세대 - 56

1부 오래된 서울의 새로운 변화
서촌, 종로3가

1장 **서촌** 도심에 남은 오래된 동네의 고민

신현준

들어가며: 젠트리피케이션, 서울에 도착하다 - 64
젠트리피케이션 개념의 탈맥락화와 재배열 - 66
서촌 또는 오래된 서울의 가까운 과거 - 70
토박이부터 자영업자까지, 서촌을 만드는 사람들 - 77
나가며: 서울 구도심 마지막 남은 동네의 운명 - 99

2장 **종로3가** 섬이 되어버린 서울 미드타운

옥은실
오현주
신현준

들어가며: 낙후, 쇠퇴, 노후의 상징이 된 종로3가 - 112
종삼, 성性의 역사 - 116   종로3가, 정체의 장소로 만들어지다 - 122
노인들의 파라다이스 - 132   돈의동 쪽방촌 - 141   익선동의 화려한 변화 - 149
나가며: 종로3가 노인들과 익선동 젊은이들은 안전한가 - 160

2부 세 개의 핫 플레이스, 서로 다른 궤적
홍대, 신사동 가로수길과 방배동 사이길, 한남동

3장 **홍대** 떠나지 못하는 문화유민

이기웅

들어가며: 홍대에서 일어난 젠트리피케이션과 전치 - 170

젠트리피케이션 이론의 한계: 그 이후의 문제 - 173

재개발, 젠트리피케이션, 홍대 - 178

홍대 상권의 팽창? 홍대화되는 동네들 - 181

전치되었으나 떠나지 않는 이들의 궤적 - 188

대안문화에서 대안경제로: 대안적 주체들의 욕망, 윤리, 장소 - 207

나가며: 전치는 끝이 아니다 - 218

4장 **신사동 가로수길과 방배동 사이길** 강남의 역류성 젠트리피케이션

김필호

들어가며: 강남 개발과 젠트리피케이션의 탈식민화 - 224

강남 개발: 신축 젠트리피케이션인가, 한국판 교외화인가 - 227

마지막으로 도착한 첫 번째 물결: 강남의 역류성 젠트리피케이션 - 230

신사동 가로수길: 강남 배후지의 고속성장 - 234

방배동 사이길: 대안적 도시화의 가능성 - 252

나가며: 역류성 젠트리피케이션의 속도와 폭 - 265

5장 **한남동** 낯선 사람들이 만든 공동체

신현준

들어가며: 한남동, 분쟁지역이 되다 - 274

길, 장소가 되다: 우사단길과 한강진길 - 277

공간, 장소 그리고 행위자: 한남동의 다양한 창의계급 - 281

한강진길: 문화적 기획 또는 경제적 기획 - 294

우사단길: 소수자와 공동체 - 302

나가며: 리움부터 구탁소까지 - 311

3부 '정책 없는 재생'에서 '재생 없는 정책'으로? 구로공단, 창신동, 해방촌

6장 구로공단 전신성형, 그리고 유리빌딩의 환청

최영숙

들어가며: 의문의 간극 - 322   시시한 말다툼을 넘어서 - 323
구로동맹파업, 나이키 신발, 젠트리피케이션 - 332
반ぼ지하, 현존하는 부재, 후기 산업의 유령들 - 345
나가며: 유령의 회귀를 위하여 - 360

7장 창신동 글로벌 도시만들기와 도시재생 사이

김지윤

들어가며: 도시재생 선도지역이 된 봉제마을 - 366
창신동을 둘러싼 서울시의 경합과 문화적 실험 - 370
도시재생은 과연 선한 정책인가 - 379
창신동의 역사: 동대문시장과 봉제마을 - 383
창신동의 공간: 봉제공장에서 한양도성까지 - 391
도시재생을 둘러싼 쟁점: 진정한 주민이란 - 399
나가며: 누구를 위한 도시재생인가 - 411

8장 해방촌 도시난민의 정착지 또는 실험실

양재영
신현준

들어가며: 해방촌오거리, 이념을 넘어 - 418
개발압력과 상업 젠트리피케이션 - 423
해방촌, 그곳의 오래된 사람들: 1946~2005 - 434
코스모폴리스 해방촌, 이주민의 영토 확장 - 441
커뮤니티 또는 사조직, 신주민의 전유물 - 449
나가며: 도시난민은 또다시 쫓겨날까 - 461

후기 서울을 생각하지 않기 - 465
참고문헌 - 471

'젠트리피케이션'은 1960년대 중반 영국에서 처음 등장한 용어로 주로 영미 대도시의 오래된 도심에서 일어난 공간적 변화를 설명하는 데 쓰였다. 이 개념어는 경제적 요인뿐 아니라 문화적 요인이 작동하여 이런 공간적 변화가 일어난다는 점도 내포한다. 젠트리피케이션 개념을 서울에 적용할 수 있는지를 두고 여전히 의견이 분분하다. 하지만 서울에서 일어나고 있는 새로운 변화를 설명하기 위해 사용되고 있다는 점에는 이견이 없다.

서울의 젠트리피케이션, 그리고 개발주의 이후의 도시

신현준 · 이기웅

들어가며: '개발주의', 그 이후?

2010년 여행 가이드북 《론리 플래닛Lonely Planet》은 서울을 "세계에서 세 번째로 혐오받는 도시"로 선정했다. "끔찍하게 반복적으로 펼쳐지는 고속도로", "소련 스타일의 콘크리트 아파트", "심각한 대기오염" 등이 그들이 본 서울의 모습이었다. 이런 평을 서양인의 편견으로 여기며 스스로를 위로하려는 사람도 있겠지만, "(이 도시에는) 아무런 정신도 마음도 없다"라는 평가에는 정곡이 찔린 듯한 느낌을 받는다.

    지난 반세기 동안 이뤄진 서울의 도시개발은 불도저로 낡은 건물을 철거하고 그 자리에 고층건물을 새로 짓는 것과 같은 뜻이었다. 이런 개발은 계속 옮겨다니며 삶의 터전을 마련해야만 했던 서울 사람들의 삶을 지배해왔다. 서울에 가득한 고층 아파트 단지와 사무용 빌딩이야말로 '한강의 기적'을 상징적으로 보여준다는 믿음과는 별개로, 서울에 사는 사람들은 자신이 살고 있는 장소에 대해 안정되고 편안한 감정, 이른바 장소애착place attachment을 갖기 어려운 조건에 처해 있다. 지금도 여기저기에서 철거가 진행되며 곳곳이 공사 중인 서울에서는, 장소와 삶이 긴밀하게 연결된다는 의미의 도회적 진정성urban authenticity을 찾기 어렵다.

핫 플레이스가 된 올드타운

어떤 점에서는 《론리 플래닛》이 서울을 깊숙이 들여다본 것 같지 않다. 언젠가부터 이 비정한 도시에도 어떤 의미심장한 변화가 나타나기 시작했기 때문이다. 창의적 감각이 뛰어난 일군의 문화적 행위자들actors이 한 장소에 자리잡고 새로운 미학과 감정을 쏟아내어 그 장소의 전반적 성격을 변화시키고 있다. 이들이 쇠락한 기존의 장소를 다시 살려내거나 새로운 장소를 만들어내는 과정에서, 지금까지 낙후의 상징이었던 낡은 건물이나 구불구불한 골목길 등이 재발견되고 있다. 그 과정에서 문화적 행위자들의 새로운 감각, 서사, 감정이 그대로 묻어난다.

이런 일들이 산뜻하게 새로 지어진 뉴타운이 아니라 구질구질하고 오래된 올드타운에서 나타나고 있다는 사실은 특별히 주목할 만하다. 그 가운데 일부는 대중매체를 통해 대중적으로 알려져서 '핫 플레이스hot place'라는 이름을 달고 주말마다 많은 방문객을 불러 모으고 있다. 한 신문기사에 따르면 "홍대 인근 지역과 합정동, 상수동, 삼청동, 신사동 가로수길, 경복궁 인근, 경리단길, 성수동"(〈조선일보〉, 2015.2.9)이 이런 곳들이다.

그런데 이 책을 위해 현장연구를 하는 과정에서 이런 '뜨거운' 장소에서 벌어지는 '차가운' 현실을 목격했다. 이런 새로운 변화를 만들어낸 주체들, 즉 젊고, 창의적이고, 힙hip한 행위자들이 오래전부터 그곳에서 살아온 주민과 함께 다른 곳으로 쫓겨나거나 밀려나고 있었다. 서문에서 언급한 2009년 두리반 사건과 2015년 테이크아웃드로잉 사건은 여러 사례 가운데 비교적 널리 알려진 경우다. 지금도 진행 중인 이 사건들은 예술과 부동산이라는, 어울리지 않는 두 범주가 맞닿아 있으면서 때로는 충돌하는 과정을 상징적으로 보여준다.

이런 사회적 현상을 함축적으로 표현하는 용어가 바로 '젠트리피케이션'이다. 2013년까지만 해도 많은 사람에게 낯설었던 이 용어는 2014년을 거치면서 주류 언론에 여러 차례 소개될 정도로 익숙해졌다. 1960년대 중반 영국에서 처음 등장한 이 용어는 주로 영미 대도시의 오래된 도심에서 일어난 공간적 변화를 설명하는 데 쓰였다. 이 개념어는 경제적 요인뿐 아니라 문화적 요인이 작동하여 이런 공간적 변화가 일어난다는 점도 내포한다. 젠트리피케이션 개념을 서울에 적용할 수 있는지를 두고 여전히 의견이 분분하다. 하지만 서울에서 일어나고 있는 새로운 변화를 설명하기 위해 사용되고 있다는 점에는 이견이 없다.

젠트리피케이션에 관한 담론은 도시계획에 대한 정부정책

에도 영향을 미치고 있다. 정부는 새로운 형태의 도시계획을 도시 재생이라 부르며 2006년 '도시재생사업단'을 발족하고, 2013년 6월 〈도시재생특별법〉을 제정했다. 이는 젠트리피케이션 현상이 가속화된 시기와 정확하게 일치한다. 2014년 4월 서울시는 창신·숭인 지역을 도시재생 선도지역으로 지정하고, 같은 해 6월 서울을 다섯 개 권역으로 나누어 '도시재생 사업 모델만들기'를 공모했다. 또한 2015년 11월에는 〈2025 서울시 도시재생 전략계획〉이 도시계획위원회 심의를 통과해 실행단계에 접어들었다.

이제까지 언급한 변화과정은 시간이 지날수록 더 빨리, 더 큰 규모로 진행되고 있다. 이 책 전체, 특히 이 글에서는 '이 과정을 어떤 시각으로 바라볼 것인가'라는 질문에 답할 것이다. 서울 각 지역에서 일어나는 젠트리피케이션 사례를 살펴보기 앞서 이 장에서는 젠트리피케이션이라는 키워드를 이론적으로 검토하고, 한국의 맥락에서 어떻게 적용할 수 있는지를 논하고자 한다.

젠트리피케이션: 기원, 정의, 원인

1년여 전 국내 한 일간지는 젠트리피케이션을 "도시환경의 변화로 중·상류층이 도심의 주거지로 유입되면서 주거비용을 끌어올리고, 비싼 월세나 집값 등을 감당할 수 없는 원주민들이 다른 곳으로 밀려나는 현상"(《한겨레》, 2014.11.24)으로 소개했다. 이 기사는 중간계급의 유입, 지가와 임대료의 상승, 구舊주민의 전치 displacement라는 젠트리피케이션의 핵심적 특징을 간결하게 담고 있다. '전치'는 기존 거주자가 쫓겨나고 밀려나는 과정을 말한다. 글자 뜻 그대로 자신의 '장소place에서 부정dis-당한다'는 의미다.

젠트리피케이션은 영국의 전통적 중간계급인 젠트리gentry 에서 파생된 용어다. 이 개념어가 영국에서 처음 등장했고, 그 용법이 영어권에서 먼저 발전된 만큼 그곳에서 검토된 학술담론 은 꼭 짚고 넘어가야겠다. 젠트리피케이션이 처음 언급된 시기는 1960년대 중반이다. 50년 넘게 축적된 결과물이 있는 만큼, 젠트 리피케이션에 대한 연구와 그 논쟁은 방대하고도 복잡하다. 일단 2010년대 서울은 나중에 다시 돌아오기로 하고 1960년대 이후 서양, 주로 영미권 대도시를 눈앞에 놓고 논의를 펼쳐나가려 한다.

교외로 나간 중간계급, 도심으로 귀환하다

2008년에 출간된 《젠트리피케이션Gentrification》은 젠트리 피케이션 논의를 집대성한 책이다. 이 책 서문에서는 젠트리피 케이션을 "도심의 노동계급 지역 또는 비어 있던 지역을 중간계 급이 거주용도 및 상업용도로 변환시킨 것"(Lees, Slater and Wyly, 2008: xv)으로 정의했다. 젠트리피케이션 이론의 창시자인 닐 스 미스Neil Smith와 데이비드 레이David Ley의 정의도 크게 다르지 않 다. 1970년대부터 왕성하게 저술활동을 해온 그들이 쓴 글 가운 데 이해하기 쉬운 정의들을 골라보았다.

노동계급 주택 및 방치된 주택이 재생되어 그 지역이 중간계급의

동네로 변환transformation되는 것(Smith and Williams, 1986: 1).

상대적으로 빈곤하고 부동산 투자가 제한되었던 도심동네가

상품화와 재투자가 이루어지는 상태로 이행transition 하는 것(Ley,

2003: 2527).

이들 정의에서 공통점을 찾을 수 있다. 그것은 젠트리피케이션이 대도시의 오래된 도심에서 일어난다는 점, "변환"이나 "이행" 등의 표현에서 드러나듯 결과라기보다는 과정이라는 점, 그리고 중간계급을 젠트리피케이션의 행위자인 젠트리파이어gentrifier로 여긴다는 점이다. 이는 각각 젠트리피케이션이 일어나는 장소, 경과, 주체를 말한다.

또한 젠트리피케이션이 이전의 도시발전의 지배적 형태와는 다른 과정을 가리킨다는 것도 짚고 넘어가야 한다. 다시 말해 젠트리피케이션은 외곽으로 도시화가 진행되는, 이른바 교외화suburbanization 경향이 역전되어 (신)중간계급이 도심으로 귀환하고 노동계급을 비롯한 하층민은 이곳으로부터 밀려나는 과정으로 규정되었다.

젠트리피케이션이라는 용어는 스미스와 레이를 비롯한 학자들이 개념을 정교하게 다듬기 전인 1960년대 중반, 영국의 도시사회학자 루스 글래스Ruth Glass가 런던 도심 변화를 논하는 과정에서 처음 등장했다. 젠트리피케이션 연구에서 글래스라는 이름은 빠짐없이 거론되지만 글래스의 글을 상세하게 소개한 경우는 많지 않다. 그는 런던에서 일어난 변화를 다음과 같이 서술했다.

> *"런던의 노동계급 지구가 하나둘씩 중간계급(중상계급 및*
> *중하계급)의 침공을 받고 (…) 낡고 허름한 작은 집들이 (…)*
> *우아하고 비싼 거주지가 되는" 과정, 그리고 "그 지역의 전체적인*
> *사회적 성격이 변화"하는 과정이다(Glass, 2010/1964: 7).*

글래스가 언급한 지역은 패딩턴, 이즐링턴, 켄싱턴 등 런던 원原도심의 북쪽이나 서쪽에 맞닿은 행정구borough들이다. 1960년대 이전 이곳은 노동계급을 포함한 하층민의 주거지였다. 글래스가 다루는 젠트리피케이션은 주거개량residential rehabilitation에 따라 동네거주자의 계급구성이 변화되는 것을 말한다. 빅토리안Victorian 테라스, 조지안 크레슨트Georgian Crescent, 브라운스톤Brownstone 등 고풍스러운 주거용 건축양식이 초기 젠트리피케이션을 대표했다.[1]

그 뒤로 젠트리피케이션이란 용어는 런던, 뉴욕, 토론토, 멜버른을 비롯한 영미 대도시의 오래된 도심에서 일어난 공간변화를 가리키는 개념으로 발전해왔다. 이 용어는 오래된 주택개량을

---

[1]　1960년대 런던 도심의 공간변화가 가시화되었을 때 글래스는 "아직도 농촌적이고 전통적인 생활양식을 선호하는 (도시의) 부유한 중간계급의 속물성을 비꼬며"(Lees, Slater and Wyly, 2008: 4) 젠트리피케이션이라는 용어를 의도적으로 사용했다.

매개로 동네 전체의 성격이 변화했을 때 등장한 셈이다. 젠트리 피케이션은 제2차 세계대전 이후의 도시화를 단적으로 보여주는 교외화에서 벗어난 예외적 현상으로 출발했다. 많은 사람이 인정 하듯, 1970년대까지는 젠트리피케이션이 산발적이고 고립적이 며 소규모로 나타났다.

도시불평등은 어떻게 일어나나

젠트리피케이션이라는 용어의 기원을 알아보고 정의 내리는 것만으로는 그 개념을 설명하기에 충분하지 않다. 문제는 이런 현상이 왜 일어났냐는 것이다. 젠트리피케이션 이론을 정밀하고 풍부하게 발전시킨 스미스와 레이는 젠트리피케이션의 발생 원인으로 고전이 되다시피 한, 생산측면 설명과 소비측면 설명을 각각 대표한다.

먼저 생산측면 설명은 젠트리피케이션이 토지이용에 대한 불균등한 자본투자에서 비롯된다고 주장한다. 이러한 투자는 토지의 가치불균등을 초래하는데, 여기서 가치가 하락한 토지는 자본투자를 통해 이윤을 남길 기회가 많아지게 된다. 스미스는 이를 임대료 격차 이론rent gap theory으로 칭하면서 젠트리피케이션은 실제 임대료 수입과 잠재적인 임대료 수입 간 격차가 가장 클 때 발생한다고 본다(Smith, 1979).

이에 반해 소비측면 설명은 '탈공업화'라고 말하는, 서양 사회의 산업 및 직업 구조변화에 따라 새롭게 등장한 중간계급을 주목한다. 이들이 교외로 나간 중간계급의 라이프스타일을 거부하고 도심생활을 지향하면서 젠트리피케이션이 일어나게 되었다는 것이다. 여기서 젠트리피케이션은 특정한 장소가 이들 신新중간계급에게 매력적인 곳이 될 때 발생하는 것으로 이해된다(Ley, 1980).

두 주장 모두 젠트리피케이션을 시장조정 과정 정도로 보는 주류 신고전파 경제학을 반박하면서 탄생했다. 다시 말해, 두 주장 모두 논점은 다르지만 자본주의 선진국 도시의 산업 및 직업 구조의 근본적 변화를 주목한다. 그렇기 때문에 젠트리피케이션의 이론적 계보를 논할 때 두 사람 가운데 한 사람을 배제하고 다른 한 사람만 언급할 수는 없다. 생산과 소비, 구조와 행위, 자본과 문화 중 어느 하나를 원인, 다른 하나를 결과로 보는 경직된 이분법적 시각은 피해야 한다.

여기서 중요한 것은 생산요인과 소비요인이 어떻게 함께 작동하면서 젠트리피케이션으로 불리는 도시공간의 불평등성을 낳는가를 설명하는 것이다. 즉 장소와 사람 사이의 상호작용을 통해 어떤 장소가, 그리고 어떤 주체가 만들어지고 있는가를 논해야 한다.

스미스와 레이가 보여주는 도회주의urbanism의 전망은 분명 다르다. 여기에서 도회주의란 도시에 관한 이념, 가치, 규범 등을 총칭한다. 즉 도시공간에 사는 사람들과 건조建造환경 사이의 상호작용, 도시구조의 물리적 설계 및 관리, 도시의 생활과 문화에 대한 전망을 포괄한다. 널리 알려진 것처럼 스미스의 생산측 면 설명은 보복적 도시revanchist city, 레이의 소비측면 설명은 해방 적 도시emancipatory city[2]라는 전망과 각각 연관된다. 스미스의 이론 은 마르크스주의 정치경제학과 신좌파정치에, 레이의 이론은 인 문지리학과 반反문화 정치에 기반하기 때문이다. 이는 1960년대 를 거치며 서양 사회에서 일어난 거대한 사회문화적 변동을 바라 보는 두 학자의 시각과 해석에 이견이 존재함을 말해준다.

두 논점 가운데 어느 한쪽 편을 들 정도로 과감하지 못한 내 가 선택하는 접근은 두 이론의 맥락과 배경에 주의를 기울이는 것이다. 스미스의 이론은 뉴욕이라는 미국의 도시, 레이의 이론 은 밴쿠버라는 캐나다의 도시를 배경으로 한다. 그렇다고 해서 미국의 도시는 보복적이고, 캐나다의 도시는 해방적이라고 이분 법적으로 말하는 것은 무리다.[3] 오히려 젠트리피케이션으로 묘사 되는 도시개발 과정이 어떤 의미에서 해방적이고 어떤 의미에서 보복적인지, 양자가 어떻게 뒤섞이면서 양면적이고도 모순적인

---

2 소비측면 설명과 해방적 도시에 대한 주장은 레이보다는 토론토를 연구한 존 콜 필드Jon Caulfield에게서 더욱 뚜렷하게 나타난다(Caulfield, 1994). 그에 따르면 젠트리 피케이션은 중간계급이 교외suburbia의 억압적 순응, 현대적 도시 계획, 대량생산 · 소비 원칙을 의도적으로 거부하고 도심으로 오는 비판적이고 사회적인 실천이다. 이 는 1960년대 반反문화counter-culture의 후예들이 벌인 실천과 연관되며, 좌파 자유주 의 개혁정치를 지지하는 정치적 성향으로 드러난다. 이런 논조는 젠트리피케이션을 여성, 게이/레즈비언, 흑인 등 소수자의 해방적 실천과 연관 짓는 일련의 연구를 낳았 다. 이에 대해서는 리스, 슬레이터와 윌리(Lees, Slater and Wyly, 2008: 89 -126)를 참조.

3 미국과 캐나다의 대도시를 이분법적으로 보는 시각의 문제점을 지적한 것으로 는 슬레이터(Slater, 2004)를 참조.

양상을 취하는지를 구체적 사례로써 보아야 한다. 젠트리피케이션은 어떤 개인이나 집단에는 보복적이고, 다른 개인이나 집단에게는 해방적일 것이다. 어느 경우라도 현실은 두 극단 사이 어딘가에 있다.

이상의 해석은 논쟁을 미봉한 것일지도 모른다. 변명이지만 그래도 괜찮다고 말할 수 있는 것은 1970년대 중반 이전 서양 대도시에서 일어난 고전적 젠트리피케이션은 지금은 더 이상 논란이 되지 않을 정도로 과거의 일이 되어버렸다는 점이다. 서양에서 (구)자유주의 개혁정치가 지배했던 시대에 발생한 도시공간 변화는 앞으로 계속 논의되어야 하겠지만, 그 변화는 지금의 현안과는 거리가 있다. 현재 젠트리피케이션이 일어나는 시공간 및 사회문화적 맥락이 과거와 너무 달라져서, 글래스가 했던 말이 다시 돌아오지 않을 옛날의 이야기처럼 들릴 정도다.

젠트리피케이션과 예술/예술가, 그리고 로프트 생활

고전적 젠트리피케이션은 제2차 세계대전 이후 1960년대 영국 런던과 미국 뉴욕을 비롯한 지구적 북부Global North의 핵심에 위치한 거대 도시에서 나타난 도시개발 양상에 기초한다. 그 과정을 단계별로 분류한 젠트리피케이션 단계론은 아래와 같다(Pat-

1단계: 위험을 무릅쓰는 소수의 선구자 젠트리파이어pioneer gentrifier들이 노동계급 및 하층민 거주지역으로 이주하여 주거 개량을 시작함.

2단계: 선구자 젠트리파이어의 주거개량이 확산되면서 비슷한 사회경제적 배경을 지닌 중산층의 관심을 끌게 됨. 이에 따라 부동산 투자가 점차 증가하고 구주민의 전치가 발생함.

3단계: 대중매체가 지역에 관심을 기울이면서 대형 개발업자가 진입하고 부동산 가격 및 임대료가 상승함. 노동계급 및 하층민 전치가 본격화되고 새로 이주한 중간계급에 의한 환경미화가 눈에 띄게 진행됨.

4단계: 부동산 투자 급증과 원래의 지역 주변에 신규 주거공간 건설이 가속화됨. 부동산 시장의 논리가 지배함에 따라 선구자 젠트리파이어들은 영향력과 관심을 잃고 다른 곳으로 옮겨감.

여기서 눈여겨볼 것은 '선구자 젠트리파이어'라는 행위자의 모순적 역할이다. 이들은 젠트리피케이션의 본격적 행위자는 아니지만, 젠트리피케이션이 본격적으로 전개되는 조건을 만들어 낸다. 이 선구자 젠트리파이어로는 종종 예술가가 언급된다. 젠트리피케이션의 복잡한 행위성agency에 주목하면서 '젠트리피케이션과 예술'이라는 주제에 조금 더 깊게 들어가보자.

뉴욕 스타일 로프트

그 주제의 길잡이로 미국의 사회학자 샤론 주킨Sharon Zukin 이 쓴《로프트 생활: 도회변화에서의 문화와 자본Loft Living: Culture and Capital in Urban Change》이 있다. 주킨의 책들(Zukin, 1982/1989; Zukin, 1987; Zukin, 2008)은 영국의 지리학자 크리스 햄닛Chris Ham-nett의 책들(Hamnett, 1991; Hamnett and Whitelegg, 2007)과 더불어 생산측면 설명과 소비측면 설명을 종합한 이론을 선보인 것으로 평가받는다. 책의 부제에서 알 수 있듯이 주킨은 자본과 문화를 균형 있게 보고자 한다.

주킨과 햄닛의 책 제목에 '로프트loft'란 말이 공통적으로 등장하는 점을 주목하자. 로프트는 사전적으로 '어떤 건물의 지붕 아래 공간'을 뜻하지만, 실제로는 주거용이 아닌 공업용 건물의 내부 공간을 뜻한다. 보통 공장이나 창고처럼 천장이 높고 내부에 벽이 없는 건물을 여러 개의 방으로 나누어 주거용으로 개조하는 경우를 로프트 개조loft conversion라고 부른다.

로프트로 상징되는 오래된 산업용 또는 비非주거용 건물이 대량으로 공급되는 모습은 글래스가 젠트리피케이션을 언급하던 1960년대에는 관찰되지 않았다. 로프트 개조는 포스트포드주의post-fordism, 탈공업화deindustrialization, 서비스화servitization, 전문직화professionalization 등으로 설명되는 1970~80년대 북아메리카와 서유럽 등 지구적 북부에서 진행된 사회경제적 변화가 공간적 차원에서 어떻게 일어나는지를 보여준다.

　　영미권 대도시 구도심 곳곳에서는 텅 빈 공장과 창고가 방치되다시피 했다. 로프트의 최초 수요자인 예술가들은 빈 공장과 창고를 창의적이고 예술적으로 개조해 주거공간이자 업무공간인 직주공간職住空間, live-work space으로 사용했다. 이를 로프트 생활이라 부른다. 그들이 로프트를 선택한 이유는 다음과 같았다. 첫째, 임대료가 쌌다. 이는 경제적으로 가난한 예술가에게 절대적인 조건이다. 둘째로 미학적으로도 만족스러웠다. 좁은 골목길이나 낮은 건물이 들어선 도시조직urban fabric은 예술적 영감을 더 많이 불러일으킨다. 즉 예술가가 이런 곳을 도회적 진정성이 물씬 풍기는 공간으로 느낀 것이다. 마지막 이유는 건물과 동네가 지닌 물리적 정경뿐만 아니라 사회적 성격과 관련이 있다. 하층민이 거주하는 동네는 중간계급이 거주하는 동네에 비해 다양성, 관용성, 개방성 등을 갖는 것으로 여겨졌다.

　　이렇게 오래된 동네에 예술가들의 공간이 하나둘씩 들어서면, 그 직전까지 개발에서 소외된 노후한 곳이라는 평을 듣던 동네는 특별한 장소로 재생regeneration 또는 소생rehabilitation된다. 이른바 공간의 미학화aestheticization가 일어나는 것이다. 그에 이어 예술가들이 자신의 예술생산을 위한 환경millieu을 창출하고, 더 나아가 예술가적 환경을 상품화하고 이를 소비하는 실천이 뒤따른다. 마지막으로 젠트리피케이션에서 가장 중요한 순간이 등장한다. 예술과 창의성이 동네를 미학화하면 그 미학을 이용해 이윤을 추구하는 특수한 형태의 자본이 그 장소에 진입하는 것이다.

주킨은 로프트 생활이라는 젠트리피케이션의 한 형태를 예술가적 생산양식artistic mode of production이라고 했다. 그에 따르면 이는 "한편에서 예술가의 삶의 습관이 중간계급의 문화적 모델이 되고, 다른 한편에서는 오래된 공장이 '탈공업적' 문명의 표현수단이 되는"(Zukin, 1989: 14-15) 과정이다. 예술가나 보헤미안처럼 살아가는 방식은 부유한 도회전문직이 보여주는 하나의 생활양식이 되었다. 서양에서는 신중간계급 전문직이 여피, 보보스, 힙스터, 프레피 등 여러 가지 비공식적인 명칭으로 불린다. 이는 서양에서만 볼 수 있는 현상은 아니다. 여러 대중문화 텍스트를 통해 그런 명칭이 이미 우리에게 익숙해져서다.

주킨과 햄닛이 분석한 로프트 생활은 젠트리피케이션의 한 형태를 넘어 1990년대 이래 젠트리피케이션의 지배적 형태가 되었다. 로프트 생활은 뉴욕, 특히 소호와 연관이 깊다. 1990년대 이래 뉴욕 스타일 로프트는 뉴욕과 런던을 넘어 북아메리카와 서유럽 대도시 부동산 시장에서 인기 있는 마케팅 포인트가 되어왔다. 당혹스럽게도 기존 건물을 개조한 것이 아니라 새롭게 건축한 건물조차도 주택시장에서 로프트라는 이름으로 팔리고 있다. "이전에 스튜디오 아파트studio apartment라고 불리던 것을 부동산 업자들이 현재 트렌드에 맞춰 돈을 벌어먹으려고 로프트로 바꿔 마케팅하고 있고, 그 결과 구매자들은 원룸 아파트를 '로프트'로 혼동하고 있다"[4]라는 냉소적인 반응이 나오기도 한다.

문화자본에서 경제자본으로, 끊어지지 않는 젠트리피케이션 고리

젠트리피케이션의 네 단계는 동네를 대표하는 주도적 행위
자가 바뀌는 과정으로 볼 수도 있다. 이 단계를 레이는 피에르 부
르디외Pierre Bourdieu의 문화자본과 경제자본 개념을 원용해 '예술
가 → 사회문화적 전문직 → 경제자본이 많은 전문직 → 사업가
와 자본가'로 바뀌는 과정으로 보았다(Ley, 2004: 2540). 높은 문화
자본과 낮은 경제자본을 가진 행위자(예술가)로부터 높은 경제자
본과 낮은 문화자본을 가진 행위자(사업가)로 주도적 행위자가 바
뀌는 것이다.

위의 설명을 염두에 두면, 예술가를 선구자 젠트리파이어 또
는 교량 젠트리파이어bridge gentrifier, 심지어 젠트리피케이션의 돌
격대shock troops라고까지 부르는 것을 어느 정도 수긍할 수 있다.
그런데 예술가들과 그들이 공간에서 벌여온 실천을 젠트리피케
이션의 궁극적 원인으로 돌려 비난하는 '주장'으로 발전시키는 것
은 지나친 논리의 비약이다. 젠트리피케이션을 비판하려면 예술
가의 문화자본이 개발업자에 의해 경제자본으로 전환되는 순환
의 고리를 어떻게 끊을 것인가 하는 질문을 먼저 제기하고 답해
야 한다. 이에 대해서는 사례조사를 바탕으로 쓴 이 책의 각 장에

4　온갖 속어를 모아놓은 웹 사전인 《도시사전Urban Dictionary》에서 'loft'를 정의한
말이다(http://www.urbandictionary.com/define.php?term=loft). 2000년대 이후 뉴욕에
서는 브루클린의 윌리엄스버그와 부쉬위크 등이 맨해튼 동네들을 제치고, 런던에서
는 해크니의 쇼디치와 달스턴 등이 노팅힐이나 캠던을 제치며 '쿨'을 상징하는 공간
이 되었다. 이는 로프트가 풍기는 공업풍 멋industrial chic과 밀접하게 연관된다.

서 더욱 구체적으로 다룰 것이다.

　다음 논의를 전개하기에 앞서 만화 하나를 소개하고자 한다. 젠 소렌슨Jen Sorensen이 2013년에 그린 〈젠트리피케이션 순환 The Gentrification Cycle〉에 따르면, 젠트리피케이션 순환은 힙스터와 여피에 멈추지 않고, 은행가를 거쳐 국제적 과두寡頭[5]에 이른다. 이는 젠트리피케이션의 최근 형태와 양상이 이제까지의 논의를 뛰어넘는다는 것을 보여준다. 2000년대 이후 젠트리피케이션은 신자유주의 도회주의neoliberal urbanism의 필수요소로 간주되어 논의되고 있기에 이론적 논의를 업데이트할 필요가 있다.

변이, 물결 그리고 지구화

앞의 논의는 한국을 포함한 비서양 사회의 시각에서 조망한 것이라기보다는 서양 사회의 시각을 소개한 것이다. 2000년대 이후 젠트리피케이션 연구동향 가운데 하나는 젠트리피케이션의 역사와 개념을 서양 또는 지구적 북부 중심의 역사적 맥락에서 탈피해서 보고자 하는 것이다. 또한 모든 도시는 젠트리피케이션 단계들을 시간적 순서대로 밟지 않는다. 예를 들어 1단계와 2단계

5　'국제적 과두'는 서유럽과 북아메리카의 민주주의 사회와는 차별화되는 권위주의 사회 출신의 부유층을 뜻한다. 권위주의 사회로는 주로 러시아나 카자흐스탄이 속한 구 소련권, 사우디아라비아나 아랍에미레이트가 속한 중동권, 중국과 싱가포르가 속한 중화권이 거론된다. 밴쿠버에서 억만장자 중국계 이주자가 일으키는 젠트리피케이션은 레이의 최근 연구 주제(Ley, 2010)다.

만화가 젠 소렌슨이 그린 〈젠트리피케이션 순환〉 | 노동계급은 힙스터에게, 힙스터는 다시 은행가에게, 은행가는 신흥재벌에게 밀려난다. (출처: Jen Sorensen)

를 건너뛰고 바로 3단계로 진행하는 과정, 즉 대규모 전치를 가져오는 어떤 종류의 도시(재)개발도 젠트리피케이션으로 볼 수 있다는 주장이 틀린 것은 아니다(Lees, 2012).

요즈음 신자유주의 시대 도시개발의 지배적 형태를 젠트리피케이션으로 개념화하려는 시도들이 나타나고 있다. 개축renovation이 아닌 신축 젠트리피케이션new-build gentrification[6], 금융업 등으로 거대한 부를 축적한 대부호들이 중간계급 젠트리파이어조차 전치시키는 슈퍼젠트리피케이션super-gentrification[7] 등과 같은 개념이 대표적이다. 젠트리피케이션의 최신 형태는 미국에서 럭셔리 콘도라고 부르는, 기업형 개발업자가 신축한 도심 인근의 아파트 단지다. 이런 곳을 차지하는 행위자는 "글로벌 슈퍼젠트리파이어"(Davidson, 2007)라고 불릴 만한 신자유주의 시대 전문직 엘리트다. 이외에도 농촌 젠트리피케이션, 관광 젠트리피케이션, 슬럼 젠트리피케이션 등 더 많은 형태가 "변이mutations"(Lees, Slater and Wyly, 2008: 129-162)된 젠트리피케이션에 포함된다. 이 개념들은 서양뿐 아니라 그 밖의 도시에서 벌어지는 변화에도 적용된다.

신축 젠트리피케이션과 신자유주의 시대 도시재개발을 혼

6 　신축 젠트리피케이션을 소개한 글로는 데이비드슨과 리스(Davidson and Lees, 2010)를, 이 개념을 통해 런던의 '리버사이드 르네상스'를 분석한 연구는 데이비드슨과 리스(Davidson and Lees, 2005; 2010)를, 상하이 도심재개발 분석은 허션징(He, 2010)을 각각 참조.

7 　리스는 뉴욕의 브루클린 하이츠의 예(Lees, 2003)를, 버틀러와 리스는 런던의 반스베리의 사례(Butler and Lees, 2006)를 분석하고 있다. 이 책에서 강남의 가로수길을 분석한 김필호와 한남동을 분석한 신현준도 이 개념을 적용하려 한다.

용하거나 혼동하는 부분에 대해서는 만만치 않은 반론이 존재한
다(Lambert and Boddy, 2002; Maloutas, 2012; Ley and Teo, 2013). 젠
트리피케이션이 "혼돈스러운 개념"이라는 주장은 오래전부터 제
기되어왔는데(Rose, 1984; Beauregard, 1986), 개념을 적용할 대상
의 시간적 · 공간적 범위가 확대되면서 혼돈이 더욱 커지고 있
다. 비영미권(그리스) 연구자 토마스 말루타스Thomas Maloutas는 이
를 "탈맥락화"라 부르며 비판했다(Maloutas, 2002). 그는 젠트리피
케이션을 대표하는 핵심적 참조점key reference point 세 가지는 젠트
리피케이션 미학, 중간계급의 현존, 탈공업화인데, 이러한 핵심이
빠진 도시에 젠트리피케이션 이론을 적용하는 것은 탈맥락적이
라고 주장했다.

그러므로 젠트리피케이션의 탈맥락화에 따른 개념과 역사
적 혼돈상태를 가급적 피하고자 한다면 우선 탈피해야 할 원래
의 역사적 맥락이 무엇인가를 파악한 뒤에 이를 재맥락화해야 한
다. 스미스 등이 제시한 젠트리피케이션의 물결wave이론은 거시
적인 차원에서 이에 대한 하나의 길잡이가 되어준다(Smith, 1996;
Hackworth and Smith, 2001; Bounds and Morris, 2006).

젠트리피케이션, 신자유주의의 글로벌 전략

젠트리피케이션의 첫 번째 물결은 제2차 세계대전이 끝나
기 전부터 1970년대 초반까지 지구적 북부에서 발생한 주택개량
을 매개로 한 도시개발 과정을 말한다. 두 번째 물결은 1970년대

후반부터 1990년대 초반까지 서양의 케인즈주의 복지국가가 후퇴함과 더불어 국가가 도시재생urban regeneration의 기치 아래 지방 및 전국 부동산 시장에 정책적으로 개입한 과정을 가리킨다. 세 번째 물결은 신자유주의적 자본주의 논리가 도시개발에 전면화되면서, 젠트리피케이션이 비서양권, 특히 지구적 남부로 확장되는 과정을 말한다.

문제는 1990년대 이후 신자유주의의 불가피한 영향 아래 젠트리피케이션이라는 도시공간 변화과정이 지구화globalization라는 더 넓은 과정과 결합되어 전개되고 있다는 것이다. 그 점에서 1990년대 초에 글로벌 도시에 관한 이론을 가장 먼저 제시한 사스키아 사센Saskia Sassen이 젠트리피케이션을 다음과 같이 정의한 것도 주목할 만하다. 사센의 정의는 스미스 등이 주장하는 물결 이론과 통한다.

> *젠트리피케이션은 원래 도심의 쇠락한 빈민주택이 중간계급*
> *외부자들에 의하여 재생되는 현상을 의미했다. 그러나 1970년대*
> *말에 보다 광의의 개념이 등장했고, 1980년대 초에는 일군의*
> *학자들이 훨씬 광의의 의미로 발전시켜 젠트리피케이션을*
> *공간적 · 경제적 · 사회적 구조조정restructuring의 과정과*
> *연계시켰다(Sassen, 1991: 255).*

2000년대 이후 젠트리피케이션을 "글로벌 도회전략"(Smith,

2002), "새로운 도회 식민주의"(Atkinson and Bridge, 2005), "글로벌 서식global habitat"(Davidson, 2007) 등으로 부르는 현상은 젠트리피케이션이 서양 대도시의 오래된 도심에서 발생하는 고립되고 산발적이며 예외적인 변화를 뜻하는 것이 아닌 지구적 규모로 발생하는 공간변화를 설명하기 위한 개념으로 바뀌었음을 보여준다.

2세대 젠트리피케이션 연구자이자 현재 가장 활발히 활동하고 있는 로레타 리스Loretta Lees가 2000년에 젠트리피케이션의 다양한 형태와 작동방식을 설명할 수 있는 새로운 연구 프로그램을 제안한 것도 이와 비슷한 맥락이다(Lees, 2000). 리스는 '젠트리피케이션의 지리학'이라는 아젠다를 처음 주장하며 네 개의 "새로운 주름들wrinkles"을 연구영역으로 제시했는데, 내용은 아래와 같다.

1) 금융업자financier - 슈퍼젠트리피케이션
2) 제3세계에서의 이주민 유입 - 글로벌 도시
3) 흑인/소수민족 젠트리피케이션 - 인종과 젠트리피케이션
4) 생활적합성/도시정책 - 젠트리피케이션 담론

리스가 이런 영역을 제시한 이유는 젠트리피케이션 형태와 양상이 도심의 주거개량으로만 볼 수 없을 만큼 다양하고 복잡해졌기 때문이다. 대자본이 공격적으로 개입해 젠트리피케이션의 규모와 범위가 확장되는 현상은 1990년대 이후 현재까지 이어지

고 있다. 리스의 시도는 젠트리피케이션의 규모와 주체, 현장이 매우 다양한 형태로 바뀌며 그 내용이 풍부해지고 있는 현실에 대한 이론적 반응이라 하겠다.

이런 반응은 런던이나 뉴욕 같은 곳에서 도시개발이 취하는 새로운 양상을 가리키는 데 그치지 않는다. 스미스가 젠트리피케이션은 "글로벌 도회전략"이라고 한 말에는 서양 주요 대도시뿐만 아니라 비서양 도시를 포함한 세계 각 도시에서 젠트리피케이션에 상응하는 과정이 발생하고 있다는 뜻도 포함된다. 그러나 2010년대 초까지 지구적 남부에서 일어난 젠트리피케이션을 다룬 연구성과들은, 그들이 제시하는 해답보다 더 많은 질문을 낳고 있다. 특히 젠트리피케이션에 관한 기존 개념과 이론을 도시개발의 역사적 궤적이나 지리적 위치가 다른 비서양 도시들에 적용하려는 영미 학계의 시도는 '젠트리피케이션의 지리학'을 만든 리스를 만족시키지 못하는 것 같다.

> 지구적 남부에서 일어난 젠트리피케이션을 다룬 연구들은 그 과정을 영미 도시이론의 렌즈를 통해 조망하는 경향이 있다. 지구적 남부 연구자들이 이렇게 하는 데는 전 세계 학계에서 그들이 차지하는 특수한 위치부터 그들의 특수한 연구훈련 과정까지 다양한 이유가 있다. 그렇지만 나는 젠트리피케이션 연구자들이 자신들이 연구하는 도시이론 문화와 상이한 비#영미 도시이론 문화를 통해 서로 배우기를 바란다(Lees, 2012: 166).

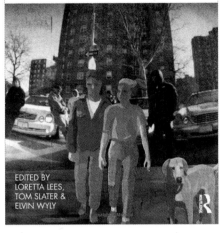

리스, 슬레이터, 와일리가 공동편집한 《젠트리피케이션 독본The Gentrification Reader》의 표지 | 애견과 함께 하는 젊고 힙한 백인 남녀 커플의 모습은 화려하게, 뒤에 보이는 사회적 소수자는 어두운 흑백 이미지로 표현했다. 이제 젠트리파이어 거주지는 오래된 저층 건물이 아닌 신축 고층 아파트다. (출처: Routledge)

　　리스는 이 글을 쓰던 무렵 갖게 된 불만 때문에 이후 비영미 학자 동료들과 협동연구를 한 것으로 보인다. 그 결과 국제 저널 《도회연구Urban Studies》 제53권 제3호(2015·6)의 동아시아 젠트리피케이션 특집호이자 동아시아뿐만 아니라 비서양 도시의 사례 연구를 모은 공동저서 《지구적 젠트리피케이션들Global Gentrifications》(Lees, Shin and Lopez-Morales [eds.], 2015), 그리고 같은 편저자가 쓴 《행성적 젠트리피케이션 Planetray Gentrification》(Lees, Shin and Lopez-Morales, 2016) 등과 같은 연구성과를 신속하게 내놓고 있다.

그런데 연구성과를 보면 리스와 그 동료들이 젠트리피케이션에 대한 정의를 지나치게 확대했다는 인상을 받는다. 리스는 《지구적 젠트리피케이션들》의 서문에서 말루타스의 지적에 대해 반박한다. 리스에 따르면 말루타스가 제기한 젠트리피케이션의 핵심적 참조점인 젠트리피케이션 미학, 중간계급의 현존, 탈공업화는 "맥락적 부수현상 epiphenomenon"이다(Lees, Shin and Lopez-Morales [eds.], 2015: 7). 즉 리스는 소비측면 설명에서 중시했던 젠트리피케이션의 조건은 필수적이지 않다고 보았다.

말루타스가 젠트리피케이션을 영미 대도시에서 발생하는 과정으로 화석화시킨다는 리스의 지적에는 일리가 있다. 그런데 리스가 견지하는 젠트리피케이션의 필요조건은 계급양극화, 도시재생의 경제회로에 대한 투자증가, 서로 다른 형태의 전치들(Lees, Shin and Lopez-Morales [eds.], 2015: 8)이라는 정치경제적 요인들이다. 그 요인들이 필요조건이라는 것을 인정한다고 해도 충분조건은 아니지 않을까? 또한 필요조건으로 열거한 세 가지는 그동안 비영미 도시에서는 젠트리피케이션이라고 부를 필요가 없던 것 아닐까? 이런 질문을 품고 비영미 도시인 서울로 다시 돌아가야 할 것 같다.

어떤 괴리, 그리고 그 괴리의 조정

국내외 학계에서 서울을 비롯한 아시아 도시의 젠트리피케이션 연구가 진행된 것은 그리 오래되지 않았다.[8] 2010년대 초까지 이들 연구 대부분은 이제까지 한국에서 뉴타운이라고 불린 전면 철거와 재개발에 기초한 도시개발을 대상으로 하고 있거나(Shin, 2009; Kyung and Kim, 2011; Shin and Kim, 2016; Ha, 2016), 그렇지 않더라도 국가가 주도하고 자본이 개입한 도시미화(Lim et al., 2013)를 대상으로 한다.[9] 2010년대 초까지 한국 도시의 젠트리피케이션을 분석한 연구 대다수는 젠트리피케이션의 세 번째 물결에 들어가는 도시(재)개발에 초점을 맞추어, 첫 번째와 두 번째 물결에 관심을 크게 두지 않았다.

정치경제학 과정에 초점을 맞추고, 계급형성을 본질로 삼은 젠트리피케이션 연구들에 특별한 결함이 있는 것은 아니다. 젠트리피케이션 연구는 오래된 건물을 새로운 용도로 재활용하는 고전적 젠트리피케이션뿐 아니라 호화로운 고층 거주단지를 짓는, 이른바 신축 젠트리피케이션을 비롯한 다양한 형태를 연구하는 것도 포함한다. 이 점을 받아들인다면, 앞의 논의들에 비판적일

---

8   상하이, 광저우, 홍콩 등 중국 도시에 대한 사례연구는 허션징(He, 2010; 2012), 장 외(Zhang et al., 2014), 레이와 테오(Ley and Teo, 2013)를 참조.

9   이선영·주경식(2008)과 최병현(2012)의 경우는 2000년대 이후 나타나고 있는 신축 젠트리피케이션과 유사한 현실을 분석한다는 점에서 이들의 연구와는 다르다. 이선영·주경식은 이 현실에 비판적인 반면 최병현은 그렇지 않다.

필요는 없다.

　그렇지만 2010년대 중반이라는 시점에서는 젠트리피케이션에 관한 학계와 언론계의 담론 사이에 괴리가 있다. 분명히 2013년 이전 학술연구의 초점은 2014년 이후 언론보도의 초점과 사뭇 다르다. 2010년대 중반에 언론에서 젠트리피케이션이 일어나는 장소로 주로 언급한 곳은 홍대앞 인근, 삼청동과 서촌, 신사동(가로수길), 이태원(경리단길)과 한남동 등이었다. 이곳에서는 저층 건조환경이었던 거주지를 상권으로 개조하는 흐름이 지배적이다.

　재개발에 기초한 신도시(뉴타운) 건설을 주거 젠트리피케이션, 거주지를 상권으로 개조하는 흐름을 상업 젠트리피케이션으로 유형을 구분해 둘 사이의 절충을 시도하는 것은 좋은 해결책일까? 그렇지는 않다. 그 이유는 앞서 언급한 연구들이 행위자들의 문화적·미학적 성향이 특정 장소에 어떻게 배치되고 전개되는지에 대해서는 침묵하기 때문이다. 그럴 때 뉴타운의 고층 아파트 단지에 사는 행위자와 도심의 저층 건물에서 사는 행위자 사이의 차이는 거의 없어진다. 두 행위자들을 중간계급, 이른바 젠트리파이어라는 하나의 범주로 보는 시각은 지금의 현실을 세밀하게 파악하지 못한 결과다. 뉴타운의 고층 아파트 단지에 사는 행위자에게는 나름의 젠트리피케이션 미학이 없다고 단정할 수는 없다. 그 점은 2010년 초까지 한국 도시의 젠트리피케이션을 분석한 연구들에서 뚜렷이 다루고 있지 않다. 어떤 사람에게 글로벌 젠트리피케이션으로 보이는 것이 다른 사람에게는 그저 로컬 재개발로 보이는 것이다.

　여기에 한 가지 논점을 더할 수 있다. 어떤 개념이 어떻게 감각되고 경험되고 수행되는가를 주목하는 것은, 그 개념을 엄밀하게 정의하는 것만큼이나 중요하다. 마찬가지로 젠트리피케이션 개념을 엄밀하게 정의하는 것도 중요하지만, 특정한 시공간에 놓인 행위자들이 이를 어떻게 감각하고, 경험하고, 수행하는지를 더 세밀하게 주목해야 한다. 그래서 이 책은 지구적 젠트리피케이션이라는 프레임으로 총체화된 지리학을 추구하지도 않고, 행성적 젠트리피케이션이라는 프레임으로 총체화된 역사학을 추구하지도 않는다. 이 글, 그리고 이 책 전체는 구체적 시공간에서 젠트리피케이션이라고 불리는 현실이 어떻게 펼쳐지는지 말할 뿐이다.

　적어도 2000년대까지 한국에서 뉴타운 재개발을 겪은 당사자들은 이를 젠트리피케이션으로 감각하거나 경험하지 않았다. 젠트리피케이션은 특정한 시공간에서 특정한 행위자에 의해 감각되고, 경험되기 시작했다.[10] 그때는 2000년대 말 이후 서울 도심, 또는 도심에서 가까운 장소에 자리를 잡고 살거나 사업을 하

10　이 시점은 박해천이 젠트리피케이션을 부동산 열풍이 지나간 이후의 단계로 묘사한 시점과 일치한다(박해천, 2013: 174-176). 김걸이 "젠트리피케이션은 쇠퇴한 도시 내부의 부동산과 기능을 재생시킨다는 측면에서 쇠퇴하는 도시를 재활성화시키는 하나의 대안이 될 수 있을 것" (김걸, 2007: 48)이라고, 황창서가 "젠트리피케이션 개념의 부동산 개발은 이명박 정부에서 활성화될 것이다" (황창서, 2008: 153)라고 주장한 시점은 부동산 경기가 구조적 침체에 빠진 때였다.

던 예술가 및 예술 관계자들이 임대료 문제, 넓게 보아 부동산 문제로 고통을 겪기 시작한 때였다.

젠트리피케이션 담론은 문화예술계 종사자(이하 '문화예술인')들이 임대료 상승과 그에 따른 비자발적 전치에 반대하는 투쟁, 즉 반反젠트리피케이션 투쟁을 하면서 만들어간 연대를 통해 비로소 사회적 담론으로 떠올랐다. 2000년대를 거치면서 문화예술인들이 자신들의 장소라고 주장하던 곳에서 밀려나는 경험을 하면서 그 대안을 모색하는 과정에서 젠트리피케이션이라는 단어가 도입되고, 고안되고, 공유되고, 공인된 것이다.[11] 그 과정에서 가장 중요한 사건은 서문에서 언급한 두리반 사건이다.[12]

부동산 중개업자의 기획, 건물주의 갑질

이상을 고려할 때 2010년대 중반의 쟁점은 '젠트리피케이션의 정의, 원인, 형태가 무엇인가'라는 문제를 뛰어넘는다. 젠트리피케이션이라는 게임을 통해 승자와 패자가 누구인지 명확하게 구분된 상태에서, 서로 다른 주체들이 이를 겪어나가는(Doucet, 2009) 방법과 양상으로 논점이 진화하고 있다. 젠트리피케이션이 일어나고 있는 장소를 찾아가면, 승자와 패자 이외의 다양한 행

---

11 젠트리피케이션에 반대하는 투쟁에서 사회적 담론을 만들어낸 가장 영향력 있는 책은 독립출판물로 나온 《공공 도큐먼트2―누가 우리의 이웃을 만드는가》(미디어버스, 2013)다. 연구자가 아닌, 예술가와 활동가가 쓴 이 책에서 젠트리피케이션을 경험한 다양한 행위자들의 목소리를 들을 수 있다. 한편 젠트리피케이션의 대표적 사례로 언급되는 홍대 앞에 대해서는 김수아(2013) 및 홍대앞연구네트워크(2015)를 참조.

12 두리반 운동에 대한 자세한 분석으로는 옥은실·김영찬(2013)을 참조.

위자들이 아직 그곳에, 또는 그 가까이에 존재한다. 젠트리피케이션의 대표적 장소로 언급되는 홍대 앞은 그 중심인 서교동 일대가 난폭하게 상업화되어 게임이 끝난 것처럼 보이지만, 아직도 그곳을 지키고 있는 사람들이 꽤 있다. 전치되었다고 해도 인근인 상수동, 망원동, 성산동, 연남동 등으로 이동한 사람들도 있고, 문래동, 한남동, 을지로 등 더 먼 곳으로 이동한 사람도 있다. 이렇게 젠트리피케이션은 한 번 나타났다가 사라지는 과정이 아니라 부단하게 지리적으로 파급되고 변이되는 과정이라 하겠다.

젠트리피케이션이라고 불리는 과정이 특정 장소에서 취하는 특정 형태에 대해서는 몇 가지 논평할 것이 있다. 서양 도시에서는 블록별로 새로운 중간계급의 거주지 및 편의시설들amenities이 점차 개조되는 형태인 반면, 아시아 도시에서는 많은 방문객의 소비와 여가를 위한 핫스팟hotspot을 갖춘 상권으로 개조되는 형태다(Yip and Tran, 2016: 492).

젠트리피케이션이 일어난 장소로 자주 언급되는 서울의 여러 핫 플레이스에서 볼 수 있듯이 임대료가 상대적으로 저렴하지만 독특한 매력을 가지고 있어서 예술과 관련된 장소가 많았던 곳에 점차 스타일리시한 카페, 레스토랑, 바 등이 들어서면서 부동산 시세와 임대료가 들썩인다. 그 결과 그곳에 살거나 그곳에서 사업을 벌이던 문화예술인들이 다른 곳으로 밀려난다. 거주지가 상권으로 전환되는 것과 더불어 기존 상권의 성격도 변하는 것이다. 처음에는 창의적 발상으로 만들어지고 운영되던, 그래서 상업적이라 부르기 힘들었던 곳들이 시간이 흐르면서 치밀하고 체계적인 기획을 따르는 본격적인 사업장소로 바뀌고 있다.

젠트리피케이션은 일, 주거, 상업이라는 일상생활의 폭넓은 영역에서 일어나지만, 현재 서울 및 한국 대도시에서는 문화예술과 관련된 사업을 벌이는 데서 가장 집약적으로 일어난다. 이런 상업적 전치의 가장 부정적 양상은 부동산 중개업자가 기획을 하고, 건물주가 임대업자로서 갑질을 하고, 프랜차이즈 업체가 새로운 임대인으로 들어오면서 최고조에 이른다. 핫 플레이스로 인증된 곳에서 생업을 영위하던 사람들이 갑자기 뛴 임대료의 부담을 견디지 못하거나, 강제적으로 재계약을 거부당하거나, 건물이 물리적으로 철거되고 재건축되는 등 전치의 형태는 다양하지만 공통적으로 그 과정은 결코 자발적이지 않았다.

마음 편히 장사하고 싶습니다

젠트리피케이션이 일어나는 과정에서 상가임대차 문제가 부상한 것은 자연스럽고도 흥미롭다. 건물주의 횡포로 생업을 아예 접거나 다른 곳으로 자리를 옮기는 일이 빈번해지면서, 2010년대 중반에 이에 반발하는 집단적 목소리가 나오고 있다. 특히 피被전치자the displaced가 문화예술인이라는 상징적 지위를 벗어던지고 상인으로서 자신의 정체성을 재정의하면서 보통의 자영업자와 연대하는 모습이 보인다. 대표적인 행위자 가운데 하나로 '맘 편히 장사하고픈 상인들의 모임', 줄여서 '맘상모'라고 부르는 단체를 들 수 있다. 단체의 주요 구성원은 문화예술 관련 일을 하며 카페나 식당을 문화공간으로 운영하는 사람들로, 이들은 자영업자 및 상인과 연대해 임대차 관련 법령과 제도의 개선을 요청하는 운동을 벌이고 있다.

젠트리피케이션으로 전치되는 주체들은 상인에만 그치지 않는다. 수익을 목표로 생업을 꾸려나가지 않는 행위자인 예술가들은 전치로 받는 물질적·정신적 피해가 더 크다. 예술가나 제작자 들이 핫 플레이스에서 밀려나는 경우 젠트리피케이션이 쉽게 일어나지 않을 만한 곳으로 이동하는 현상이 관찰된다. 새롭게 문을 연 젊은 예술가들의 갤러리와 작업실은 이제 더 이상 인사동, 삼청동, 서교동, 신사동 등 이미 젠트리피케이션이 진행된 곳에 모여 있지 않고 영등포동, 창신동, 황학동, 을지로, 상봉동 등 지금까지 예술과는 거리가 멀었던 허름한 곳들에 퍼져 있다.

마지막 행위자로는 스스로를 상인과 예술가 사이에 위치하는 소규모 독립생산자 또는 제작자maker[13]라고 부르는, 예를 들면 디자이너, 공예가, 건축가, 사진사, 요리사 등이 있다. 이들은 문화기획, 사회적 경제, 청년활동, 마을만들기 등을 목적으로 하며 자신들의 새로운 장소를 찾아나서고 있다. 그 가운데 급진적인 일부는 쓰지 않는 공공시설을 작업 및 실험 공간으로 활용함으로써 시장에서의 '정상적'인 임대차 관계를 뛰어넘으려는 실험을 집단적으로 모색 중이다.

13　제작자나 제작문화에 대한 상세한 논의로는 미디어버스, 《공공 도큐먼트 3—다들 만들고 계십니까》(미디어버스, 2014)를 참조.

이 책의 각 장에서는 앞서 살펴본 사례를 더욱 구체적으로 다룬다. 젠트리피케이션은 일시적으로 등장했다 사라지는 사건이 아니라 불균등한 시간성을 통해 부단히 진행되는 과정이며, 승자와 패자를 가리는 것으로 그치지 않고 여러 명의 행위자 사이의 대항, 갈등, 경합이 얽히고설키는 복잡성의 장the field of complexity에 놓여 있다. 최근 몇 년 사이에 진행된 젠트리피케이션 현상 및 이에 반대하는 투쟁은 단지 민간(주로 건물주와 세입자) 사이의 게임을 넘어 사회성(또는 사회적 가치)과 공공성(또는 공공적 가치)을 두고 서로 경합을 벌이거나 교섭하는 단계로 나아가고 있다.

나가며: 서울의 젠트리피케이션 세대

이 장에서 다룬 논점은 뒤에 나올 각 장에 나오는 구체적 사례연구를 통해 검증되거나 반박될 것이다. 그렇기에 여기에서 어떤 결론을 내리는 것은 적절하지 않은 듯하다. 단지, 이제까지 추상적으로 전제했던 하나의 논점을 명확히 하는 것으로 결론을 대신하고자 한다. 그 논점은 서울 젠트리피케이션이라는 장場의 주요 행위자에 대한 것이다.

먼저 그 행위자들을 특정한 세대의 특정한 집단으로 정의할 수 있다. 이들은 1970년대 중반부터 1980년대 중반에 태어난 세대 가운데 1990년대 중반 이후 독립이나 대안이라는 수사를 동반한 문화를 향유했던 경험이 있는 집단이다. 이들은 대학에서 예술적 소양을 쌓고, 문화적 실천에 참여하고, 외국(주로 서양)에서 살아본 경험 등을 통해 특정한 문화적 취향과 미학적 성향을 가지고 있다. 이 집단 안에도 다양한 결들이 존재하겠지만, 그 결들 사이의 차이는 이 집단과 다른 집단과의 차이에 비하면 그리 크지 않다.

또한 이들은 2000년대를 거치면서 한국사회에 불어닥친 신자유주의적 구조조정으로 인해 가장 고통받은 집단이기도 하다. 2010년대에 접어들면서는 성인 세대로 진입하는 생애주기의 한 국면을 맞고 있다. 이들에게는 4인 가족을 꾸려 신도시 30평형 아파트에서 평범하게 사는 것은 더 이상 평생의 꿈이 아니다. 그건 현실적으로도 이루기 어렵고, 그들이 바라는 삶의 이상理想도 아니다. 대기업에 들어가게 되었다 해도, 이들은 노예처럼 일하다가 50대 전후에 버려지는 삶을 절박하게 추구하지도 않는다. 누구는 예술을 하고, 누구는 장사를 하고, 또 다른 누구는 제작을 한다고 해도 이들은 문화적 취향과 미학적 성향을 공유한다.

젠트리피케이션은 이들이 서울이라는 메트로폴리스에서 개인적 또는 집단적으로 수행하는 공간적 실천과 밀접히 관련된다. 이들은 젠트리피케이션과 관련해서 양가적이고 모순적인 지위에 있다. 자신들이 가진 창의적 감각으로 어떤 장소의 가치를 끌어 올리지만, 그렇게 가치가 상승한 뒤에는 내쫓기기에 바쁘다. 이와 같이 젠트리피케이션의 또 하나의 형태로 언급되는 세입 젠트리피케이션rental gentrification(Criekingen and Decroly, 2003; Criekingen, 2010)[14]은 이들을 젠트리파이어라고 비판하기 위한 것이 아니라, 이런 양가적 지위를 표현하고 젠트리피케이션의 다양성을 고찰하기 위해 생겨난 개념이다.

그러므로 이들을 그저 중간계급 젠트리파이어라고 규정하면서 논의를 끝내는 것처럼 공허한 일은 없다. 이들이 다르게 살아가기living differently를 실천하면서 특정 장소에 들어가 어떤 도회문화를 창조하고, 나아가 어떤 도시 공간정치를 수행하는가를 주목해야 한다. 만약 이들을 비판하고 싶다면, 이들이 만들어내고 있는 장소에서 다른 행위자들과 어떻게 상호작용하고 있는가를 사례별로 구체적으로 들여다보아야 한다. 이들의 실천을 낭만적으로 찬양할 필요도 없지만, 냉소적으로 경시할 필요도 없다.

여기 우리의 생각과 가장 비슷한 리베카 솔닛Rebecca Solnit의 말을 들어보자.

이런 도회문화로부터 활동가, 임차인 조직가, 교사, 벽화화가,

환경론자, 인권옹호자 등이 나오고, 이들은 직접적으로 다양성과

민주주의를 옹호한다. 1980년대 뉴욕의 이스트빌리지부터

최근 샌프란시스코의 미션Mission에 이르기까지, 동네에 늦게

---

14 세입 젠트리피케이션은 문화적 취향과 미학적 성향을 지닌 행위자들이자 임차인인 경우 이들에 의해 발생하는 젠트리피케이션을 말한다. 이 용어를 사용하기 전에 연구자들은 한계 젠트리피케이션marginal gentrification이라는 용어를 사용하기도 했다. 연구자에 따라서는 이런 젠트리피케이션의 형태를 해방적이라고 인식하기도 한다. 호흐슈텐바흐(Hochstenbach, 2013)와 멘데스(Mendes, 2013)를 참조.

진입한 사람들은 동네의 오래된 주민을 박탈하기보다는 그들과 자신들을 동일시하고, 그들을 지원한다. 그들, 그래 우리는 젠트리피케이션의 돌격대일 수 있지만, 나는 우리 행동이 문화 전체에 이득을 준다고 생각한다(Solnit, 2000).[15]

솔닛이 말한 도회문화는 이 글의 주제를 말해준다. 이 책은 특정한 문화적 취향과 미학적 성향을 가진 개인이나 집단이 서울의 어떤 장소에서, 솔닛의 도회문화를 만드는 실천에서 느꼈던 사랑과 상실[16]의 기록 또는 기억이다.

● 이 글은 《사이間SAI》 제19권(2015)에 게재된 〈서울의 젠트리피케이션과 도시재생 혹은 개발주의 이후 도시공간의 모순과 경합〉을 기초로 썼다. 그러나 이 책의 취지에 맞게 논문 내용을 대폭 수정·보완하면서 분량이 많이 늘어났다. 또한 이 책의 글쓴이들이 잡지나 신문에 쓴 짧은 글에서 일부 발췌한 부분도 있다.

15 솔닛은 캘리포니아에서 대안학교를 다닌 이후 환경, 인권, 장소, 예술에 대한 폭넓은 이슈를 다룬 책을 썼다. 이 인용문은 1990년대 샌프란시스코의 도시변화를 분석한 "보헤미아와의 작별Farewell, Bohemia"에 나온 것인데, 솔닛은 보헤미아가 영향력 있는 문화로 부상한 것을 두고 "전후 풍요의 시대라는 특별한 시대에서만 가능했다"라고 말한다. 이와 비슷한 논조로는 1990년대 시카고 위커파크의 신新보헤미아를 논하면서 예술가가 값싼 노동력이 되는 과정을 분석한 연구(Lloyd, 2002; 2006)를 참조. 솔닛의 이 논점은 이 책 곳곳에서 인용될 것이다.

16 '사랑과 상실'이라는 표현은 톰 슬레이터Tom Slater의 글에서 빌려왔다. 그가 말한 사랑과 상실은 "전치라는 황폐화의 맥락에서 나오는"(Slater, 2011: 581) 감정이다. 슬레이터는 이 감정을 중간계급 젠트리파이어가 아닌 피전치자에게서 찾는다. 이 책의 초점은 "중간계급 젠트리파이어의 형성과 구성에 대한 비판적 연구"라고 슬레이터에게 오해받을지도 모르겠다. 그렇지만 이 책은 중간계급 젠트리파이어와 노동계급 피전치자를 이분법적으로 나누는 것을 넘어서려고 한다. 슬레이터는 주킨이나 햄닛 등 선학자들도 비판하는데(Slater, 2006; 2010), 이는 마치 중간계급 히피를 비판하는 노동계급 펑크의 목소리처럼 들린다. 전치는 중요하지만, 전치 이후에도 삶은 오래 지속된다는 것이 더 중요하다.

59

1부

오래된 서울의 새로운 변화

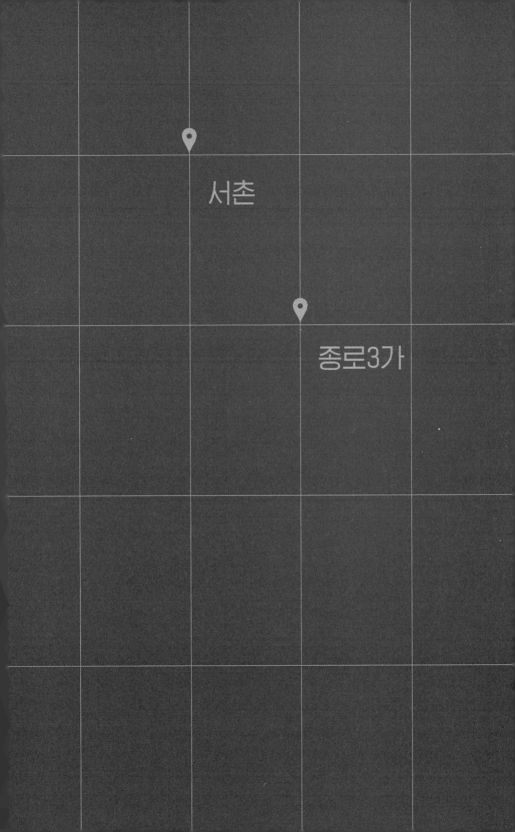

서촌

종로3가

예술가들은 마을에 대한 공동체 의식이 없어요. …… 예술분야 쪽은 자기영역에서 벗어나고 싶어 하지도 않고, 누가 자기영역에 들어오는 것도 싫어하고 오로지 자기밖에 없어요. 내 표현이 조금 서툴지 몰라도 (예술가들은) 배타적이에요.

그런데 거기(지금의 변화)에서 이득을 보는 사람들은 토박이들, 건물주의 아들, 딸이거나 건물주겠죠. 동네가 떠서 지가가 세 배 이상 상승하면 그 이득을 보는 사람들은 그들이죠. 저희는 또 쫓겨날 거에요.

1장

서촌

도심에 남은
오래된 동네의 고민

신현준

들어가며: 젠트리피케이션, 서울에 도착하다

'서촌'에 사람과 돈이 몰려오자…… 꽃가게 송씨 · 세탁소 김씨가
사라졌다(〈한겨레〉, 2014.11.24).

　　몇 년 전에 나온 한 일간지 기사제목이다. 서울 서촌 한 구
역의 토지용도 변경을 취재한 이 기사는 최근 서촌에서 토지의
주거용도가 감소하면서 상대적으로 상업용도가 증가하는 현상을
보도했다. 여기서 말하는 상업용도란 어떤 곳이 카페, 레스토랑,
와인바처럼 서촌을 방문하는 사람의 여가와 소비를 위해 쓰이는
것을 말한다. 이런 장소들이 꽃가게나 세탁소 등 이곳에 사는 주
민에게 필요한 곳을 밀어내고 있다.
　　이 기사에서 서울의 이 오래된 동네에 나타난 새로운 변화

는 부정적으로 묘사된다. 그 부정적 변화는 '젠트리피케이션'이라는 개념으로 명시되었고, 기사 말미에 "중·상류층이 도심의 주거지로 유입되면서 주거비용을 끌어올리고, 비싼 월세나 집값 등을 감당할 수 없는 원주민들이 다른 곳으로 밀려나는 현상"(《한겨레》, 2014.11.24.)이라는 내용이 덧붙여졌다. 이 기사에 정확하지 않은 설명이 있긴 하지만 젠트리피케이션이 구주민의 전치를 내포하고 있다는 핵심은 잘 짚고 있다.

서촌이 정확히 어디에 위치하는지, 그 경계가 어디에서부터 어디까지인지, 동네이름에 왜 방향을 뜻하는 '서西'라는 말을 붙였는지 등에 대해서는 본론에서 상세히 설명할 것이다. 서촌이 어디인지를 알고 있다면, 2010년대 이후 여러 대중매체가 핫 플레이스로 소개해온 곳이라는 점을 금방 알아챌 것이다. 하지만 도시개발로부터 소외되어 긴 시간 동안 정체해 있던 오래된 도시마을urban village이 갑자기 독특한 매력과 정감이 있는 곳으로 알려지면서 수많은 방문자를 끌어들이고 있는 현상의 이면에는, 오랫동안 이곳을 지키던 주민이 받은 물질적·정신적 피해가 존재한다. 젠트리피케이션은 이러한 차가운 현실을 묘사하는 적절한 단어이자 "더러운 단어dirty word"가 되었다.

이 글에서는 서촌을 사례로 최근 서울 곳곳에서 진행 중인 공간변화와 장소만들기의 성격, 형태, 그리고 그 변화의 주체를 다룰 것이다. 이를 위해 먼저 젠트리피케이션을 이론적으로 검토하고, 서촌이라는 장소가 가진 역사성을 소개하고자 한다. 여기

서촌은 공사 중 | 2000년대 말, 구도심 가운데 인사동과 북촌은 더 이상 오래된 동네
라고 불릴 수 없을 정도로 변질되었지만 그때만 하더라도 서촌은 변질에서 상대적으
로 자유로웠다. 2010년 이후 서촌은 핫 플레이스로 떠올랐고, 동네 곳곳에서 공사하는
모습을 발견할 수 있었다. (출처: 신현준)

에 젠트리피케이션 연구 시각과 방법에 대한 논의도 덧붙였다.
그다음 지난 2년 반 동안 진행했던 참여관찰과 심층면접(인터뷰)
을 통한 현장연구를 기초로 서촌이 어떻게 변해왔고 그 특징이
무엇인지 알아볼 것이다.

젠트리피케이션 개념의 탈맥락화와 재배열

우리나라뿐 아니라 외국에서도 젠트리피케이션이라는 용어가 가

리키는 현실의 내용과 형태가 시간의 흐름에 따라 지속적으로 "변이"(Lees et al., 2008: 129-162)했기 때문에, 젠트리피케이션을 유일하고 간결하게 정의 내리기는 쉽지 않다. 최근에는 젠트리피케이션 연구대상의 범위가 런던, 뉴욕과 같은 서양 도시에서 서울, 상하이와 같은 비서양 도시로 확장되어 새롭게 주목받으면서 그 외연이 더욱 복잡해지고 있다(Lees et al. [eds.], 2015). 그래서 글래스(Glass, 1964/2010)나 스미스와 피터 윌리엄스Peter Williams(Smith and Williams, 1986)가 수십 년 전 런던이나 뉴욕의 도시공간 변환을 논의한 것과, 신현방Shin Hyun Bang(Shin, 2015)이나 허션징(He, 2009)이 최근 서울이나 상하이의 도시공간 변환을 논의한 것을 비교해보면 전혀 다른 이야기처럼 들리기도 한다. 전자가 낡은 주택을 리노베이션하는 소규모 변화를 논한다면 후자는 고층 아파트를 신축하거나 재개발하는 대규모 변화를 주로 논하기 때문이다.

그동안 학자들은 서양(주로 영미권)에서 생산된 젠트리피케이션의 기존 이론을 다른 맥락을 가진 비서양 도시 사례에 적용하려는 것에 이견을 보여왔다. 국제학계에서 젠트리피케이션 이론들이 생산된 맥락과 한국(및 서울)의 맥락이 서로 다르다는 이유로 간단하게 무시하는 태도는 문제다. 기존 이론틀을 한국(및 서울)의 사례에 탈맥락화시켜서 적용하는 것은 더 큰 문제다(Maloutas, 2012: 40).

이 글에서는 젠트리피케이션 이론의 정통계보를 세워 그로부터 하나의 이론을 택하는 태도를 피하고, 젠트리피케이션에 관한 문헌자료로부터 여러 개념을 뽑아 이를 다시 배열해 분석·종합하고자 한다. 이 글에서 언급할 핵심 개념 세 가지는 다음과 같다.

첫째는 젠트리피케이션의 '겪기'라는 개념이다. 도시지리학자 브라이언 두세Brian Doucet가 제시한 이 개념은 "젠트리피케이션 과정이 종종 승자와 패자가 있는 것처럼 비춰지고, 그 논쟁은 젠트리파이어와 피전치자에 집중되어 있다"(Doucet, 2009: 299)라는 진단에 근거한다. 두세의 주장은 젠트리피케이션 과정에는 두 행위자뿐 아니라 더 많은 행위자가 존재하며, 젠트리피케이션이 이들 사이의 복합적 상호작용을 통해 작동한다는 사실을 전제한다. 따라서 젠트리피케이션과 그에 따른 전치라는 객관적 사실을 확인하는 것에 그치지 않고, 각 행위자 집단이 젠트리피케이션을 겪어나가는 주관적 경험 또한 검토해야 한다. 여기서는 서로 다른 입장에 놓인 행위자들이 젠트리피케이션을 겪어나가면서 어떤 감정을 갖는지, 또 이를 어떻게 표현하는지 살펴볼 것이다.

둘째는 입장이 서로 다른 행위자들이 어떤 자본을 배치하는가에 대한 공간자본spatial capital 개념이다. 라이언 센트너Ryan Centner는 2000년대 초 샌프란시스코의 공간변화를 연구하면서 프랑스의 사회학자 부르디외의 문화자본과 앙리 르페브르Henri Lefebvre의 공간생산이라는 두 개념을 결합해 공간자본이라는 개념을 만들었다. 주상적으로는 "자리 잡기의 능력the power to take place"(Centner, 2008: 198, 216), 구체적으로는 "도시공간에서 배타적 주장claim을 펼칠 능력"(Centner, 2008: 194-195)으로 정의되는 이 개념은 각각의 행위자가 어떤 과정으로 경제자본, 사회자본, 문화자본 등 상이한 형태의 자본을 동원해 도시공간을 변화시키고 장소를 만드는가를 다룰 때 유용하다. 이 글에서 공간자본이라는 개념이 전면에 등장하지는 않겠지만 각 행위자들이 어떤 자본을 끌어와 공간을 변화시키고 장소를 만드는가를 논할 때, 센트너의 아이디어를 적극적으로 활용할 것이다.

마지막은 재퍼니카 브라운-새러시노Japonica Brown-Saracino가 구분한 '젠트리파이어와 사회적 보존주의자social preservationist'라는 개념이다. 그에 따르면, "젠트리피케이션이 공간의 미래에 대한 투자라면, 사회적 보존은 장소의 과거와 현재에 대한 투자"(Brown-Saracino, 2004: 135)다. 젠트리파이어와 사회적 보존주의자를 이분법적으로 구분하는 논리는 무리라는 주장도 있다. 그 주장은 실제로 어떤 장소의 신입자newcomer, 즉 새로 들어오려는 사람 가운데 그곳을 바꾸려는 사람과 그곳을 지키려는 사람의 욕망과 지향을 같게 볼 수 없다는 점을 시사한다. 이 글에서는 보존(또는 보전)이 핵심이슈인 장소를 사례로 들기 때문에 젠트리파이어와 사회적 보존주의자를 구분하는 것은 매우 중요하다.

여기서는 이 세 가지 핵심개념을 분석도구로 삼아 서촌에 젠트리피케이션이 일어나고 있음을 단순히 긍정(또는 부정)하는 것을 뛰어 넘고자 한다. 지난 2년간 서촌의 젠트리피케이션 과정을 파악하기 위해, 이곳에서 젠트리피케이션을 겪어나가는 다양한 입장의 행위자를 선별해 그들 사이의 상호작용을 파악하기 위한 현장연구를 진행했다. 이는 장소만들기가 "그 과정에 내포된 사회적 관계들, 따라서 권력관계들의 복잡성을 드러내는 능력을 갖는다"(Lombard, 2004: 17)라는 도시학자 멜라니 롬바르드Melanie Lombard의 주장에 동의해서다. 이 글에서는 서촌이 젠트리피케이션을 겪고 있다면, 그 과정에서 어떤 성격의 장소가 만들어지고, 사람들이 그 장소에 대해 어떤 감정적, 더 정확하게는 정동적affective 애착 또는 분리를 보이는가에 많은 주의를 기울였다.

서촌 또는 오래된 서울의 가까운 과거

서촌은 지리적으로 경복궁과 청와대의 서쪽에서 인왕산 기슭에 이르는 지역을 말한다. 현재 행정구역상으로 종로구에 속하는 열다섯 개 법정동에 걸쳐 있다. 동 개수가 많아 보이지만 도심 법정동의 면적이 매우 작아 전체 면적은 1.8제곱킬로미터 정도로, 행정동으로는 두 개 동(청운효자동과 사직동)만 포함된다. 이 지역은 남북으로 가로지르는 도로를 기준으로 대략 세 구역으로 나뉜다. 경복궁에서 가까운 순서로 설명하면 1) 통의동, 창성동, 효자동, 궁정동이 소재한 구역, 2) 체부동, 통인동, 신교동이 소재한 구역, 3) 누상동, 누하동, 옥인동이 소재한 구역을 말한다.[17] 1)과 2) 사이에는 자하문로가, 2)와 3) 사이에는 필운대로가 가로로 놓여

19세기에 김정호가 제작한 수선전도(위)와 일제강점기 경복궁 일대 사진(아래)에서 서촌의 위치(선으로 표시된 부분) | 서촌은 지리적으로 경복궁과 청와대의 서쪽에서 인왕산 기슭에 이르는 지역을 말한다. (출처: 서울역사박물관(위), 미상(아래))

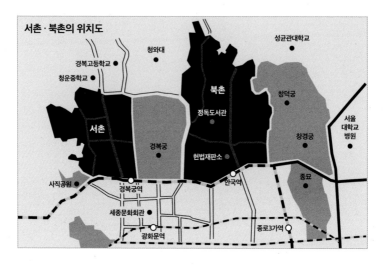

서촌과 북촌의 위치 | 권력의 중심 청와대, 역사유적 경복궁, 자연경관 인왕산에 가깝다는 이유로 이곳은 1970년대 중반부터 1990년대 중반까지 정부의 엄격한 규제를 받아왔다. 그러나 1990년대 들어 이 지역은 새로운 국면에 접어들었다.

있다.

서촌이라는 이름은 과거에도, 현재에도 공식 지명이 아닌 별칭이다. 몇몇 역사문헌에서 서촌에 대한 기록이 산발적으로 나오기는 하지만, 서촌이 서울 역사에서 뚜렷한 존재감을 지닌 것은 아니었다. 똑같이 비공식 지명이긴 하지만 북촌과 남촌은 식민지 시대 이후 청계천을 기준 삼아 서울을 나누는 선명한 장소감sense of place을 가지고 있는 반면, 서촌은 그 장소감이 뚜렷하지 않았다.

17 적선동 일부는 1), 내자동 일부는 2), 사직동 일부는 3)에 각각 포함되지만, 그 면적은 크지 않다. 필운동은 2)와 3)을 합한 구역의 남쪽에 걸쳐 있고, 청운동은 1)부터 3)을 아우르는 구역의 북쪽에 넓게 위치한다.

현재 서촌이라 불리는 곳은 과거에는 넓은 의미에서 북촌의 일부였다고 말해도 그리 틀리지 않다. 이때의 북촌은 현재 북촌이라 정의하는 장소보다 넓고 추상적인 개념을 가진 장소였다.

20세기 후반 이후 구도심, 이른바 사대문 밖으로 사방팔방 뻗어나가 거대한 메트로폴리스를 형성한 서울 도시발전 역사를 생각해보면, 서촌이 서울에서 가장 오래된 주거지 가운데 하나가 된 것은 자연스러운 일이다. 서촌을 포함해 현재의 사직로에서 율곡로로 이어지는 구도심 북쪽은 남쪽의 번화가와 구분된 주택가로서의 성격을 오랫동안 유지해왔다. 그 결과 구도심 북쪽은 한옥, 일식가옥(적산가옥), 양옥 등 낮은 층의 오래된 건물로 이루어진 건조환경, 이들을 연결하는 좁고 구불구불한 골목길로 이루어진 가로街路구조로 서울의 다른 곳에서는 볼 수 없는 독특한 장소감을 유지·보존해왔다.

역사를 팝니다, 도시를 팝니다

서촌의 장소가 만들어지는 데서는 역설적으로 주민의 자발적인 보존노력보다 권위주의 시대 정부의 강압적인 정책이 더 크게 작용했다. 권력의 중심 청와대, 역사유적 경복궁, 자연경관 인왕산에 가깝다는 이유로 이곳은 1970년대 중반부터 1990년대 중반까지 정부의 엄격한 규제를 받아왔다. 정부는 이곳을 고도지구, 미관지구, 경관지구 등으로 지정해 건축행위를 제한했다(임희지, 2012: 11-15). 그로 인해 이 지역은 도시개발로부터 소외되거나

방치된, 서민들이 사는 오래된 동네라는 정체성을 유지해왔다.[18]

1990년대 들어 서촌은 새로운 국면에 접어들었다. 1993년 이후 고도제한이 부분적으로 풀리면서 다가구 주택이 지어지기 시작했고, 2000년대 후반부터는 주거환경 개선이라는 이름으로 재개발 사업이 곳곳에서 추진되기도 했다. 하지만 대규모 아파트 단지는 생기지 않았다. 이는 사직로와 율곡로 맞은편 구역(내수동 일대)에 주상복합 아파트와 레지던스호텔이 들어선 것과 대조적이다. 서촌의 도시발전은 1990년대 중반 이후에도 구도심의 가까운 지역과는 상당히 다른 방식으로 이루어졌다.

여기서 지방자치제 이후, 특히 이명박 전 서울시장(2002~2006)부터 오세훈 전 서울시장(2006~2011)에 이르는 약 10년 동안의 서울시 도시정책에 따른 부작용을 논하지 않을 수 없다. 두 이전 시장은 서울의 글로벌 경쟁력을 강화한다는 명목으로 도심 재개발을 통한 도시마케팅과 도시브랜딩을 공격적으로 추진했다. 이는 2007년 당시 오세훈 시장이 발표한 〈도심재창조 프로젝트〉로 집대성되었다. 도심재창조 국제포럼 개회사에서 "이제는 도시가 잘 팔려야 나라가 부자가 됩니다. 여기서 중요한 것은 도시의 브랜드입니다"(오세훈, 2007: 3)라고 언급한 그의 말에 그 취지가 함축적으로 드러났다.

2000년대에 행해진 〈도심재창조 프로젝트〉는 세계 10위권 도시진입과 역사문화 도시라는 현란한 어구로 채워졌다. 또한 도

18 　김유란(2013)과 이나영(2014)의 석사학위 논문은 서촌의 진화를 상세히 묘사한다.

심재개발 정책은 경제활성화나 환경개선이라는 그럴듯한 목표와 더불어 역사와 자연의 복원과 보존을 함께 내세웠다. 청계천(cf. Lim, Kim, Potter and Bae, 2013), 서울성곽(한양도성), 종묘(Yeo and Han, 2010) 등이 널리 알려진 예다. 도시정책 수립과 집행과정에서 한옥과 골목길을 비롯한 전통장소들이 역사문화 유산으로 재평가되면서 보전과 진흥의 대상이 된 것이다. 서울시가 2008년에 〈한옥선언〉(주택국 주거정비과, 2008), 2010년에 〈지구단위계획〉(서울시, 2010; 임희지, 2012: 16-24)을 발표한 것은 도시마케팅 전략이 역사나 전통을 어떻게 동원하는지 보여주는 예다.

서촌은 인사동, 북촌과 다른가

1990년대 이후 이어진 정책은 왜 구도심의 어떤 장소들은 신축 고층 건물이 죽 늘어선 글로벌한 첨단지역으로 바뀌었는데, 또 다른 장소들은 기존 저층 건물들을 그대로 둔, 전통적이고 로컬한 모습을 유지하게 되었는지 그 이유를 말해준다. 후자는 문화공간으로 간주된 장소들, 대체로 사직로와 율곡로 가까이 구도심 북쪽에 해당하는 곳이다. 이들 가운데 2000년대 급격한 전환을 겪은 곳은 서촌이 아닌 인사동, 북촌, 대학로 등 문화지구[19] 또는 보존지구 등 지구정책이 시행되었던 지역들이었다.

2000년대의 서울시 도시정책을 평가하기에는 이른 감이 있

19　문화지구는 현재 인사동(2002), 대학로(2004), 헤이리(2009), 인천 개항장(2010), 이 네 곳이다(괄호 안은 지정연도). 문화지구 지정의 효과에 대한 비판적 분석으로는 윤(Yoon, 2007)을 참조.

지만 그 정책을 재앙으로 여길 정도로 반대하는 사람도 있다. 도시연구자 한정훈은 "인사동은 경제논리에 밀려 기존의 모습을 잃어버렸고, 북촌은 지하를 파고 콘크리트로 뒤덮은 개조한옥들로 무성해졌으며, 복개된 청계천은 도심에 거대한 인공분수를 남기고 말았다"(한정훈, 2010: 134)라고 평가했다. 이 오래된 동네에서 주민들이 지속적으로 유지하고 있던 사회관계가 단기간에 무너졌다는 점은 더 큰 문제다. 주민단체의 노력에도 불구하고, 이 장소들은 주민보다는 "방문자 계급"(Eisinger, 2000)에게 봉사하는, 이른바 "연예기계entertainment machine"(Lloyd, 2000)[20]로 변하고 있다고 해도 지나친 말이 아니다.

이상은 2010년을 전후해 서촌이 핫 플레이스로 떠오르게 된 맥락을 설명해준다. 2000년대 말, 구도심 가운데 인사동과 북촌, 삼청동과 같은 곳에서 도시발전에 따른 부작용이 눈에 띄기 시작했고, 몇몇 학술논문에서는 이를 젠트리피케이션으로 묘사했다.[21] 인사동과 북촌은 더 이상 오래된 동네라고 불릴 수 없을 정도로 변질되었지만 그때만 하더라도 서촌은 변질로부터 상대적으로 자유로웠다. 그렇다고 해서 서촌의 장소만들기를 젠트리

20 '연예기계'는 포드주의 시대의 '성장기계growth machine'를 대체하는 용어로 로이드와 테리 클락Terry N. Clark이 《연예기계로서의 도시The city as an entertainment machine》에서 포스트포드주의 도시의 일반적인 특징으로 개념화한 말이다.

21 엘리제 윤Elise Yoon은 인사동과 북촌(가회동)에서 발생하는 변화를 "임대료 상승, 과밀, 전통적 성격의 상실"(Youn, 2007: 184) 등으로 관찰하면서 "젠트리피케이션"(Youn, 2007: 187)이라는 용어를 사용했다. 삼청동 연구는 김학희(2007)와 정지희(2007)의 연구를 참조. 한정훈(2010)이 젠트리피케이션이라는 용어를 쓴 것과 달리 김학희와 정지희는 도심 재활성화나 가치상향적 상업화라는 중립적 용어를 사용했다.

피케이션이 한 곳에서 다른 곳으로 파급되는, 즉 "파급 젠트리피케이션overspill gentrification"(Lees, Slater and Wyly, 2008: 250-255)으로 해석할 수는 없다. 그 이유는 서로 다른 행위자가 각자 다른 서사, 실천, 정동情動을 동반하며 서촌이라는 장소를 만들었기 때문이다. 이제 각 행위자들을 네 범주로 구분해 그들이 서촌에서 어떻게 장소만들기를 해왔는지 알아보고자 한다.

토박이부터 자영업자까지, 서촌을 만드는 사람들

신新주민: 현대판 중인中人, 서촌에 모여든 문화예술인들

1980년대 말부터 1990년대와 2000년대를 거치면서 건축가, 언론인, 문인, 예술가, 영화인 등 몇몇 이름 있는 사람들이 서촌으로 이사했다. 그들 대부분은 인문학과 예술에 소양이 깊고 중간계급에 속하는 전문직 종사자로, 오래된 집을 구입해 가족과 살거나 작업실로 쓰기도 했다. 이들 중에 거주기간이 십 년이 훨씬 넘은 사람들도 있지만, 뒤에 나올 토박이와 구분하기 위해 이들을 신주민이라고 부르기로 하자. 이 행위자는 젠트리피케이션을 다룬 문헌들에서 "도시선구자urban pioneer"(Lees, Slater and Wyly, 2008: 3-38)[22]로 언급한 주체에 가장 가깝다. 북아메리카와 서유럽에서 말하는 1973년 이전, 즉 "젠트리피케이션의 첫 번째 조류"(Hackworth and Smith, 2001: 467)와 같이 서촌 신주민은 산발적이고 고립적이며 자발적으로 이곳에 왔다. 이들의 이동규모는 크지 않았고 이동속도는 느렸으며, 이동과정에서 토박이들을 강제로 퇴거시키지도 않았다. 토박이들도 고급 취향을 가진 사람들이 동네에 들어오는 것을 드러내놓고 반대하지 않았다.

이들 신주민이 서촌에 자리 잡는 과정에서 동원된 담론과 실천은 흥미롭다. 논란은 있지만, 서촌이라는 별칭을 처음 만든 이도 신주민이다. 2010년 서울역사박물관에서 발간한 두 권의 《서촌 조사 보고서》(서울역사박물관, 2010)[23]에서 서촌이라는 이름이 공식화되었다. 2008년 무렵부터 비공식적으로 쓰인 서촌이라는 명칭이 서울시 산하 기관의 공식 문서에 처음 등장한 것이다.[24]

또한 《조선의 중인들》(허경진, 2008; 2015)과 《오래된 서울》(최종현·김창희, 2013)과 같은 책들은 서촌에 터를 잡고 있거나 이곳에 깊은 관심을 가진 학자들이 방대한 자료를 기초로 서촌의 역사를 연구한 지적 성과들이다. 이 책들에 따르면 서촌은 조선시대의 중인이 자리 잡은 대표적 장소였다는 점에서 사대부가 살

22 도시선구자는 '선구자 젠트리파이어'로 불리기도 하는데, 이는 연구자들 입장에 따라 다르다. 해방적 도시를 주장하는 논자는 '도시선구자'라는 표현을, 보복적 도시를 주장하는 논자는 '선구자 젠트리파이어'라는 표현을 선호한다.

23 두 권으로 된 이 보고서의 부제는 각각 '역사 경관 도시조직의 변화'(제1권), '사람들의 삶과 일상'(제2권)이다.

24 공식적 언급이라고 할 수는 없지만, 2010년 4월 11일 〈다큐멘터리 3일〉에서 '서촌 골목길의 3일' 편이 방영된 것이 서촌이라는 이름이 회자된 또 하나의 중요한 계기다.

았던 북촌과 구분된다. 기존 역사자료에서 중인의 모습이 제대로 표상된 적이 없었지만 서촌의 신주민은 조선시대, 특히 정조 때의 문화적 르네상스를 이끌었던 사람들로 재해석되고 있다.

이런 학술적 담론이 대중적으로 확산되기까지 그리 오랜 시간이 걸리지 않았다. 신주민은 자신들이 쌓아온 문화자본과 경제자본을 적극적으로 서촌에 끌어와 다양한 활동을 벌였고, 이로써 서촌은 바깥에 더욱 알려지기 시작했다. 이들이 속했거나 관계된 공식적·비공식적 단체들은 서촌을 주제로 역사답사와 강좌 등의 프로그램을 적극적으로 조직했다. 그 결과 서촌에는 현대의 중인이라고 부를 수 있는 문화예술인이 모이기 시작했다. 특히 통의동과 창성동 일대에는 이들이 운영하는 작업실, 갤러리, 스튜디오 등이 속속 들어섰고, 이들 사이에 커뮤니티가 자연스럽게 형성되었다. 예술경영자 C는 이 과정을 "옛날로 치면 송석원松石園[25] 같은 서촌 정체성이 형성되었다"라고 표현했다.

> 누가 주도해서 사람들이 들어온 게 아닌데도 만나서 이야기해
> 보면 몇 번 안 만났어도 금세 친해졌어요. 그때가 트위터가 막
> 활성화되던 때라 하루 이틀에 몇 백 개씩 (트윗을) 했을 거예요.
> 2007년부터 2009년까지 3년 동안 1주일에 한 번씩은 본 것
> 같아요. 취미, 취향, 성향이 정서적으로 겹쳐져 있는 사람들이 이
> 동네에 자연스럽게 모이게 된 거죠(C 인터뷰).

---

25 송석원은 정조 시대 천수경(千壽慶, ? ~ 1818)의 집으로 이곳에서 시사詩社를 운영했다고 알려지고 있다. 허경진(2008; 2015)과 최종현·김창희(2013)를 참조.

그중 가장 인상적인 행사는 2013년 이래 매년 봄에 개최하는 서촌 오픈하우스[26]다. 서촌 신주민은 이 행사를 통해 자신의 개인적 또는 공적 장소를 일반 사람에게 개방해 대화를 나누고 친목을 다진다. 경제자본에서는 어느 정도 차이가 나지만 문화자본은 각자 풍부하다는 공통점으로 이들 사이에 정서적 유대가 생겼고, 이는 곧 장소만들기로 이어졌다.

지역 개발 현안에 대해서도 이들은 전면철거에 기초한 재개발에 반대해왔다. 서촌이 가지고 있던 원래의 모습을 보존하면서 조용하고, 느리고, 고즈넉한 분위기가 유지되기를 바란 것이다. 재개발이 불가피한 경우, 기존 건물을 전면적으로 철거하지 않는 선의 도시재생을 지지해왔다.[27] 이곳에 들어온 어떤 건축가는 한 구역의 재개발과 관련해 더 근본적인 개발을 원하는 주민들과 마찰을 빚기도 했다.

서촌 신주민이 그리던 마을의 이상적 모습은 통의동 · 창성

26 오픈하우스 홈페이지에는 다음과 같은 문구가 있다. "어쩌다보니 한동네에 모여 지내고 있습니다. 건축, 디자인, 미술, 영화, 요리, 공방 등 경복궁 서측에는 다양한 개성을 지닌 문화예술인과 사무실, 가게, 그리고 그 안에 담긴 이야기가 있습니다. 통의동, 통인동, 누하동, 누상동, 옥인동, 효자동 등등 경복궁 서측의 작은 동네 안에서 자발적으로 형성된 콘텐츠 크리에이터Contents Creator들의 느슨한 커뮤니티들은 벼룩시장 같은 소소한 이벤트나 동네행사를 일상적으로 빌입니다." (http://xperimentz.com/seochon/archives/134)

27 "현재 '경희궁의아침'과 '스페이본'이 있는 그 땅을 그렇게 (재개발로) 쓴다는 것은 정말 역사에 죄를 짓는 일이었는데, 불행하게도 그게 대단히 성공적으로 분양이 되었어요. 그래서 역사문화 콘텐츠를 지키면서 도시재생을 해야 한다고 생각하는 사람들 입장에서 보면 참패를 당한 거죠. 할 말이 없어진 거예요."라는 건축가 K1의 발언은 한국에서 재개발과 도시재생을 어떻게 정의하고 있는지를 잘 보여준다.

2014년 11월 서촌에 자리잡은 건축가들이 개최한 강좌 프로그램 〈동네 재발견〉(위)과 2015년 서촌 오픈하우스의 한 장소인 갤러리 팩토리(아래) | 서촌은 조선 시대의 중인이 자리 잡은 대표적 장소였다는 점에서 사대부가 살았던 북촌과 구분된다. 기존 역사 자료에서 중인의 모습이 제대로 표상된 적이 없었지만 서촌의 신주민은 조선시대, 특히 정조 때의 문화적 르네상스를 이끌었던 사람들로 재해석되고 있다. 통의동과 창성동 일대에는 이들이 운영하는 작업실, 갤러리, 스튜디오 등이 속속 들어섰고, 이들 사이에 커뮤니티가 자연스럽게 만들어졌다. (출처: 신현준)

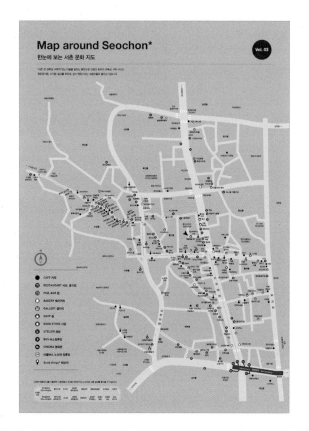

한눈에 보는 서촌문화지도 | 지도에는 카페, 갤러리, 서점, 공방 등의 장소가 표시되어 있다. (출처: Market m*)

동·효자동 일대에서 어느 정도 이루어진 듯하다.[28] 2000년대를 거치면서 갤러리들과 더불어 건축가 사무소, 디자이너 작업실, 출판사 사옥, 독립출판물 서점, 학술연구소 등이 곳곳에 생겼지만, 원래 살던 사람들의 일상을 크게 방해하지 않고 오히려 그

동네의 독특한 분위기를 이어갔다. 한옥을 비롯한 오래된 건물을 개조한 카페와 레스토랑도 요란하지 않게 자리를 잡았다. 서로 다른 시기에 지어진 다양한 층의 건물로 이루어진 건조환경은, 역사의 상이한 시간성을 환기시키면서 오래되어 보이면서도 고급스러운 분위기를 만들어냈다. 이곳에서는 새로운 무엇이 들어와도 오래된 것이 사라지지 않아 젠트리피케이션에 따르는 구주민의 전치가 공격적으로 이루어졌다는 이야기가 그다지 많이 들려오지는 않았다. 그렇지만 자하문로를 지나면 사정이 조금 달라진다. 이곳 토박이는 신주민이 구현하고 있는 이상에 강력하게 이의를 제기하기 시작했다.

토박이: 성군聖君에 대한 추억, 서촌이 아니라 '세종마을'

예술가들은 마을에 대한 공동체 의식이 없어요. ……예술분야 쪽은 자기영역에서 벗어나고 싶어 하지도 않고, 누가 자기영역에 들어오는 것도 싫어 하고 오로지 자기밖에 없어요. 내 표현이 조금 서툴지 몰라도 (예술가들은) 배타적이에요(J1 인터뷰).

28　한 석사학위 논문에 따르면, 통의동·창성동·효자동 일대에는 1977년 진화랑을 시작으로 한동안 갤러리가 들어오지 않았지만, 2002년 대림미술관, 2003년 브레인 팩토리, 2005년 갤러리 팩토리, 2006년 쿤스트독, 2007년 보안여관이 차례로 들어오고 그 뒤 2008~2010년 동안 열두 개가 더 개관했다(유동우, 2014: 37-38). 그 뒤에 갤러리들이 얼마만큼 들어왔는지 조사하지는 못했지만, 갤러리의 수가 그가 조사한 시점보다 더 많아진 것은 분명하다.

위에서 말하는 예술가란 앞서 소개한 신주민을 가리키는 듯하다. 마을활동가 J1은 통인시장에 접해 있는 낡은 서민아파트 건물 1층에 자리 잡은 사단법인 '세종마을가꾸기회'의 회장으로, 이 지역에서 30년 넘게 살아온 토박이다. 인터뷰 내용에서 토박이가 신주민과 소통하는 데 곤란을 겪으며 불편해 하는 감정을 엿볼 수 있는데, 이런 감정은 '서촌'이라는 이름을 겨냥했다. 세종마을과 서촌은 다른 곳이 아니다. 같은 장소를 서로 다른 두 이름으로 부르는 것이다.

2010년 서촌이라는 지명이 대중적으로 확산될 무렵 토박이들은 "지명 바로잡기 운동"(김영종, 2011)을 시작했고, 이 운동으로 '세종마을가꾸기회'가 결성되었다. 세종마을은 세종대왕이 준수방俊秀坊에서 태어났다는 역사적 사실에 기초한 이름이다. 준수방은 조선시대 한성부 북부 12방의 하나로, 현재 통의동과 옥인동 일부가 여기에 속한다. 세종마을가꾸기회는 2011년 5월 15일 세종대왕 탄신일을 기념해 세종마을 선포식을 한 이후, 매년 같은 날 세종마을 선포기념식을 한다. 이 행사의 하이라이트는 곤룡포를 입은 왕과 궁중의상을 차려입은 왕비와 신하를 재현한 어가행렬이다. 그 뒤로도 이들은 세종대왕 탄신일이나 한글날 등을 기념해 훈민정음 반포식, 궁중의상 체험 등의 행사를 열었다. 말하자면, 조선시대 역사적 의례를 통해 서촌의 상징과 정체성을 다시 정의하려는 것이다.

이 행위자들의 실천이 매우 진지하기 때문에 세종마을이

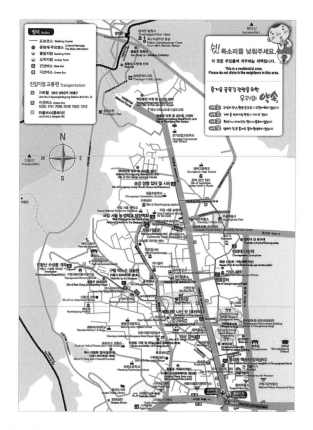

세종마을역사문화지도 | 지도에는 세종대왕 나신 곳, 사직단 등이 주요 관광지로 표시되어 있다. 서촌문화지도와 세종마을역사문화지도는 같은 장소가 가진 '문화'를 대하는 서로 다른 시선을 보여준다. (출처: 노블에드)

라는 명칭, 그리고 그 이름과 관련한 여러 행사 등 최근의 일들을 무시할 수가 없다. 2012년 12월 종로구는 사료를 바탕으로 조선시대 서촌이라는 지역은 현재 서촌이라고 불리는 곳이 아니라

"서소문 내외(서소문 부근 또는 정동 일대)"임을 밝혀냈다고 발표했다. 그후 2013년 8월 종로구 지명위원회에서 경복궁 서측 일대를 서촌이라고 부르는 것은 "역사적 근거가 없는 잘못된 명칭"이며, "옛 이름인 상촌上村이나 세종마을로 부르는 게 타당"하다고 의결했다. 그렇게 세종마을이 서촌의 공식 지명이 된 이후 세종마을 역사문화 지도가 제작되고, 금천교 시장에 '세종마을 음식문화거리'라는 간판이 달리고, 세종의 출생지로 짐작되는 곳에 비석이 세워졌다.

　역사적 사실을 둘러싼 논쟁에 관여할 나의 전문적 식견은 부족하지만, 양쪽이 다른 목적으로 상이한 역사적 서사를 동원하고 있다는 것은 명백해 보인다. 이 논쟁은 무엇이 옳은지 역사적 진실을 가리는 차원을 넘어 이 지역의 이해당사자 사이의 경합으로 이어졌다. 세종마을이라는 명칭은 종로구청과 세종마을가꾸기회와의 합작으로 만들어졌고, 종로구청장은 세종마을 선포식에 와서 축사까지 했다. 지명논쟁은 종로구와 서울시 사이의 갈등으로까지 번졌고, 공식 문서에는 '경복궁 서측'이라는 모호한 표현을 씀으로써 그 갈등을 임시변통으로 가리고 있다.

　21세기를 사는 보통의 시민이 왕조와 연관된 역사적 담론을 마을기획에 도입한 것은 아이러니하지만, 새로운 이름을 내세워 이 지역을 역사문화 마을로 만들겠다는 의도 그 자체를 반대할 필요는 없다. 그렇지만 세종마을이라는 지명이 관청이 지원하는 장소마케팅의 인공적 산물이라는 인상은 지우기 힘들다. 세종마을가꾸기회의 주창자들은 오랜 기간 동안 규제로 인해 열악한 주거환경과 지역의 정체를 경험해온 토박이 가옥주들, 이른바 지역 유지들이다. 2000년대 이후에도 이들은 재개발과 보존 사이에서 오락가락하며 혼란만 준 정부와 시의 도시정책을 강하게 불신한다. 특히 2008년의 〈한옥선언〉과 2010년의 〈지구단위계획〉을 통해 재개발 사업이 실질적으로 중단되면서 깊은 좌절감에 빠지기도 했다. 이런 상황에서 세종마을은 새로운 방식으로 장소를 마케팅하고 가치를 입히고자 하는 욕망이 드러난 예라 하겠다.

하지만 세종마을이라는 새로운 이름이 다수 토박이들의 정서를 사로잡을 수는 없다. 세종마을이 공식적으로 문서와 간판에 사용된다고 하더라도, 다른 사람들은 오히려 '서촌'이라는 명칭을 더 친숙하게 여기고 있으며 이곳을 서촌이라 부르는 것을 누구도 막을 수 없기 때문이다.

통인동에서 만화가게를 운영하는 토박이 L2는 "세종마을이라고 부른다고 해서 동네 프라이드가 올라간다고 말하는 건 웃기잖아요? ……저는 서촌이 제일 편해요"라면서 지명논란에 크게 신경 쓰지 않았다. 명리학자이자 한옥전문가인 토박이 K3는 세종마을 선포식에서 치러진 어가행렬에 대해 "무슨 가장무도회도 아니고…… 창피해서 보지 않으려고, 일할 것 있다고 말하고 올라와버렸다"라고 털어놓았다.

내가 만나본 토박이들은, 한편으로는 동네가 갑작스럽게 상업적으로 변해 낯설어 하면서도, 다른 한편으로는 동네가치가 올라가기를 원하는 양가감정을 가지고 있었다. 이는 주민, 즉 영토에 대한 주장을 하는 사람들 대부분이 가옥주이거나 건물주이기 때문이다. 먹자골목처럼 변해가는 금천교시장과 통인시장 사이인 체부동과 통인동 일대의 한옥 일부는 리모델링 공사 중이고 다른 쪽은 거의 방치되어 있다. 이는 마치 토박이의 모순된 감정을 보여주는 듯하다.

합리적이고 개방적인 K3는 한옥재생을 두고 "북촌처럼 세컨드하우스나 별장처럼만 아니면, 관심 있는 사람들이 (집을) 사가지고 와서 고쳤으면 좋겠어요. 그래서 거기서 살았으면 좋겠어요"라고 담담하게 말했다. 그의 소망은 젠트리피케이션의 고전적 형태마저도 여러 가지 이유로 현실화되기 어려운 이곳 사정을 표현하고 있었다. 한옥가격이 천정부지로 치솟은 반면 실제 매매는 이루어지지 않고 있는 현상은 젠트리피케이션의 잠재적 압력이 인위적으로 억제되고 있는 상황을 나타낸다.

주민-되기: 그들만의 느슨한 네트워크

2012년에 나온 《서촌방향》(설재우, 2012)은 저자가 서촌 토박이라는 점에서 서촌을 다룬 다른 책과 구별된다. 여기서 주목할 점은 서촌 토박이인 그가 책 제목에 세종마을이 아닌 서촌을 썼다는 것이다. 이는 명명命名의 정치학이 신주민 대 토박이라는 양자대립보다 훨씬 복잡하다는 사실을 다시 한번 보여준다. 그 역시 "처음에는 거부감을 가졌지만, 자체적인 조사와 연구 끝에 오래전부터 이곳은 서촌으로 불렸다는 게 맞다는 결론을 내렸다"[29]라고 밝혔다.

그는 책을 내기 전인 2009년부터 자신의 블로그에 동네의 소소한 일상소식을 올리는 일을 시작으로 2011년부터 '서촌공작소'를 운영하면서 〈서촌 라이프〉를 창간해 지금까지 발간하고 있다. "동네의 아름답고 반짝이는 모습만을 이야기하고 자랑하려고 하지 않고…… 동네의 문화와 역사, 그리고 무엇보다 오래된 이야기들을 들여다봅니다"[30]라는 소개내용에서 그가 하는 작업의 성격이 엿보인다. 그가 들려주는 동네역사란 수백 년, 수십 년 전을 거슬러 올라간 다른 시대의 것이 아닌 자신이 자라온 시대, 즉 가까운 과거의 이야기다. 잡지와 책에서 그가 소개하는 곳은 거창한 역사문화 유산이 아니라 용오락실, 효자동 해장국집, 형제이발관, 적선동 떡볶이, 영광통닭, 만나분식, 강남의원 등 그를 포함한 동네주민의 성장기 기억과 관련된 곳이다. 옥인상점의 터가 과거에 용오락실 자리였고, 얼마 전 오락실을 복원한 일은 그에게 역사란 자신의 몸에 밴 일상사이거나 미시사라는 점을 상징적으로 보여주었다.

---

29 그가 밝힌 역사적 기록은 "조선시대에 누상동, 필운동, 사직동, 옥인동에 있는 활터들을 합쳐 서촌오처사정西村伍處射亭이라고 불렀다"(설재우, 2012: 6)라는 것이다. 논거가 빈약하다며 이에 대해 반론한 것으로는 "경복궁 서쪽 서촌? 세종마을?…… 때 아닌 지명 논란 '후끈'"(《헤럴드 경제》, 2015.3.16)을 참조. 그렇지만 이 논쟁의 교훈은 사료의 짧은 기록을 통해 장소의 정체성을 규정하려는 담론을 넘어서야 한다는 것 아닐까?

30 http://issuu.com/seoljaewoo/docs

2014년의 옥인상점(위)과 2015년 같은 장소를 용오락실로 개조한 모습(아래) | 서촌 토박이 설재우가 들려주는 동네역사란 수백 년, 수십 년 전을 거슬러 올라간 다른 시대의 것이 아닌 자신이 자라온 시대, 즉 가까운 과거의 이야기다. 잡지와 책에서 그가 소개하는 곳은 거창한 역사문화 유산이 아니라 용오락실, 효자동 해장국집, 형제 이발관, 적선동 떡볶이, 영광통닭, 만나분식, 강남의원 등 그를 포함한 동네주민의 성장기 기억과 관련된 곳이다. (출처: 신현준)

특이하게도 그는 사회적 네트워크를 맺어나갈 때 토박이만을 고집하지 않고 지역에 새로 들어와 사는 사람까지도 유연하게 받아들였다. 그의 오랜 친구이자 토박이인 주민 P1이 "'토종이다'

라고 말하는 것도 웃긴 것 같고, 그냥 여기 들어와서 살면 좋은 거죠"라고 말한 것도 비슷한 맥락이다.

그 느슨한 네트워크에 속하는 사람 가운데 새로운 주민이면서도 지역 문제를 지역 운동 및 사회운동 차원에서 접근하는 행위자들도 있다. '서촌주거공간연구회'와 마을기업 '품애'는 단체 성원들이 서촌에 그리 오래 살지 않았음에도 주민단체의 성격을 강하게 띠고 있다. 이는 대부분 세입자인 이들이 서촌이 변함에 따라 언젠가 이곳을 떠나야 할지도 모른다는 불안함을 반영한다. 또한 이들에게는 '주민'이라는 정체성이 주민-이기being보다는 곧 주민-되기becoming라는 것처럼 고정되기보다는 바뀔 수 있는 것이다.[31]

이들은 젠트리피케이션의 개념을 가장 잘 알고 있기에 그것을 반대하는 지향이 가장 뚜렷한 행위자들이었다. 이들의 정체성은 2012년 이상李箱 기념관 설립과 2014년 사직단복원 반대운동에서 잘 드러났다.[32] 두 사건 모두 역사문화 유산을 복원한다는 이름 아래 기존 건물을 철거한다는 공통점을 갖는데, 그 철거 반대운동을 주도한 이들이 바로 앞서 언급한 주민단체였다. 그들은 기존 건물을 물리적으로 보존하는 것뿐만 아니라 현재 살고 있는

---

31 서촌주거공간연구회가 발행하는 〈같이가게〉에서 소개한, 서촌의 시간을 같이 한 가게의 정서는 옥인문구, 뽀빠이화원, 청룡건재, 내자땅콩, 까망머리방 등으로 설재우가 소개하는 가게의 정서와 비슷하다.

32 이 복원사업은 각각 문화재단인 아름지기(이상 기념관의 경우, 통의동 소재)와 예올(사직단의 경우, 가회동 소재)이 추진하고 있다. 이 두 재단은 각각 삼성과 현대, 두 재벌가 여인들이 운영하고 있다.

〈서촌라이프〉(왼쪽)와 〈같이가게〉(오른쪽) | 〈서촌라이프〉는 토박이 설재우가, 〈같이가게〉는 서촌주거공간연구회가 발행하는 잡지다. 서촌주거공간연구회 구성원들은 서촌에 그리 오래 살지 않았지만 주민단체의 성격을 강하게 띤다. 토박이와 신주민은 때로는 느슨한 네트워크로 묶여 있어 동네에 대한 애착과 관심을 공유하긴 하지만 현안에 대해서는 미묘한 입장 차이가 있다. (출처: 설재우(왼쪽), 서촌주거공간연구회(오른쪽))

주민이 그 건물과 연관된 사회적 관계를 보존하는 게 더 중요하다고 말한다.

> 이 동네가 중요한 이유는 골목마다 역사문화의 스토리와 함께,
> 실제 그 자리에 사람들이 아직도 계속 살고 있다는 것이죠.
> ……이 동네가, 지금 살고 있는 사람들의 주거지가 수백 년 계속
> 생활을 이어나갈 것이라는 점에 초점이 더 맞춰져야 해요. 그런데

그게 아니라 박제된 문화유산으로만 보고 살고 있는 사람을
바라보지 못하는 거죠. 그러니까 살고 있는 사람에게 중요한
시립 어린이도서관을 허물고, 사직단을 짓겠다는 거잖아요. 지금
우리가 거기에 제를 지내는 것도 아닌데 말이에요(K4 인터뷰).

위 인터뷰에서 사회운동가 K4가 토박이에게 애정을 갖고 있음과 동시에 신주민이자 사회운동가로서 그들에게 거리를 둔다는 것을 알 수 있다. 지역 현안인 재개발 문제에서도 이들 생각의 한 토막을 엿볼 수 있다. 마을기업가 K2는 인터뷰에서 "한옥 등 기존 건물이 물리적으로 보존되느냐 마느냐가 중요한 것이 아니라 재개발된 후에 주민들이 이 동네에서 계속 사느냐 마느냐가 중요하다"라고 했다. 다시 말해 한국에서 그동안 이루어진 도시 재개발이 단지 지역의 경관을 변화시킬 뿐만 아니라 동네주민의 사회적 관계와 소통 네트워크를 파괴해왔다는 이야기다. '사회적 보존주의'라는 이념은 그의 언어로 '동네에서 계속 살아가기'라는 소박한 감성으로 표현되고 있다.

이들 주민단체의 활동이 순조로운 것만은 아니다. 동네에 대한 애착과 관심을 공유하긴 하지만 현안에 대해서는 미묘한 입장차이가 존재한다. K2가 "이 조그만 동네에 한국 정치가 가지고 있는 점들(특징들)이 다 있다"라고 말했듯, 그 차이는 때로 정치적·이념적 성향의 차이로 비화되기도 한다. 이 지역에는 여기서 소개한 주민단체 외에도 더 많은 크고 작은 단체가 있고, '참여연대'와 '환경운동연합'처럼 지역을 기반으로 하지는 않지만 본부를 이 지역에 마련한 NGO들도 지역 운동과 간접적으로 협력하고 있다.

사회운동으로서의 지역 운동이 존재한다는 것은 인사동이나 북촌과 같은 서울 구도심에서는 보기 힘든 서촌의 고유한 특징이었다. 그렇지만 "서촌에는 규합할 단체가 너무 많다"(영희야놀자, 2014: 13)라는 어떤 청년활동가의 진단은, 어느 한 단체나 세력이 주민의 대표성을 갖기 쉽지 않다는 현실을 보여준다. 주민을 '진정으로' 대표하는 문제는 지역으로 들어간 사회운동가가 일반적으로 곤란을 겪는 부분이다. 하지만 서촌에서는 이 현상이 더 집약적으로 나타나고 있었다.

창의적 자영업자: 우정 또는 자매애, 로컬하면서도 글로벌하게

직장을 그만둔 뒤 서촌의 한 건물 1층을 임대해 건축사무실과 카페를 운영하는 30대 여성 건축가 N에게 독립한 이유를 묻자, 그는 "내가 좋아하는 일을 하면서 창의적인 삶을 살고 싶어서"라고 답했다. '창의적인 삶'이라는 표현에서 짐작되듯이, 그와 동료들을 크리에이티브 유형creative type 또는 창의적 자영업자로 부를 수 있다. 이들은 2010년 이후 자하문로7길에서 옥인길로 이어지는 골목길을 중심으로 이 지역에서 상대적으로 싼 구역의 오래된 건물 1층을 임대해 작은 규모의 카페, 레스토랑, 베이커리,

상점 등을 열었다. 그들은 한계적 젠트리파이어[33]에 가깝다.

이들 가게를 보통 비≠장소nonplace라고 부르는데, 그 이유는 이들이 하는 일이 지역 사회에 뿌리내리는 일과 그리 관련이 없기 때문이다. 그들이 하는 일은 이 장소든 다른 장소든 그리 중요하지 않다. 이곳은 지역 주민보다 알음알음해서 가게주인을 찾아오는 단골이 더 많다. 더군다나 이 가게들의 이름과 분위기는 로컬하기보다는 글로벌하다. 스페인의 한 도시이름을 따서 가게이름을 지은 자영업자 H2는 "남유럽 작은 골목에 있는 술집 같은 분위기"를 찾아서 이곳에 오게 되었다고 말했다. 그 분위기는 "트렌디하고 쌔끈한 게 아니라 평온한데 살짝 대한민국 같지 않은 분위기"로 표현되었다.

대한민국 같지 않은 분위기를 역설적으로 대한민국에서 가장 오래된 동네에서 발견했다는 말에서 이들이 느끼는 서촌의 정동적 분위기를 알 수 있다. 또한 그 분위기는 "크고 번질번질하지 않고, 조용하고, 조그맣고, 수줍게 골목에 숨어 있는 집들을 좋아하는" 미학적 성향, 그리고 "남한테 간섭하지 않고 자기들 마음 맞는 사람들끼리 나누는"(카피라이터 K5 인터뷰) 문화적 취향으로 표현된다. "우연히 좋은 타이밍에 좋은 사람들이 같이 만나서 이루진 문화"(건축가 N 인터뷰)라는 말은 새롭게 자리 잡은 장소에 대한 애착과, 그 애착을 공유하는 사람들 사이의 우정 또는 자매애를 잘 설명해준다.

---

[33] 한계적 젠트리파이어는 건물의 소유가 아니라 임대를 통해 진입한다는 점에서 만들어진 개념이다. 호호슈텐바흐(Hochstenbach, 2013)을 참조.

시간이 지나면서 골목에 활기를 불어넣은 이들 가게는 주인과 비슷한 세대의 신주민을 포함한 단골들의 사랑방이 되었다. 이들 가게는 작고 예쁜 단골집 분위기로 사람들에게 친밀함과 따뜻함을 주는 장소로서 특별한 경험을 제공한다. 또한 당사자들이 특별한 노력을 기울이지 않았음에도, 잡지편집자, 신문기자, 방송국 PD, 광고 카피라이터 등 이곳을 좋아하는 사람들의 자발적 활동으로 매체의 주목을 받았다.

이들 대부분은 서촌에 살고 있지 않았다. 디자이너 L1에게 그 이유를 물어보니 "가격대비 주거환경의 질이 떨어져서"와 같은 예상가능한 대답부터 "이 동네 토박이들의 텃세가 싫어서"라는 예상 밖 대답까지 나왔다. 건축가 N은 "사무실에서 밤 11시에 혼자 일하고 있는데 '나 이 동네 60년 살았는데……'라면서 사무실 문을 벌컥 열고 들어오는" 동네아저씨의 행동을 이야기하며 불편한 감정을 내비쳤다. 단지 토박이와 신주민 사이의 갈등이 아니라 세대와 성별이 달라 생기는 감성의 차이에 따른 갈등이 나타나고 있었다.

이들이 동네에 들어온 지도 그리 오래되지 않았지만, 2012에서 2013년을 경계로 새로운 가게가 우후죽순처럼 생겨나면서 골목길 모습은 급격히 변했다. 비교적 초기에 진입한 창의적 자영업자들 역시 농수산물 센터, 세탁소, 미용실, 우유집, 신문사 등이 사라지고 어울리지 않는 가게들이 들어오는 것에 당혹감을 느끼고 있었다. 이와 더불어 "초기에 단골로 찾아와서 자연스럽게 대화를 나누던 젊은 예술가들이 거의 다 빠져나가고 불특정 다수의 뜨내기 관광객이 찾아오는"것에 대한 당혹감과 "새로 가게를 연 사람들은 정말 죽기 살기로 살고, 숨도 안 쉬고 일하는"것에 대한 이질감을 드러냈다. 이들이 처음 동네에 들어왔을 때 주민이 받았을 낯선 감정을, 이제는 자신들보다 더 늦게 들어온 사람들로부터 받고 있는 것이다.

인터뷰한 지 한참 시간이 지난 뒤 최근에 만난 이들 가운데 H2는 동네의 변화가 더 심각해졌다고 하면서, 곧 다가올 재계약을 걱정하고 있었다. 가게를 옮길 마음의 준비를 하면서도 어디로 갈지 막막하다고 말했다. 그 점에서 그들이 옥인길 구역에서 좋았던 기간은 3년도 채 되지 않을 정도로 짧았다. 통의동 · 창성동 · 효자동 구역과 달리 이 구역에 특별한 색채를 입힌 사람들은 자신들의 제한된 경제자본과 그에 따른 한계적 지위로 인해 그 장소에 관한 주장을 강하게 할 수 없었다. 인터뷰에 응한 N은 이 점에 대해 강한 어조로 다음과 같이 말했다. 그는 한계 젠트리피케이션이라는 개념은커녕 젠트리피케이션이라는 용어도 "처음 듣는다"라고 말했지만, 그 양면적 논리를 정확히 이해하고 있었다.

> 그런데 거기(지금의 변화)에서 이득을 보는 사람들은 토박이들,
> 건물주의 아들, 딸이거나 건물주겠죠. 동네가 떠서 지가가 세 배
> 이상 상승하면 그 이득을 보는 사람들은 그들이죠. 저희는 또
> 쫓겨날 거예요(N 인터뷰).

2010년 7월 옥인아파트 최후의 날들에 대한 기록 | 옥인아파트에 거주하고 있던 김화용 작가의 초대로 몇몇 작가들이 모여 철거를 앞둔 옥인아파트를 주제로 다양한 활동을 벌여 왔다. 2010년 9월 아파트는 철거되었지만, 이들은 '옥인 프로젝트'라는 이름으로 계속 활동 중이다. '복원'이라는 이름의 '철거'는 청계천에서만 행해진 게 아니다.

(출처: 예술가 집단 옥인 콜렉티브(김화용, 이정민, 진시우))

이는 역사와 자연을 복원한다는 이유로 2009년 옥인아파트가 철거되고 그 인근에 있던 일제시대 군수공장이었던 건물에 T박물관이 생뚱맞게 들어섰을 때 알아챘어야 하는 것인지 모른다. 이곳을 무작정 들렀을 때 몇몇 사람이 모여서 부동산에 대해 이야기하고 있었고, 그 뒤에 듣기로는 T박물관 주인이 옥인길의 건물주와 상인들을 불러놓고 사업설명회를 했다고 한다. 삼청동에서 여기로 옮겨왔다는 이 박물관 주인은 벌써 사라지고 없다.

나가며: 서울 구도심 마지막 남은 동네의 운명

대중매체에서 서촌을 핫 플레이스로 보도했지만, 이곳의 매력을 첫눈에 알아보기는 쉽지 않다. 여러 번 방문하여 자세히 들여다봐야 서촌의 매력을 발견할 수 있는데, 그 이유는 무엇보다도 이곳이 '사람들이 사는 동네'라는 느낌을 주기 때문이다. 앞서 소개한 사회운동가 K4가 "(서촌은) 물리적으로 가까운 범위 안에 주거와 상권과 직장이 존재하는 완결적인 도심이며 이로써 구성돼 있는 거의 마지막 지역"이라고 한 말은 동네로서 서촌이 가진 매력을 잘 표현해준다. 더구나 인근의 인사동과 삼청동(북촌)이 일종의 테마파크처럼 변해버려서 서촌이 사람 사는 동네라는 인상을 주는, 도심 안 마지막 장소로 인식되는 것은 자연스럽다. 니체는 "인간이 유사한 조건(기후, 토양, 위험, 필요, 일)에서 오랫동안 함께 살 때, '서로를 이해하는' 집단으로부터 어떤 사람people이 발생한다"(Nietzsche, 1990/1973: 205-206)라고 말한 적이 있는데, 지금 서촌에는 분명 이런 사람이 살고 있다.

서촌의 이러한 특징은 어느 한 유형의 행위자가 이곳의 장소만들기를 주도하지 않았기 때문으로 보인다. 앞서 신주민, 토박이, 주민-되기, 창의적 자영업자 이렇게 네 유형의 행위자를 소개했지만, 사실은 더 많은 행위자들이 있을 것이다. 또한 서로 다른 행위자 유형이 겹치기 때문에, 그 구분이 도식적이고 인위적으로 보일 수도 있다. 그런데도 이 글에서는 고의적으로 행위자를 구분했는데, 서촌에 얽혀 있는 다양한 행위자들이 각자의 다른 실천에 따라 다른 주장을 해왔다는 점을 강조하기 위해서였다. 이 다양한 행위자들은 동네보존이라는 아젠다를 대체로 공유하기는 하지만, 무엇을 어떻게 보존할 것인가에 대해서는 다른 생각을 가지고 있다. 각 행위자들의 문화적·미학적·감성적 코드에 따라 서촌을 바라보는 태도는 달랐다. 서촌의 장소만들기는 서로 다른 욕망을 가진 행위자들이 자신들의 장소(또는 자리)를 찾고, 잡고, 주장하면서 서로를 이해해나가는 과정에서 이루어졌다.

현장연구가 마무리되던 2015년 하반기에 서촌이 가진 동네로서의 특징이 서서히 무너지는 조짐이 보이기 시작했다. 지금 서촌은 "토박이가 밀려난"(《한겨레》, 2016.6.29), 즉 젠트리피케이션의 부정적 양상이 드러난 대표적인 장소인 것처럼 보도되고 있다. 토박이 집단에서도 각자가 다른 생각을 가지고 있다는 점을 고려한다면 이런 진단은 한쪽으로 치우친 듯 하지만, 현재 서촌의 상황이 심상치 않은 것도 사실이다. 지구단위계획이 시행되면서 철거와 재개발이 지연되고 있지만, 이미 오를 대로 오른 땅값과 임대료 때문에 이곳에 건물주는 제쳐두고라도 세입자로 발을 들여놓을 만한 사람들마저 제한되었다. 이는 다양한 행위자들이 이곳에 들어와 풍부한 자원으로 복합적인 장소를 만들 가능성이 점차 줄어들고 있다는 뜻이기도 하다.[34]

미래를 전망하는 건 쉽지 않다. 이에 대해 나는 이 연구에 많은 영감을 주었지만 본론에서 따로 인용하지 않은 건축가 H1의 인터뷰를 소개하고 평가하면서 글을 마무리하고자 한다.

> 도시문화라는 것은 기본적으로 불특정 다수가 모여 사는
> 뜨내기 문화예요. 뜨내기들끼리 잘 모여 살 수 있어야 도시죠.
> 전前근대적인 혈연으로 엮이지 않아도 단순히 위층 아래층 사는
> 사람들끼리도 어울릴 수 있는 적절한 프로토콜에 의해 편하게
> 살 수 있어야 하는 거죠. 이런 도시문화의 특성을 고려한다면
> 복합(복합용도)이라는 것은 굉장히 중요하죠(H1 인터뷰).

그는 스스로 '무지개떡 이론'이라고 칭한 저층 고밀도 복합용도 건축이론을 도시공간의 특성과 연관지어 설명했다. 스스로를 동네건축가라고 칭한 그는 십 년이 훌쩍 넘는 기간 동안 한 장

---

34 그 점에서 주거세입자라는 행위자를 충분히 다루지 못한 점은 이 글의 한계다.

소를 삶터와 일터로 삼았다. 인터뷰이 중에서는 자신의 사회적 지위와 명성으로 보았을 때 '동네건축가'라는 명칭이 공허하다고 불평하는 사람도 있었다. 그렇지만 H1처럼 어느 정도 사회적 지위를 가진 엘리트가 이렇게 동네에 애착을 가지며 그 전망을 구상하는 경우는 보기 드물다. 실현될 수 있는지 여부와는 상관없이 H1의 이론이 한 장소에서 오랫동안 지역 주민들과 함께 살아온 경험에서 나온 것임은 분명하다.

서촌은 물리적 장소를 넘어 도시에 남은 진정한 동네라는 이상을 표상한다. 서촌의 행위자들은 서촌의 젠트리피케이션을 서로 다르게 인식하고 경험하고 느끼고 있었다. 이런 차이에도 불구하고 행위자들이 젠트리피케이션이라는 용어를 사용한다는 것은 그 이상이 점차 침식되어가고 있다는 공통의 불안감을 갖고 있음을 보여준다. 지금 서촌이 '뜨거운' 이유는 다양한 행위자들이 서울 구도심의 거의 마지막으로 남은 동네에서 각자 다른 방법으로 자리를 잡으면서 장소를 복합적으로 (다시)만들고 있기 때문이다.

21세기 초 서촌은 개발주의 이후 아시아 메트로폴리스인 서울에서 젠트리피케이션(으로 불리는 현실)을 몸으로 겪고, 마음으로 느끼고, 머리로 생각하는 여러 행위자 사이의 복잡한 상호작용을 보여주는 살아 있는 장소(였)다.

후기: 서촌 부근, 현대의 왕족과 그들의 테마파크?

2015년 가을에 이 글의 집필을 마쳤을 때, 서촌 일부에서 벌어지는 심상치 않은 상업화를 목격하긴 했지만 나는 이 매력적인 동네가 나름의 항체를 가지고 있다는 믿음을 버리지 않았다. '서촌은 북촌의 삼청동이나 가회동처럼 되지는 않을 것'이라는 기대를 완전히 버리지 않았고, 지금도 어느 정도는 그러하다.

그래서 나는 서촌과 북촌을 모두 경험한 청년활동가 J2가 한 말에 대체로 동의했다. 그는 "동네가 매력이 있으면 그 매력에 맞춰서 그걸 팔아먹는 식으로 상업화가 되기 마련"인데 삼청동은 "멸균실에 있는 동네"처럼 상업화에 속수무책으로 당했다고 했다. 반면 서촌은 "상권이 들어서도 사람들이 어떤 식으로 상생하면서 살아야 하는지에 대한 기본적 감이 있다는 생각이 들었다"라며 상반된 평가를 내렸다.

그의 생각은 내가 서촌을 자주 방문하고 그곳 사람을 만나면서 느꼈던 것과 크게 다르지 않았다. 실제로 서촌의 주요 행위자들은 그 성향과 지향이 달랐지만 고집과 뚝심만큼은 모두 대단했다. 그 때문에 웬만한 외풍에 끄떡하지 않고 그 자리를 오래 지키면서 동네를 보존하고 장소를 만들어갈 힘이 있다는 인상을 받았다.

예술경영자 H3는 그 고집 있는 서촌 사람 가운데 하나다. 2001년 삼청동에 갤러리를 처음 연 뒤 2005년 창성동으로 이전했으니, 북촌과 서촌을 모두 경험한 셈이다. 서촌을 북촌(삼청동)

이나 강남과 비교해달라는 나의 요청에, 그는 "차라리 상업적이려면 강남이 더 낫다"라고 말하면서 "삼청동은 이도 저도 아니라서 너무 싫다"라고 말했다. 그러면서 서촌은 이 둘과 달리 "생산"이 중요한 곳이라는 점을 강조했다. 서촌은 건축, 디자인, 출판 등 생산공간이 곳곳에 있고 소비공간도 이들과 잘 엮여 있는 편이다. 이들이 몸으로 보여주고 있는 문화생산의 윤리를 보면서 나는 어느 정도 서촌을 낙관적으로 보게 되었다.

하지만 2015년 말에서 2016년 초로 넘어가는 겨울, 서촌에서 들려오는 소식들은 나의 이런 낙관을 적잖이 흔들고 있다. 통영생선구이, 파리바게트 효자점, 인영사(세탁소), 동신미곡(쌀가게) 등 근처 네 개 업소 임차상인들이 동시에 퇴거당할 위기에 처했다. 이들은 좁은 의미에서 문화와는 거리가 있는 업종이라는 공통점이 있다. 똑같은 세입자라 하더라도, 문화자본이 부족한 전통적 소생산자와 자영업자는 문화자본이 풍부한 문화생산자와 달리 건물주와 교섭하여 자신의 권리를 성공적으로 주장할 가능성이 훨씬 적어 보인다. 이 글은 이 점을 충분히 담아내지 못했다. 혹시 서촌 내부만 들여다보느라 조금 큰 그림을 보지 못했던 것은 아닐까?

이 질문에 답하려면 서촌에서 가장 논란이 많은 금천교시장을 주목해야 한다. 이곳은 예전에는 재래시장이었지만, 최근에는 '세종마을 음식문화거리'라는 브랜드를 달고 있다. 지하철 역에서 가까운 이곳은 주민의 생필품을 사고파는 기능은 축소된 반면, 방문객에게 외식을 제공하는 기능은 확대되었다. 시장이름 앞에 왜 '금천교'라는 다리이름이 붙었을까? 그 이유는 사료와 고지도에서 나온 "이곳에 개천이 흘렀다"는 기록 때문인 듯하다.

여기서 더 큰 의문이 생긴다. 왜 8차선 대로(사직로) 바로 뒷골목에 시장이 있는 것일까? 그 의문은 1960년대 중반 이전 지도를 들여다보면 풀린다. 1967년 사직터널이 개통되기 전까지 이 길은 인왕산으로 올라가는 부근 어딘가에서 끊기거나 아예 존재하지 않는 길이었다. 사직터널이 처음 개통되었을 때도 굴이 하나밖에 없어서 당시의 사직로는 2차선의 좁은 도로였다. 그 뒤 1980년 금화터널과 더불어 성산대로가 개통되면서 도로 폭이 확장되고, 1990년에는 내자호텔까지 철거하면서 8차선의 도로가 되었다.

이 무지막지한 폭의 도로 양쪽이 모두 내자동인 데는 이유가 있다. 이 도로를 차지한 땅이 동네의 일부였기 때문이다. 설재우는 내자호텔이 "허무하게 철거되고 만다"(《문화일보》, 2013.8.16)면서 아쉬움을 토로했다. 이 호텔은 일제시대 일본 기업의 사원 아파트로 건설되었고, 해방 후에는 미군 숙소와 외신기자 클럽 등으로 사용된, 복잡한 역사를 가진 동네의 랜드마크였다. 명리학자 K3도 내자호텔 인근이 "이 동네에서는 중심"이었다며, 내자동, 내수동, 사직동 등 아랫동네에 "좋은 한옥이 오히려 더 많았다"라고 회고한다.

지금 서촌이나 세종마을로 부르는 지역은 사직로 건너편인

내자동, 내수동, 사직동 등 광화문 일대로 불리는 구역과 한동네였다. 이곳부터 신문로·정동·서대문 일대까지는 거의 평지다. 동네로서 신문로가 일제시대에 서대문정西大門町으로 불렸다면, 당시 이곳에 살던 사람들이 알고 있던 오래된 서울의 서쪽은 지금의 서촌보다는 더 넓었던 것 아닐까? 서대문은 일제가 붙인 이름이고 서대문의 본래 이름은 돈의문이다. 돈의문의 위치가 현재 서대문 역 인근이 아니라 정동사거리 근처고 이곳도 인왕산 자락 아래라면, '인왕산 아랫마을'은 지금 서촌의 범위보다 더 넓지 않았을까? 이렇게 서촌의 범위는 넓게 정의하면 서촌과 세종마을이라는 이름을 둘러싼 지명논쟁에 종지부를 찍을 수도 있지 않을까?

아쉽게도 나의 부질없는 망상일 뿐이다. 가장 큰 이유는 내자동·내수동·사직동 일대가 주상복합 아파트 타운으로 다시 태어났기 때문이다. '궁宮', '어御', '본本' 등과 같은 문자를 넣은 브랜드로 마케팅하고 신축 젠트리피케이션을 완료한 건물들이 대부분이다. 이런 마케팅 전략은 도성을 넘자마자 나오는 송월동 일대의 돈의문 뉴타운까지 미치고 있다. 이곳 역시 얼마 전까지 한옥이 많이 남아 있던 곳이었다. 이런 역사와 관계없이, 이 고층 건물에 입주한 사람들은 경복궁이나 경희궁이 "마당처럼 내려다보이는" 호사를 누리면서, "궁궐 곁에서 왕족처럼" 살고 있다는 말을 듣는다(〈한겨레 21〉, 2002.12.26). 한옥은 사라져도 명당은 살아남고 왕족은 부활한 셈이다.

서촌의 범위를 넓게 볼 것을 제안했으니, 이런 궁궐 같은 주상복합 아파트 구역과 현재 서촌이라고 불리는 구역 사이의 관계가 진지하게 연구되어야 할 것이다. 하지만 이런 사유화된 공간을 심층적으로 연구하는 것은 쉽지 않은 일이기에 조각정보에 기초한 가상연구 수행에 만족해야 할 것 같다. 아래는 증거가 충분치 못한 상상일 뿐인 이야기다.

서촌에 자리 잡고 문화예술계에 종사하는 사람에게 "혹시 재정적 후원자가 어떤 분이냐?"라는 질문을 했을 때, 시원스레 답해주는 사람은 많지 않았다. 그래도 드문드문 들은 정보에 따르면, 후원자 가운데 일부는 광화문 일대에, 다른 일부는 평창동 일대에 살고 있다고 했다. 그러고 보니 자하문터널 넘어 나오는 북한산 자락의 평창동 일대도 행정구역상 종로구에 속한다. 그보다 더 중요한 것은 미술품 경매의 중심인 서울 옥션이 여기 있다는 점, 그리고 규모가 큰 고급 갤러리들이 이곳에 자리 잡고 있다는 점이다. 자리를 잘 잡으면 북한산 자락에서 도성 쪽을 굽어보는 호사도 누릴 수 있다.[35]

그렇게 보면, 자하문로는 평창동 일대에 사는 사람과 광화문 일대에 사는 사람을 연결하는 최적의 경로다. 그리고 (현재) 서촌의 남쪽 끝과 북쪽 끝은 두 지역 사이의 관문처럼 연결되어 있었다. 대형 갤러리에서 왕속놀이를 하든, 한옥 카페에서 중인놀

35　서울 강북의 부촌으로는 성북동, 평창동, 한남동을 꼽는다. 이 가운데 성북동과 한남동은 재벌가 주택과 대사관이 많다는 공통점이 있는 반면, 평창동은 그렇지는 않다. 즉 평창동은 정치나 경제보다는 문화와 예술에 특화된 편이다. 북촌이 성북동과 연결된 반면, 서촌은 평창동과 연결된 하나의 효과로 보아야 할까?

이를 하든, 재래시장에서 서민놀이를 하든, 이 관문을 통과해 서촌이라는 테마파크에 들어와야 한다. 이상의 집이나 사직단을 복원하는 이유가 사는 게 심심하기 때문만은 아닌 게 분명하다.

이 글에서는 한 장소가 현대 왕족으로 불리는 힘 있는 사람의 기획대로 만들어지는 것이 아니라 현대 민초의 다양하고 복합적인 실천으로 만들어진다는 것을 말하려 했다. 그런데 2015년 말 종로구청이 자하문로에 '한글로'라는 명예도로명을 붙여준다는 소식을 듣고는 갑자기 맥이 탁 풀렸다. 이건 왕족처럼 사는 사람조차 그다지 좋아할 일이 아니다. 부디 성은이 망극하기를 바랄 뿐!

● 이 글은 《도시연구—역사, 사회, 문화》 제14호에 게재한 〈오래된 서울에서 진정한 동네authentic village 만들기의 곤란—서촌/세종마을의 젠트리피케이션 혹은 복합적 장소형성〉을 이 책의 취지에 맞게 수정·보완한 것이다.

C   (50대 남성, 예술경영자), 2014.11.4.

H1   (50대 남성, 건축가), 2014.11.19.

H2   (40대 여성, 자영업자), 2014.10.15.

H3   (40대 여성, 예술경영자), 2014.12.16.

I1   (30대 여성, 기자), 2014.11.13.

I2   (40대 여성, 건축가), 2015.6.2.

J1   (30대 남성, 마을활동가), 2014.10.17.

J2   (30대 남성, 청년활동가), 2014.12.30.

K1   (60대 남성, 건축가), 2014.10.20.

K2   (40대 남성, 마을기업가) 2014.10.15.

K3   (40대 남성, 명리학자), 2014.10.15.

K4   (40대 남성, 사회운동가) 2014.10.24.

K5   (30대 여성, 카피라이터), 2014.10.17.

K6   (20대 여성, 공방 운영), 2014.11.4.

L1   (30대 여성, 디자이너), 2014.10.17.

L2   (30대 여성, 자영업자), 2014.10.8.

L3   (30대 남성, 건축가), 2014.11.13.

M   (30대 여성, 빵집 운영), 2014.10.30.

N   (30대 여성, 건축가), 2014.10.17.

P1   (30대 여성, 카페 운영), 2014.10.15.

P2   (30대 여성, 마을활동가), 2014.12.16.

매월 25일쯤에 종묘공원 안 나가보셨죠? 가보면
장난 아니에요. 나도 거기서 할아버지, 할머니들
이 주시는 술 받아먹고 그랬었는데요. 그날은 아
주 잔칫날이에요. 막걸리랑 안주랑 돌아가면서
쏘시는데, 그날만큼은 부러울 것 없이 노세요.

우리가 할머니들을 잡아들일 근거가 없어요. 젊은 사람들이 홍대 클럽에
가서 놀다가 마음에 드는 상대가 있으면 전화번호도 주고받고 밥도 먹고,
뭐 잠자리도 갖고 다 하잖아요. 그런 건 단속 대상이 아니면서 노인들만 그
렇다고 하면 말이 안 되잖아요. 우리도 늙으면 다 그렇게 될 거라고요. 당연
한 거라고요. 또 할머니, 할아버지들이 우리가 연애하는데, 무슨 상관이냐,
돈 주고받지 않았다고 말하면 방법도 없고요.

2장

종로3가

섬이 되어버린
서울 미드타운

옥은실 · 오현주 · 신현준

들어가며: 낙후, 쇠퇴, 노후의 상징이 된 종로3가

2015년 11월 서울시는 도시재생 활성화지역 선도모델로 열세 개 지역을 지정했다. 그 가운데 사대문 안의 지역은 낙원상가 일대와 세운상가 일대로 두 곳 모두 상가 일대다. 재생과 활성화의 대상이라는 사실은, 이곳이 낙후·쇠퇴·노후한 곳이라는 의미다. 한때 근대화의 상징이었던 두 상가가 21세기에 맞이한 운명은 얄궂다. 이 글은 두 상가 일대가 어떤 양상으로 변화하고 있는지를 다룰 것이다.

이 지역은 과연 낙후·쇠퇴·노후하기만 한 걸까? 2008년 11월 1일 건축전문 기자이자 건축평론가로 명성을 쌓았던 〈한겨레〉 기자 고故구본준이 자신의 블로그에 남긴 글을 길잡이로 삼아 답을 찾아가보도록 하자.

커피 한잔까지 하면서 탑골공원에서 시작해 쪽방촌, 돈의동과 익선동 골목길들을 굽이굽이 돌아보는 데 걸린 시간은 두 시간 남짓. 오랜만에 왔으나 변한 것은 없었다. 아마 서울 시내에서 이렇게 변하지 않는 곳도 없으리라. 개발하기에는 주변이 열악하고, 보존하기에는 아직 역사문화적 가치에 대한 동의가 적은 곳. 그래서 언제 사라질지 모른다는 걱정을 하게 만드는 동네다.

아직 이 일대 골목길은 잘 남아 있다. 사는 이들은 이곳을 떠나고 싶어 할지도 모른다. 하지만 분명 이 일대는 서울이란 도시를, 그 속에 담긴 역사를 이해하는 데 중요한 곳이다. 우리 근현대사를 관통했던 서민들의 삶이 이 속에 있다. 그래서 소중한 곳이다(구본준, 2008).

그가 이 글을 쓴 시기는 어떤 건축가가 기획한 답사 프로그램에 참여한 다음이다. 탑골공원에서 출발해 낙원상가에서 끝난 이 답사는 그리 길지 않은 경로 안에서 매우 다양하고 풍부한 기억과 이야기를 만들어냈다. 하이라이트는 돈의동의 쪽방촌과 익선동의 한옥마을이다. 이와 더불어 고시텔로 개조된 파고다극장, 현대식으로 건축된 춘원당한의원, 종로세무서 앞 요정料亭, 고깃집 골목이 된 경운궁 피맛길 등 개별 건물과 거리에 대한 고증도 함께 이루어졌다. 이 글은 이곳이 물리적으로는 낙후·노후되었을지 몰라도 문화적으로는 풍부함이 넘친다는 것을 알게 해준다.

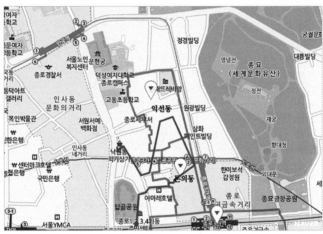

'도시재생 활성화지역 선도모델'로서 낙원상가 일대의 범위(위)와 익선동과 돈의동
의 범위 및 구본준의 답사 경로(아래) | 한때 근대화의 상징이던 낙원상가는 쇠퇴·낙
후·노후한 곳으로 인식되고 있다. 그러나 물리적으로 낡고 오래되었다고 해서 문화적
으로도 초라한 것은 아니다. 탑골공원에서 출발해 낙원상가로 끝나는 구본준의 답사
경로는 이곳이 역사, 문화적으로 풍부한 이야기를 담고 있음을 보여준다. (출처: 서울특
별시(위), 네이버 지도(아래))

8년이라는 시간이 지난 지금 그가 똑같은 곳을 방문한다 해도 큰 변화를 느끼지는 못할 것이다. 단, 종로세무서 앞 요정이 지금은 이비스호텔로 바뀐 건 상징적 변화다. 그렇다고 해도 북촌과 서촌처럼 젠트리피케이션이 이곳의 변화를 말해주는 적합한 용어는 아닐 것 같다. 몇몇 언론에서 익선동을 보도할 때 가끔 이 용어를 사용해왔지만(〈이코노믹리뷰〉, 2015.6.24) 그 빈도가 아직 높지는 않다.

이 글은 '서울의 중심인 이곳이 재생정책의 대상이 될 정도로 낙후 · 쇠퇴 · 노후했다고 인식되는 이유는 무엇인가'라는 질문에서 시작한다. 이 질문은 낙후, 쇠퇴, 노후 등과 같은 단어는 때로 개발논리에 사용될 수 있다는 위험성을 전제한다. 이 글은 '노후한 장소는 과연 문제인가, 해법인가'라는 또 하나의 질문을 던지고자 한다.

다음으로 낙원상가와 세운상가 일대가 어떤 장소인지 그 성격을 살펴보고자 한다. 또한 이 장소가 정책을 비롯한 어떤 힘의 영향으로 만들어졌고, 변해왔는지를 논할 것이다. 이어 익선동과 돈의동을 사례로 장소를 만들고 있는 행위자들의 능동성을 분석해나갈 것이다. 여기서 한 가지 어려운 점은 낙원상가와 세운상가 일대를 가리키는 용어가 서로 경쟁하면서, 혼란을 불러일으킨다는 점이다. '일대'라는 말을 사용하는 이유도 그 때문인데, 같은 지역이 낙원상가 일대, 파고다공원 일대, 돈화문로 일대, 종로3가 일대 등 여러 이름으로 불린다. 여기서는 종로3가라는 용어를 택했다. 종로3가는 서울 구도심의 두 재생활성화 지역인 낙원상가 일대와 세운상가 일대 사이의 길이다.

종삼, 성性의 역사

종로는 도대체 어디를 말하는가. 무엇보다도 종로는 도로 이름으로, 서울 구도심의 동과 서를 잇는 약 4킬로미터의 길이다. 그렇지만 도로이름을 뛰어넘어 종로가 가진 의미는 다양하다. 도로에 잇닿은 거리를 가리키기도 하고(법정동인 종로1가동부터 종로6가동), 그것보다 조금 더 넓은 동네를 말하기도 하고(종로1·2·3·4가동과 종로5·6가동), 사대문 밖의 몇몇 지역까지 포괄하는 더 넓은 구역 (종로구)을 지칭하기도 한다. 이 글에서 말하는 종로는 두 번째 의미에 가까운데, 행정동 단위로 말하면 종로동, 즉 종로1·2·3·4가 동과 종로5·6가동에 해당한다. 서촌이나 북촌 등 율곡로 북쪽의 업타운은 종로구의 구도심에 속하지만, 행정동상 종로동에 속하지 않기 때문에 이 글에서 말하는 종로의 범위에서 벗어난다. 말하자면 종로는 서울의 미드타운midtown이고, 그 공간에는 행정동 아래 있는 무수한 법정동이 각각 고유한 장소를 만들어왔다.

종로가 오랫동안 서울의 정치적·사회적·문화적 중심이라는 지위를 유지해왔다는 점에는 별다른 설명이 필요 없다. 그런데 이런 인식은 종로에 포함되는 각 구역의 기능과 성격이 달랐고, 지금도 그렇다는 점을 간과한다. 종로1·2가, 종로3·4가, 종로5·6가로 크게 구분해보아도 그 분위기는 사뭇 다르다. 그 가운데 가장 문제가 되는 장소는 종로 중앙인 종로3가다.

한 예로 2015년 2월 2일 JTBC 〈뉴스룸〉의 '밀착 카메라'는 종로3가를 취재하면서 이곳을 "무법천지"로 묘사했다. 그 무법의 실례는 "노숙인들의 음주폭행"과 "불법 성매매 영업"인데, 예상할 수 있듯 그 주체는 노인이다.[36] 진보적 관점의 뉴스를 상징하는 이 프로그램조차 종로3가라는 장소, 그리고 이 장소의 행위자를 바라보는 시선이 곱지 않다. 조금 과장한다면 종로3가는 범죄화된, 그래서 해결이 필요한 문제의 장소로 인식되고 있다.

종삼은 어떻게 서울 집창촌의 대명사가 되었나

노인의 공간인 종로3가는 젠트리피케이션이나 핫 플레이스와는 거리가 먼 정도가 아니라 완전히 정반대다. 종로3가역은 "성지", 제기동역은 "핫 플레이스"(〈한겨레〉, 2015.10.11), "노인들의 홍대"(〈한경 비즈니스〉, 2015.12.21)라는 신문기사 제목이 그저 장난스러운 표현일 뿐인지 아닌지는 뒤에서 살펴보기로 하자. 어쨌든 종로3가가 노후한 사람들을 위한 노후한 장소라는 식의 재현은 2000년대 이래 언론과 방송에서 마치 심심풀이 땅콩처럼 주기적으로 행해졌다. 그 재현은 '노인의 성'이라는 주제로 성애화性愛化,

---

36   한 언론보도에 의하면 2014년 한 해 종로3가역에 하차한 노인(65세 이상) 승객의 비율은 22.8퍼센트에 달해서 전체 평균 10.2퍼센트를 훌쩍 뛰어넘었다. 하루 평균 1만 4천 명가량의 노인이 종로3가역 인근에서 소일한 셈이다(〈한겨레〉, 2015.10.11).

sexualization되면서 선정성을 더하고 있다.

이런 부정적 재현은 현재의 장소를 과거의 역사와 연관 짓기도 한다. 예를 들어 옐로 저널리즘의 성격을 띤 한 신문에서는 종로3가를 "'유사성행위' 메카"라고 명명하면서 "유서 깊은 홍등가"와 연관 지었다(《사건의 내막》, 2013.11.18). 앞서 언급한 구본준의 글 제목도 "사창가 초토화한 나비작전의 그곳, 숨은 옛 골목을 가다"라는 점을 고려한다면, 이런 연상작용은 아직도 꽤 강력하다.

이 홍등가 또는 사창가는 해방 이후 1960년대 말까지 이곳에 있었던 집창촌을 가리키는데, 그 별칭은 종로3가를 줄인 말인 '종삼'이다. "역전도 유곽자리도 기지촌도 아니라 수도 서울의 중심에서 생겨난 실로 희한한 존재"(손정목, 2010: 189)로 평가되는 이곳의 규모는 방대했다. 1950년대에는 "단성사 뒷골목에서 종묘 앞 일대"였지만 1960년대 중엽에는 "파고다공원과 낙원시장 주변이 서쪽 끝"이었고 "동으로 뻗어나가 낙원동, 돈의동, 익선동, 운니동, 와룡동, 묘동, 봉익동, 훈정동, 인의동, 원남동, 종로5가까지 동서로 1킬로미터가 넘었고 남북으로도 좁은 데는 50미터, 넓은 데는 능히 100미터가 되었"고, "길 건너 (종로통) 남쪽의 관수동, 장사동, 예지동에도 있었"을 정도였다(손정목, 2010: 190).[37]

그렇다면 종묘, 즉 조선왕조의 역대 왕과 왕비의 신위를 모시고 제사를 지내던 성역聖域 주위가 온통 성역性域이었던 셈이다. 1968년 김현옥 당시 서울시장이 이른바 '나비작전'으로 이곳을 "소탕"(손정목, 2010: 199-201)하기까지 종삼은 서울 도심 집창촌의 대명사였다.

이 역사를 선정적으로 논하면서 종로3가에 낙인을 찍는 일은 피하고 싶다. 그래서 故손정목 교수의 말처럼 종삼이 단지 희한한 현상은 아니라는 점을 먼저 말하고 싶다. 일제강점기로 거슬러 올라가면 이 일대에는 기생집 또는 요릿집으로 통틀어 부르던 유곽遊廓이 곳곳에 자리 잡고 있었기 때문이다. 그 가운데 익선동의 오진암은 해방 이후에도 삼청동의 삼청각, 성북동의 대원각과 더불어 3대 요정으로 불리면서 요정 정치의 산실로 불리던 곳이다. 또한 일제강점기를 풍미했던 명월관이 가장 오랫동안 자리를 잡았던 곳이 돈의동(현 롯데시네마 피카디리 인근)이고, 명월관의 부속건물로 3.1운동의 독립선언서가 낭독된 태화관은 인사동에 자리 잡고 있었다. 지금도 이 일대에 방석집이 드문드문 남아 있는 모습은 이런 역사가 남긴 잔향일 것이다.[38]

37　홍성철(2007: 197)에 의하면 그 규모는 "파고다공원(현 탑골공원)과 낙원시장 주변이 그 서쪽 끝을 차지"하고 "동으로는 낙원동, 돈의동, 익선동, 운니동, 와룡동, 훈정동, 원남동, 종로5가까지 동서로 1킬로미터 이상이나 됐고, 남북으로 좁은 곳은 50미터, 넓은 곳은 2백~3백미터나 됐을 정도"이고, "종로통 북쪽뿐 아니라 남쪽 관수동, 장사동, 예지동까지 번졌을" 정도로 컸다. 뒤의 논의를 위해 돈의동과 익선동이 두 글 모두에 등장한다는 사실을 염두에 두기 바란다. 홍성철의 책에서 이 단락 제목은 '서종삼과 이봉익'인데 종로3가로 성매매 가는 것을 "서종삼이네 간다", "이봉익이네 간다"라고 불렀다는 이야기로 전해진다.

38　홍성철은 "조선인 취객들은 주로 단성사를 중심으로 종로 일대에서 활동했"고 여기에는 "한국인을 상대로 하는 음식점, 카페, 여관, 내외주점들이 많았"다고 말하고 있다(홍성철, 2007: 195).

섬이 되어버린 서울 '중심의 중심'

서울시가 2007년 종묘광장의 성역화 사업과 2010년 돈화문로를 역사문화거리로 지정한 '지구단위계획'을 시행하면서 종로3가 일대가 정비되기 시작했다. 호텔과 게스트하우스 등 관광시설이 들어섰음에도 불구하고, 이곳은 가까운 인사동이나 가회동(북촌)이 주는 정갈하고 정돈된 인상과 달리 무언가 비밀스럽고 음습해 보인다. 게다가 사주팔자, 점 등을 본다고 써붙여놓은 업소들과 국악기를 파는 가게들은 이런 분위기를 한껏 높인다.

동서로 보아도, 남북으로 보아도 서울 구도심의 물리적 중심인 이곳은 과거에 '중촌'이라고 불린 지역에 속한다.[39] 그렇지만 지금 이곳은 재개발이든 재생이든 도시개발에서 소외되고 있는 것처럼 보인다. 즉 서울 '중심의 중심'인 이곳은 마치 태풍의 눈처럼 고요하다. 이렇게 외부와의 연계나 소통 없이 고립적으로 존재하는 듯 보여 이곳을 섬에 비유하기도 한다(《아시아경제》, 2013.11.7-29).

종로3가에서 가장 인상적인, 심지어 충격적인 곳은 돈의동 103번지 쪽방촌이다. 월세 20~25만원, 심지어 일세 8천 원을 내고 평균 한 평 정도의 방에 머무를 수 있는 2층 건물이 비좁은 골

---

[39] 중촌의 위치에 대해서는 "청계천과 종로 일대", "청계천변", "수표교 어름" 등의 기록들이 있다. 중촌의 정확한 범위와 그 고증이 이 글의 목적은 아니다. 단, 탑골공원에서 수표교가 원래 있던 곳까지의 거리는 4백미터를 넘지 않는다는 점, 종로2가와 종로3가를 가르는 길은 삼일로가 아니라 수표로라는 점 등은 알려주고 싶다. 그리 중요한 것은 아니지만 종묘 맞은편 세운상가 앞에는 한성부중부관아터漢城府中部官衙址의 표석이 있고, 이곳의 지번은 '종로구 종로3가 171'이다.

목을 사이에 두고 다닥다닥 붙어 있는 이곳은 10여 년 전에 "출구 없는 삶의 종착역"(《신동아》, 2003.1)으로 그려진 바 있다. 1968년 성매매 업소가 쫓겨난 이후 공동화된 건물이 시간을 거쳐 개조된 것인데, 서울의 동네 가운데 슬럼이라는 단어의 정의에 가장 가까운 곳일 것이다.

돈의동을 지나면 익선동과 만나는데, 이곳은 분위기가 조금 다르다. 돈의동과 마찬가지로 골목은 좁지만 직선에 가까운 골목길로 이루어진 가로구조에 한옥이 모여 있는 주택가의 모습을 갖추고 있기 때문이다. 그 가운데 '익선동 166번지'는 "현존하는 가장 오래된 한옥 집단지구"(김경민 · 박재민, 2013: 147)로 이름이 붙여진 바 있다. 최근 한옥을 개조한 카페, 레스토랑, 갤러리 등이 들어서는 등 변화가 조금씩 일어나고 있지만, 아직까지도 사주팔자, 운세(점), 국악 등 민간전통과 연관된 오래된 시설이 남아 있다.

여기서 의문이 생긴다. 1968년까지 이곳 일대가 집창촌이었다는 사실은 역설적으로 이곳이 경제적으로 번성했다는 것을 의미한다. 1970~80년대에도 종로3가역 인근은 단성사, 피카디리 극장, 서울극장 등 개봉관이 밀집한 곳으로서 영화를 누렸다. 또한 1970년대 이후 본격적으로 형성된 귀금속거리는 지금도 나름의 활기를 띠고 있다. 그 서쪽인 인사동은 전통문화의 거리로 수많은 국내외 관광객이 방문한다. 그렇다면 종로3가와 그 배후인 낙원상가 일대는 왜 발전하지 못하고 제자리에 머물러 있는 걸까.

종로3가, 정체의 장소로 만들어지다

서울을 비롯해 한국에서 도시의 장소가 어떻게 생기고, 바뀌어왔는지를 알기 위해서는 최초 도시계획의 전개를 들여다보아야 한다. 1968년 나비작전을 통한 종삼소탕도 강력한 국가기구가 벌인 도시계획의 예다. 그때로 거슬러 올라가기 전에 먼저 가까운 과거에 일어난 도시계획을 살펴보자. 바로 2007년 당시 오세훈 시장이 발표한 〈도심재창조 프로젝트〉다.

이 야심찬 프로젝트를 간략하게 요약하면, 서울 구도심에 네 개의 남북축을 설정해 도심을 재창조한다는 계획이다. 종로를 중심으로 설명하면, 세종로와 교차하는 종로의 시작점은 역사문화축, 인사동을 포함한 종로2가는 관광문화축, 동대문 인근의 종로5·6가는 복합문화축(패션문화축)에 속한다. 종로3·4가가 속하는 남북축은 녹지문화축인데, 무언가 이 장소의 정체성과 어울리지 않는다. 또한 이곳은 초록띠, 녹지축, 그린웨이 등 여러 이름으로 불리며 더욱 혼란을 주었다. 북한산에서 시작해 종묘와 남산을 경유해 관악산에 이르는 녹지를 건설하겠다는 꿈은 2011년 무렵 결국 무산되었다.[40]

정책의 의도가 어떠했든, 녹지문화축 프로젝트는 종로3·4가가 근대 이후 수행해왔던 기능과 역할에 심각하게 모순된다. 행정과 문화의 역할을 해온 종로1·2가, 그리고 유통과 상업의 역할을 맡아왔던 종로5·6가와 달리 종로3·4가는 그 북쪽으로는 주거와 유흥, 그 남쪽으로는 소상공업으로 구분되는 역할을 수행해 왔다. 결국 녹지문화축은 기존 정체성을 어느 정도 유지하는 세 개 축과 달리, 장소가 품은 가까운 과거의 역사를 부인하고 그곳에 있는 시설들을 모두 철거해 그 장소를 지키던 사람들을 전치시키는 개발을 전제한다. 2005년의 청계천 "복원"(Lim et al., 2013), 2007년 종묘 "성역화"(Yeo and Han, 2010), 2008년 세운상가 철거로 이어지는 2000년대 중후반 서울시의 대형 개발 프로젝트는 도심재창조의 이면에서 무엇이 파괴되는지를 보여준다.

2011년 박원순 시장 취임 이후 도심재창조라는 패러다임이 도시재생이라는 패러다임으로 바뀌었고, 최근 실행단계로 접어들었다는 점은 앞서 말한 바 있다. 즉 유토피아적이고 비현실적이었던 녹지문화축 프로젝트가 남북 도심산업축이라는 이름으로 새롭게 정의되었다.[41] 이와 동시에 〈도심재창조 프로젝트〉 가운데 하나의 남북축이었던 역사문화축에서 동서를 잇는 새로운 세

---

40 2006년 전면철거에 기초한 공원화 사업을 위해 세운재정비촉진지구를 지정하고 2009년 세운초록띠공원을 조성했지만, 여러 이해당사자들의 마찰로 계획이 지연되어 왔다. 특히 2010년 5월 문화재청이 종묘의 경관을 방해한다는 이유로 높이 122미터, 36층으로 계획한 세운4구역 설계를 높이 75미터로 낮추라는 결정을 내린 것이 결정적 전환점이 되었다. 박원순 시장 취임 이후 2012년 〈재정비촉진계획〉의 변경에 착수해 2013년 공원화 사업은 백지화되었다. 현재는 통합개발이 아닌 분리개발로 가닥이 잡힌 상태다. 현재 종묘 맞은편 4구역에서는 개발사업을 둘러싸고 이해당사자들 사이의 대립이 심한 반면, 6-3구역은 재정비가 추진되어 업무용 오피스텔이 들어설 예정이다. 한편 녹지문화축과는 별도로 세운상가의 데크를 이용해 종로에서 남산까지 도심을 잇는 작업도 진행 중이다.

41 이로써 역사문화에 대한 인식의 변화를 읽을 수 있지만, 여기서는 따로 다루지 않는다.

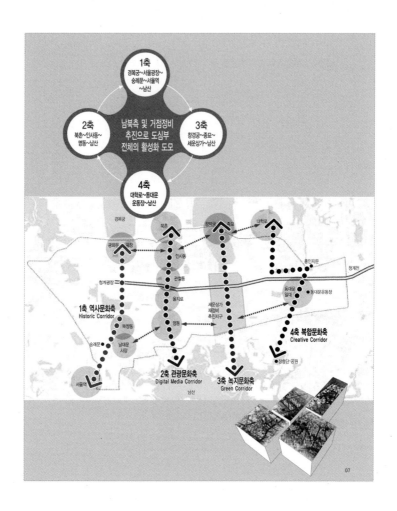

⟨도심재창조 프로젝트⟩ 마스터플랜 약도 | 2007년 오세훈 전 서울시장 재임 시절, 종로 3·4가는 녹지문화축으로 지정되었다. 이 프로젝트는 장소가 품어왔던 가까운 과거의 역사를 부인하고 파괴하고자 하는 도심재창조의 이면을 드러낸다. (출처: 서울특별시)

개 축이 설정되었는데, 서촌-경복궁-북촌-창덕궁-대학로, 세종로 일대-인사동-종묘, 덕수궁-명동-세운상가-동대문역사문화공원이 그것이다.

이런 축을 중심으로 한 계획이 얼마나 진지하게 추진될지는 아직 알 수 없다. 그렇지만 세운상가 일대와 낙원상가 일대가 남북을 잇는 하나의 도심산업축과 동서를 잇는 세 개의 역사문화축들의 교차점에 자리한 점은 매우 흥미롭다. 낙원상가 일대만 하더라도 도심재창조에서는 어떤 축에도 끼지 못했던 곳이 도시재생 전략에서는 두 축이 교차하는 결절結節지점이 되었다.

노후 또는 낙후는 왜 일어나는가

도시재생 정책이 시행되는 것은 이곳이 노후하고 낙후했다는 진단을 받았다는 뜻이다. 이런 노후 또는 낙후는 그동안 어떻게, 왜 일어난 것일까? 그 점에서 옆 동네인 인사동과 비교해보자. 인사동의 공간구성을 연구한 성우철은 "도시는 하나의 생명체로서 도시의 각 부분은 서로 유기적 관계를 형성하며, 서로의 영향 하에서 변화·발전한다"(성우철, 2010: 261)라고 말하면서, 한국의 도시재생 사업이 지역 정체성을 잃어버리고 도시의 다른 부분들과 소통하지 못하고 있는 점을 안타까워했다. 그의 지적은 이 글의 맥락에서 중요하다. 그 이유는 낙원상가의 탄생과 얽힌 서사 때문이다.

지금도 낙원상가 지하에 자리 잡고 있는 낙원시장은 본래 한옥마을에 둘러싸인 동네들 사이에 있던 재래시장이었다. 1968년에 찍은 사진에서 보듯 원래 이 재래시장을 관통하는 도로는 없었다. 그후 낙원상가 1층 일부를 지하차도 같은 지상차도로 만들어 삼일대로와 연결시킨 결과 낙원동과 경운동을 반쪽으로 가르는 새로운 경계가 만들어졌다. 이 경계는 또한 서쪽의 인사동·관훈동 일대와 동쪽의 돈의동·익선동 일대 사이를 갈라놓았다. 낙원상가 서쪽에는 프레이저 스위츠Fraser Suites라는 고급 레지던스 호텔과 화랑가가, 동쪽에는 저가 모텔과 아귀찜 골목이 들어선 것은, 낙원동이라는 같은 동네에서 일어난 분단의 효과를 또렷이 보여준다. 그 사이에 멋대가리 없이 서 있는 낙원상가는 '동양 최대의 악기상가'라는 첨단적이지도, 전통적이지도 않은 성격을 오랫동안 유지하고 있다.

지금의 인사동이 외국인과 관광객이 수시로 드나드는 서울의 관광명소이자 전통문화의 거리로 장소브랜딩을 완료했다는 점은 새삼 말할 필요 없겠지만, 이 글에서는 그 과정을 간략하게 살펴보고자 한다. 인사동이 변화한 이유로 "(인사동이) 한성 이래 현재까지 서울의 중심부에 위치하고, 지역적 특성이 강하며, 도심재개발 등의 영향을 적게 받아 기존의 도시조직이 잘 보존된 지역으로 본연의 도시적 특성을 현재까지 잘 유지해온 지역 중의 하나"(성우철, 2010: 260)를 든 것은 그 자체로 틀리지는 않다. 그렇지만 이는 왜 인사동은 관광명소가 된 반면, 바로 옆 동네인 익선동과 돈의동은 그렇게 되지 않았는가를 설명하지 못한다.

　　이와 관련해 역사학자 전우용이 "인사동의 경관을 구성하는 '전통적 요소'들은 거의 전부가 '중세의 낡은 것'이 아니라 '근대의 산물'들"(전우용, 2015: 45-46)이라고 지적한 것을 특별히 주목해야 한다. 전통이 '만들어진invented' 것이라는 점은 새로운 이야기가 아니지만, 인사동의 경우 그 전통을 근대 이전에서 불러오지 않는다는 점이 흥미롭다. 전우용에 따르면 인사동의 전통들은 "정부와 지방자치단체, 인사동 상점주들과 시민들"의 "반복적인 협상"을 통해 부단히 "재구성"된 것이다. 1988년 전통문화의 거리 지정, 1997년부터 시행한 일요일 차 없는 거리, 2002년 문화지구 지정에 이르는 정책은 인사동에 자리 잡고 있는 주요 행위자들이 꾸준한 협상과 교섭으로 이뤄낸 성과다.

　　일제강점기 인사동은 색주가色酒家와 매음굴을 포함하여 카페, 바, 여관이 즐비한 유흥문화(전우용, 2015: 24-25)의 장소였다. 이런 역사가 언제 그리고 어떻게 지워지고 잊혔는지 그 자체도 연구할 만한 소재지만, 중요한 것은 이런 삭제와 망각을 통해 인사동이 1980년대 말 이래 스스로를 미화beautification하는 데 성공했다는 점이다. 이를 젠트리피케이션이라고 말하는 것은 개념을 무리하게 적용하는 것이겠지만, 젠트리피케이션이 대중화되기 이전에 젠트리피케이션이 발생한 장소가 바로 인사동이라는 해석은 무리가 아니다(Youn, 2007: 183-187).

　　여러 행위자가 스스로 나서서 꾸준히 협상해온 결과 지금의 인사동이 만들어졌다면, 돈의동과 익선동은 그렇게 하지 못했다

1968년 공사 중인 낙원상가 | 낙원상가 지하에 자리 잡고 있는 낙원시장은 한국전쟁 이전부터 있던 재래시장으로 한옥마을에 둘러싸인 동네 사이에 있었다. 원래 이 재래 시장을 관통하는 도로는 없었지만, 1968년 낙원상가를 지으면서 1층 일부를 지하차도 같은 지상차도로 만들었다. 낙원상가는 '동양 최대의 악기상가'라는 첨단적이지도, 전통적이지도 않은 성격을 오랫동안 유지하고 있다. 낙원상가 오른쪽으로 이후 철거된 '파고다 아케이드'가 보인다. (출처: 나무위키)

는 뜻일까? 아니면 변화하지 않기 위해 필사적인 노력을 기울였다는 뜻일까? 이 점은 사례연구를 통해 밝히고자 한다.

정책으로 '활성화'되지 않는 곳

그 전에 종로3가의 다른 한쪽 구역인 종로 귀금속거리를 살펴보자. 이곳의 법정동은 돈의동 일부를 포함하지만 주로 봉익동, 훈정동, 묘동을 가리킨다. 귀금속거리의 기원은 종로4가 남쪽의 예지동 시계골목인데, "한국전쟁 후 (…) 시계노점상이 생겨나 시중보다 저렴하게 시계와 귀금속을 팔면서"(서울역사박물관, 2010: 154) 만들어졌다. 지금도 예지동 골목에 한 평 남짓한 크기의 금은세공업소에 장인들이 남아 있는 것은 이 때문이다. 1968년의 종삼 사창가 소탕작전이 이 골목이 만들어진 계기가 되었을 것이다. 그 후 "1980년 한국귀금속보석기술협회가 봉익동으로 이전하고, 1985년 훈정동 일대가 재개발로 상인들이 합류하면서"(서울역사박물관, 2010: 154) 이곳은 국내 최대의 귀금속거리가 되었다. 귀금속거리는 낙원상가의 악기상가처럼 과거의 영화로부터 조금씩 멀어져가면서도, 끈질기게 버티고 있는 소상공인과 장인이 그 저력을 보여주고 있다.

2010년 귀금속거리 구역 일부를 포함한 돈화문로 제1종 시구단위계획을 시행하면서 이곳을 "서울의 상징적인 고품격 역사문화거리"(서울시, 2010)로 재탄생시키겠다는 계획이 발표되었다. 돈화문로 건물 1층에 일반음식점 허가를 더 이상 내주지 않고, 고

미술점, 공예품점, 국악기점, 전통공연장, 전시장 등을 전체 연면적의 20퍼센트 이상 설치의무화하는 것이 그 내용이었다. 순라길과 피맛길을 재발굴해 도로명으로 사용한 것도 같은 맥락이다.

그런데 "이후에도 이 지역은 별다른 진전 없이 노후한 상태로 남아 있다"(《문화일보》, 2014.2.7)라는 기사를 볼 때 2010년대 전반기에 세운 정책은 뚜렷한 효과가 없었던 것이 분명하다. 2014년 다시 수립한 〈낙원상가·돈화문로 전략정비계획〉은, 한 관계자가 "낙원상가와 돈화문로 일대를 인사동처럼 활성화시킬 수 있는 대책을 마련하기 위한 첫걸음"(《문화일보》, 2014.2.7)이라고 밝혔듯, 인사동을 모델로 했다. 나아가 2014년의 계획은 2010년과 달리 돈화문로 인근뿐 아니라 더 넓은 구역을 포함하는데, 이는 〈2015년 도시재생 활성화지역 선도모델〉에서 말한 낙원상가 일대와 범위가 일치한다. 또한 그 시점은 2004년에 지정된 익선동 재개발 계획이 실질적으로 해제되는 시점과 같다.

그렇다면 이 일대를 역사문화축과 도심산업축이 교차하는 것으로 지정한 취지는 어느 정도 이해할 수 있다. 지난 9월 서울시가 발표한 〈도시재생전략계획〉에 따르면, "낙원상가 일대 활성화를 위해 관광산업을 위한 역사문화와 악기와 귀금속 등 도심특화산업을 결합"(서울시, 2015)하는 것을 검토 중인 것으로 보인다. 문제는 이곳 구역과 공간을 이루는 행위자들이 각각 다르다는 점이다. 이러한 정책이 더 이상 탁상공론으로 그치지 않기 위해서는 귀금속상, 악기상, 국악인, 무속인, 노인 등 다양한 행위자들이

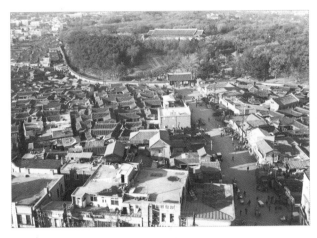

1950년대 종로3가 | 위 사진은 탑골공원과 인사동·관훈동(왼쪽 구역), 낙원동·경운동(가운데 구역), 돈의동·익선동(오른쪽 구역)으로 지금처럼 세 구역의 경관이 선명하게 구분되지 않는다. 아래 사진은 '종삼 사창가' 남서쪽에서 북동쪽으로 촬영한 것으로 왼쪽 위 모서리에 종묘가 보인다. (출처: 미상(위), 서울역사박물관(아래))

서로 어울리면서 함께 살 수 있는 방법을 찾아야 한다. 그러기 위해 최근 이곳에서 어떤 일이 일어나고 있는지 알아보자.

노인들의 파라다이스

종로3가의 대로인 탑골공원부터 종묘공원까지의 거리로 나가보자. 이곳은 관광지가 많아 외국인들을 실어 나르는 공항버스가 수시로 오가고, 지하철이나 버스정류장을 이용하려는 인파가 붐비는 대로다. 주변에는 은행, 커피숍, 유명 SPA 브랜드 매장과 바쁘게 걷는 사람들로 가득하다. 서울 도심 어디에서나 경험할 수 있는 이러한 익숙한 풍경 속에서 종로3가에서 펼쳐지는 특별한 광경을 의식하지 못하고 무심코 지나치기 쉽다.

그러나 만보객漫步客, flaneur이 되어 찬찬히 장소를 관찰하다 보면 그동안 알지 못했던 도시의 이면인 "노인들의 성지"(《한경 비즈니스》, 2015.12.21)를 볼 수 있다. 넓게 탁 트여서 누구에게나 열린 공간, 그래서 어떠한 비밀스러운 행각도 기대할 수 없는 그런 곳에서 말이다. 이런 곳에서 노인들은 무엇을 하고 있을까.

"안 팔려도 좋아, 그냥 노는 거지 뭐"

종로3가 일대는 그야말로 노인들의 파라다이스다. 탑골공원과 종묘 주변에서는 담소, 가판, 장기시합, 술판 등을 벌이는 노인을 언제나 발견할 수 있다. 오후 1시 무렵 종로3가는 이런 노인들로 거리에 활기가 넘친다. 가판을 설치한 노인이 주로 파는 물건은 중고시계, 보석, 음악 CD, 야한 동영상(노인들은 일명 '연애하는 것'이라고 칭함), 그리고 동영상을 재생할 수 있는 노트북처럼 생긴 기기 등이다. 이것들은 지나가는 다른 노인의 눈길을 끌기 위한 물건들로 젊은 세대에게는 다소 생소한 것이다. 2015년 말 한 신문은 이러한 광경을 다음과 같이 묘사했다.

> 파고다공원으로 향하는 길목에 간간이 늘어선 자판에는 '효도MP3' 대신 세태를 잽싸게 반영한, 디스플레이가 달린 '효도 비디오'가 어르신들을 유혹하고 있었다. 디스플레이 크기에 따라 효도 비디오 가격은 10~20만원. (…) 효도비디오를 판매하는 할아버지는 디스플레이 각도를 90도로 꺾으며 "이게 북한에도 수출하는 거여. 이거 봐. 화면도 확확 돌아가지. 동영상도 잘 나와"라고 말했다(《아시아경제》, 2015.10.28).

가판 주변의 한 노인 T는 "저기서 파는 물건은 다 귀부인들이 쓰던 물건이고 그걸 주워다 파는 거야. 그래서 운이 좋아 잘 고르면 좋은 것도 있지만, (대부분) 한 번 쓰면 금방 망가지는 것밖에 없어. 아니면 저기 동묘시장에서 가서 2백 원, 3백 원 주고 사온 거 갖다 파는 거야"라고 말했다. 물건의 가격은 천 원부터 20만 원까지 다양하지만, 대개 5천 원 이하로 저렴하다. 그렇다 해도 실제 물건을 사고파는 일은 드물며, 물건을 파는 사람들은 판매가 저조하다고 해서 크게 실망하거나 판매에 연연해하지도 않는다. 그들이 상행위를 하는 이유는 금전적 이득이나 효용보다는 그 자체가 주는 즐거움 때문이다. 가판을 구경하던 한 노인 N1은 "다들 그저 왔다 갔다 하면서 시간이나 보내고, 친구들 만나 대포나 한잔 하러 나오는 거지. 재미있잖아"라며 물건을 사고파는 것 자체에는 큰 의미를 두지 않았다.

가판을 벌이고 담소를 나누고 거리에서 한판 놀이를 하는 노인들에게서는 몇 가지 특징이 발견된다. 자신들이 하는 행위를 부끄러워하지도, 다른 사람의 시선을 두려워하지도 않는다는 것이다. 이를테면 노인들의 상행위에서 볼 수 있듯 노인들은 스스로의 성性을 감추지 않는다. 대부분 젊은 세대가 노인들의 성을 마치 불온하고 음침하다고 생각하는 것과 달리 노인들은 오히려 자신의 성을 드러내고 즐기고 있었다.

흥미로운 점은 '거리환경감시단'이라고 쓰인 조끼를 입은 청년들이 가판설치를 막을 때도 노인들은 불만을 터뜨리거나 저항하지 않고 바로 가방을 싸서 다른 곳으로 이동한다는 것이다. 노인들의 목표는 거리에 나와 동년배와 대화를 나누면서 자신이 어떤 행위를 함께한다는 사실 자체에서 즐거움을 얻는 것이지, 다른 사람의 눈을 피해 돈을 벌어서 경제적 이득을 취하는 것이 아니다.

노인들의 공간이동은 서울시 정비사업과도 맥락을 같이한

노인들의 파라다이스 | 종로3가, 특히 탑골공원과 종묘 일대에서는 담소, 가판, 장기시합, 술판벌이기 등 한판 놀이를 벌이는 노인을 언제나 발견할 수 있다. 이곳에서 가판을 펼친 노인도, 가판을 구경하는 노인도 물건을 사고파는 것에는 그다지 관심이 없다. 노인들에게 종로3가는 우연히 만들어진 장소가 아니라, 먹고 사는 문제와 직결되면서도 오락을 즐길 수 있는 장소다. (출처: 옥은실·오현주)

다. 한 예로 1998년 문화재 보존을 위한 성역화가 이루어지면서 노인들은 파고다공원에서 종묘공원으로 이동했고, 2007년 종묘 일대의 성역화 사업이 시행됨에 따라 그들은 다시 종묘공원에서 파고다공원으로 이동했다. 이렇게 노인들의 이동이 반복되면서 파고다공원과 종묘공원, 이 두 공간을 찾는 노인들 사이에 보이지 않는 경계가 생겨났다. 대개 종묘공원에는 어버이연합 등 이른바 보수/우익으로 분류되는 노인들의 집회와 회동이 이루어지고, 파고다공원에는 자신의 삶과 관련 없는 일에는 되도록 무관심한 사람들이 모여든다. 이렇게 각각의 공간을 점하고 있는 노인들의 차림, 언행, 직업 등은 다르다.

종로3가를 놀이공간으로 선택한 이유

노인 가운데 주로 남성 노인들이 대부분인 장소답게 종로3가의 상가들 또한 그들의 생활 패턴에 맞춰져 있다. 탑골공원 담벼락을 시작으로 낙원상가까지, 낙원상가 주변인 낙원동 일대에는 한 끼에 3천 원에서 4천 원쯤 되는 국밥집, 한 번에 2천 5백 원이면 단장이 가능한 이발소, 입장료 천 원만 내면 입장할 수 있는 콜라텍 등이 자리 잡고 있다. 또한 노인들이 주로 무리 지어 다니는 기원이나 작명소가 건물마다 있는 것은 이 동네에서만 볼 수 있는 독특한 모습이다. 이 외에도 사탕과 알초콜릿을 손바닥 크기의 봉지에 담아 팔고, 커피와 각종 차를 5백 원에 마시는 모습은 이들보다 젊은 세대가 활동하는 공간에서는 찾아볼 수 없다. 식당 대부분은 대폿집이나 국밥집 등이고, 면도기, 양복, 중절모 등이 주요 판매물품인 점을 보면 다시금 이곳이 남성 노인을 중심으로 하는 장소임이 확실해진다.

앞서 살펴본 노인들의 여러 활동이 이곳의 매우 일상적인 모습이라면 한 달에 하루만큼은 훨씬 특별한 이벤트가 벌어지기도 한다. 바로 기초수급비가 지원되는 날인데, 그날 어떤 장면이 펼쳐지는지 노인상담 전문가인 L1의 말을 들어보자.

매월 25일쯤에 종묘공원 안 나가보셨죠? 가보면 장난 아니에요.
나도 거기서 할아버지, 할머니들이 주시는 술 받아먹고
그랬었는데요. 그날은 아주 잔칫날이에요. 막걸리랑 안주랑
돌아가면서 쏘시는데, 그날만큼은 부러울 것 없이 노세요
(L1 인터뷰).

10만 원에서 20만 원의 수급비를 받는 날마다 열리는 이 행
사에서 노인들은 막걸리나 소주, 간단한 음식을 장만해 나눠 먹
는다. 평소 넉넉하지 않은 주머니 사정 때문에 돈을 아껴 써야 하
는 자신들의 상황을 잠시나마 잊을 수 있는 순간이다. 이는 노인
들이 이곳에서 자신들 나름대로 삶의 방식을 터득하고 그 안에서
즐거움을 찾기 위한 적극적이고 치열한 행동으로 보인다. 이들은
정체된 장소에 생기를 불어넣는 존재다. 노인들은 주로 종묘에서
파고다공원으로 이어지는 대로변과 골목에 자리하지만, 이와 같
이 한판 질펀한 잔치가 벌어지는 곳은 낙원상가 가까이의 낙원동
이나 종묘공원 일대에 위치한 봉익동으로, 대로변에서 한 발 비
껴나간 곳들이다. 그들 스스로 도시정비와 성역화에서 비교적 자
유로운 장소를 택한 셈이다. '여러 차례의 단속과 처벌위기에도
불구하고 노인들의 놀이공간이 여전히 존재할 수밖에 없는 이유
는 무엇인가' 하는 물음에 대한 답은 다음에서 살펴볼 것이다.
　　노인들은 왜 종로3가를 자신들의 낙원으로 선택했을까? 무
엇보다도 이곳 위치의 유리함 때문이다. 종로3가는 서울 어느 곳

에서 어떤 교통편을 이용하든 쉽게 오갈 수 있는 곳이다. 나아가 지하철 1호선, 3호선, 5호선이 모두 지나가는 종로3가역은 노인들에게 다른 지역과 차별화되는 장소적 이점이 있다. 탑골공원에서 만난 노인 T는 자신이 지하철 택배 일을 하고 있는데, 이곳이 교통이 편리하기 때문에 일하기에도 편하다고 말했다. 일이 없는 시간에는 탑골공원이나 종묘공원에 앉아 다른 노인과 담소를 나누거나 일거리를 기다릴 수 있다는 점도 덧붙였다. 이렇게 노인들에게 종로3가는 우연히 만들어진 장소가 아니라, 먹고사는 문제와 직결되면서도 오락을 즐길 수 있는 장소다.

연애하는 노인들

종로3가에 모이는 노인들에게서 발견되는 또 다른 모습은 동년배 이성에게 보내는 끈적한 시선, 축축한 언어, 구애의 몸짓 등이다. 남성 노인이 절대다수를 차지하는 만큼 여성 노인은 눈에 띄기 쉬워, 남성 노인의 관심대상이 된다. 노인들 대부분 이곳에 살기보다는 출근에 가까운 형태로 낮 시간 동안 종로3가 일대를 들르기 때문에 잘 알 수 없으나, 여성 노인이 남성 노인보다 적다는 건 눈으로도 확인할 수 있다.

이른바 '박카스 할머니'로 불리는 여성 노인은 종로3가 노인 문화에서 빼놓을 수 없는 존재다. 나이에 어울리지 않는 짙은 화장을 하고 작은 크로스백과 선캡을 착용하는 것이 이들의 패션 스타일이다. 화장을 빼고 본다면, 중산층 주택가나 시장에서 흔히 마주칠 수 있는 중년 여성의 차림과 다르지 않다. 그래서 시간을 두고 현장에 머무르며 관찰하지 않는다면, 이들을 쉽게 알아차릴 수 없다.

이들은 지나가는 남성 노인에게 간단한 먹을거리나 천 원 정도의 푼돈을 요구하며 '작업'을 시작한다. 때때로 단체 미팅처럼 2대2 만남이 이뤄지기도 하지만, 결국은 일대일 만남으로 이어진다. 이들에게는 휴대전화가 필수품인데, 언제, 어느 장소에서 만날 것인지 수시로 확인하기 위해서다. 노인들은 단속을 피해 만나기 위해 전화번호를 교환하고 따로 약속을 정한다. 최근 2010년대 중반 들어 이런 일이 더 많아졌다.

> 할아버지, 할머니들이 다 종로에서 만나는 건 아니에요. 최근에 뉴스 보셨죠? 다 잡아갔잖아요. 옛날에는 잡아가도 훈방조치로 끝나고 했는데, 이번에는 다른가 봐요. 검찰로 넘어갔다죠? 훈방되면 다시 나오고 하니까 이번에는 제대로 겁을 주려는 거죠. 그래서 요즘 나가면 할머니들 보기 힘들 거예요. 아마 근처에 (있는) 할머니 집에서 만나거나 다른 동네에서 만날 거예요 (L1 인터뷰).

여성 노인은 단시간 안에 전화번호를 얻어내기 위해 자신의 매력을 발산하며, 남성 노인을 자극하기 위해 여러 수단을 동원한다. 따라서 이곳 노인들의 작업은 젊은 사람 이상으로 적극적이며 노골적이다. 끊임없이 시선을 보내고 몸을 만지기도 한다. 마음에 드는 상대를 골라 계속 따라붙는 일도 흔하다. 이 노인들이 종로3가의 코너 소사이어티corner society를 구축하고 있다.

대중매체에 비춰진 이들 노인문화를 보면 무법, 불법, 불결 등의 단어가 연상된다. 학계에서는 이들 노인에 대한 연구가 거의 이루어지지 않고 있거나 관련된 연구가 있다 하더라도 복지나 상담 분야에 한정되어 있다. 노인의 성과 관련된 연구 대부분은 '매매'에 초점을 맞춰 성의 자연스러움이나 권리의 측면은 다루지 않을 뿐만 아니라 도덕적·신체적 불결함만 강조한다. 그 중에는 성병에 걸릴 가능성을 예측하거나 성매매자들을 처벌하는 방법에 대해 논의함으로써 노인들의 성을 치료와 훈육의 대상으로 다룬 연구도 있다. 우리 시대 노인의 성은 당연하고 자연스러운 것으로 인정되지 않고, 숨기고 감춰야 할 것으로 치부된다.

그렇다면 거리나 공원 같은 공공장소에서 서로 눈빛과 몸짓으로 주고받은 기호학적 실천이 신체적으로 이루어지는 곳은 어디일까. 단속이 심해지기 전까지는 "돈의동을 중심으로 퍼져[42] 있는 쪽방과 여관에서 주로 이뤄진다"(《한국경제》, 2012.1.13)라는 말들이 많았다. 종로3가 뒷골목에서는 노인들의 성이 더 능동적으로 실천되고 있으며, 불법성매매도 실제로 이루어진다고 보도되

---

42 연구를 수행하며 만난 한 인터뷰이의 말에 따르면, 돈의동 일대의 모텔촌에는 성매매를 하는 여성 노인 중 일부가 정해진 한 공간을 공유하며 그곳에서 성매매를 하거나 휴식을 취하는 것으로 보인다. 2007년 이후 성역화 사업과 정비사업 등으로 돈의동 일대의 성매매가 단속 및 처벌 대상이 되고 있으나 이곳은 여전히 노인 성매매의 메카다.

었다. 돈의동은 과거 요정이나 한옥을 개조해 만든 집창촌이 있던 곳이라는 기존 이미지에 덧붙여 현재 노인들의 성매매가 이루어지는 지역으로 인식되고 있다. 이제 돈의동의 골목 안으로 깊숙이 들어가보자.

돈의동 쪽방촌

법정동으로서 돈의동은 북쪽으로는 익선동, 동쪽으로는 묘동, 서쪽은 낙원동과 접해 있다. 이곳은 대중매체를 통해 주로 '도심 속의 섬', '쪽방촌' 등으로 알려지며 정책적 지원과 더불어 정부 주도의 정화 및 보호가 요구되는 곳으로 인식되어왔다. 오랫동안 이 지역은 빈곤하고 노후한 장소, 그리고 노인들의 공간으로만 비춰졌다. 이는 실제 이곳에서 어떤 일이 일어나는지 진지한 조사를 바탕으로 한 연구 없이, 대중매체나 학술담론을 통해 퍼진 기존 인식틀을 벗어나지 못해 생긴 결과라 하겠다.

　종로3가 뒷골목, 특히 돈의동 골목은 옛 정서를 불러일으키는 다양한 모습을 가지고 있다. 근대 도시의 가옥구조를 엿볼 수 있는 한옥과 그것을 쪼개서 만든 쪽방촌,[43] 지금도 그곳에서 살아가는 노인과 선술집 등이 그 흔적 가운데 하나다. 특히 쪽방촌 건물은 한옥을 여러 개의 방으로 쪼갠 뒤 벽돌로 2층을 쌓아올린 기이한 구조물이다. 쪽방촌 건물구조는 원래는 익선동의 한옥과 다르지 않았지만 지금은 그 차이가 두드러진다.

　이러한 차이가 나타나게 된 배경과 과정을 보여주는 사료는 부족하다. 그래서 만나본 돈의동과 익선동에 거주하는 주민이나 부동산 중개업자 말에 따르면 그 시작은 종삼 시절로 거슬러 올라간다고 한다. 부동산 중개업자 N3가 "70년대부터 그(쪽방임대) 영업을 하면서부터 돈의동과 익선동 분위기가 달라지기 시작했다"라고 말한 걸로 보아 1970년대 이후 건물구조가 서서히 변해 오늘에 이른 듯하다.

　이곳의 쪽방은, 종로3가에서는 극장가, 상가, 역사유적 등이 "어색하게 공존"(장두식, 2001)한다고 생각하는 사람에게 더 어색한 공존을 보여준다. 서울시와 종로구가 진행하고 있는 거리 정화 사업 및 환경감시 등의 정책도 이런 어색한 이미지를 개선하기 위한 것으로 보인다. 정부가 2015년 3월 〈취약지역 생활여건 개조 프로젝트〉[44] 사업대상지, 이른바 〈새뜰마을 프로젝트〉에 돈의동 쪽방촌을 선정한 것도 그 연장 선상에 있다(〈위키트리〉,

---

43　건축가 조정구가 쪽방주인을 취재한 글에도, 소탕작전 이후 "빈집들이 바로 쪽방으로 변화한 것은 아닌 듯"하고 "후에도 아가씨들을 지방에 소개하는 인력소개업이 이어지다가 그마저도 못하게 하여 1970년대에 일용직 근로자, 오갈 데 없는 사람들이 머무는 쪽방으로 바뀌어 지금에 이르렀다"라는 증언이 기록되어 있다(조정구, 2009). 최지훈·이준호(1999: 28-30)도 이와 유사하게 추정한다. 돈의동을 비롯한 다른 쪽방을 상세히 조사한 연구로는 하성규 외(2000)와 하성규(2007)를 참조.

44　대통령 직속 지역발전위원회는 3월 24일 제13차 위원회를 통해 〈취약지역 생활여건 개조 프로젝트〉 사업대상지 85개소를 확정하고, 4월부터 본격적인 사업에 들어간다고 밝혔다. 선정된 지역은 농어촌 55개소, 도시 30개소 등 총 85개소이며 향후 4년간 3천 2백억 원이 투입되는 대형 프로젝트다. 그중 종로구 돈의동은 서울시에서 유일하게 선정된 지역으로 주민생활, 위생, 일자리 지원 등의 지원을 받게 된다.

돈의동 쪽방촌 | 돈의동은 과거 요정이나 한옥을 개조해 만든 집창촌이 있던 곳이라는 기존 이미지에 덧붙여 현재 노인, 게이 등 소수자의 성 문화가 집중되어 있다는 이유로 기존 사회질서에 길들여진 많은 사람이 이곳을 이질적인 곳이며 배척해야 할 곳으로 인식해왔다. 최근 이웃동네 익선동이 대중매체의 주목을 받으면서, 돈의동과 익선동의 정체성은 계급 · 세대 · 젠더 면에서 분명하게 대비된다. (출처: 신현준)

2015.12.16).

　이런 사업이 가진 문제는 돈의동을 가난하고 불결한 장소로 인식해 정화 아니면 동정의 대상으로 삼는다는 점이다. 이곳에는 법적·심리적·물리적으로 공간을 차지하고 있는 다양한 행위자들이 뒤섞여 있다. 사무실, 관공서, 상점 등을 운영하는 행위자들은 법적으로 보호받으며 물리적 공간을 차지하고 권리를 행사한다. 이 공간에는 이러한 행위자들만 있는 것이 아니라 노인, 게이 등과 같이 이 공간을 법적으로 점유하고 있지는 않으나 심리적으로 자신들의 영역으로 인식하고 아지트를 구성하는 집단이 존재한다. 따라서 각 행위자 집단이 이 공간을 활용하고 점유하는 방식은 복잡하게 나타난다.

　이러한 복잡성 때문에 돈의동에는 갈등이 끊이지 않았고, 이는 곧 이곳을 부정적으로 인식하게 만드는 데 결정적 역할을 했다. 여기서는 노인들을 비롯해 돈의동을 차지하고 있는 다양한 행위자들이 어떻게 공간을 점유하며 활동을 벌이는지와 그동안 부정적 인식에 가려 드러나지 않았던 돈의동의 역동적인 모습을 살펴보고자 한다.

노인들은 환경 정화의 대상인가

　자신들의 행위를 '연애'라 말하는 노인들의 성은 사랑하는 사람과 관계 맺기를 기대한다는 점에서 젊은 세대가 경험하는 성과 다를 바 없다. 노인이기 이전에 한 인간으로서 누군가를 사랑하고 싶어 하는 것은 당연한데, 이를 부정하다고 여기는 분위기가 더 퍼질수록 노인들의 성은 더욱 음지로 숨어들 수밖에 없다. 노인 수사를 진행했던 경찰관 P1은 인터뷰에서 자신들이 겪어온 어려움을 밝히면서, 세상의 시선에 대해 다음과 같이 반박했다.

> 우리가 할머니들을 잡아들일 근거가 없어요. 젊은 사람들이 홍대 클럽에 가서 놀다가 마음에 드는 상대가 있으면 전화번호도 주고받고 밥도 먹고, 뭐 잠자리도 갖고 다 하잖아요. 그런 건 단속 대상이 아니면서 노인들만 그렇다고 하면 말이 안 되잖아요. 우리도 늙으면 다 그렇게 될 거라고요. 당연한 거라고요. 또 할머니, 할아버지들이 우리가 연애하는데, 무슨 상관이냐, 돈 주고받지 않았다고 말하면 방법도 없고요(P1 인터뷰).

앞서 말했듯, 서울시와 종로구는 이런저런 재생사업을 구상 중이거나 실행 중이다. 이에 따라 오랫동안 이곳에 터를 잡고 일하던 상인들이 쫓겨나고, 노인을 포함하여 전치의 대상마저 되지 못하는 방문자들이 권리를 뺏길 가능성이 높다. 이런 사업은 '정화'라는 명목 아래 공간을 나누고, 공간을 구성하는 사람들이 그 틀에 맞게 변화하기를 요구하기 때문이다. 이제 정화사업은 주변 환경을 아름답게 가꾸거나 거리를 깨끗하게 청소하는 것을 뛰어넘어 사람들마저 정화의 대상으로 삼고 있다. 노인들 또한 예외는 아니다. 서울시는 거리환경감시단을 만들어 노인들이 펼친 가판을 정리하는 한편, 유네스코 공식문화재가 된 종묘 앞 거리에서 노인들의 연애와 무속인의 활동을 상시 단속하고 있다. 이른바 "규율에 순종하는 신체"(푸코, 2003: 213)만 드나들기를 기대하고, 그렇지 않은 신체는 공간이용에 제한을 받거나 처벌의 대상이 되는 것이다.

노인들은 지배적 권력이 내미는 규율에 순종하기보다 오히려 거리를 둔다. 이런 거리두기 전략은 자신들끼리 새로운 규율을 만들어내거나 저항성 없이 게릴라식으로 저항하는 것 등으로, 어찌 보면 특별할 것 없는 방식이다. 즉 노인들의 저항방식은 집단을 이루고 구호를 외치며 공간을 점거하는 것과 같은 적극적인 방식이라기보다는 지배와 규율의 영역에서 멀어져 새로운 공간에서 끊임없이 자신들의 영역을 만들어내는 것이다. 거리환경감시단의 단속을 피해 그들의 시야에서 벗어난 곳에서 지속적으로 가판을 벌이며 자신들끼리 소통하는 방식을 취하는 것이 그 예다.

이와 같은 노인들의 저항 아닌 저항은 죽음이 멀지 않은 상태에서만이 나올 수 있는 자포자기의 심정을 반영한다. 미래에 대한 기대보다는 현재를 즐기는 방법을 선택하는 이곳 노인들에게 단속이란 그저 한 차례 넘기고 지나가면 되는 요란한 사건 정도일 뿐이다. 감시와 처벌 속에서도 노인들은 여전히 이 공간에서 하루를 보낸다. 결국 '이 장소를 만드는 주요 행위자인 노인들의 활동과 문화를 정화나 단속의 대상으로 삼는 것이 유일한 방법인가'라는 질문을 던질 수밖에 없다.

노인들은 소외된 사람을 대표한다. 개발과 성장이라는 큰 틀에서 뚜렷한 사회적 역할을 담당할 수 없는 노인들은 개발과 성장을 이끄는 사람들의 시선 바깥에 머무를 수밖에 없다. 사회적 삶에서 배제된 노인들은 그들만의 장소를 만들어 삶을 즐기고자 했지만, 결국 그들은 도시슬럼화를 초래하는 주요 행위자로 내몰렸다. 노인들은 주류 사회가 추구하는 성장과 질서 있는 사회와 거리가 멀다는 인식이 바로 도시슬럼화의 촉매로 노인들을 지목하는 결정적 요인이다.

익선동의 젠트리피케이션

돈의동이 낙후된, 심지어 불법적인 이미지를 갖게 된 데는 게이 문화 또한 빠뜨릴 수 없다. 예전부터 극장을 끼고 있는 번화가의 배후지는 성 소수자들이 모이기 좋은 지역으로 종로3가도 예외는 아니었다. 1970년대 중반을 기점으로 낙원동에서 돈의동 안쪽에 이르는 골목은 게이바, 사우나 등 성 소수자를 위한 곳들로 번창했다. 최근에는 그 규모가 작아지긴 했지만 여전히 이 지역에서 성 소수자 관련 업소를 심심치 않게 발견할 수 있다.

이처럼 돈의동에 노인, 게이 등 소수자의 성 문화가 퍼져 있다는 이유로 기존 사회질서에 길들여진 많은 사람이 이곳을 이질적인 곳이며 배척해야 할 곳으로 인식해왔다. 그러나 서로 교집합이 거의 없어 보이는 이곳의 여러 행위자 집단은 같은 장소를 공유하면서도 다른 집단의 시선을 의식하지 않고 나름의 규칙 안에서 삶을 지속하려는 강력한 힘을 발휘해왔다. 이들에게는 도시의 변화나 발전보다는 자신들만을 위한 영토가 필요하기 때문이다.

대중매체에서 진지하게 다루지 않는 돈의동의 자생적 소수자 문화와 달리 이와 가까운 익선동은 최근 여러 대중매체에서 주목을 받고 있다. 여기서 이 점을 언급하는 이유는 익선동에 주목하는 것이 곧 돈의동을 무시하는 것과 같기 때문이다. 두 이웃 동네가 가진 장소정체성은 계급·세대·젠더 면에서 매우 분명하게 대비된다.

역사적으로 돈의동과 익선동 모두 거주지와 유흥가가 뒤섞여 있던 지역이었다. 그런데 시간이 지나 변화를 거치면서 돈의동에는 노인, 성 소수자 등이 들어온 반면, 익선동에는 문화자본을 갖춘 창의적 소생산자가 들어오기 시작했다. 노년과 청년이라는 세대차이가 공간배치와 구성의 차이를 낳으면서, 돈의동에는 하층계급 늙은 남성이 주요 행위자인 문화가, 익선동에는 중간계급 젊은 여성이 주요 행위자인 문화가 발전하고 있다.

이런 변화는 낙원상가를 경계로 그 서쪽인 인사동, 관훈동의 고급스러운 거리와 그 동쪽인 익선동, 돈의동의 저급한 거리로 나뉜 과정이 되풀이되는 것으로 보인다. 익선동의 젠트리피케이션과 돈의동의 슬럼화는 한때 유사했던 두 동네가 2010년대 이후 대조적으로 상이한 발전의 궤적을 밟고 있음을 보여준다. 현재의 과정이 진행될수록 돈의동에 대한 부정적 인식이 강화되면서 돈의동과 익선동 사이의 심리적 경계는 더욱 굳어질 듯

148

하다. 서울을 '리씽킹'한다는 주제를 다룬 책에서도 익선동은 특별히 강조된 반면, 돈의동은 언급조차 하지 않아(김경민 · 박재민, 2013) 그 차이가 또렷이 드러난다.

그렇다면 돈의동과 익선동의 경계는 어디일까. 고깃집과 칼국수집 골목이 있고, 포장마차가 줄지어 있어 저녁시간에 직장인들이 자주 찾는 그 길일까? 이 길의 공식 명칭은 '돈화문로 11길'로, 종로3가역의 3호선과 5호선 출구가 있는 비교적 넓은 길이다. 이곳은 아직도 공식적으로는 돈의동이다. 돈화문로 11길은 행정구역상 종로구 낙원동에 속하지만, 대체로 사람들은 이곳을 돈의동으로 생각한다. "'노인들의 홍대'에 젊은 층 발길 시작"(〈한경 비즈니스〉, 2015.12.16)이라는 제목의 기사는 돈의동의 고깃집 골목을 소개하고 있다. 이는 돈의동에도 변화의 바람이 불고 있다는 것을 시사하는 것일까? 실제로 이 길 한쪽으로는 고층 비즈니스 호텔이 들어서면서 쪽방촌의 가림막 역할을 한다. 이런 변화는 고깃집 사이 좁은 골목을 지나서 모습을 드러내는 익선동의 변화에 비하면 그리 놀랍지 않다.

익선동의 화려한 변화

익선동은 중산층보다는 서민을 위한 한옥 집단지구로 주로 10평형대에서 30평형대 이하의 작은 한옥이 백여 채 이상 모여 마을을 이루고 있다(김경민·박재민, 2013: 38-40). 이곳은 인접한 북촌 등에 비해 한옥이 세련되거나 크지는 않지만 서울 하늘이 가림 없이 보이는 낮은 한옥들이 대규모로 모여 있다. 익선동을 처음 찾는 사람은 서울 종로 한가운데에 이런 풍경이 있다는 사실 자체만으로도 골목에 들어서는 순간부터 흥미로움과 즐거움을 느낄 것이다.

2015년 이곳 한옥을 개조한 밥집, 카페, 가맥집(가게맥주집) 등이 들어오면서, 익선동을 떠오르는 새로운 상권으로 보는 보도가 나왔다(《한경비즈니스》, 2015.12.21). 익선동 한옥마을은 2004년부터 재개발이 추진되었지만 주민 70퍼센트의 동의를 얻지 못해 개발이 미루어지면서 지난 11여 년간 한옥이 고스란히 보존되었다(《아시아투데이》, 2015.11.8). 2006년 서순라길을 정비하는 과정에서, 가까운 봉익동과 권농동의 한옥들이 철거됐다는 사실(김경민·박재민, 2013: 44-45)을 볼 때 익선동이 보존된 것은 드문 사례다.

최근 서울시가 조선시대 피맛골의 하나였던 익선동 한옥마을의 역사적 가치를 살리고자 관리방안을 찾기 시작했다. 이는 재개발이 실질적으로 무산되었다는 것을 알리는 신호다. 또한 지하철1·3·5호선이 모두 지나는 종로3가역에서 가까운 입지조건과 얼마 남지 않은 도시형 한옥마을이라는 희귀성 때문에 이 동네로 유입되는 사람들이 꾸준히 증가하는 추세다.

익선동 골목에 카페, 공방, 게스트하우스 등이 들어서면서 이곳에 독특한 분위기를 더하기 시작했다. 상권이 형성되었다고

익선동 ┃ 익선동 좁은 골목에 서면, 주변과 다른 낮은 한옥이 눈에 들어온다. 익선동에 빽빽하게 모여 있는 한옥의 지붕 왼쪽 뒤로 오진암 자리에 세워진 이비스앰버서더호텔이 보인다. (출처: 옥은실·오현주)

말하기에는 상점 수나 골목규모가 아직 크지 않지만, 곳곳에서 분주하게 한옥공사가 이루어지는 것을 보면, 앞으로 이곳에 더 많은 변화가 일어날 듯하다. 익선동 터줏대감으로 불릴 만큼 이곳에 오랫동안 머물고 있던 카페나 식당도 있지만, 최근 언론 등에서 주목하는 익선동의 변화를 만들고 있는 행위자들은 이곳에 들어온 지 2~3년밖에 되지 않았다.

> 작년에 지인들과 이 공간, 거리를 거닐다가 9월 즈음……
> 재개발이 풀린다는 이야기를 듣고 바로 들어온 거예요. 그러면서
> 익선동에 대한 예전 논문이나 고서도 찾아보고 동네지명에 대한
> 공부도 했고요. 이곳은 서울의 날개지역이라고 해서 익선동이라고
> 불렸고, 1940년부터 시작해서…… 서울의 근현대를 그대로 담은
> 곳이라고 생각 (…) 마치 삼청동이나 그런 이미지가 그려져서
> 여기는 최대한 막아보자…… 거리 프로젝트를 만들어보자는
> 생각으로, 커뮤니티 형성이 카페로 이어진 거죠(P2 인터뷰).

"익선동의 좁은 골목과 향수 어린 한옥이 주는 분위기에 매료되어 이곳으로 들어오게 되었다"라는 것이 이곳에 새로 자리를 잡은 사람들이 꼽는 공통적인 이유다. 이곳에 카페를 연 K2는 "마치 흙을 밟으며 살고 있는 것과 같은 기분"이 좋아서 주저 없이 익선동을 택했다고 말한다. 이들은 한목소리로 한옥마을로서의 익선동을 강조한다. "한옥이라는 콘텐츠가 중요"했다는 카페 대

표 P2의 이야기처럼 서울 구도심 한가운데 아직 존재하고 있는 이런 공간의 매력이 사람들을 이곳으로 이끌었다.

'핫'한 아이템, 한옥

익선동의 한옥임대는 건물주가 세를 놓으면 임대인이 리모델링하여 상점을 여는 방식을 취한다. 그동안 재개발이 순조롭게 이루어지지 않고 관련 정책이 여러 차례 번복되면서, 거주지로서 기능하던 작은 한옥들은 임대를 주거나 비어 있는 집으로 남겨진 경우가 많았다. "원래는 자주 가는 막걸리집이었는데 이제 장사를 그만한다고 해서" 그곳에 직접 카페를 열었다는 K2의 말처럼 최근 1~2년 사이에 문을 연 많은 카페, 레스토랑, 펍 등은 오랫동안 비어 있던 한옥에 들어왔고, 임차인과의 갈등상황 없이 비교적 원만한 과정을 거쳐 진입했다.[45]

익선동에 새로운 분위기가 만들어지면서 이 지역 부동산 가격이 다시 뛰었고, 그 결과 한옥의 매매가격이나 임대료는 주변 지역에 비해 결코 낮지 않다. 그렇지만 아직까지는 권리금이 없어 이곳으로 들어오려는 사람에게 진입의 문턱은 낮은 편이다. 익선동은 좁은 골목을 따라 오래된 한옥이 촘촘히 붙어 있는 구

---

45 기존 업주와 비교적 갈등상황 없이 자연스럽게 익선동에 들어온 카페 업주들이 이전과는 다른 모습으로 골목을 가꾸어가는 것에 대해서 이곳 주민들은 아직까지는 눈에 띄는 반감을 나타내고 있지는 않았다. 익선동의 카페 골목을 조사하던 중에 만난 주민 가운데 다수의 할머니, 할아버지는 세련되면서도 한옥의 정취를 가지고 있는 새로운 가게들이 등장하자 신기해하며 관심을 보였고, 오히려 우리에게 소개해주기도 했다.

익선동의 한 카페 | 한옥의 문틀에서 엿볼 수 있는 정서를 그대로 살렸다. 이곳에 새로 자리를 잡은 사람들 대부분은 "익선동의 좁은 골목과 향수 어린 한옥이 주는 분위기에 매료되어 이곳으로 들어오게 되었다"고 말한다. (출처: 옥은실·오현주)

조로, 상업지구가 되기 어렵다는 단점이 있었다. 그래서 이곳의 많은 주민은 집을 팔거나 그냥 둔 채 다른 곳으로 옮겨갔다. 이렇게 내보내야 할 사람이 없이 빈 공간으로 남아 있던 건물이 많았기 때문에 권리금이 없었다. 그래서 익선동 한옥마을은 오래된 동네였지만 "그곳에서는 어렵지 않게 새로운 시도를 해볼 수 있다"라는 이야기를 듣곤 했다.

익선동에 생긴 카페, 레스토랑, 펍 등은 공통적으로 한옥의 구조를 크게 바꾸지 않고 개조했다. 입구부터 방까지의 동선은 전통한옥의 질서를 그대로 따르고, 흙벽, 기둥, 서까래 등은 남겨놓아 한옥의 구조와 원형을 짐작할 수 있다. 의도적으로 한옥의 정서가 엿보이는 집안요소들을 남겨둔 곳도 있었지만 "흙벽이 워낙 오래되고 쉽게 손을 댈 수 없는 상태라서 인위적인 인테리어를 최소화한"(K1 인터뷰) 경우도 많았다. 이러한 공간과 환경의 제약이 오히려 한옥스럽게, 그리고 다시 익선동답게 만드는 효과를 발휘하면서 이곳의 새로운 장소정체성을 만드는 데 주요한 역할을 하고 있었다.

익선동 골목변화를 이끈 대표적인 장소로 언급되는 한 카페는 주변 가게들에 비해 규모가 크고 분위기가 모던해서 얼핏 주위 경관과 어울리지 않아 보였다. 카페 주인 L2에 따르면, 이곳 역시 "사람들이 쉽게 예상할 만한 리모델링 공간이 아니라 물건 수명에 따라 소소하게 남겨놓은 것이 많은 공간"이다. L2는 "장소가 지닌 역사를 남겨놓으면서 역으로 공간을 재활용"하는 작업이었다고 설명했다. 그는 사회생활과 해외여행 경험을 통해 직간접적으로 쌓아온 거리 재개발 · 재정비 사업에 관한 지식을 바탕으로 이곳에 카페를 열었고, 도시에서 특정한 정체성을 드러내는 공간이 지니는 의미와 그 가치를 잘 알고 있었다. 카페 공동대표 P2도 같은 생각이었다.

> 영국의 사례를 보고 영감을 얻어 시작했고요. 뉴욕이나 상하이의 티엔즈팡 등을 직접 보기도 했고요. 태국에도 예전 골목이 남겨진 형태가 많거든요. (…) 여기(익선동)는 작년 9월에 어떤 확신을

가지고 왔고, 지금 예상하기로 2015년 이후에 열 개 이상의
커뮤니티가 생길 것으로 보고 있어요. 2016년 후반, 2017년
정도에는 어느 정도 거리활성화가 되리라 예상하고 진행하고
있습니다(P2 인터뷰).

이 발언은 이 책을 쓰면서 진행했던 모든 인터뷰 가운데 가장 글로벌하고 코스모폴리탄스러운 답변이었다. 이들은 "꽉 막힌 쪽방촌처럼"(L2 인터뷰) 답답해 보이는 익선동에 새로운 가치를 부여하거나 만들기 위해 왔다. 이들은 익선동으로 들어옴과 동시에 이곳 변화의 흐름을 주체적으로 이끌었고, 그 결과 이곳은 눈에 띄게 변했다. 또한 이들은 앞으로 시도할 프로젝트로 더 많은 변화를 모색하고 있다.

이들이 익선동으로 들어와서 공간을 변화시키고 실천하는 구체적 방식, 나아가 이곳을 방문하는 사람들과 관계를 맺는 방식은 동일한 결로 설명되지는 않는다. 각자의 다양한 문화자본과 축적된 경험이 상이한 주체들이 유입된 곳인 만큼, 이곳 변화를 이끈 주체들이 익선동을 바라보는 시선과 그 공간을 채우고 있는 사람들의 행위 사이에는 미묘한 차이가 있었다. 새롭게 만들어진 공간을 찾아 익선동에 모여드는 사람들에게도 역시 다른 결이 있었다.

익선동을 찾는 사람들

익선동 골목에서 한옥을 개조한 가게들은 주변 상권의 가게와 구별되는 독특한 공간처럼 보이는데, 이는 공간운영자의 원칙과 기획을 바탕으로 만들어진다. 오롯이 문화와 예술의 요소에 기대어 개성 있는 공간이 만들어지는 다른 지역과 달리 익선동은 상업지구 성격이 강하다. "상업공간임에도 한옥이라는 장소에 밀착되어 만들어진 곳"이라고 자신의 공간을 소개한 P2의 말처럼, 익선동에서 새로운 변화를 이끌고자 하는 거점들은 문화예술에 기대어 있으면서도 상업공간을 지향하는 중간지대에 자리를 잡은 것처럼 보였다.

한옥의 정서에 기대어 만들어진 상업공간들은 서울 도심에서 매력적인 공간으로 여겨진다. 고층 빌딩에 둘러싸인 도심에서 발견하는 한옥의 소박한 정취는 아늑한 정서와 더불어 독특한 경험을 주기 때문이다. 그래서 최근 익선동 카페에는 자신의 취향을 좇아 누구보다 빠르게 그것을 경험해보고 이를 공유하고자 하는 젊은 사람들이 모여든다.

L2는 "본래 익선동은 오랫동안, 인접해 있던 인사동을 기반으로 한 문화, 예술에서의 경험과 지식이 있던 사람들이 연령과 취향을 가리지 않고 여진히 찾던 공간"이었기 때문에, 익선동의 방문자들은 서울의 다른 핫 플레이스를 방문하는 소비자들과 구별된다고 말했다. 그렇지만 우리가 관찰한 바로는 이곳을 방문하는 사람들도 서울의 다른 뜨는 동네를 방문하는 소비자들과 다르

지 않아 구별 자체가 모호해 보였다. 익선동에서 만난 인터뷰이들은 자신들이 이곳의 가치를 높이고 한옥을 기반으로 장소를 재생시키고 있다고 이야기했지만, 연구자의 눈으로 보았을 때 공감하기는 어려웠다. 하지만 이곳의 장소가 가지는 가치를 재평가하고 역사를 기반으로 재생시키는 것과는 또 다른 의미의 실천이 수행되고 있다고 볼 수 있다.

익선동은 한옥마을이라는 역사적 특성뿐만 아니라 그곳만의 독특한 문화자원들이 남아 있는 곳이다. 과거 오진암을 비롯한 요정이 모여 있던 영향으로 국악이나 한복 관련 사업이 번성했고(〈프레시안〉, 2013.6.12), 그 흔적은 지금도 쉽게 발견할 수 있다. 익선동의 카페 사장 K2가 "요 바로 앞길 건너에 공사를 하는 곳이 원래 요정 자리인데 이를 허물고 새 건물을 짓는 것"이라고 이야기했듯이 과거의 흔적은 아직 곳곳에 남아 있다.

최근 익선동을 뜨는 골목으로 보도한 언론 기사를 접하다 보면, 익선동의 역사와는 전혀 다른 공간이 이곳에 만들어진 것처럼 보인다. 이는 익선동의 오래된 역사를 가릴 정도로 눈에 띄는 건물들이 속속 등장하고 이를 지지하는 담론들이 만들어졌기 때문이다. 종로3가에 세워진 이비스앰버서더호텔은 주변 경관과 어울리지 않는다는 주민과 상인의 비판과 달리, 종로 및 인사동과 연결되면서 전통스러움이 있는 관광지로 개선되었다는 옹호 기사와 담론이 적지 않게 나왔다. 거기에 건축 관련 학자들이 한옥의 보존가치를 고무적으로 평가하면서, 이곳의 가까운 과거 역사, 즉 광복 이후부터 최근까지의 역사를 지운 채 전통의 일부인 한옥만을 강조하기 시작했다.

이는 골목 안을 들여다보아도 마찬가지다. 최근 익선동 골목에 들어서고 있는 일부 가게들은, 마치 익선동이라는 장소는 중요한 것이 아니라는 듯 과거의 모습을 전혀 상상할 수 없을 정도로 세련되고 화려하게 리모델링되었다. 이러한 공간변화는 이미 심리적 경계가 뚜렷하게 나뉜 익선동과 돈의동의 관계를 더욱 어색하게 만든다. 또한 각 장소를 차지하는 세대, 계급, 성별을 더 극명하게 대비시킨다.

종로3가를 '무법천지', '노인천국'이라며 부정적으로 낙인찍을수록 이곳을 세련되게 바꾸고 재활용하려는 행위자들에게 그들이 낙후된 공간을 재생시켰다는 정당성을 주는 것은 아닐까? 더불어 지금까지 없던 변화를 이끌어낸 장소변화의 선구자로서 자부심까지 부여하는 것은 아닐까?

익선동에 새로운 장소정체성을 만들어가고, 한옥이라는 아이템에 기반해 이 지역에서 미시적 실천을 하는 행위자들이 등장하고 있다는 것은 흥미로운 일이다. 그렇지만 실제의 익선동은 과거에도 현재에도 하나의 행위자가 이끄는 하나의 실천이 지배하면서 다른 실천을 압도하는 곳이 아니라, 여러 가지 실천이 얽히고설켜 혼재된 장소였고 지금도 그러하다.

나가며: 종로3가 노인들과 익선동 젊은이들은 안전한가

프랑스 역사가 미셸 드 세르토Michel de Certeau는 "도시는 그곳을 걷고 살아가는 사람들의 움직임이 엉키며 엮어낸 길들로 공간을 만들어간다"(De Certeau, 1984: 92-93)라고 말했다. 우리는 그의 주장을, 공간과 장소는 이동하면서 모여드는 사람들, 그리고 그들의 움직임으로 만들어진다는 뜻으로 해석한다. 어떤 장소라도 그곳을 실제로 체험하는 보통 사람들을 통해 그 장소의 성격을 인식해야 한다. 또한 밖에서 바라본 고정된 틀에 장소의 이미지가 지배당하는 것에서 벗어날 필요가 있다. 이 글에서 다룬 종로3가는 그 대표적 예다.

젠트리피케이션이라는 용어를 적용하기 앞서 '종로3가, 그리고 돈의동과 익선동을 도시재생 정책의 대상이 될 정도로 낙후·쇠퇴·노후한 장소로 간주하는 것이 과연 타당한가'라는 질문이 이 글의 출발점이었다. 근대 이후 종로3가 일대의 유흥과 산업의 역할이 특정 시점에서 단절되고, 그 뒤 도시재개발마저 지체되고 무산되면서 종로3가는 성장과 개발에서 멀어졌다.

그렇지만 돈의동, 익선동을 비롯해 종로3가에 인접한 동네들은 외부와의 정책과 교섭이 쉽지 않은 상황에서도 나름대로 그들만의 세계를 만들어왔다. 2010년대 중반 이후, 부적합한 도시재개발이 일어나지 않도록 직간접적으로 노력했던 행위자들과 더불어 새로운 변화를 일으키고자 하는 행위자들이 점차 이곳에 들어오고 있다. 그 결과 종로3가는 각자의 방식으로 과거의 역사를 느끼고, 경험하고, 이용하려는 사람들이 공존하는 복잡한 공간으로 재편되고 있다.

종로3가는 다양한 행위자들이 오랫동안 뒤섞여 있었던 곳이다. 이들은 서로 다른 장소를 각각 차지하면서 그들만의 문화를 지켜가고 있다. 이곳의 다양한 행위자들이 서로 어색해하고 외면하는 것은 서로를 인정하여 공존하고 싶은 욕망을 갖고 있음을 역설적으로 증명한다. 장소가 가진 역사와 그곳에 머물고 모여드는 사람의 다양한 권리를 인정하지 않은 채, 공간을 인위적으로 변화시키려는 도시계획의 과정과 결과가 어떻게 나타나는지 보고 싶어 하는 사람에게 정체된 종로3가는 진지하게 고민해야 할 대상이지 쉽게 잊을 대상이 아니다.

다시 익선동과 돈의동의 대비라는 논점으로 돌아가보자. 두 동네가 서로 인접해 있다는 것을 아는 외부 사람은 많지 않다. 두 동네에 서로 다른 역사가 덧씌워지고 최근 전혀 다른 변화를 겪으면서, 두 동네 사이의 심리적 경계는 더 선명해지고 있다. '노인들의 돈의동'과 '청년들의 익선동'을 조화시킬 방법은 잘 보이지 않는다. 이 지역을 주목하면서 이런저런 담론을 생산했던 사람조차 이 둘을 동시에 놓고 생각해보지 않았다는 점 또한 아이러니다. 역사문화와 도심산업을 결합한다는 도시재생을 성공적으로 추진하기 위해서 이곳의 각 행위자가 그 틈새에서 어떤 문화적 행위를 벌이고 있는지 자세히 들여다봐야 한다.

단순히 두 동네와 그곳의 주요 행위자 사이에 소통과 교감이 이루어지지 않고 있다는 점을 확인하는 것으로는 충분하지 않다. 이들이 서로의 존재를 전혀 인식하지 못하는 것인지, 존재는 인정하되 공존하려는 시도가 없는 것인지, 서로 묵인하면서 나름의 존재를 인정하는 것인지를 꾸준한 관찰과 연구로 파악해야한다. 이상적인 도시재생을 이루려면, 이렇게 다양한 행위자들이 도시공간에서 어떻게 움직이는지 그 흐름을 읽는 것이 중요하다.

이상적인 도시재생을 이룰 가능성에 대해 우리 역시 그리 낙관적이지는 않다. 이 연구가 끝나가는 시점에서 발견한 사실은 돈의동과 익선동이 고정되고 고립된 장소가 아니라는 점이다. 즉 각 공간에 속해 있거나 그 공간으로 유입되는 행위자들이 활발하게 움직이며, 각 장소를 기반으로 그들만의 긴밀한 네트워크가 만들어지는, 이른바 허브와도 같았다. 그러나 각각의 장소에서 벌이는 행위자들의 활동영역은 해당 동을 벗어나지 않으며, 동선이 서로 겹치지도 않는다.

동쪽 또는 남쪽으로

돈의동의 노인들은 이제 종로3가 이외의 다른 대안을 찾아 나서기 시작했다. 그 새로운 장소는 제기동으로, 종로3가는 더 이상 노인들의 핫 플레이스, 또는 홍대가 아니다(〈한겨레〉, 2015.10.11; 〈주간조선〉, 2015.12.7). 이는 종로3가 일대의 단속이 심해지면서 일어난 풍선효과다. 제기동의 콜라텍이 노인들에게 갖는 의미는 홍대의 댄스클럽이 젊은이들에게 갖는 의미와 다르지 않다. 또한 종로3가와 제기동 사이에 있는 동묘 앞 일대에서 노인들은 자신들의 필수품을 사고팔거나 가판에서 판매할 물품을 도매로 떼오기도 한다. 이렇듯 노인들은 지하철 1호선의 동선을 따라 동쪽으로 이동하면서 새로운 장소를 절박하게 개척하고 있다. 이는 2000년대 독립문 인근에 무료급식소를 운영하며 노인들을 이동시키려고 했던 서울시의 정책의지와는 전혀 다른 방향이다.

한편 익선동의 젊은 창의적 자영업자들은 점점 남쪽으로 이동해 을지로와 충무로로 뻗어나가고 있다. 이 일대에 2010년대 중반 가장 힙한 곳들 서너 군데가 소小공업의 메카였던 구역의 빈 곳에 둥지를 틀었다. 이곳은 금요일 밤부터 일요일 밤까지 문자 그대로 공동화되는 곳이라 젊은 예술가에게는 완벽한 해방구나 마찬가지다. 또한 종로3가 동쪽 끝인 세운상가, 대림상가, 청계상가를 따라가면 젊은 예술가의 갤러리, 작업실, 서점 등 신생 공간이 구식 전자산업 메카의 틈새에 서식하고 있다. (삼일대로가 아니라) 수표로가 종로2가와 종로3가를 가르고, 세운상가가 종로3가와 종로4가를 가른다는 사실을 아는 사람이라면 지하철 3호선을 따라 남쪽으로 이동하는 동선이 '3번가의 핫스팟'들로 이어진다는 것을 감지할 수 있다. 이 동선 주변으로 1970~80년대 핫스팟이었던 국일관, 풍전호텔, 센트럴호텔이 아직 사라지지 않은 채 남아 있다.

이렇게 종로3가에서 '종로'와 '3가'는 구분되고 있다. 동서 역사문화축이니 남북 도심산업축이니 하는 이야기는 이런 움직임을 미리 예상했던 것일까? 진심으로 그랬기를 바란다. 어쨌든 종로3가는 여전히 동서남북으로 다양한 문화들이 뻗어나가는 서울의 중촌 또는 미드타운이다.

● 이 글은 《문화과학》 제86호에 게재한 〈종로3가, 우리가 몰랐던 서울의 '섬'〉을 이 책의 취지에 맞게 수정·보완한 것이다.

K1   (50대 여성, 카페 운영), 2015.11.11.

K2   (40대 여성, 카페 운영), 2015.11.11.

L1   (50대 여성, 노인상담전문가), 2015.7.14.

L2   (40대 남성, 카페 운영), 2015.11.25.

N1   (60대 남성, 무직), 2015.10.28.

N2   (연령 미상 여성, 부동산 중개업자), 2015.12.23.

N3   (50대 남성, 부동산 중개업자), 2015.12.24.

P1   (50대 남성, 경찰), 2015.5.22.

P2   (30대 여성, 카페 공동대표), 2015.11.20.

T   (70대 남성, 지하철 택배기사), 2015.10.28.

2부

세 개의 핫 플레이스, 서로 다른 궤적

홍대

신사동 가로수길과
방배동 사이길

한남동

홍대 앞 서교365 거리를 다니면 막 짜증이 났어요. 사람 다니는 길인데 차 밀리듯이 기다리면서 걸어가고. 거기 몰려오는 사람들이 똥 싸러 오는 것 같은 거예요. 뭔가 다 버리고 가는 거예요. 거기에 내가 있는 것이 기분이 되게 나빴어요.

새로 창업하는 사람들은 여기를 보면서 그냥 홍대나 강남이라고 의식하고 들어오거든요. 그러다보니 부동산하고의 계약이나 건물주하고의 커뮤니케이션에서 이미 자기는 여기가 권리금이 형성된 상업지구라고 생각하고 들어오는 거고, 동진시장 라인이 권리금 4천만 원을 받고 조그만 가게 하나씩을 빼기 시작했다는 얘기를 듣는 순간 바로 겁부터 나는 거예요.

3장

홍대

떠나지 못하는
문화유민

이기웅

들어가며: 홍대에서 일어난 젠트리피케이션과 전치

흔히 '홍대'라 통틀어 부르는 홍익대학교 일대는 1990년대 중반부터 자유분방한 사고와 라이프스타일을 지닌 지식인과 반反주류적 문화소비자가 모여들어 이른바 인디문화의 성지로 일컬었던 곳이다. 이 장소를 드나들던 사람들의 성격과 색채 그리고 그들의 미적 감각과 취향이 묻어나는 작고 개성 있는 식당, 카페, 바, 라이브클럽, 댄스클럽, 대안공간 등이 등장한 것은 조용한 주택가였던 이곳이 대안문화의 피난처로 거듭나는 데 결정적인 계기가 되었다. 그러나 2000년대 중반부터 홍대 주변에 젠트리피케이션이 맹렬히 전개되면서 개성 넘치던 공간들이 있던 자리에 프랜차이즈 커피숍, 패션브랜드 매장, 대형 댄스클럽들이 들어섰다. 또 최근에는 중국인 관광객이 갑자기 늘면서 생긴 면세점과 게스트하우스, 그리고 화장품 할인매장 등이 홍대의 새로운 얼굴로 부각되고 있다.

이러한 변화 속에서 인디문화 성지로서 홍대의 이미지는 갈수록 옅어지고, 이곳 정경과 분위기 또한 서울의 여느 번화가와 크게 다를 바 없이 바뀌고 있다. 이 과정에서 애초에 홍대에 터를 잡고 자신이 축적한 대안문화의 경험과 지식을 투입해 오늘날 홍대가 만들어지는 데 기여한 사람들 중 상당수는 갑자기 오른 임대료를 감당하지 못하고 떠날 수밖에 없었다. 흔히 '전치'라 불리는 이 현상은 젠트리피케이션이 지닌 계급투쟁적 성격을 극명하게 보여준다. 그래서 전치는 젠트리피케이션을 둘러싼 비판적 이론과 실천운동을 말할 때 핵심요소로 여겨진다.

이 글 역시 '전치'를 주목한다. 그런데 기존 연구와는 좀 다른 방식으로 이 문제를 다뤄보려 한다. 기존 연구는 국가나 자본 등의 거시적이고 구조적인 단위에 초점을 맞춰 젠트리피케이션과 전치에 접근했다. 하지만 이 글에서는 미시적·개인적 관점으로 접근하려고 한다. 이를 통해 개인이 전치를 어떻게 경험하는지, 그러한 경험을 안고 살아간다는 것은 무엇을 의미하며 개인이 장소와 맺는 관계에 어떤 영향을 미치는지, 그리고 그러한 경험을 한 사람이 새로운 정착지에서 어떤 성격의 장소를 만드는지 밝혀볼 것이다. 이를 위해 이 글에서는 기존 젠트리피케이션을 다룬 글과는 다른 전략을 택했다. 이 글은 젠트리피케이션이 불러오는 비극적 결말로서의 전치를 다루지 않고, 오히려 전치를

홍대거리의 범위 | 홍대는 어디까지일까? 지도는 '홍대거리'의 범위를 나타낸다. 법정동으로 말하면 대부분 서교동에 속하고, 동북쪽 언저리는 동교동, 남쪽 및 남서쪽 언저리는 상수동에 조금 걸쳐 있다. 그렇지만 이런 범위는 공식적이라 할 수 없으며 시간이 흐르면서 변하고 있다. (출처: 네이버 지도)

출발점으로 삼아 전치 이후 사람들의 삶이 어떻게 전개되는가를 주목한다.

홍대에서 '장소만들기'

홍대에서 벌어진 젠트리피케이션으로 전치된 사람들을 이 글에서 모두 다룰 수는 없다. 여기서는 "홍대에 터를 잡고 자신의 하위 문화자본을 투입하여 오늘날 홍대가 만들어지는 데 기여한 사람들" 중에서도 2000년대 중반 이후 홍대와 가까운 상수동과 연남동으로 이주하여 '장소만들기'에 관여하고 있는 사람들에 초점을 맞출 것이다. 이 글에서는 이들과 관련하여 다음 질문들을 던지려 한다.

첫째, 이들은 홍대에서 벌어진 젠트리피케이션과 그에 따른 전치를 어떻게 경험했는가? 둘째, 이들은 홍대에서 밀려났으면서도 왜 그곳을 떠나지 못하나, 그리고 그곳에 머무르기 위해 어떤 전략과 자원을 동원하는가? 셋째, 이들은 자신들의 전치경험을 어떻게 받아들였고 그것은 그들의 장소만들기에 어떻게 영향을 미쳤는가? 넷째, 이들이 전치의 아픔을 극복하고 자신의 활동을 정당화하기 위해 동원하는 서사는 무엇인가, 그들은 어떻게 그러한 서사를 전유專有, 즉 자기 것으로 만들게 되었나? 다섯째, 이러한 과정을 거쳐 어떤 장소가 만들어지고 있고, 새로운 지역에서 이들이 만드는 장소는 과거 이들이 만들었던 홍대와 어떻게 구별되는가?

이러한 질문에 답하기에 앞서 먼저 이 글과 관련한 이론적 문제를 간략하게 검토해보자.

젠트리피케이션 이론의 한계: 그 이후의 문제

1964년에 글래스가 젠트리피케이션이라는 용어를 만든 이래

(Glass, 1964), 젠트리피케이션 이론은 눈부신 발전을 거듭하여 오늘날에 이르렀다. 한 가지 주목할 점은 젠트리피케이션 이론의 핵심요소로 간주되는 전치문제는 이 발전과정에서 빠져 있었다는 것이다.

영국의 비판적 지리학자 슬레이터에 따르면 전치문제는 이론적으로 발달하지 못했을 뿐만 아니라, 도심 재활성화라는 정책적 고려에서 의도적으로 부인되거나 축소되기도 한다(Slater, 2009). 이들 연구는 젠트리피케이션이라는 용어 대신 도시재생이라는 용어를 도입하고, 지역의 생활환경 개선 및 사회적 융합 등의 긍정적 효과를 강조하면서, 전치현상에 대해서는 증거가 불충분하다는 이유로 전치에 대한 주장을 반박한다.

이는 영국과 미국의 대도시에서 젠트리피케이션 반대투쟁이 거의 무력화될 정도로 도심 노동계급 거주자들의 전치가 심화된 현실과 무관하지 않다. 이들 국가의 대도시에서는 1960년대 이래 수십 년간 일어난 젠트리피케이션과 전치로 인해 도심 내 노동계급의 인구가 크게 줄어들었고, 그 세력도 크게 약화되어 젠트리피케이션 반대운동을 조직하는 일은 점점 더 어려워지고 있다(Hackworth and Smith, 2001). 여기에 더해 슬레이터는 전치 연구방법에도 문제가 있다고 주장한다. 그에 따르면 전치연구의 가장 큰 한계는 그 연구를 양적으로 측정하기가 어렵다는 점이다 (Slater, 2006). 최근 연구가 갈수록 전치를 다루지 않으려고 하는 이유도 양적 데이터를 제시하기 어렵다는 점과 관련 있다.

도시계획 학자 피터 마르쿠제Peter Marcuse가 전치의 유형구분
을 통해 제시했듯이 젠트리피케이션은 여러 방식으로 작동하고,
그 효과 역시 다양한 형태로 드러난다(Marcuse, 1985). 즉 전치는
즉각적인 퇴거로 나타날 수도 있지만, 한참 뒤에 발생할 수도 있
고 심지어 발생하지 않을 수도 있다. 예를 들어 임대료가 상승했
지만 임차인이 현재 살고 있는 곳보다 더 싼 주거시설을 다른 지
역에서 발견하지 못하면 인상된 임대료를 지불하면서 그 주거지
에 계속 남아 있을 수밖에 없다. 이 경우 눈에 띄는 퇴거는 이루
어지지 않았지만 그렇다고 해서 '전치가 없었다'고 말하긴 곤란
하다. 전치를 부인하는 것이 종종 "전치가 일어나지 않았으니 젠
트리피케이션이 나쁜 것이라 할 수 없다"라는 정당화의 논리로
사용된다는 점에서 더욱 그렇다.

앞서 슬레이터가 지적한 바와 같이 양적 방법에 근거한 연
구나 공식 자료만으로는 젠트리피케이션 과정에서 생기는 이러
한 결과를 가시화하기가 매우 어렵다. 전치를 눈에 보이게 만들
고 젠트리피케이션의 효과를 충분히 드러내기 위해서는 심층면
접, 참여관찰과 같은 질적 연구방법이 대단히 중요하다.

삶은 어떻게 지속되나

이 글에서는 2014년 10월부터 2015년 3월까지 홍대 지역에
서 전치를 경험하고 인근 지역에 터를 잡은 20명의 문화유민을
인터뷰한 자료를 근거로 '아래로부터의 젠트리피케이션', 즉 '개

인 수준에서 경험되는 젠트리피케이션'의 서사를 구성하려 한다.

질적 연구방법을 활용하여 전치에 접근한 연구로는 체스터 하르트만Chester Hartman, 윌리엄 키팅William D. Keating, 리처드 레게이트Richard T. LeGates 공저의 《전치: 어떻게 싸울 것인가Displacement: How to Fight It?》(Hartman, Keating and LeGate, 1982)와 허션징의 〈중국 광저우에서 일어나는 젠트리피케이션의 두 물결과 새로운 권리의 이슈들Two waves of gentrification and emerging rights issues in Guangzhou, China〉(He, 2012)이 있다. 전자는 제목에서 볼 수 있듯이 1970년대 미국에서 전개된 반反젠트리피케이션 프로젝트 과정을 사회운동 관점에서 쓴 글이고, 후자는 중국 광저우를 중심으로 1980년대부터 두 차례에 걸쳐 진행된 젠트리피케이션 과정에서 전치에 직면한 지역 주민이 '권리'의 개념을 어떻게 정의하고 활용하는지 논의한 글이다.

이 글은 앞서 이야기한 연구들의 방법론과 문제의식을 공유하기는 하지만 다음 몇 가지 점에서 구별된다.

첫째, 이 글은 노동계급 구주민이 아닌 젊은 문화기업가cultural entrepreneur[46]의 이동과 장소만들기 행위에 초점을 맞춘다. 이들은 경제자본은 부족하지만 문화자본에서 중간계급 성격을 강하게 나타낸다는 점에서 전치개념을 적용하기에 부적절한 대상으로 여겨지기도 한다. 경우에 따라 이들은 전치피해자가 아닌 젠트리파이어로 분류되거나 최소한 전치를 가져오는 원인제공자라는 비난을 받기도 한다.

사실 이들이 젠트리파이어와 전치피해자 중 어디에 속하는가를 결정하기는 그리 쉽지 않다.[47] 이들 가운데는 자신들의 의도와 관계없이 젠트리파이어의 역할을 일정 부분 수행한다는 점을 인정하는 사람들도 있다. 그러나 동시에 이들이 젠트리피케이션 피해자이며 이들의 일상이 늘 전치의 위협 속에서 이루어진다는 점도 부인할 수 없다.

둘째, 전치의 주관적 측면에 초점을 맞춘다. 다시 말해 전치가 실제로 발생했는가를 입증하기보다 홍대의 젊은 문화기업가들이 자신들의 경험을 과연 전치로 인식하는지, 그리고 그것을 어떻게 느끼며 그러한 경험을 어떻게 활용하는지에 관심을 둔다. 이러한 접근에서 전치는 과학적 연구대상인 사실의 문제에서 실생활의 문제인 관심의 문제로 전환되고(Latour, 2005: 87), 주관에서 거리를 둔 객관적 현실에서 주관의 일부를 이루는 실천적 관여로 전화한다.

셋째, 전치의 즉각적 효과보다는 장기적 효과를 추적한다.

---

46 문화기업가란 문화를 이용해 새로운 사업기회를 만드는 사람을 의미한다. 문화기업가라는 명칭은 1990년대 이후 문화산업과 창의산업의 급속한 성장과 함께 일반화되었는데, '예술가'라는 좁은 정의로 포괄될 수 없는 새롭고 다양한 종류의 창의활동 종사자들을 일컫는다. 이 개념에는 또한 자본-임노동 관계의 의미를 내포한 문화노동자cultural worker와 다른, 자영업자, 프리랜서, 프로젝트 기반 단기계약직 노동자 등 창의산업 종사자들의 일반적 고용 및 노동 형태가 내포되어 있다. 자세한 내용은 엘마이어(Ellmeier, 2003)를 볼 것. 이 글에서는 문화활동이나 행사를 만들고 조직하는 문화기획자를 가리키는 용어로 사용한다.

47 중간계급이 자신의 의도와 무관하게 젠트리피케이션 역할을 수행하는 것과 관련한 딜레마는 파틸로(Pattillo, 2007)와 슬리치만과 페치(Schlichtman and Patch, 2014)가 잘 묘사하고 있다.

전치가 일어난 다음에도 전치된 사람들의 삶은 지속된다. 그들은 어떻게든 상황을 헤쳐나가고 살아갈 방법을 모색한다. 지금까지 전치를 다룬 연구 대부분은 전치의 즉각적 효과에만 초점을 맞춰왔고, 그에 따라 퇴거와 상실이라는 비극적 서사 생산을 반복해왔다. 이러한 경향에서 전치의 장기적 효과에 관심을 둔 연구는 거의 없었다. 여기서는 전치가 개인의 몸과 마음에 남기는 상처와 개인이 그것을 어떻게 감당하는지 살펴볼 뿐만 아니라 전치를 경험한 사람들의 장소애착과 이들이 젠트리피케이션과 전치에 대처하는 전략에 초점을 맞춰볼 것이다.

재개발, 젠트리피케이션, 홍대

아시아 지역에서 일어난 젠트리피케이션을 다룬 연구의 상당수는 국가주도의 대규모 도시재개발을 젠트리피케이션의 아시아적 형태로 규정한다.[48] 후발주자인 아시아에서는 고전적 젠트리피케이션의 단계를 건너뛰고, 국가와 대大자본 주도의 슈퍼젠트리피케이션이나 신축 젠트리피케이션에 해당하는 단계로 바로 넘어갔다는 것이다. 이러한 진단은 젠트리피케이션을 개념화할 때 전치를 핵심범주로 삼고 미학이나 문화 등 기타 특성은 부차적인 것으로 무시해버린 데서 기인한다. 즉 전치가 일어났다면 곧 젠

---

48 이와 관련해서는 허션징(He, 2007: 2010), 신현방(Shin, 2009), 신현방과 김수현(Shin and Kim, 2016)이 대표적이다.

트리피케이션이라는 것이다.

이런 시각으로 접근하면, 난곡과 홍대, 목동과 가로수길 사이에 아무런 차이가 없어져버린다. 한국에서 재개발이라는 말이 이미 있는데도 군이 젠트리피케이션이라는, 우리말로 옮기기도 쉽지 않은 용어를 가져다 쓰는 이유는 그것이 기존의 재개발과는 다른 어떤 것을 시사하기 때문이다.

한국적 맥락에서 젠트리피케이션은 이른바 '뜨는 동네'와 관련 있다. 뜨는 동네는 맛집과 예쁜 카페, 공방과 미술관, 분위기 있는 바와 독립서점 등이 들어선 자유롭고 예술적인 분위기를 연출하는 동네, 즉 신新중간계급에 속하는 문화기업가들이 자신들이 지닌 하위 문화자본을 풍부하게 투입한 동네를 말한다. 반면 기존 재개발 개념에는 빈곤과 낙후의 이미지만 떠오를 뿐, 미학과 문화는 찾아볼 수 없다.

이런 점에서 홍대는 재개발과 구별되는 젠트리피케이션을 이야기하는 데 가장 적합한 지역 중 하나다. 홍대 지역의 발전은 예술가와 문화기업가의 창의적 아이디어와 땀으로 이루어졌다. 전형적인 국가주도의 대규모 아파트 단지 건설이나 합동재개발 방식과는 다르다. 이처럼 문화와 예술이 주도한 발전역사는 현재까지도 홍대가 인디문화의 중심지로서 그 지위를 지킬 수 있는 원동력이다. 그러나 2000년대 중반 이후 "홍대는 망했다"(김수아, 2013: 57-62)라는 담론이 꾸준히 생산·확산되어왔다. 여기서 "망했다"라는 표현은 물론 홍대의 상업화와 젠트리피케이션을 뜻한다.

맘상모
소개

맘편히장사하고픈상인모임(전국상가세입자협회)은 상가건물임대차보호법 개정 및 상가 권리금 법제화 운동, 피해상인 상담 및 구제 활동, 각 시민사회 단체와의 연대 활동을 하는 상가세입자들의 조직입니다. 맘상모에는 현재 임대차 전문 변호사 두 분이 고문 변호사로 활동하고 있습니다. 그리고 두리반의 유채림 소설가, 북아현동생존투쟁위원회 이선형 위원장도 고문으로 많은 도움을 주고 계십니다.

▶ 까페 : cafe.daum.net/mamsangmo
▶ 이메일 : mamsangmo@daum.net / um3339@naver.com
▶ 전화 : 010-2046-7495 (엄흥섭, 상임감사)
▶ 팩스 : 070-4624-1649
▶ 우편 : 서울시 강남구 신사동 516-1 2층
▶ 후원 : 우리 1005-402-414268 (전국상가세입자협회)

상가임차인권리상담소
소식지 vol.1

발행 2014년 10월 15일
배포 2014년 10월 16일
제작 노동당서울시당
      맘편히장사하고픈상인모임
인쇄 한울타리(02-924-9641)

맘 편히 장사하고 싶습니다 | "작고 예쁜 단골집을 가질 권리가 있다"는 구호를 외친 2015년 4월 25일의 전치 반대 시위(왼쪽)와 '맘편히 장사하고픈 상인 모임'(맘상모) 소개문. (출처: 신현준)

홍대 젠트리피케이션은 몇 개의 상징적 사건을 전환점으로 진행되어왔다고 일반적으로 알려져 있다. 2001년 클럽데이 시작과 댄스클럽들의 세력강화, 2002년 '걷고 싶은 거리' 조성완료, 2004년 시어터제로의 폐관이 그 대표적인 사건이다. 이 짧은 기간 동안 1990년대 이래로 유지해오던 홍대 인디문화의 공동체적 질서가 붕괴하고, 상업화가 급물살을 탔다. 이후 가속화된 젠트리피케이션은 2009년의 두리반 사건에서 물리적 격돌을 빚으며 폭발한다. 이는 단순히 두리반이라는 식당 하나를 지키기 위한 투쟁이 아니라, 전치의 경험 또는 위협을 함께 겪어왔던 예술가와 문화인이 파괴적인 재개발에 대항해 장소의 정체성을 지키기 위한 투쟁이기도 했다.[49] 두리반 사건은 강제철거를 피했다는 점에서 승리로 기록되었지만 홍대의 젠트리피케이션을 막지는 못했다. 이후 홍대는 오히려 주변 지역을 속속 빨아들이며 서울 서부의 거대 상권으로 거듭났다.

홍대 상권의 팽창? 홍대화되는 동네들

최근 홍대 상권이 팽창하고 있다는 기사가 자주 보인다. 기존 권역인 동교동, 서교동과 합정동 일부가 이미 포화상태에 이르러 상권이 인근 지역인 상수동, 연남동까지 확장되었고, 최근에는 망원동과 성산동까지 뻗치고 있다는 것이다(〈한국경제〉, 2014. 11. 19). 이러한 주장을 반박하기는 어렵다. 과거 홍대가 그랬던 것처럼 조용하고 약간은 낙후된 주택가였던 이 지역들이 순식간에 오가는 사람들로 북적대는 핫 플레이스로 바뀌었다는 점은 부인할 수 없다. 그리고 이 지역들이 핫 플레이스로서의 지위가 크건 작건 간에 홍대와 가깝기 때문에 얻은 효과라는 점도 분명 있다. 그런데 '상권'이라는 렌즈만으로는 보이지 않는 것들이 너무나 많다.

첫째는 이러한 팽창이 젠트리피케이션과 전치를 동시에 가

---

49 홍대의 젠트리피케이션 과정에 관한 보다 자세한 논의는 김승환(2013), 옥은실(2009), 용해숙(2015), 진창종(2012)을 참조.

져온다는 사실이 가려진다는 것이다. 상수동, 연남동, 성산동 등지에 둥지를 튼 많은 사람들은 젠트리파이된 홍대에서 쫓겨난 사람들일 뿐 아니라, 그 지역을 개척한 장본인들이기도 하다. 홍대 가까이 새롭게 떠오른 핫 플레이스들은 홍대 상권의 성장에 따른 자연스런 결과라기보다는 젠트리피케이션과 전치의 산물이다.

둘째는 이들 지역을 홍대의 일부이거나 아류로 바라본다는 것이다. 이미 상수동, 연남동, 성산동은 각각의 개성을 인정받지 못하고 단순히 홍대의 공간적 확장으로 여겨지는 경향이 있다. 비록 홍대에서 생겨난 대안예술, 대안문화, 대안적 라이프스타일의 벨트가 이들 지역에 형성되어 있기는 하지만, 각각의 지역은 고유한 지형, 경관, 분위기, 느낌을 가지고 있다.

문제는 '홍대 상권'이라는 규정이 묘사적descriptive이기보다 수행적performative이라는 점이다. 상수동과 연남동은 원래부터 홍대 상권이기 때문에 그렇게 불리는 것이 아니라, 그렇게 부름으로써 홍대 상권이 된다는 것이다. 이전의 합정동이 그랬듯이 홍대 상권으로 통합될수록 그 지역은 곧 독자성을 잃고 홍대의 일부로 녹아들게 된다. 사실 이들 지역을 '홍대 상권'이라 부르는 이면에는 최근 이들 지역 부동산 가격급등에서 알 수 있듯 경제적 이해관계가 작동한다.[50]

부동산 투자가 아닌 삶의 관점이나 장소만들기의 관점에서

---

50 2013년 상수동에 위치한 건물을 매입하여 1년 만에 9억 4천만 원의 시세차익을 얻은 슈퍼주니어 예성의 사례(《머니투데이》 2015.5.19; 〈프레시안〉 2015.6.26)는 홍대 상권을 말할 때 일종의 교훈처럼 언급되곤 한다.

한 지역에 접근할 때 장소는 전혀 다른 모습으로 다가온다. 장소는 물질적 성격을 지니기 때문에 사람 마음대로 바꿀 수 없다. 아무리 상수동과 연남동을 홍대처럼 만들려고 해도 각각의 지역이 지닌 독특한 사회적·지리적·경제적 성격으로 인해 홍대화에는 한계가 있을 수밖에 없다. 자신의 뜻에 따라 특정한 장소를 만들려는 인간의 노력은 언제나 장소가 지닌 특성에 맞춰져 이루어져야 한다.

상수동: 홍대 사람들의 첫 이주지

상수동은 2007년 창전동과 통합되어 서강동이 됨으로써 행정동으로는 더 이상 존재하지 않는다. 상수동은 행정편의에 따라 분리와 통폐합을 거듭했지만, 생활공간과 상권으로서 상수동은 지금도 사람들에게 익숙한 이름과 공간으로 불린다. 상수동의 범위도 마찬가지다. 과거 행정동으로서의 상수동은 홍익대학교를 포함하는 1.1제곱킬로미터의 공간을 가리켰으나, 지금은 흔히 지하철 6호선 상수역 남쪽에서 당인리발전소에 이르는 카페 거리를 가리키는 말로 사용된다.

이곳은 원래 당인리발전소가 위치한 동네로, 연료를 태울 때 발생하는 분진과 매연, 소음이 심했기 때문에 개발혜택을 거의 받지 못한 서민주택 지역이었다. 이러한 낙후성은 역설적으로 마을공동체의 파괴를 막았고, 마을공동체가 수십 년간 이어지도록 만들었다. 홍대와의 인접성에도 불구하고 그 영향을 크게 받

상수동 그문화다방 | 1990년대부터 들어와 지내던 초창기 홍대 사람들이 하나둘씩 떠나기 시작했는데, 그때 이들이 가장 먼저 옮겨간 곳이 바로 상수동이다. 2009년 이리 카페가 처음으로 이곳에 정착했고 이듬해 그문화다방이 문을 열었다. (출처: 이기웅)

지 않았던 이유는 주민 대다수가 고령의 서민층이었기 때문이다.

그렇다고 해서 상수동이 홍대와 연관이 없었던 것은 아니다. 집세가 싸고 가까운 탓에 홍대를 중심으로 활동하는 젊은 예술가들이 상수동에 집과 스튜디오를 구하는 경우가 많았다. 홍대가 핫 플레이스로 떠오른 2000년대 중반까지도 상수동은 가난한 예술가, 인디음악가, 소상인들을 위한 베드타운 역할을 했다. 홍대에서 젠트리피케이션이 본격화되면서 1990년대부터 들어와 지내던 초창기 홍대 사람들이 하나둘씩 떠나기 시작했는데, 그때 이들이 가장 먼저 옮겨간 곳이 바로 상수동이다. 낮은 임대료와 홍대와의 인접성뿐 아니라, 그들이 이 동네를 잘 알고 있었다는 점도 결정에 중요하게 작용했다. 그렇게 해서 2009년 이리카페는 처음으로 이곳에 정착했다. 이듬해 그문화다방이 문을 열었고, 녹과틈, 상수리와 제비다방이 그 뒤를 따랐다. 과거 홍대를 특별하게 만들었던 카페, 바, 식당이 모여들면서 상수동은 젠트리피케이션 이전의 홍대와 가장 비슷한 모습을 갖게 되었다.

그렇지만 홍대와 상수동은 다르다. 홍대가 넓은 면적만큼이나 다양한 문화예술 분포를 보여줬다면, 상수동은 카페와 식당이 곳곳에 자리한 몇 개 골목이 전부다. 라이브 음악과 실험예술로 넘쳐나던 홍대의 첫 10년과 비교할 때, 신생 문화지역인 상수동에서 음악과 예술이 차지하는 비중은 그리 높지 않다. 무대륙, 앤트러싸이트, 제비다방 등 공연이 열리는 복합문화 공간이 있지만, 상수동을 이야기할 때는 먼저 대개 예쁘고 독특한 카페와 식당을 언급한다.

이러한 차이는 상수동에 모여드는 사람들의 연령이 중요한 변수로 작용했기 때문이다. 1990년대 홍대가 20대를 중심으로 한 청춘의 해방구였다면, 2010년대 상수동은 다양한 연령층의 사람이 뒤섞이는 곳이다. 상수동에서 장소만들기를 하고 있는 홍대유민 중에는 40대를 넘어 50대를 바라보는 사람도 적지 않다. 이러한 이유에서인지 상수동은 젠트리피케이션 이전의 홍대에 비해 조용하고 점잖은 분위기를 풍긴다.

연남동: 홍대 유민들의 대탈출

홍대 서북쪽에 위치한 연남동은 '연희동의 남쪽'이라는 이름처럼 원래는 홍대의 일부가 아니라 연희동에서 갈라져 나온 동네다. 실제로 연남동이 홍대 상권으로 인식되기 시작한 것은 최근의 일이다. 연남동에서 만난 인터뷰이들은 상수동으로 1차 이주가 완료된 2012년에서 2013년 무렵부터 홍대 유민들이 연남동으로 대탈출(엑소더스)하기 시작했다고 기억한다.

그 이전까지 연남동은 연희동의 일부로 강하게 인식되었다. 연남동은 마포구로, 연희동은 서대문구로 각각 속한 구는 달랐지만 연희로로 자연스럽게 이어진 두 동네를 구별하기란 주민이 아닌 한 쉽지 않다. 또한 연남동은 화교 주거지역으로서 정체성을 지녀왔는데, 여기에는 연희동에 위치한 한국한성화교중고등학교의 영향이 크다. 1969년 명동에서 연희동으로 이전한 이 학교를 따라 많은 화교들이 연남동에 자리를 잡았다.[51] 이처럼 두 동네는 지리적·제도적으로 서로 밀접한 연관이 있다.

그러나 두 전직 대통령이 살았던 연희동이 부촌 이미지를 지니고 있다면, 연남동은 눈에 띄게 허름한 인상이다. 실제로 연남동은 1970~80년대에 지어진 연립주택과 값싼 기사식당 그리고 화교들이 운영하는 작은 중국음식점 등이 주된 경관을 이루는 서민 주거지역이다. 연희로 서쪽에 위치한 동교로에 이들 음식점이 줄지어 들어서 있고, 동교로 양옆으로 난 좁고 구불구불한 골

---

51 연남동 화교에 관한 연구로는 신현준(2015)을 참조.

동진시장 간판 | 1960~70년대 재래시장의 정취가 남아 있는 동진시장. 오래된 업소의 이름 위에 새로운 업소가 다른 층을 이루고 있는 점이 흥미롭다. (출처: 신현준)

목을 따라 들어가면 오래된 연립주택과 가게가 곳곳에 들어서 있다. 상수동 골목에 비해 연남동 골목은 차가 들어오기 힘들 만큼 좁은 곳이 많다. 이런 이유로 상업시설이 들어서지 못해 오래된 동네의 정취가 아직 남아 있다. 이러한 지형적 조건 때문에, 최근 이 지역에 들어선 식당과 카페, 독립서점과 미술관 등은 홍대나 상수동에 비하면 규모가 작은 편이다.

상수동으로 이주한 홍대 유민들이 보헤미안적 문화기업가들이라면 연남동으로 온 사람들은 공동체주의적 문화활동가 성격이 강하다. 일상예술창작센터, 모자란협동조합, 문화연대, 생태지평, 제너럴닥터, '여성이 만드는 일과 미래' 등이 이곳에 자리를 잡고 있는데, 이 중 일상예술창작센터는 주민의 자발적 공동체 건설을 위한 지역 기반 문화행사를 열고, 문화활동을 활발하게 조직하고 있다. 가장 대표적인 행사로 '연남동 마을시장 따뜻한 남쪽'을 매년 개최하고 있고, 현재는 지역 안 마을공동체, 공방, 문화공간을 연결하는 네트워크 프로그램 '따뜻한 남쪽, 만드는 연남동', 주민참여 문화예술 프로그램 '생활창작공간 새끼' 등을 운영 중이다.

아울러 연남동 문화활동가들은 지역의 도시재생 현안에도 적극적으로 개입하고 있다. 최근 주된 이슈로는 동진시장 재개발과 경의선공원 건설을 꼽을 수 있는데, 전자는 모자란협동조합이 운영권을 얻어 대안경제의 거점으로 활용할 방안을 모색 중이고, 후자는 일상예술창작센터를 비롯한 지역 안 사회적 기업, 협동조합, NGO들이 경의선공원 조성구간 시민-지자체 협의체인 경의선숲길공원포럼에 참여하여 공원의 공공성을 높이기 위한 활동을 벌이고 있다. 이는 상수동으로 간 유민들이 서울화력발전소 재생과정에 별로 참여하지 않은 것과 대조적이다.

전치되었으나 떠나지 않는 이들의 궤적

여기서는 인터뷰이들이 어떻게 이동해왔는지, 그 궤적에 초점을 맞춰 젠트리피케이션과 전치를 개인의 경험차원에서 기술한다. 여기서 소개하는 사람들에게는 홍대에서 전치를 경험했으나 홍대를 떠나지 않고 있다는 공통점이 있다. 이들 중에는 홍대에 남은 사람도 있고, 인근 지역인 상수동, 연남동, 성산동 등지로 밀려난 사람도 있다. 더 나아가 서촌, 해방촌, 문래동 등 더 먼 지역으로 흩어진 사람도 있다. 그러나 이러한 지역적 분포와 무관하게 이들 모두 어떻게든 홍대라는 장소와 관계를 유지하고 있었다. 이들은 한편으로 홍대에 강한 감정적 애착을 갖고 있었고, 다른 한편으로 홍대에서 시간을 보내면서 만들어놓은 네트워크가 있었다. 후자는 이들이 전치를 극복할 수 있는 정서적 지지의 원천이자 실질적으로 생계를 유지하며 활동을 이어나갈 수 있는 협력의 기반이 되기도 했다.

끊임없이 나타났다 사라지는 사람, 그리고 장소

서교동 365번지는 2백 미터 길이로 길게 뻗은 2~3층 높이의 낙후된 건물 블록이다. 이곳은 1930년대부터 당인리발전소로 석탄을 실어 나르던 철로 주변에 오랜 세월에 걸쳐 하나둘씩 세워진 건물이 모여 형성된 구조물이다. 이 낡고 허름한 건물 블록에 1990년대 말부터 2000년대 초까지 젊은 예술가들과 창의적 문화기업가들이 모여들기 시작했다. 그들은 이곳에 와서 가게나 스튜디오를 차리고 함께 어울리면서 작은 커뮤니티를 만들어나갔다. 그러나 1999년, 이곳이 '걷고 싶은 거리' 조성계획에 포함된 이후 이곳 환경은 하루가 다르게 변해갔다. 커뮤니티 구성원들은 '서교365'라는 모임을 만들고 전시회와 책 발간 등 다양한 활동을 펼치면서 이곳을 지키기 위해 노력했으나 치솟는 임대료와 빠르게 변화하는 주변 환경을 감당하지 못하고, 2000년대 중반 이후 사방으로 뿔뿔이 흩어졌다.[52] 서교365의 주축 멤버였던 건축가 H2는 당시를 이렇게 기억했다.

> 홍대 앞 서교365 거리를 다니면 막 짜증이 났어요. 사람 다니는 길인데 차 밀리듯이 기다리면서 걸어가고…… 거기 몰려오는 사람들이 똥 싸러 오는 것 같은 거예요. 뭔가 다 버리고 가는 거예요. 거기에 내가 있는 것이 기분이 되게 나빴어요. 사람들이 정말 다 쏟아버리려고 오더라구요. 근데 기분이 안 좋더라고요. 그런 사이에 있는 게. 그런 동네에 있는 게. 그래서 뭐 쓰레기도 엄청 많이 나오고…… 아주 배어 있죠. 음식물 쓰레기 냄새가 (H2 인터뷰).

서교365의 또 다른 구성원인 K2는 1990년대 말부터 서교동 365번지에 위치한 '바다(Bar다)'에 자주 드나들었고, 여기서 마음에 맞는 친구들을 만나게 되었다. 그는 2001년 이곳에 자신의 상점을 열고 사람들과 함께 '밥상공동체'라고 부르는 공동체 생활을 본격적으로 시작했다. 그러나 2004년이 되자 분위기는 크게 달라졌다. 건물의 부동산 가치가 갑자기 오르면서, 자신을 내보내고 가게를 쪼개서 임대하려는 건물주와 부동산의 공작은 갈

---

52 서교365의 기억은 류재현 외(2005: 188-197), 조한(2013: 14-30)에 기록되어 있다.

수록 혹독해졌다. 그는 어떻게든 가게를 지키려 했지만 그들이 조직폭력배를 보내 겁을 주고 협박하자 버티기가 어려웠다. 젠트리피케이션을 육체적·언어적 폭력의 형태로 경험한 그는 급기야 서교365를 떠나기로 결심했다.

A1은 20대였던 2000년대 초 문화기획자로 홍대에 들어왔다. 그의 첫 프로젝트는 방황하는 청소년들을 홍대 지역에서 활동하는 예술가들과 연결해줌으로써 삶의 의미와 동기를 불어넣어주는 일이었다. 그러나 2004년 무렵부터 집세가 치솟기 시작하면서 지역에 살던 예술가들은 이곳에 더 이상 머무르기 어려워졌다. 예술가들이 하나둘씩 지역을 떠나면서 A1의 프로젝트 또한 계속 이어나가기가 힘들어졌다. 그에게 젠트리피케이션은 돈과 물질적 탐욕이라는 적나라한 힘 앞에 무방비로 노출되는 것이었으며, 이는 자신이 그동안 견지해온 비주류적 가치와 라이프스타일에 반하는 심각한 도전으로 받아들여졌다. 그는 자신의 신념에 회의를 느끼고는 한동안 혼란에 빠져 방황하기도 했다.

의사 J1은 2008년 홍대에 있는 의료생활협동조합에 참가함으로써 홍대 사람이 되었다. 2007년부터 7년간 홍대에서 자리 잡고 활동하던 협동조합은 2010년부터 갑자기 오른 임대료 압력을 받기 시작하다 2014년에 연남동으로 자리를 옮겼다.

예전 살던 곳이 비싸지기도 했고, 2010년 무렵이 되어서 분위기가 심상치 않다는 생각을 계속했어요. 여기에서 계속 있기는

힘들겠구나. 원래 그쪽 라인에는 작은 가게들이 많았는데 정신
차려보니 기업의 안테나숍들이 많이 들어왔고, 우리가 버티는 게
신기할 정도로 이사들을 나갔어요. 건물주는 월세를 올려줄 거면
있고 아니면 나가라는 식으로 이야기를 했죠. 그리고 그만큼의
월세를 낼 사람들이 얼마든지 있다고 얘기를 하시니까……
부동산에서도 그 정도까지는 아니라고 이야기를 하시던데, 나중에
알고 보니 건물주에게 얼마든지 세입자를 구해줄 수 있다는
부동산이 꽤 있다고 하더라고요. 건물주는 강남에 있는 부동산에
붙었어요. 젊은 사람들이 건물주 옆을 따라다니면서 각서도
작성해주고 내용증명도 보내주는 역할을 했었어요(J1 인터뷰).

 그는 화교와 노인 인구가 많은 연남동에서는 주민들이 이주
에 소극적일 것이므로 비교적 오랜 기간 전치 걱정 없이 머물 수
있으리라 예상했다고 한다. 그러나 옮긴 지 얼마 되지 않아 연남
동이 핫 플레이스로 부상하면서 한동안 거의 매일 방송을 타더니
땅값이 천정부지로 치솟기 시작했다. 건물주는 5년의 계약기간을
보장해준다고 했으나, J1은 현재의 부동산 시장 추세가 계속된다
면 건물주 마음이 언제 바뀔지 몰라 불안하다고 했다. 뜨는 동네
에 자리를 잡은 여느 업체들처럼 협동조합도 전치에 대한 걱정과
위협이 끊이지 않는 일상의 문제가 되었다.
 문화기획자 K3는 1990년대 중반, 홍대가 한창 대안문화의
피난처로 떠오르기 시작할 무렵 이곳에 들어왔다. 당시 20대 미

술가였던 그는 홍대의 자유분방하고 예술적인 분위기에 매혹되
어 젊은 날의 대부분을 여기에서 보냈다. 외부 세계와 상대적으
로 고립된 이 지역에서 그와 동료예술가들은 무한에 가까운 표현
의 자유를 만끽할 수 있었다. 그들은 해프닝 아트, 퍼포먼스 아트,
라이브 페인팅 등 자신들이 하고 싶은 모든 예술활동을 했다.

이후 K3는 홍대를 떠나 학업을 마치고 직업을 가지며 본격
적으로 성인의 삶을 시작했다. 그는 일러스트레이터가 되었고 노
원구에 일러스트레이션 대행사를 차렸다. 그러나 그가 홍대로 돌
아오는 데는 오랜 시간이 걸리지 않았다. 그는 곧 홍대에 정착했
고, 10년 동안 무려 열 차례 이상 사무실을 옮겼다. 물론 전부 임
대료 때문만은 아니었지만, 그중 상당수는 임대료 부담이 중요한
요인이었다. 그는 경제적 곤란을 넘어선 정체성 문제로 전치를
인식하고 있었다. 홍대에서 20여 년의 세월을 보내면서 사람과
장소가 끊임없이 나타났다 사라짐을 목격한 그는 인터뷰에서 전
치를 통해 삶의 덧없음과 허무감을 느낀다고 했다.

> 씨어터제로가 없어진다고 해서 되게 이상했어요. 상실감 이런
> 게 아니라 뭐 남대문이 없어지나? 뭐 이런 느낌이었던 거죠.
> 그 조형물이 생각이 나니까 (…) 어느 날 보니까 없어졌어요. 그
> 건물이 신발집 이런 것으로 바뀌었다가 없어지더라고요. 허,
> 희한하다. 그때만 해도 여기 앞은 한 번 무너졌었던 곳이에요. (…)
> 피카소 거리가 (…) 90년대 중후반 되게 변화했었어요. 그래서

건물도 짓고 이러다가 무너졌어요. 세를 너무 높게 받았는지

카페도 다 없어지고 사무실로 바뀌었어요. (⋯) 제가 (처음 인테리어

일을 맡아 한) OOO, 거기에 되게 애정을 갖고 있었거든요.

저희가 엄청 정성스럽게 했었는데 어느 날 가보니까 사무실로

바뀌었더라고요(K3 인터뷰).

그는 전치를 단순히 장소에서 밀려난 개인의 문제로 국한시
키지 않는다. 그것은 그 장소에 애착을 갖고 즐겨 방문하던 모든
사람의 상실이라고 이야기한다. 이처럼 전치를 개인의 문제에서
공동의 문제로 끌어올리면서 그는 전치에 반대하는 연대의 가능
성을 모색한다.

장소애착: 떠밀려 나가도 다시 돌아온다

장소는 텅 빈 3차원적 공간이 아니다. 장소는 특정한 방식으
로 사람의 행동을 규제하고 성격에 따라 특별한 감정을 불러일으
킨다. 사람들은 특정 장소에 애착을 느끼기도 하고, 또 어떤 장소
에는 반감을 갖기도 한다. 장소는 그렇게 사람들의 드나듦을 조
절한다. 사람들은 어떤 장소에는 즐겨 가지만 어떤 장소에는 좀
처럼 가지 않거나 심지어 피하기도 한다. 부르디외는 개인이 장
소에 대하여 느끼는 편안함을 이야기한 바 있다. 그에 따르면 개
인의 아비투스habitus와 그가 위치한 장field이 조응할 때[53] 사람들
은 편안함을 느끼며 그곳에 머무르게 되고, 그렇지 못할 경우 불

편함을 느껴 그곳을 떠나게 된다(Bourdieu, 1999: 151).

이 글의 맥락에서 보았을 때 부르디외의 주장은 '개인은 편안함을 느끼는 장소에 최대한 머무르려는 경향을 보인다'고 재해석할 수 있다. 즉 개인이 전치에 따라 자신이 살거나 일하던 곳을 떠나야 하는 상황에서도 최대한 그 권역에 머묾으로써 이주에서 비롯되는 불편함을 회피하려 한다는 것이다. 물론 장소애착이나 편안한 감정이 개인이 장소를 선택하는 유일한 요인은 아니겠지만, 이 연구의 조사대상자 중 많은 이가 이를 가장 중요한 요인으로 꼽았다.

단적으로 문화기획자 K2는 인터뷰에서 홍대는 재일조선인인 자신이 한국에서 유일하게 편안함을 느낄 수 있는 곳이라고 말한다. 그가 볼 때 한국 안에서도 홍대는 차이를 보듬는 개방적 태도와 사적 공간에 대한 존중이 가장 잘 이루어지는 곳이기 때문이다.

---

53 '아비투스'와 '장'은 부르디외의 핵심개념이다. 아비투스는 체화된 문화자본, 즉 오랜 반복적 실천을 통해 몸에 밴 습성, 기술, 성향 등을 의미한다. 반면 장은 다양하게 분할된 사회세계의 분야들을 뜻한다. 정치, 종교, 경제, 법, 예술, 교육 등은 모두 하나의 장을 형성한다. 각각의 장은 그 안에서만 통용되는 규칙, 지식, 자본의 형태 등을 통해 서로 구별된다. 부르디외는 아비투스를 '게임의 감각feel for the game'으로, 장을 '게임 그 자체game itself'로 비유했다. 즉, 아비투스는 운동선수가 짧은 순간에 머리로 생각하기 이전에 몸으로 상황에 반응하는 것처럼 우리 몸에 새겨진 훈련의 결과이며, 장은 그러한 반응의 전제가 되는 경기와 같다는 것이다. 야구선수는 야구경기에 출전하면 몸과 마음이 편하지만 축구경기에 출전하면 불편하고 어색해진다. 마찬가지로 특정한 성향을 가진 사람들은 특정한 장소에 편안함과 친밀감을 느낀다. 어떻게든 홍대를 떠나지 않으려는 사람들이 있고, 반드시 강남에 살아야 하는 사람들이 있다. 이는 부동산 가격에 대한 계산을 넘어선 아비투스의 문제인 경우가 많다.

(재일조선인인 저로서는) 과연 홍대가 아니었으면 살 수 있었을까?
하는 생각을 해요. 다른 지역에서도 특별히 안 좋은 경험은
없었지만, 문화적 차이를 많이 느꼈어요. 예를 들어 처음에 한국에
왔을 때 (…) 한국에서는 친구들끼리 전화 자주 하고 삐삐 자주
하고 그러잖아요? 저는 일본에 있을 때 친구들하고 전화 거의 안
했거든요. 일본에서는 무소식이 희소식이라는 말도 있을 정도니까
(…) 그런데 한국에서는 일주일 전화 안 하면 큰일이라도 난 줄
알고 (…) 그런데 홍대에서는 달랐어요. 물론 일본과 비교해보면
홍대도 (개인 간의 거리가) 많이 가까운 편이긴 한데, 그래도 그
정도는 감당할 수 있는 수준……(K2 인터뷰).

K2 사례는 본인이 지닌 문화적 성향 또는 아비투스가 홍대라는 지역에 가장 잘 맞기 때문에 홍대 이외의 다른 지역을 선택하지 못하는 경우에 속한다. 다른 지역에서는 편안함을 느끼지 못하는 것이다. 이러한 조건은 그가 아무리 많은 전치를 경험하더라도 어떻게든 그 장소에 머물게 만드는 힘으로 작용한다.

건축가 K4의 사례는 여가와 놀이를 중요하게 여기는 성향이 장소선택에 작용한 경우다. K4의 홍대와의 인연은 인디밴드 활동을 하던 2000년대 초로 거슬러 올라간다. 당시 대학생이었던 그는 자신의 밴드와 함께 프리버드를 비롯한 몇몇 홍대 클럽 무대에 섰다. 그때만 해도 그에게 홍대는 순수하게 노는 곳이었다. 따라서 그는 미래를 고민하기 시작한 대학교 3학년이 되자 홍

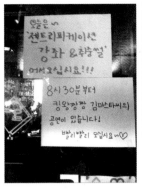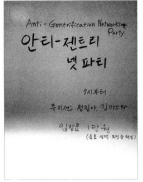

안티 젠트리피케이션 | 2015년 상수동의 한 갤러리 겸 카페에서는 젠트리피케이션 반대 토론회와 부대 공연이 열렸다. 전치는 두려움과 혼란, 불안의 형태로 다가와 무력감과 허무주의를 안긴다. 하지만 전치는 끝이 아니다. 그것은 새로운 장소와 관계 맺고 그에 걸맞은 실천을 하도록 강제하며, 이런 과정을 거치면서 사람들은 어떻게든 삶을 이어나간다. (출처: 신현준)

대 생활을 정리하고 학교로 돌아갔다. 홍대를 다시 찾은 때는 학교를 졸업하고 건축가가 된 2011년이었다. 그는 "놀던 데서 일도 하자"라는 마음으로 홍대를 선택했다고 한다. 그러나 젠트리피케이션이 한창 기세를 올리던 홍대에서 그가 얻을 수 있는 장소는 없었다. 그래서 K4는 이웃한 연남동에 정착했다고 말했다. 그가 연남동을 고른 가장 큰 이유는 홍대와의 근접성이있다.

산에 처박혀서 작업만 하는 것은 아니니까 작업하다 술 먹고
싶으면 바로 앞에서 전화해서 바로 만나고 술을 먹는다든지 이런

게 되게 일상적인 것인데 어디 뭐 이상한 동네를 갈 수는 없는
거잖아요. 친구들 없는 동네…… 그러니까 또 갈 만한 데가 없는
거죠. 실제로 홍대가 개판이 되었다고는 하지만 실제로 괜찮은
술집 몇 개는 아직은 고군분투하면서 남아 있고 술 마시러 가면
그런 데 가서 먹고 하니까 그런 게 그나마 남은 커넥션인거죠
(K4 인터뷰).

K4에게 홍대란 무엇보다도 함께 술 마실 친구가 있는 곳이
다. 언제든 연락해서 만날 수 있는 오랜 친구들이 있고, 그들과
함께 갈 수 있는 단골술집이 있다는 것이 그가 홍대를 떠나지 못
하는 가장 큰 이유다. 장소애착은 이처럼 추상적 장소에 대한 감
정적 끌림이 아니라 구체적으로 가고 싶은 장소와 만나고 싶은
사람에 대한 정서적 관계라는 형태로 만들어진다.

상이한 장소는 상이한 감정을 불러일으킨다. 디자이너 A2도
젠트리피케이션으로 인해 홍대에서 밀려난 유민 중 하나다. 다른
많은 유민과 마찬가지로 그도 홍대 주변의 여러 동네에서 가게터
를 알아보다 결국 연남동에 새로운 터전을 마련했다. 인터뷰에서
A2는 새 장소를 찾으며 여러 동네의 서로 다른 느낌들을 비교하
면서 연남동에 새로운 애착을 가질 수 있었다고 말했다.

연남동에 오기 전에 합정동 자이 뒤에 오래된 주택에서 작업을
했었는데, 그쪽은 자이가 생기면서 많이 변했잖아요. 마당까지

*해서 50평쯤 되는 작은 주택이었는데, 그때 원룸, 다세대, 한창
도시형 생활주택 이런 게 유행했었잖아요. 그래서 재계약을
하기로 했는데 갑자기 집주인이 변심해서 그때부터 망원동도
알아보고, 서교동도 알아보고, 그러다가 연남동도 알아보게
되었는데, 서교동은 비교적 덩어리가 큰 곳이어서 접근하기
어려웠고 망원동은 이미 너무 연립주택들이 많이 들어서 있어서
정서적으로 호감이 안 가더라구요. 시장이 있다는 메리트는
있지만…… 그러다가 연남동은, 제가 술 마시러 오는 중국집이
있는 동네였는데 마침 제가 좋아하는 술집이 이 앞에 있더라고요.
그래서 여기 오면 자주 갈 수 있겠다 해서 왔어요(A2 인터뷰).*

단골중국집이 있다는 것은 어찌 보면 이사할 장소를 선택하
는 데서 터무니없는 이유일 수 있으나, A2에게는 생소한 동네 중
에서 그나마 최소한의 친밀감을 준다는 점에서 결정적인 요인으
로 작용했다. 장소애착은 일반적으로 오랜 경험과 관계 속에서
만들어진다고 생각되지만, 경우에 따라서는 이처럼 필요에 따라
의도적이거나 인위적인 노력을 통해 형성될 수도 있다. A2가 연
남동에 온 지는 이제 2년밖에 되지 않았지만, 그는 이미 자신의
마음속에 들어온 연남동의 이미지와 느낌에 감정을 투여하고 장
소에 대한 소속감을 키우고 있다. 그리고 인터뷰에서 "홍대는 끝
났다"라는 서사로 홍대와의 감정적 거리두기를 했다.

2000년대 중반에 이미 너무 많은 사람들이 홍대로 몰려든다는
느낌도 들고 개성이 사라지고 신촌처럼 되는 느낌이 있어서
홍대 정문 쪽으로는 가지 않은 지 한참 되었어요. 막 밀려다니고
그래야 해서…… 거기는 사람이 걸을 수가 없고 막 밀려다녀야
하니까…… 특히 제가 사람 많은 곳을 굉장히 싫어 하거든요
(A2 인터뷰).

디자이너 K5는 서교365의 주축 멤버 중 한 사람으로, 공동
체가 해체되는 과정에서 문래동 예술단지로 기반을 옮겼다. 그러
나 홍대 시절과는 달리 입주민 간의 끊임없는 갈등과 편 가르기
에 시달리며 감정적인 에너지를 많이 소모했다. 이러한 경험으로
그는 홍대와 문래를 계속 비교하게 되었고, 결국 자신이 속한 문
래동 지역에 거리를 두고 과거에 만들어진 홍대 네트워크를 중심
으로 사업을 펼치기 시작했다.

홍대 같은 경우는 밀도가 높게 결이 쌓여 있잖아요. 문화적인
결과들이…… (문래동은) 공장에 사람들이 이제 막 들어와서
하고 있는 거라서 (…) 전에 너무 많이 상처를 받았고……
1년 사이에…… 그러고서 1년 정도는 그냥 각자가 이제……
제가 생각하기엔 다들 이제 (…) 홍대는 여러 가지 결이 있는데
여기는 정말 갓 졸업하고 시작한 초짜들이 많은 편이고, 홍대
같은 경우에는 퀄리티도 있고 그런 것들이 겹쳐 있다면 여기는

(…) 자립할 수 있는 역량을 키우는 게 키워드인데, (…) 사회적
기업이나 그런 대안이 되려는 것에 맞춰서 사고를 하게 되어
가지고……(K5 인터뷰).

한편 그의 이러한 결정을 뒤집어볼 여지도 존재한다. 문래동에서 겪은 일이 그를 홍대로 향하게 만든 측면도 있겠지만, 홍대에 대한 그의 애착이 문래동에 대한 장소애착 형성을 방해했을 수도 있다. 어찌 되었든 K5는 문래동에서 아비투스와 장의 불일치로 장소에 불편함을 느꼈고, 물리적으로 떨어져 있던 홍대 네트워크에 자연스럽게 이끌렸다.

문화자본과 홍대 네트워크

전치와 장소애착 사이에서 행위자는 자신이 쓸 수 있는 자원을 전략적으로 배치함으로써 최대한 자신이 원하는 장소에 머무르려 한다. K2는 홍대를 떠나고 싶어 하지 않았고, 전치에도 불구하고 그곳에 계속 머물 수 있는 충분한 자원을 지니고 있었다. 그가 가진 자원은 음식전문 기자출신이라는 문화자본과, 서교365에서 쌓은 사회적 자본, 즉 네트워크였다.

2005년에 그는 홍대에 위치한 한 극장의 1층 카페를 재개장하는 일을 맡아 이곳을 커피숍 겸 유기농 음식점으로 만들었다. 이 작업에는 노네임노숍, 오픈스튜디오플러스 등 서교365 친구들이 적극적으로 참여했다. 이후 그는 유기농 음식점을 인수해 운영까지 하게 되었고, 최근에는 뜻을 함께하는 동료들과 유기농 음식장터를 만들어 활발한 활동을 벌이고 있다. 장터를 함께 운영하는 동료 중 한 명도 그가 서교365 시절에 만난 친구다.

K2가 전치의 충격과 상처를 극복하고 이후 삶을 다시 꾸려 나가는 데서 서교365 네트워크는 이처럼 결정적 자원으로 작용했다. 그는 서교동 365번지에 들어감으로써 전치의 고통을 경험했지만, 그것을 극복하는 수단도 바로 그곳에서 얻었다.

K4는 젊은 시절 홍대에서 놀면서 쌓아둔 사회적 자본이 특히 중요한 자산이 되었다. 그에게 홍대 시절은 그의 장래 이력을 위한 교육 및 인맥 형성과정으로 작용했다. 여기서 그는 하위 문화적 아비투스를 형성했고 동시에 사회적 자본도 축적했다. 하위 문화적 아비투스로 인해 이후 그는 통상적인 삶의 방식과 다른 대안적 삶을 선택하게 되었고, 사회적 자본은 그러한 라이프스타일을 가능하게 하는 물질적 뒷받침이 되었다. 그는 건축가의 전형적 이력인 설계사무소 취직을 거부하고 처음부터 직접 사무소를 열어 자신이 뜻하는 설계를 하고 싶어 했다. 이것이 가능했던 것은 그가 젊은 시절에 쌓아둔 홍대 네트워크로 다양한 프로젝트와 사업기회를 얻을 수 있었기 때문이다.

> 친구들, …… 쉽게 말하면…… 어렵게 말하면 커뮤니티…… 저도 이쪽 언저리에 있던 사람이니까요. 그러면서 서른이 넘었는데 걔네가 일을 줘. 일이 들어왔을 때 같이하기도 해. 그러니까 회사

안 다니고 생존할 수 있는 길이 커뮤니티 안에 있는 거예요.
회사를 안 다니면 원래 죽어야 하거든요. 아니면 진짜 능력 되어서
프리랜서로 뛰든가. 물론 다 프리랜서죠. (…) 그래서 애네들은
모일 수밖에 없는 거고, 여기를 못 떠나고 H1씨만 해도 이태원
갔다가 다시 오려고 하는 것도, ○○○씨도 귀향했다가 다시
올라오는 것도. 그 맥락인 것 같아요(K4 인터뷰).

　　문화기획자 A1 역시 홍대 시절 쌓아둔 사회적 자본이 이후 이력의 밑바탕이 되었다. 젠트리피케이션에 정면으로 노출되어 한 차례의 좌절을 겪은 이후, 그는 2006년에 노네임노숍, 민들레 사랑방 등과 함께 장터를 조직하며 활동을 다시 시작했다. 여기서 소규모 생산을 접하게 되고, 그 경험을 바탕으로 2005년에 설립한 자신의 사회적 기업의 방향을 폐목재를 사용한 가구제작으로 선회했다. 그러나 그에게 전치는 다시금 피할 수 없는 문제로 다가왔다. 사업의 특성상 연장과 재료를 보관할 창고가 필요했는데, 그의 재정형편으로는 홍대 인근에서 그런 공간을 마련하기란 불가능에 가까운 일이었다. 결국 그는 한 곳에 정착하지 못한 채 계속 이동하는 유목민의 삶을 살게 되었다.

　　그러다 그는 2010년에 서울시 소유의 마포석유비축기지에서 무단거주(스쿼팅)를 시작했다. 마포구 성산동 월드컵경기장 부근에 위치한 마포석유비축기지는 1976년 비상사태에 대비해 건설된 총 14만 제곱미터 규모의 민수民需용 석유저장 시설로, 현재는 사용이 중단된 채 약 3만 5천 제곱미터의 부지가 주차장으로 쓰이고 있다. A1은 이 주차장 부지에 컨테이너를 설치해 회사의 작업장과 사무실, 교육장으로 활용하고 있으며, 2012년부터는 서울시와 협의해 임대료를 지불하면서 합법적으로 머물고 있다.

A1의 컨테이너 사무실은 단지 회사사무실을 넘어 홍대 인근의 사회적 기업, 협동조합, 그리고 뜻을 같이하는 그 밖의 소규모 생산자들이 모이는 사랑방 또는 허브의 역할을 아우른다. 여기서 이들은 석유비축기지와 동진시장 등 지역 내 주요 개발현안에 참여하기 위한 방안을 모색하고 그 내용을 논의한다. A1은 이처럼 홍대를 중심으로 형성된 다양한 단체들과 적극적인 연대를 모색하고, 풍부한 지역 정보를 동원해 홍대 권역 안에서 전치 이후의 삶을 이어가고 있다.

그러나 젠트리피케이션의 위협은 늘 존재한다. 그것은 한 번으로 끝나지 않기 때문이다. 홍대에서 젠트리피케이션과 전치를 일차적으로 경험하고 주변 지역으로 밀려온 사람들은 그런 상황이 재현될까 우려하면서 서로 협력하고 대책을 찾으려 하지만, '뜨는 동네'에 새롭게 들어온 젊은 문화기업가들은 이러한 위협에 둔감하거나 심지어 그것을 조장하기도 한다. 이렇게 보았을 때 전치를 완전히 해결할 수는 없다. J1은 홍대의 젠트리피케이션을 피해 옮겨온 연남동에서 또다시 맹렬하게 진행되는 젠트리피케이션에 대하여 깊은 우려를 표했다.

새로 창업하는 사람들은 여기를 보면서 그냥 홍대나 강남이라고
의식하고 들어오거든요. 그러다 보니 부동산하고의 계약이나
건물주하고의 커뮤니케이션에서 이미 자기는 여기가 권리금이
형성된 상업지구라고 생각하고 들어오는 거고, 기존 세입자들은
여기는 완전 조용한 동네였고 이제 막 도시가 만들어지는
과정에 있다 보니 이 과정에서 커뮤니케이션의 문제라기보다는
동네에 대한 인식이 너무 달라서…… 저희는 이 동네가 이 색을
유지했으면 하는데 그런 게 전혀 없는 거죠. (…) 동진시장
라인이 권리금 4천만 원을 받고 조그만 가게 하나씩을 빼기
시작했다는 얘기를 듣는 순간 바로 겁부터 나는 거예요. '아 이제
시작되는구나. 드디어.' 우리에게 조만간 닥칠지도 모르는 이사의
압박…… 그런 느낌이 확 들어요. 근데 그 권리금 장사를 열심히
하고 있는 분들은 여기서 오래 장사를 하는 분들이 아니고 막
들어와서 가게 만들고 또 나가고 이런 사람들이에요(J1 인터뷰).

전치는 노동계급 구주민뿐 아니라 중간계급 예술가와 문화
기업가들도 피할 수 없는 위협이다. 적어도 후자는 그것에 속수
무책으로 당하기보다 자신이 가진 자원과 전략을 동원해 저항하
거나 대안을 마련해 삶과 활동을 이어나갈 방법을 모색한다. 그
러나 그 과정은 절대로 평화롭지 않다. 전치는 피해자의 계급이
어디에 속하든 정신적·육체적 상처를 남긴다. 그러나 전치를 경
험함으로써 동시에 그에 대한 인식이 높아지고 피해자들의 의식

한 사회적 기업가의 무단거주 | 마포석유비축기지에 자리한 이 컨테이너 사무실은 홍대 인근의 사회적 기업, 협동조합, 그리고 뜻을 같이하는 그 밖의 소규모 생산자들이 모이는 사랑방 또는 허브 역할을 한다. 여기서 이들은 석유비축기지와 동진시장 등 지역 내 주요 개발현안에 참여하기 위한 방안을 모색하고 논의한다. 그러나 젠트리피케이션의 위협은 늘 존재한다. 그것은 한 번으로 끝나지 않기 때문이다. (출처: 신현준)

과 실천이 변화되는 측면도 있다.

한마디로 전치를 경험한 행위자들은 젠트리피케이션을 늘 의식하고 경계하게 되며 이를 통해 과거에 의도치 않게 젠트리피케이션을 초래한 자신들의 행동을 반복하지 않도록 새로운 실천을 도모한다. 이러한 과정에서 젠트리피케이션이 일어나는 형태와 양상은 끊임없이 굴곡되고 바뀐다. 과거 홍대를 대안문화의 성지로 꽃피웠던 이들 문화유민들은 이러한 복잡한 과정을 거쳐 이제 홍대 주변 지역에서 대안경제의 실천을 통해 새로운 장소만들기에 몰두하고 있다.

대안문화에서 대안경제로: 대안적 주체들의 욕망, 윤리, 장소

이 연구를 통해 만난 인터뷰이들은 주류 사회와 다르거나 그에 반하는 가치, 태도, 욕망 등을 공유한다. 이들은 보헤미안적 이상주의와 중간계급의 급진주의를 함께 가지고 있다. 이들은 한편으로는 구속되지 않은 예술적 자유와 고상한 정신적 삶을 추구하면서 "물질주의적 가치와 부르주아적 속물주의"(Negus and Pickering, 2004: 82)를 배격한다. 그러나 다른 한편으로, 소통과 책임을 강조하며 공동체와 환경에 대해 강한 도덕적 태도를 갖는다. 개인주의적이고 반反사회적인 보헤미안주의와 공공성과 책임을 강

207

조하는 공동체주의는 겉보기에 모순적 조합으로 보인다. 그러나 갈등과 혼돈으로 가득한 홍대 사람들의 성장과정을 살펴보면 이러한 조합을 어느 정도 이해할 수 있다.

하고 싶은 일을 한다

K3의 말처럼 1990년대 말에서 2000년대 초 홍대는 모든 것이 허용되던 공간이었다. 그들은 여기에서 자유를 만끽했고 청춘을 불살랐다. 그러나 한때 좀 놀았던 이들도 성인이 되는 것을 피하지는 못했고, 젊은 날의 자유분방하고 쾌락을 추구하는 라이프스타일을 언제까지나 계속할 수는 없었다. 그러나 그렇다고 다른 사람들과 같은 평범한 삶으로 복귀하기도 쉽지 않은 노릇이었다. 이들의 고민은 어떻게 하면 "취직하지 않고도 먹고살 수 있을까?"(K4 인터뷰) 또는 "내가 원하는 걸 하면서도 생계를 유지할 수 있을까?"(A1 인터뷰)에 모아졌다.

제 발로 떠났든 밀려났든 이들 홍대 사람들은 자신들이 떠나온 곳으로 다시 돌아갈 수 없었다. 그들이 할 수 있는 것은 최대한 그 주변에 가까이 머무는 것뿐이었다. 그들은 이제 젊은 시절에 홍대에서 만들어왔던 대안적 정체성을, 성인이 되어 새로운 환경에서 다시 실현해야 한다는 도전에 직면했다. 어떤 회사에 취직해서 먹고사는 것과는 다른 방식의 경제생활, 즉 현존하지 않는 새로운 경제적 삶을 창조해야 하는 전례 없는 과업에 맞닥뜨린 이들에게 사회적 경제와 협동조합 등은 그들이 자신의 아이디어를 실험하고 뜻을 펼칠 수 있는 새로운 플랫폼을 제공해주었다.

다양한 프로그램을 현실화하기 위해 많은 조직과 단체가 만들어졌다. K2는 유기농 장터를 운영하면서 음식안전에 대한 의식을 높이고, 생산자와 소비자 간의 소통이 더 잘 이루어지도록 노력하고 있으며, A1은 환경친화적 리사이클(그의 표현으로는 '업사이클') 생산을 추구하면서 D.I.O.Do It Ourselves라 불리는 협력적 제작문화 보급에 열중하고 있다. J1은 의료생활협동조합의 모델을 채택하여 새로운 병원의 패러다임을 실험하고 있다.

이들은 단지 자신이 하고 싶어 하는 일을 실행할 뿐만 아니라 담론을 생산하고, 널리 알리는 일을 통해 자신의 일을 끊임없이 정당화한다. 문화기획자 A1은 인터뷰에서 협력적 제작문화를 노동의 인간화, 기술의 민주화라는 이념으로 뒷받침하며 말했다.

> 이게 기술민주화하고도 연결이 되어 있어요. 모든 엄청난 기술 안에서 인간은 부품으로밖에 일할 수 없는데, 오래전부터 이어져 내려오던 오래된 기술을 다시 보면 거의 인간중심으로 생산할 것들이 많아요. 지금과 같이 고용이 안정되어 있지 않고, 양극화되어 있는 틈새는 결국 거의 인간노동을 중심으로 생산을 하는 영역들이 다시 부활해 채워나갈 거라고 봐요(A1 인터뷰).

문화기획자 L1은 자신이 관여하고 있는 소규모 생산을 핸드메이드나 공예와 다르다고 주장하면서, 그 본질이 대량생산에 대

재료들의 도서관

문화로놀이짱이 수거, 해체해서 다시 지재회한, 재활용 가능한
목재들이 정리되어 있습니다. 해체해서 다시 들어온 재료들의
다양한 모습들과 상상되는 각각의 이야기들이 만들기를 시작하는
사람들의 영감을 한 껏 고취시켜 줍니다. 따른 만들기에 대한
무한 욕심과 매력에 빠지게 만드는 주인공입니다.

매뉴얼 도서관

매뉴얼 도서관에는 만들기와 관련된 각종 해외 워크숍 자료와
디자인, 공간, 인테리어와 관련된 서적과 잡지가 있습니다.
또한 생태, 환경, 소비, DIY관련한 인문교양서적과 영상자료로도
찾아 볼 수 있습니다. 만들기 뿐만 아니라 일상을 들여다 볼 수
있는 감각을 키우자는 의미에서 자료 구성의 폭을 넓혔습니다.
이 공간을 통해 만들기의 열망을 실현할 수 있도록 구상과 설계를
위한 장치들을 디자인하였습니다. 또한 명랑한 이웃들에게 필요한
각종 세미나, 회의, 워크숍을 진행할 수 있는 공간이기도 합니다.

도구들의 도서관

목공 공방에는 손쉽게 사용 가능한 각종 목공 공구와 기계들이
구비되어 있습니다. 이 도구들은 공유하는 삶의 방식을 다양하게
확장하고 활용하기 위한 목적으로 만들었습니다. 그러므로 누구나
사용 가능합니다. 공방은 목공 교육과 자율작업을 위한 워크숍
공간으로, 명랑작업장을 중심으로 운영됩니다.

명랑작업장
안내매뉴얼

스스로 배우고
함께 일상의 문제를 해결하며
즐겁게 노동하는 만들기 공간

문화로놀이짱

문화로놀이짱
Re:make & Design for Sustainability

문화로놀이짱은 버려지는 목재들의 다양한 쓰임을 연구하고,
손노동을 통해 생산하며 지속가능한 삶의 방식과 양식을
생각하는 사회적기업입니다.
우리는 너무 많이 버렸지요. 대부분 소각되는 가구들에서
유해성분이 빠져나간 건강한 목재들을 이용 해 재활용과
업사이클링합니다. 시간의 흔적을 담고있는 재료들과 다양한
전용의 제작노동자들이 만나 소박하지만 더 풍요로운 삶이란
무엇까를 생각합니다.
하나의 가구에서 공간까지, 하나의 사물에서 우리 삶이 처한
구조와 관계까지 생각하고 해결하는 제작을 합니다.

명랑에너지발전소

명랑에너지발전소는 마을작업장입니다. 우리가 이야기 하는
마을은 물리적 지리적 공간으로서의 마을이 아닌
관계와 특정 이슈를 매개로 형성되는 마을을 말합니다.
또한 공동의/공통의 삶을 풍성하게 만들기 위한 문제의 진단과
실천의 해법을 찾아, 행동(생산)하는 작업입니다.

문화로놀이짱은 명랑에너지발전소에서
명랑주인들과 명랑에너지를 함께 생산하고 사용하길 바랍니다.

작업장은 재료들의 도서관, 매뉴얼 도서관, 도구들의 도서관
세 개의 공간으로 구성되어 있습니다.

한 사회적 기업의 안내 소책자 | 과거 홍대를 대안문화의 성지로 꽃피웠던 문화유민들
은 이제 홍대 주변에서 대안경제의 실천을 통해 새로운 장소만들기에 몰두하고 있다.
이들은 먹고살 수 있을 만큼 적게 벌어서 적게 쓰는 것을 미덕으로 생각하며, 사회적으
로 또는 공공에 도움이 되고 의미 있는 일로 생계를 이어가고자 한다. (출처: 문화로놀이짱)

한 비판과 대안제시에 있다고 말한다. 그는 소규모 생산을 확산
해 자원낭비를 줄이고 환경친화적인 경제활동이 가능한 체제가
만들어지기를 꿈꾼다.

핸드메이드나 공예는 사람이 직접 만든다는 것이 굉장히
중요하다는 관점을 가지고 있고요. 저는 그것보다는 대량생산에
반대한다는 것이 중요하다는 관점을 가지고 있는 거죠.
그러니까 생산방식 자체에 문제제기를 하고 싶었던 것이고, 3D
프린팅이 막 시작되고 있는 상황이어서, 사람들이 3D 프린터로
창의적으로, 소규모로 많은 물건들을 실험해보고 만들어내기
시작할 것이라고 생각하거든요. 사실 저는 기술적인 제약을 두고
싶었던 것은 아니에요. 오히려 제가 문제제기를 하고 싶었던
것은요, 대량생산을 하게 되면 엄청나게 많은 폐기가 일어나게
되는 거잖아요. 패션산업 경우에는 한 해에 수십 조를 불태워서
버리거든요. (…) 그러니까 수요와 공급이 정확하게 맞아떨어지지
않는 상황에서 재화만 낭비를 하고, 재화를 낭비한다는 것은
결국에는 어쨌든 환경을 파괴한다는 뜻이니까. 그 재화를 팔기
위해서 마케팅을 하고, 광고기획을 해서 없는 수요를 만들어내서
판매를 하려고 하는 거잖아요. 대량생산 자체가. 그래서 그런
면에서 봤을 때 뭔가 소규모 생산을 지속적으로 해나갈 수 있는
체제가 된다면, 그것은 굉장히 의미 있는 경제활동이 될 것이라고
생각한 거예요(L1 인터뷰).

이들이 자신들의 활동을 정당화하기 위해 끌어오는 담론의
두드러진 특징 중 하나는 흔히 말하는 운동권 언어를 회피한다는
점이다. 이들은 스스로를 선한 목적을 위해 투쟁하는 운동가라

부르지 않으며, 자신이 무언가를 위해 희생한다는 생각에 불편해 한다. 대신 자신들이 하는 일을 하나의 직업이자 커리어로 봐주 기를 원한다. 그러나 그 일이 자본주의적 의미에서 생계수단이나 이윤을 얻기 위해 벌이는 활동과 같은 것은 아니다. 그들은 돈을 많이 벌거나 호의호식하는 것에 무관심한 태도를 보인다. 여기서 핵심어는 '지속가능성'과 '착함'이다.

이들은 먹고살 수 있을 만큼 적게 벌어서 적게 쓰는 것을 미 덕으로 생각하며, 사회적으로 또는 공공에 도움이 되고 의미 있 는 일을 해서 생계를 이어가고자 한다. 이들은 이것을 철없는 이 상주의라고 생각하지 않는다. 오히려 대기업에 의존하는 지금까 지의 자본주의적 노동 및 생산 패턴이야말로 비현실적이며, 자신 들이 택한 방식이 더 현실적이고 미래가 있다고 주장한다. K2는 자본주의 체제를 쇠퇴기에 접어든 문명으로 진단하면서, 그 질서 에 순응하는 것은 자살행위라고 말한다.

> 문명이라는 것이 변하잖아요. 생겼다가 사라지고……
> 우리는 그중에서 자본주의 문명에 살고 있는 건데, 그게 이미
> 정점을 찍었다고 보는 거죠. 더 이상의 발전이 없다는 걸 (…)
> 자본주의라는 것이 (이윤추구를 위해서) 우리를 암에 걸리게
> 만들었고, 먹을 수 없는 것들을 먹게 만들고, 원전 때문에 공기도
> 오염되었고 이런 상황에서 살아남으려면 어떻게 해야 될까.
> 본능적으로…… 생존본능의 차원에서…… 자본주의를 따라갈 수

없게 되는 거죠(K2 인터뷰).

이에 반하여 J1은 보다 개인적인 이유를 들어 의사로서 부유한 삶을 살 수 있는데도 그 길을 가지 않고 의료생활협동조합을 선택한 자신의 결정을 스스로 변호한다.

(대학병원에서) 10년, 20년 뒤에 내가 뭘 하고 있을까 생각했는데 눈에 보이는 게 우리 교수님들이더라고요. 하나도 행복해 보이지 않았어요. 교수님들이 자기 삶에 만족하고 있느냐 없느냐인데, 전혀 재미있어 보이지도 않고 대단해 보이기는 하지만, 저것이야말로 자기희생이 아닐까? 하기 싫어도 해야 하고, 뭔가 굉장한 의무와 책임을 맡고, 근데 그게 다들 기준이 어디에 있느냐에 따라 다른데 경제적 보상이야 제가 거기에 남았다면 훨씬 좋겠죠. 그런데 그 보상이란 게 일이라는 것을 선택할 때에 몇 가지 변수들 중의 하나일 뿐이지 그게 메인은 절대 아니라고 생각하거든요. 그래서 재미가 있고, 사회적 의미가 있으면서, 경제적 보상이 되는 이 세 가지가 다 되면 훌륭하다고 보고 (…) 제가 의사로서의 역할에서 가장 중요하게 생각하고 있는 포인트인 환자와 의사의 관계 면에서 본다면, (현재 병원의 진료방식은) 저로서는 용납할 수 없는 거죠. 제가 대학병원에서 앞으로 계속 진료를 한다면 제가 매우 중요하다고 생각하는 걸 버려야만 가능하다는 걸 알게 되었어요. 레지던트

때 계속된 실험을 통해서 안 된다고 평가를 한 거예요. 제가
진료를 하면서 스스로 만족하려면 이런 방식이 되어서는 안
되겠다, 그래서 만족스러운 방법을 찾고 그게 되도록 노력해야
되는 거지, 이 사회가 이미 만들어놓은 시스템 중에 내가 할 수
있는 무언가가 없다고 해서 포기하고, 내가 중요하게 생각하는
것을 무시해버리면 10년, 20년 뒤에 매우 불행할 거라는 생각이
들었어요(J1 인터뷰).

이러한 인터뷰에서 이들의 인생관이 주류 사회와 크게 다르
며, 어떤 의미에서는 주류 사회가 도저히 이해할 수 없는 점도 있
음을 알 수 있다. 이들은 세속적인 가치기준을 받아들이기보다
철저히 개인적인 행복을 추구한다. 설령 그것이 사회적 비난이나
핍박을 가져올지라도 자신의 선택을 가장 중시한다. 이러한 경향
이 바로 이들의 보헤미안적 이상주의를 잘 보여준다. 문화기획자
L1은 다음과 같이 말한다.

(소규모 생산자 중에) 삼성전자를 때려치우고 나온 사람이 있어요.
굉장히 젊은 친구인데, 이 친구 마음의 구조는 뭘까 하고 보는
거죠. 어쨌든 이들은 근본적으로 조직정서를 가질 수 없는
사람들인 거예요. 그런데 저는 모두가 그래야 한다고 생각하지는
않거든요. 왜냐하면 조직에 들어갔을 때 정말 빛을 발하는 사람이
있는데, 그런 사람들은 그런 인생에 잘 맞는 것 같아요. 그리고

서울, 젠트리피케이션을 말하다

그 인생 자체를 뭐라고 할 수도 없고요. 그래서 제가 생각하는
문제의식은 개인이나 소규모로 할 수 있는 사람들을 위한 방법이
있어야 하는데 이들을 위한 방법은 너무 없다는 거예요(L1 인터뷰).

주민과 연대하다

이러한 성향을 지닌 사람들이 1990년대에는 홍대에 모여 대안문화를 일궜다면, 2010년대에는 홍대 인근에서 대안경제를 실험하고 있다. 이러한 과정에서 이들은 과거 홍대와는 다른 새로운 장소를 만든다. 이들이 만드는 장소는 하위 문화 청년 엘리트들의 배타적 놀이공간이 아니라 보다 폭넓은 세대와 계층에게 열린 휴식과 자치 공간이다. 물론 앞서 이야기했듯이 지역에 따라 만들어지는 장소의 성격은 다르다.

연남동에서는 지역 기반 문화활동에 관심을 가진 문화기획자 및 기업가들이 옮겨와, 주민참여와 자치증진을 목적으로 한 다양한 행사와 프로젝트를 진행하고 있다. 반면 상수동에서는 이러한 움직임이 상대적으로 덜 활발하다. 그러나 이들 지역에서 공통적인 현상은 새로운 장소가 이들 장소생산자들이 공유하는 전치의 경험을 통합하고 있다는 점이다. 이들은 젠트리피케이션과 전치를 또다시 겪지 않기 위해 스스로를 모니터링할 뿐 아니라 그것을 더욱 적극적으로 막을 수 있는 방안을 찾는다. K1은 공공 공간을 넓혀 젠트리피케이션에 대항할 수 있는 안전지대를 확보하려 한다고 말했다. 최근 연남동 지역에서 이와 관련한 주

요 거점은 동진시장과 경의선공원이었는데, 두 곳 모두 지역 활동가들이 적극적으로 개입했다.[54]

그러니까 그런 것까지 감안한 활동을 해야 되겠죠. 사적인
공간들만 밀집한 상황에서는 밀릴 수밖에 없는 것이고 그거를
어쨌든 보완 내지 상쇄시켜줄 수 있는 것은 결국은 공공 영역에서
할 수밖에 없을 것 같고, 공공 영역이라는 것이 지자체가 될 수도
있고 지역 내의 이런 여론의 흐름일 수도 있는데, 그것까지 감안할
수밖에 없어요(K1 인터뷰).

반면 건축가 I2는 정반대의 접근으로 젠트리피케이션에 대항하는 전략을 제안한다. 그는 공공 공간의 확대가 아닌, 임차인들이 연합해 건물을 공유함으로써 임차인을 보호할 수 있는 사적 소유를 실험하고 있다. 그는 연남동에 있는 한 건물을 임대해 임차인이 분할해 사용할 수 있게 하면서 5년간 월세를 동결함으로써 임차인이 안심하고 장사할 수 있는 조건을 내세웠다. 그는 이 실험을 통해 단순히 임차인이 낮은 임대료 혜택을 보는 데서 그치지 않고, 건물주와의 협상에서 단결권을 행사할 수 있도록 단체를 만드는 시나리오를 상상해보기도 한다. I2는 상업시설로 시작한 이 실험을 주거시설에까지 확장해나가고 있다.

54 동진시장에 대해서는 모자란협동조합(https://www.facebook.com/mojarancoop), 경의선숲길공원 조성에 대해서는 경의선숲길공원포럼의 활동(http://yeonnamzari. com/archives/11987)을 참조.

생활창작공간 새끼(왼쪽)와 일상예술창작센터에서 만든 연남동 마을지도(오른쪽) | 홍대의 공동체주의는 연남동으로 이동한 문화활동가들이 이어가고 있다. 상대적으로 지역에 무관심한 상수동 이주민들과 달리 연남동에 정착한 문화유민들은 지역 기반의 공동체 활동에 주력하는 모습을 보인다. 이들은 주민들과 적극적으로 연대하고, 지역 현안에 활발히 개입하며, 연남동을 주민자치 공간으로 재구성하려 한다. (출처: 신현준(왼쪽), 일상문화예술창작센터(오른쪽))

> 일대일로 건물주(와 대면하면) 되게 어려우니깐 예를 들면 지금
> 가게에 모여 있는 것은 그 이전에 가게를 한두 번 하거나 그랬던
> 분들인데 가게를 하게 되면 골목을 따라 커뮤니티가 형성이
> 되거든요. 그분들끼리⋯⋯ 친한 분들끼리 하게 되면 모여서
> 연합으로 할 수 있는 그 정도의 가능성만 제안해주면 하나의
> 모델로⋯⋯(12 인터뷰).

이처럼 홍대 출신 유민들이 공유하는 전치의 경험은 새로운 지역에서 이들이 어떻게 장소만들기를 하는지 보여주는 하나의

요인으로 작용한다. 이들의 실험과 시도가 성공할지 여부는 이 글에서 다룰 수 없는 문제다. 그러나 젠트리피케이션과 전치의 경험으로 인하여 이들의 대안적 실천이 좌절되기보다 그것을 더욱 힘있게 추구할 수 있는 자양분으로 활용된다면, 이들의 실천은 보다 창의적이고 다양한 장소를 만드는 일로 이어질 수 있을 것이다.

나가며: 전치는 끝이 아니다

전치는 파괴적이다. 강제로, 때로는 폭력을 동원해 개인을 삶의 터전에서 몰아내고, 그것을 당한 사람들의 몸과 마음에 지울 수 없는 고통과 상처를 남긴다. 이는 젠트리피케이션에 관한 정치경제학적 분석에서 흔히 강조하는 경제적 곤란을 가져올 뿐 아니라, 오랫동안 쌓아온 공동체 및 사회적 유대의 파괴, 익숙하고 편안한 장소에서 얻는 안정감의 상실을 가져온다. 현장연구에서 만났던 사람들이 고백하듯 전치는 두려움과 혼란, 불안의 형태로 다가와 무력감과 허무주의를 안긴다. 저항할 수 없는 강력한 힘에 직면한 사람들은 한곳에 정착하지 못하고, 장소와 의미 있는 관계를 만들어나가기를 포기하기도 한다.

전치는 끝이 아니다. 그것은 새로운 장소와 관계 맺고 그에 걸맞은 실천을 하도록 강제하며, 이런 과정을 거치면서 사람들은 어떻게든 삶을 이어나간다. 그리고 적지 않은 경우 새로운 장소 관계는 과거 전치된 장소에서 형성된 장소애착과 그곳에서 축적된 사회자본 및 문화자본에 의존한다.

홍대라는 예외적·타자적 공간에서 이러한 인력引力과 끈은 더욱 강하게 작용한다. 주류 공간에서 편안함을 느끼지 못하는 대안적 주체들은 홍대에서 밀려났지만 그곳을 떠나지 못한다. 이들은 홍대 가까이에 정착해 홍대와의 관계를 이어가거나 인근 지역에 자신들만의 홍대를 다시 만들려 한다. 그러나 이들이 새롭게 만드는 장소들은 젠트리피케이션 이전 대안문화의 피난처로서의 홍대와는 거리가 있다. 그 이유는 다음과 같다.

첫째로 홍대가 함축하는 문화적·정치적 다양성은 인근 지역으로 공간이 확장되면서 지역마다 다른 양상을 보인다. 개인주의적·예술지향적 문화기업가들은 상수동에 둥지를 틀고 과거 홍대의 자유롭고 낭만적인 분위기를 재현하려 한다. 이들은 초기 홍대에 꿈틀대던 역동성 대신 평화롭고 한적한 여유를 선호한다. 반면 홍대의 공동체주의는 연남동으로 이동한 문화활동가들이 이어가고 있다. 상대적으로 지역에 무관심한 상수동 이주민들과 달리 연남동에 정착한 문화유민들은 지역 기반의 공동체 활동에 주력하는 모습을 보인다. 이들은 주민들과 적극적으로 연대하고, 지역 현안에 활발히 개입하며, 연남동을 주민자치 공간으로 재구성하려 한다.

둘째로 나이의 문제가 있다. 10대 또는 20대의 청년으로 홍대에 들어온 이들 문화유민은 어느덧 30~40대의 장년이 되었다. 이들은 한편으로 자유분방한 삶을 계속 살아가고 싶어 하지만, 그와 동시에 나이가 주는 책임에서도 자유롭지 못하다. 생계유지라는 개인적 책임과 사회기여라는 사회적 책임을 실천하기 위한 방안으로 이들은 사회적 경제를 선택했다. 과거 예술적 창조와 문화적 소비에 주력하면서 홍대를 대안문화의 해방구로 만들었던 이들은 이제 사회적 경제를 실천함을 통해 홍대 인근 지역을 대안경제의 온상으로 일구고 있다.

마지막으로 젠트리피케이션과 전치의 경험이다. 홍대 인근 지역 장소만들기에서 젠트리피케이션은 주된 고려사항이다. 문화유민들은 단순히 새로운 장소에 자신들의 이념과 미학을 쏟아내는 데 그치지 않고, 젠트리피케이션을 피할 수 있는 다양한 방안을 모색한다. I2의 실험처럼 젠트리피케이션에 반대하거나 그것을 회피하는 것이 장소만들기의 전면으로 나타나는 경우도 있다. 이처럼 전치경험을 가진 사람들은 홍대 인근을 젠트리피케이션에 반대하는 다양한 장소 실천 및 실험이 벌어지는 장으로 만들고 있다.

● 이 글은 《도시연구—역사 · 사회 · 문화》 제14호(2015)에 게재한 〈젠트리피케이션 효과—홍대지역 문화유민의 흐름과 대안적 장소의 형성〉을 이 책의 취지에 맞게 수정 · 보완한 것이다.

A1   (30대 여성, 문화기획자), 2014.11.19.

A2   (50대 여성, 디자이너), 2014.12.17.

G   (60대 남성, 중국음식점 운영), 2014.11.14.

H1   (20대 남성, 문화기획자), 2014.11.26.

H2   (40대 여성, 건축가), 2014.12.23.

I1   (40대 남성, 독립서점 운영), 2014.10.30.

I2   (40대 남성, 건축가), 2014.11.18.

J1   (30대 여성, 의사), 2015.1.27.

J2   (40대 여성, 언론인), 2015.1.23.

J3   (50대 남성, 언론인), 2015.1.23.

K1   (40대 남성, 문화기획자), 2014.11.26.

K2   (40대 여성, 문화기획자), 2014.11.26.

K3   (40대 남성, 문화기획자), 2014.12.23.

K4   (30대 남성, 건축가), 2015.1.2.

K5   (40대 남성, 디자이너), 2014.12.26.

K6   (30대 남성, 카페 운영), 2015.1.2.

L1   (40대 여성, 문화기획자), 2015.1.13.

L2   (30대 여성, 독립서점 운영), 2015.1.9.

N   (20대 여성, 디자이너), 2014.11.14.

P   (30대 남성, 카페 운영), 2015.1.2.

가로수길은 소비인 거죠. 소비를 전제로 한 문화지 이것 자체가 문화는 아닌 것 같아요. 토박이 문화가 있다는 느낌은 없어요. 계속 바뀌고. 화려한 감각이 있는 거죠. 이 길의 변화 과정은 압구정동, 청담동의 연장선인 것 같아요.

처음에 사이길 조성회를 어디까지 할 것이냐를 두고 말이 많았어요. 사이길이니까 이 길만 하자고 했는데, 이게 점점 더 넓어진 거예요. 하나의 상권으로 해야 같이 살아남을 수 있다고 생각을 하죠. 물론 시간이 걸리겠지만 그게 서초구청에서 바라는 거기도 해요.

4장

신사동
가로수길과
방배동
사이길

강남의 역류성
젠트리피케이션

김필호

들어가며: 강남 개발과
젠트리피케이션의 탈식민화

탄생한 지 이미 반세기도 넘은 젠트리피케이션이란 용어는 오늘
날 세계 곳곳에서 적나라하게 드러나고 있는 빈부격차의 공간적
양상을 설명하는 데 널리 쓰이고 있다. 미국 공영 라디오 방송인
NPR National Public Radio을 비롯한 서양 대중매체에서 이 말은 전문
학술용어라기보다는 특별한 설명이 필요 없는 일상어로 등장한
다.[55] 최근 서양 학계 일부에서는 젠트리피케이션을 긍정적으로
재평가해보려 하지만 이미 뿌리 깊게 배어 있는 부정적·비판적
어감을 바꾸기란 쉽지 않아 보인다(Slater, 2011). 한국에서 젠트리
피케이션이란 용어는 대중매체는 물론이고 학계에서도 본격적으

---

[55] NPR은 최근 젠트리피케이션 관련 보도로, "한국의 가장 유명한 연예인, 가장 악
명 높은 건물주가 되다"라는 제목을 붙이며 싸이의 사례를 다루고 있다(Hu, 2015).

로 쓰기 시작한 지 그리 오래되지 않았다.[56] 그렇다면 젠트리피케이션은 한국에서 비교적 새로운 현상인가? 또한 기존의 도시(재)개발과는 어떻게, 얼마나 다른가.

젠트리피게이션의 고전적 네 단계론은 런던, 뉴욕, 파리 등 1960년대 이후 지구적 북부 핵심에 위치한 대도시들의 경험을 바탕으로 이념형ideal type 모델을 설정한다(Kerstein, 1990; Pattison, 1977). 이 모델은 도심의 공동화 및 슬럼화라는 역사적 사실을 전제한다. 그렇다면 인구밀도가 낮은 도시외곽 농경지를 갈아엎고 대규모 주거 및 상업 지역이 들어선 강남 개발의 초창기는 고전적인 의미의 젠트리피케이션에 잘 들어맞지 않는다. 무엇보다도 노동계급 및 하층계급 주민이 쫓겨나는 공간적 전치spatial displacement 문제가 두드러지지 않았다는 점에서 그렇다. 낙후된 지역이 아니라 번영을 누려온 신新개발지구의 틈새에서 뒤늦게서야 고전적 젠트리피케이션과 비슷한 양상이 나타나고 있는 강남의 현실은 젠트리피케이션 단계론의 전후관계를 뒤바꾸는 시간적 전이temporal displacement를 일으킨다.

사실 젠트리피케이션의 고전적 네 단계론이 서구 중심적이라는 비판과 논쟁은 새삼스럽지 않다. 단계론을 비판하면서 젠트리피케이션 개념의 탈식민화를 추구하는 입장에서는 어떤 식으

---

56 1998년 젠트리피케이션의 개념과 이론을 소개한 한 논문은 그때까지 한국의 "젠트리피케이션에 대한 실제적 연구가 거의 전무한 상황"이었다고 말한다(김걸·남영우, 1998: 91). 비교적 최근인 신정엽·김감영(2014)의 논문도 이런 상황이 크게 달라지지 않았다고 평가한다.

로든 대규모 전치를 동반하는 도시(재)개발은 젠트리피케이션으로 볼 수 있다고 주장한다(Lees, 2012). 이 점에 대해서는 젠트리피케이션과 도시(재)개발을 혼용 또는 혼동하고 있다는 만만치 않은 반론이 맞서왔다(Lambert and Boddy, 2002; Smith, 2006; Ley and Teo, 2013).

이 논쟁에서 얻을 수 있는 교훈은, 도시화와 개발이 세계 곳곳으로 퍼져나가면서 이에 관한 이론 및 개념도 기존 서구의 좁은 역사적 맥락을 넘어서 좀 더 광범위하게 적용해볼 필요가 있고 이 과정에서 다소 오해와 혼동이 생길 수 있다는 것이다. 따라서 젠트리피케이션도 "탈맥락화"의 위험을 무릅쓴 확대재해석이 "불가피"하다(Maloutas, 2011: 44). 하지만 서장에서도 이야기했듯이, 개념의 "탈식민화"에 따른 "탈맥락화"의 위험을 되도록 피하려면 우선 원래의 역사적 맥락을 잘 파악한 뒤에 이를 재再맥락화해야 한다.

젠트리피케이션의 물결이론은 거시적인 차원에서 이에 대한 길잡이가 되어준다. 간단히 말해 물결이론은 지구적 북부에서 처음 나타난 고전적 젠트리피케이션의 첫 번째 물결(1970년대 초까지), 국가가 '도시재생'이라는 구호를 내세워 부동산 시장에 개입한 두 번째 물결(1970년대 말~1990년대 초), 그리고 신자유주의가 도시개발에 전면화되어 지구적 남부로 확장되는 세 번째 물결로 나누어볼 수 있다(Hackworth and Smith, 2001; Bounds and Morris, 2006; Smith, 2006).

이 물결이론에 서울 도시(재)개발의 역사적 경험을 대입시
키면 앞서 말한 시간적 전이현상이 바로 눈에 띈다. 두 번째에 이
어 세 번째 물결이 강하게 쳐오는 가운데 의외로 첫 번째 물결,
즉 고전적 센트리피케이션이 역조현상 또는 "역발진converse devel-
opment"으로 나타났다는 것이다(Kyung and Kim, 2011: 18-19).

강남 개발: 신축 젠트리피케이션인가,
한국판 교외화인가

강남 개발은 언뜻 보기에 두바이 등 서아시아나 중국 여러 곳에
서 요즘 한창 일어나고 있는 초대형 젠트리피케이션의 원형pro-
totype으로 이해하기 쉽다. 그러나 광저우의 위에슈越秀 구 사례와
같이 최근 아시아의 대규모 도시개발은 많은 경우 난개발, 즉 목
표가 확실하지 않고 매우 이질적이며 혼란스러운 과정으로 여겨
진다(Zhang et al., 2014).

반면 강남 개발은 정권 최상층부의 야심찬 구상으로부터 군
대식 명령체계를 통한 시행까지 매우 철저하고 계획적으로 이루
어졌다(손정목, 2003; 서울역사박물관, 2011). 국가 경제개발을 위한
기간시설인 경부고속도로 건설과 발맞춰 교량, 도로망, 지하철을
개통하고 대규모 택지 및 상업용지를 조성해 경제개발의 주요 수
혜자인 신중간계급을 정착시키고, 주요 공공기관을 이전해 새로

운 도심을 만드는 것이 강남 개발의 명확한 목표였다. 그리고 이 목표는 1980년대 초에 이르러 대체로 달성되었다.

강남 개발은 두 가지 점에서 신축 젠트리피케이션의 모델에 가깝다. 첫째는 국가개입을 통한 개발이라는 점, 둘째는 도심이 아닌 외곽에 새로운 주거공간을 만들었다는 점이다. 그렇지만 사회적 기능 면에서 강남 개발은 젠트리피케이션에 앞서 일어난 서구, 특히 미국의 교외화에 더 가깝다. 왜냐하면 강남 개발은 강북 구도심 쇠퇴와 인구유실을 직접적으로 초래했을 뿐 아니라, 새로 개발된 지구가 원래 인구밀도가 낮은 농경지와 그린벨트 지역이어서 구주민들이 대규모로 전치되지 않았기 때문이다. 따라서 강남 개발은 한국적 형태의 교외화 및 도시팽창urban sprawl으로 봐야 한다.

미국에서 주로 나타난 수평적 도시팽창과 가장 다른 점은 한국 지리의 특성상 고층 아파트를 대표적 주거형태로 하는 수직적 도시팽창이 지배적이었다는 데 있다. 또한 강남은 단순한 교외 베드타운이 아니라 주상복합 기능을 갖춘 제2도심을 염두에 두고 만들어졌다는 점에서 교외화를 넘어선 계획형 신도시였다.

교외에 널찍널찍하게 들어선 낮은 층의 단독주택이 제2차 세계대전 후 미국 신중간계급의 풍요로운 "삶의 양식way of life"을 공간적으로 표현했다면(Beauregard, 2006: 14), 1960~70년대 경제성장의 혜택을 맛보기 시작한 한국 중간계급에게 그런 공간은 바로 강남의 고층 아파트였다(강준만, 2006; 줄레조, 2007). 공간적인 계급이동의 과정으로 교외화를 이해한다면 강남 개발은 이에 잘 들어맞는다.

1980년대 이후 서울의 주택정책은 신축 젠트리피케이션 개념에 더욱 가까워진다. 저소득층과 노동계급 주거지역이었던 지금의 양천구(목동), 노원구(상계동), 관악구(봉천동) 등이 철거 및 재개발을 통해 고층 아파트형 도시팽창을 겪으면서 주민의 대규모 전치와 저항이 일어났다. 1990년대 들어서서는 강남에 이어 분당, 일산 등 신도시 개발로 교외화와 도시팽창이 계속 이어졌다.

1980년대 강남 개발이 일단 매듭지어진 이후에 일어난 서울의 젠트리피케이션은 거시적인 맥락에서 정치경제학적 접근, 그 이론 중에서도 임대료 격차 이론, 즉 자본화된 임대료와 잠재적 임대료 간의 차이에 따라 재개발 여부가 결정된다고 보는 이론으로 많은 부분 설명할 수 있다(김걸, 2006; Shin, 2009).[57] 이 시기 서울에서는 주택소유자가 조합을 구성해 공동사업 시행자 자격으로 개발자를 참여시키는 합동 재개발 프로그램으로 소유자와 개발자의 경제적 이해관계가 수렴되었고, 재개발되는 주택을 담보로 하고 개발수익으로 대출금을 상환하는 프로젝트 금융을 통해 재원이 조달되었다.

성수대교(1994년)와 한때 강남의 랜드마크였던 삼풍백화점(1995년)의 잇따른 붕괴, 그리고 1997년 외환위기는 고층 아파트

---

[57] 스미스가 제안한 임대료 격차 이론은 칼 마르크스Karl Marx의 지대 이론에 기초하고 있기 때문에 지대 격차 이론으로 옮겨지기도 한다. 자세한 설명은 신정엽·김감영(2014: 71)을 참조.

중심의 개발심리를 위축시키기보다는 오히려 부추겼다. 그 결과 2000년대 들어서면서 강남을 포함한 기타 지역의 아파트 재건축 경기가 달아오르기 시작했다. 같은 시기에 등장한 도곡동 타워팰리스는 서울에 젠트리피케이션의 세 번째 물결, 즉 초고층 아파트로 대표되는 슈퍼젠트리피케이션이 본격적으로 들이닥쳤음을 알렸다.

마지막으로 도착한 첫 번째 물결: 강남의 역류성 젠트리피케이션

개발주의적 국가주도형인 두 번째 물결과 신자유주의적 금융자본 주도형인 세 번째 물결이 여전히 서울의 도시개발을 좌지우지하고 있는 가운데, 그동안 쌓인 개발의 역효과와 문제점을 지적하는 여러 목소리가 들리기 시작했다(Kyung and Kim, 2011; Lee, 2014; 김수아, 2015). 전치당하는 처지에 놓인 주민의 끈질긴 저항은 말할 것도 없고, 최근에는 기존 '강남 스타일' 도시팽창과는 차별화된 대안적 형태의 개발을 추진하려는 새로운 움직임이 곳곳에서 나타나고 있다. 그런데 역설적이게도 이런 대안적 실천은 종종 고전적 젠트리피케이션과 여러 면에서 비슷하다.

예술가, 장인, 디자이너, 건축가 등 이른바 창의적 직업에 종사하는 이들 가운데 보헤미안적 상상을 품고 낡고 쇠락해가는 동

'유럽풍의 멋'을 살린 방배동 사이길 공방 | 신사동 가로수길과 방배동 사이길은 고층 아파트형 도시팽창에 지루함을 느끼는 이들에게 아기자기하게 짜인 유럽풍 동네라는 이상적인 대안을 제시한다. (출처: 김광안)

네로 이주하는 선구자 젠트리파이어들이 서울에도 등장한 것은 그리 이상한 일이 아니다. 하지만 이런 이들이 부의 상징인 강남에 정착한다는 이야기는 좀 이상하게 들리는데, 알고 보면 강남에도 아파트 건설이라는 높은 파도가 미처 휩쓸어가지 못한 동네공간들이 구석구석 남아 있다. 이중 신사동 가로수길과 방배동 사이길은 고층 아파트형 도시팽창에 지루함을 느끼는 이들에게 아기자기하게 짜인 유럽풍 동네라는 이상적인 대안을 제시한다. 이 동네들은 그동안 강남이 상징해온 젠트리피케이션의 두 번째, 세 번째 물결을 거스르는 일종의 역조rip current 또는 역류로서 젠트리피케이션의 첫 번째 물결을 작은 규모로나마 보여준다.

　　가로수길 젠트리피케이션은 2000년대 초로 거슬러 올라가는데, 앞서 말한 고전적인 네 단계를 대체로 충실히 따르며 지금까지 이어지고 있다. 2015년에는 이미 가로수길 중심에 자리 잡은 많은 곳이 대기업 자본에 잠식되었고, 젠트리피케이션 초기 단계를 이끌었던 주역들은 떠났거나 이른바 '세로수길', '네로수길' 등 가로수길의 이면도로 주변으로 밀려난 상황이다. 반면 대중매체에 이름이 오르내리기 시작한 지 몇 년 되지 않은 사이길은 고전적 젠트리피케이션 초기 단계에 머물러 있어 이후 전망이 아직은 불투명하다.

　　강남에 입지해 있다는 점 말고도 이 두 동네에는 몇 가지 뚜렷한 공통점이 있다. 첫째, 두 동네 다 거리가 상대적으로 짧고 폭이 좁은 도로를 중심으로 생겨났고, 동네이름도 길 이름에서 따왔다. 둘째, 이 동네에는 주택과 상업시설들이 뒤섞여 있지만, 젠트리피케이션을 이야기할 때는 주거공동체보다 주로 카페, 빵집, 갤러리, 공방, 식당 등 특정 상업시설들을 집합적으로 가리킨다. 셋째, 이 작은 동네들이 위치한 행정구역인 신사동과 방배동 인근 지역은 그 전에도 각각 '뜨는 동네'들을 포함하고 있었고, 비슷한 업종이 성장할 수 있는 문화적·경제적 조건을 잘 갖추고 있다.

　　두 번째와 세 번째 공통점은 가로수길과 사이길이 상업 젠트리피케이션을 겪고 있다는 사실을 드러낸다. 즉 전치의 위협에 놓여 있는 이들은 주로 상업시설을 운영하는 젠트리파이어 자신이다. 상권확장이 직접적으로 주거지역을 침범하는 경우를 제외한다면, 전월세나 부동산 가격이 갑자기 올라 세입자를 포함한 주민이 거주이전 문제나 대형 재개발의 압력에 시달릴 가능성은 높지 않다. 이런 면에서 가로수길과 사이길의 젠트리피케이션은 서울의 다른 뜨는 동네들과 구별된다. 또한 이는 구주민의 대규모 전치를 동반하지 않고 신중간계급 및 상위 계급의 공간적 선호를 충족시켜온 강남 개발의 역사적 맥락에서 크게 벗어나지 않는다.

이런 상황에서 예술가, 디자이너, 장인, 건축가 등 선구적 젠트리파이어와 주민 간의 관계가 지역 공동체의 유대로 발전하기는 쉽지 않다. 특히 건물주가 주민인 경우, 일단 동네가 뜨기 시작하면 임대차 계약을 둘러싼 경제적 이해관계 때문에 임대료를 올리라거나 건물을 처분하라는 부동산 중개업자나 개발업자 말에 쉽게 휘둘린다.

그렇다면 역류성 젠트리피케이션은 기존 도시개발에 대한 대안적 실천으로서 의미가 있는 것일까? 과연 그 영향력은 얼마나 클까. 이런 질문에 대한 구체적인 해답을 얻기 위해 이 글에서는 신사동 가로수길과 방배동 사이길을 상세히 분석하려 한다. 이 두 동네를 고전적 네 단계 젠트리피케이션의 변형으로 보고, 이 과정에서 선구자 젠트리파이어의 실천이 갖는 의미를 특히 주목할 것이다. 그리고 이를 강남 개발 및 국내 도시정책의 맥락에서 해석하고자 한다. 이 글은 2014년 겨울부터 2015년 여름까지 약 7개월에 걸쳐 현지답사와 선구자 젠트리파이어들을 대상으로 심층면접한 연구의 결과다.

신사동 가로수길: 강남 배후지의 고속성장

가로수길이 자리 잡고 있는 신사동은 한남대교가 강남대로로 이어지는 교통의 관문 구실을 한다. 그래서 이곳은 지하철 3호선 신사역이 들어서기 전인 개발 초창기부터 성인 유흥 문화중심지로 떠오른 지역이다. 1980년대에는 관광호텔, 나이트클럽, 카바레, 동시상영 영화관 등 상업시설이 밀집한 대로변 뒷골목에 모텔, 시장, 먹자골목 등 전형적인 유흥가가 펼쳐져 지금까지도 그 명맥을 유지하고 있다.

이처럼 늘 시끌벅적한 신사동 사거리로부터 4백 미터 정도 거리를 둔 탓에 가로수길 인근은 주현미의 〈신사동 그 사람〉이나 문희옥의 〈사랑의 거리〉가 그려내는 유흥가의 지배적 이미지에서 벗어날 수 있었다. 예화랑이 1982년에 일찌감치 인사동에서 이곳으로 옮겨오면서 화랑들이 속속 들어오기 시작해서 1990년 대에 이 길은 "화랑거리"라는 이름으로 알려졌다. 또한 인테리어 점과 골동품 및 수입 가구점들이 들어오면서 인근 논현동과 더불

신사동 사거리와 가로수길 사이에 있는 강남시장 | 신사동 대로변은 1980년대에 관광호텔, 나이트클럽, 카바레, 동시상영 영화관 등 상업시설이 밀집한 지역이었다. 지금도 그 뒷골목에는 모텔, 시장, 먹자골목 등 전형적인 유흥가가 펼쳐져 그 명맥을 유지하고 있다. (출처: 김태윤)

어 "가구거리"로 불리기도 했는데, 지금 가로수길의 유명함에 견줄 만한 것은 아니었다(이양희, 2009: 30-31).

　　가로수길이 오늘날의 모습으로 탈바꿈하기 시작한 때는 화랑가의 일시적 쇠퇴와 맞물려 있다. IMF 경제위기를 겪으며 미술품 경기가 침체되자 화랑들은 문을 닫거나 다른 데로 옮겨갔다. 디자이너 옷가게, 유럽풍 카페, 꽃가게, 빵집, 음악다방, LP바 등이 그 빈틈을 메우기 시작한 것이 2000년대 초였다.[58] '가로수

---

[58]　화랑들은 가로수길의 젠트리피케이션이 본격화되면서 다시 돌아와 2009년에는 19개소로, 전성기였던 1994년의 21개소에 근접했다(이상훈 외, 2011: 81).

길'이라는 이름을 소개한 2001년 한 신문기사에 따르면 1995년을 기점으로 이 길 주변에 30여 개에 달하는 디자이너 부티크가 들어서서 거리 패션쇼 같은 행사를 개최하기도 했다(《동아일보》, 2001.11.4).

유흥업과 패션업계의 공생

가로수길은 압구정동과 청담동 고급 패션시장 근처인 데다 1989년 일찍이 프랑스 파리의 패션스쿨 에스모드Esmod 서울 분교가 들어서 패션산업과 자연스럽게 연결되었다. 이곳은 이미 새로운 패션중심지로 각광받는 듯했고, 몇몇 유명 패션 디자이너들의 소규모 작업실 겸 매장이 자리 잡기도 했다. 하지만 2002년에 문을 연 LP바 업주 O는 당시만 해도 "조그만 카페, 화랑, 옷가게 몇 개" 정도 있는 "한적한" 곳이었고 가로수길 안쪽으로는 상권이 없는 주택가로 기억했다(O 인터뷰).

흥미롭게도 가로수길 인근 주택가, 특히 동쪽 골목길들을 걸어 다니다 보면 곳곳에 가내 봉제공장의 조그만 간판이 눈에 띈다. 이는 가로수길을 감싸 안은 주거지역이 오랫동안 신사동 대로변의 유흥업뿐 아니라 압구정동·청담동 패션업의 배후지로서 기능해왔음을 보여준다. 즉 예전에는 한적하고 눈에 띄지 않았던 이런 동네에서 디자인과 제조가 완료된 옷들을 주변 유흥업소에서 일하는 여성들이 사 입기도 하고, 옆동네 패션가 백화점과 부티크에 전시되기도 했다는 이야기다.

봉제공장 | 가로수길 인근이나 동쪽 골목길을 걷다 보면, 가내 봉제공장들이 간혹 눈에 띈다. '무대의상', '모델쑈작품'이라는 문구는 이곳이 오랫동안 신사동 대로변의 유흥업계뿐 아니라 압구정동‧청담동 패션업계의 배후지였음을 보여준다. (출처: 신현준)

이렇듯 신사동에서 유흥업과 패션업의 연관을 무엇보다 잘 보여주는 것은 가로수길의 선구자 젠트리파이어 가운데 핵심역할을 했던 한 디자이너 부티크다. 패션 디자이너인 부인과 영업을 담당하는 남편 P가 함께 운영하는 이 부티크가 1998년 문을 열 때만 해도 주요 고객은 신사동 주변 유흥가의 성매매 직업 여성, 특히 일본인 상사 주재원을 상대하는 이른바 '다찌', 즉 현지 처現地妻였다.

이 부티크는 점차 명성을 쌓으면서 한때는 압구정동‧청담동 명품 백화점가로 진출하기도 했다. 지금은 가로수길로부터 몇 블록 떨어진 주변 지역으로 밀려났지만 부티크 대표 P는 가로수길이 뜨기 시작한 초창기에 비슷한 정서와 생각을 지닌 젠트리파이어들이 운영하는 디자이너 숍, 카페 등의 업소를 끌어들이고 조직하려 했던 자신의 역할에 강한 자부심을 보였다. 이 부부는 동네에서 사업을 할 뿐 아니라 실제로 이곳에 살면서 뿌리를 내렸지만, 주민으로서보다는 가로수길 유행을 이끌어온 디자이너와 사업가로서의 정체성을 더 중요시하는 듯했다.

한국의 부동산 시장에서는 일반적으로 몇몇 고급 주택가를 제외하고는 고층 아파트 단지일수록 집값이 올라가는 경향이 있다. 신사동은 서쪽으로 잠원동, 북쪽과 동쪽으로 압구정동에 각각 위치한 고층 아파트촌에 둘러싸여 있어서 가로수길 주변의 저층 연립 및 단독 주택들은 배후지로서의 인상을 더욱 강하게 남긴다. 이런 이유로 이 지역의 상대적으로 싼 임대료는 선구자 젠트리파이어가 특별한 자본 없이도 새롭고 독특한 시도를 할 수 있었던 중요한 조건이었다.

유동인구를 끌어들일 수 있는 훌륭한 교통조건, 부유하고 교양을 갖춘 고객층 거주지역이 이웃하고 있다는 점도 가로수길이 상업적으로 번창하는 데 중요한 역할을 했다. 1980년대 후반부터 1990년대에 걸쳐 강남 북부의 대표적 핫스팟이었던 압구정동과 청담동은 가로수길이 떠오르는 2000년대 초반에 이르러 점차 빛을 잃어가고 있었다. 이 시점에서 오랫동안 이들의 배후지 노릇을 했던 신사동이 새로운 기회의 땅으로 부상하면서, 가로수길의 젠트리피케이션은 1단계에서 2단계로 넘어가기 시작했다.

가로수길을 만든 사람들

실제로 가로수길 시대를 연 주역 가운데 몇몇은 압구정동의 뒤를 이어 1990년대 후반부터 강남 패션 및 외식 업계의 중심지로 등장한 청담동에서 사업을 하나가 가로수길로 옮겨왔고, 이들은 나름의 인적 네트워크를 구성해 2단계와 3단계 젠트리피케이션을 주도했다. 연예계 글로벌 팝스타의 모친으로 잘 알려진 레스토랑 사업가는 일찍이 강남에 정착한 부유한 사업가 집안의 안주인으로서, 외식사업에 손을 대기 시작해서는 청담동에 퓨전 일식과 한식 레스토랑을 열어 성공을 거두었다.

그 사업가는 가로수길 초창기를 대표하는 주요 업소에 유럽풍 분위기를 연출해 유명해진 인테리어 디자이너와 손을 잡고 가로수길에 진출해서, 낡아 보이는 건물에 번지수 이름을 딴 음식점과 주점을 열었다. 이곳은 가로수길로 막 모여들기 시작한 선구자 젠트리파이어 업주가 선호하고 고객이 즐겨 찾는 명소가 되었다(〈패션비즈〉, 2006.7.23; 〈동아일보〉, 2008.3.21). 그가 2006년 오래된 가정집을 개조해서 문을 연 한식당은 다른 수많은 업소들이 나타났다 사라지기를 반복한 지난 10년 동안 가로수길 중심부를 꿋꿋이 지켜왔다. 최근 그는 가로수길의 서측 이면도로를 가리키는 '세로수길'에 아시안 퓨전 음식점이 들어선 건물을 지어 여전히 성공가도를 달리고 있다.

2004년에 꽃집과 디저트 전문 카페라는 두 가지 다른 업종을 결합한 '플라워 앤드 케이크 카페(이하 플라워 카페)'가 가로수

가로수길 한가운데 있던 플라워 카페 | 이곳은 2000년대 초중반 탁 트인 유럽풍의 노천카페 모델을 선보였던 가로수길의 대표적 명소였다. 2010년 이후 가파른 속도로 일어난 젠트리피케이션에 가로수길 터줏대감도 오래 버티지 못했다. 플라워 카페는 같은 해에 세로수길 골목 안쪽으로 밀려났고, 최근 신사동에서 완전히 철수해 반포로 옮겼다. (출처: 〈한겨레〉)

길의 한가운데 문을 열었다. 한때 이 동네의 유럽풍 이미지를 대변했던 이곳은 오랫동안 같은 여성지에서 일하며 견문을 넓힌 두 기자가 직장을 그만둔 뒤, 프랑스와 영국에서 각각 제과와 화훼 전문과정을 마치고 돌아와 시작한 곳이었다. 원래 그보다 1년 반 전에 각자 작업실 성격의 아틀리에 공간을 청담동의 같은 건물에 냈다가, 명도明渡라는 법률용어로 표현되는 전치를 당해 청담동에서 가로수길로 옮겨오면서 본격적으로 동업을 하게 되었다. 이 카페는 출생부터 젠트리피케이션 과정과 얽힌 셈이다.

어쨌든 그렇게 문을 연 플라워 카페는 거리를 향해 탁 트인 유럽풍 노천카페 모델을 선보이며 당시의 유행을 이끌었고, "가로수길의 역사와 다름없는" 대표적 명소로 자리매김했다(조한, 2013). 카페 공동대표 L1은 성공의 주요인을 공간구조, 사람, 시선의 조합에서 찾았다.

> 저희가 처음 시도한 게 프랑스 파리처럼 길을 보면서 앉게 만드는 좌석배치, 그리고 하절기에 접이식 문을 완전히 열어서 안의 공간이 밖에 다 보이게 하고 안에 앉은 사람도 밖을 보게 만드는 배치였어요. 그런 문화를 사람들이 좋아했어요. (…) 카페 인테리어의 마지막은 사람이에요. 패션 디자이너, 잡지사 기자, 인테리어 디자이너, 스타일리스트 같은 사람들이 저희 가게에 와서 인테리어의 마지막 요소를 충족시켜줬고, 그 사람들이 안에 앉아서 밖을 바라보면서 밖에 있는 사람들과 상호작용이 이뤄진 거죠(L1 인터뷰).

부티크, 플라워 카페, 레스토랑 사업가, 인테리어 디자이너 등 가로수길의 선구자 젠트리파이어들은 공식적으로 조직을 만들지는 않았다. 하지만 느슨한 형태로나마 인적 네트워크를 이루어 2000년대 초중반까지 거리의 분위기를 이끌어나갔고, 강남의 첨단유행이 1990년대 압구정동에서 청담동을 거쳐 신사동 가로수길로 흘러들어 오는 데 중요한 공헌을 했다.

유기적·자연발생적으로 맺어진 이 관계는 정책적·미학적 전망과 추진력을 지닌 조직과는 거리가 있었고, "골목대장" 노릇을 했던 부티크 대표 P가 기울인 노력에도 불구하고 동네의 상업적 이해관계를 대변하는 상조회류의 단체로도 발전하지 못했다.

질문: 상인연합회 같은 조직이 아니더라도 비공식적으로 모임을 갖고 같이 일한 게 있었나요?

L1: 그런 게 있긴 했는데 공식적이지는 않고…… 그냥 개인적으로 친했던 것 같고요…… 저희가 보기보다는 폐쇄적이라서 사람들하고 어울리거나 그런 건 별로 없었어요.

P: 사람들이 안 오니까, 우리가 사람들을 오게 하자, 그런데 우리는 돈도 없고 당시에 주요 잡지 같은 걸 동원할 수도 없으니까, 우리가 뭉쳐서 홍보도 같이 하자, 그렇게 해서 몇 번 모였어요. 그런데 다 작가이고 기자이고 하다 보니까, 물과 기름처럼 잘 안 맞아요. 그런 걸 원하는 사람도 있고, 자기 일만 조용히 하고 싶어 하는 사람도 있고. 그런 노력은 많이 했는데 잘 안 된 게 많고, 한 대형 잡지사 편집자를 끌어들여서 '차 없는 거리'와 벼룩시장 같은 것 정도 한 거죠(L1·P 인터뷰).

과정이 순탄하지만은 않았으나 가로수길의 선구자 젠트리파이어들은 개인적·직업적 네트워크와 자원을 끌어들여 비교적 성공리에 중소규모 행사들을 치러냈다. 이들이 이처럼 닦아놓은 터에 창의산업 종사자들이 밀려들어오면서, 2005년쯤부터는 일종의 세대교체가 이뤄지며 가로수길의 젠트리피케이션은 본격적인 3단계로 접어들었다. 이때 맞춰 도산대로에서 가로수길로 꺾어드는 초입에 신사동 J타워가 랜드마크 건물로 들어섰고, 이곳에 다국적 광고업체 TBWA가 들어온 것을 시작으로 광고·영화 업계가 가로수길 주변으로 부쩍 많이 이주했다.[59] 업계 3위를 자랑하는 TBWA의 몇몇 직원은 아예 앞장서서《가로수길이 뭔데 난리야》를 출간하기도 하는 등, 이때부터 가로수길 홍보는 직업적 전문성을 띠었다.

이에 발맞춰 대중매체의 가로수길 보도도 눈에 띄게 늘어났고, 공시지가 상승이 반영하듯 부동산 가격도 들썩이기 시작했다.[60] IMF 경제위기를 겪으며 떠났던 예화랑이 새 건물을 짓고 화려하게 복귀하면서 가로수길은 청담동을 제치고 강남의 핫스팟 1번가로 등극했다. 화랑을 선구자 젠트리파이어의 상징으로 보는 갤러리 입지 순환이론(김학희, 2007)을 강남의 맥락에 맞게 바꿔보자면, 갤러리 입지선정도 압구정동-청담동-가로수길을

---

59 〈주간동아〉, 2006. 1. 24. 광고 및 영화 업계의 강남 진출은 가로수길이 본격적으로 형성된 시기 이전으로 돌아간다(I1 인터뷰). 그러나 유흥·패션·외식 업종의 경우와 마찬가지로 이때까지 업계의 주력은 대개 신사동 대로변, 압구정동, 청담동, 논현동 등에 위치했고, 가로수길 주변은 배후지로 남아 있었다.

60 2001년까지 1퍼센트 미만의 상승률을 보이던 가로수길의 공시지가는 2003년 들어 무려 32퍼센트 급등한 것을 계기로 2008년까지 연평균 10퍼센트 이상 오르면서 서울시나 강남구 전체의 상승률을 훨씬 상회했다. 또한 가로수길 지가상승률은 연도별로 등락폭이 컸지만 홍대 앞, 삼청동 등과 때때로 맞먹는 수준을 보여주었다(김흥순, 2010: 329).

잇는 강남 핫스팟의 순환에 종속되어 다소 늦게나마 유행의 대열
에 재합류한 셈이다.

가로수길에 과연 문화가 있는가

건축설계 또한 이 무렵 가로수길에 관심을 갖고 모여들기
시작한 창의산업 전문직종에 속한다. 이 동네에 사무실을 낸 건
축가 중 근처에서 성장기를 보낸 뒤 교육과 훈련을 마치고 돌아
와, 가로수길의 상권을 확장시키고 고급 문화거리로서의 이미지
를 높이는 데에 직업적으로 기여한 이들도 있다. 예를 들어 근처
빵집 인테리어 디자인을 했던 한 건축가는 2007년 가로수길 풍
경에 관해 다음과 같이 썼다.

> 유럽의 어느 마을에서 떼어다놓은 것 같은 파사드(façade, 건물의
> 주된 출입구가 있는 정면부)를 가진 예쁜 건물의 등장이나 새롭게
> 포장된 푹신푹신한 고무보도는 2007년의 가로수길을 좀 더
> 세련되게 만들어준다. 하지만 그런 새로운 주인공들 사이에
> 역사를 간직한 공간들 역시 함께 자리할 수 있다면 이 길은 좀 더
> 다양한 이야기를 담을 수 있을 거라는 생각이다. 가령 15년 전
> 교복을 입고 쫓겨날까봐 걱정하며 들어갔던 지하의 한 카페가
> 아직도 'SINCE 1992'라는 작은 팻말과 함께 영업을 하고 있으면
> 좋겠다고 상상한다(오영욱, 2012: 14-15).

　　이렇듯 1980년에서 1990년대 은행나무길 또는 화랑길로 불리던 시절의 기억과 2000년대 후반 가로수길 풍경을 연결시켜 미학적·인문학적 의미를 불어넣으려는 노력이 있는 한편, 최근 가로수길의 기업화를 비판적으로 바라보는 냉성한 시각도 있다. 예컨대 특별한 지역 연고 없이 이곳에 사무실을 내고 대안적 주거공간과 관련된 사업을 하는 건축가 L2는 인터뷰에서 다음과 같이 말한다.

> *L2: 여기(가로수길)는 소비인 거죠. 소비를 전제로 한 문화지 이것 자체가 문화는 아닌 것 같아요.*
>
> *질문: 토박이 문화가 있다는 느낌은 있나요?*
>
> *L2: 없죠, 계속 바뀌고.*
>
> *질문: 대신 화려한 감각이 있다는 거죠?*
>
> *L2: 그렇죠. 그게 여기 압구정동, 청담동, 이 길이 다시 오는 변화 과정들의 연장선인 것 같아요(L2 인터뷰).*

　　이와는 약간 다른 맥락이지만, 또 다른 강남 출신 건축가 I1도 "그렇게 싸지도 않았기 때문에 돈 없어서 온 사람들이 만든 데는 아니"고 "위치나 분위기에서 조금 덜 비싸고 적당히 한산한 데를 찾아서 시작한 정도"라고 말하면서, 가로수길이 강남의 인근 지역들과 근본적으로 달랐다는 데 회의적인 의견을 내놓았다.

　　가로수길에서도 홍대 앞처럼 색다른 대안적 동네문화를 만들려는 노력이 없었던 것은 아니다. 그중 가장 인상적인 활동으로 "비정기 프로젝트 신문"을 표방한 웹진 〈헬로 가로수길〉은 2008년 가을부터 2012년 겨울까지 총 11호를 발간했다. 이 웹진은 가로수길에서 일하는 이들, 행인들, 주변 거주자들과의 다양한 인터뷰를 싣고 이곳저곳에 흩어져 있는 작은 디자이너 스튜디오들과 숨어 있는 명소들을 알리면서 지역적 유대를 다지려고 했다.

웹진에서 더 나아가 인터넷 블로그 개설, 벼룩시장, 블록파티, 겨울에는 거리 곳곳에 눈사람을 만드는 설치물 프로젝트, 그리고 2012년에는 영화제를 조직하는 등, 〈헬로 가로수길〉은 4년간 매우 적극적으로 활동했다. 그러나 불행히도 그런 노력들이 지속적 · 제도적 성과로 이어진 것 같지는 않다. 영화제 이후 웹진 발간 및 공식 활동은 중단된 상태이고, 웹진 편집자에게 인터뷰를 요청한 이메일에는 정중한 사양이 대답으로 돌아왔을 뿐이다.

4년 만에 여덟 배 오른 임대료

1970년대 후반 그룹사운드 록 음악인 출신으로 당시 청년 문화의 영향을 흠뻑 받았던 가로수길 라이브 뮤직 카페 업주 Y는, 2007년 문을 연 이래 젠트리피케이션 3단계에 꿈과 이상을 품고 이주해온 젊은이들에게 많은 감동을 받았다. 그러나 2010년을 거치며 건물임대료가 오르기 시작했고, Y는 이 젊은 이주자들이 밀려나는 모습을 그저 안타깝게 지켜보아야만 했다.

이렇듯 비교적 새로 들어온 사람뿐 아니라 자리를 확고히 잡은 듯 보였던 선구자 젠트리파이어도 가파르게 올라가는 임대료를 견디기가 점점 어려워졌다. 앞서 이야기한 LP바 주인 O는 가로수길 유동인구가 늘어나는 것을 원래 달가워하지 않았던 탓에, 이예 상권이 죽은 옆 동네 압구정동으로 2012년에 가게를 옮겼다. 가로수길의 상징이었던 플라워 카페조차도 같은 해 세로수길 골목 안쪽으로 밀려났다.[61]

2012년은 가로수길 젠트리피케이션이 4단계 완성에 접어든 시점으로 봐도 큰 무리가 없다.[62] 같은 해 제일모직은 SPA 브랜드인 에잇세컨즈 가로수길점을 열어서 한 해 전에 미국에서 입성한 경쟁 브랜드 포에버21을 뒤쫓았고, 마찬가지로 외국계 SPA 브랜드인 자라와 지오다노도 앞다퉈 가로수길 전면에 매장을 포진시켰다.[63]

대기업이 세입자들을 모두 내보내고 기존 건물을 통째로 임대 혹은 매입한 뒤 원래 저층이었던 것을 5~6층으로 용적률을 올려 새로 짓는 방식은 불과 몇 년 만에 거리경관을 크게 바꿔놓

---

61 이들 모두 가로수길의 임대료 급등과 재건축에 따른 임차인 전치가 본격화된 시점을 2010년 무렵으로 잡았다(L1·O·Y 인터뷰).

62 앞서 언급한 싸이의 한남동 건물을 둘러싼 분쟁과 비슷한 선례도 이 무렵에 나왔는데, 그 당사자는 2012년 9월 가로수길 건물을 매입한 뒤 2013년 5월 세입자에게 명도소송을 걸어 승소한 힙합 듀오 리쌍이다. 이 사건을 다룬 상세한 보도로는 〈일요시사〉, 2013.6.4 및 〈경향신문〉, 2015.12.15를 참조. 또한 연예인뿐 아니라 재벌가 자제들도 가로수길 건물매입에 열을 올리기 시작했다(〈조선비즈〉, 2012.7.15).

63 2011년에서 2013년 여름 사이에 가로수길에 들어선 대기업 소유 매장은 패션업종 14개, 액세서리 업종 2개, 식음료 업종 5개, 화장품 업종 5개로 총 26개 업소에 달하는데, 그중 19개 업소가 2012년에 문을 열었다(구지연·김신원, 2013: 261).

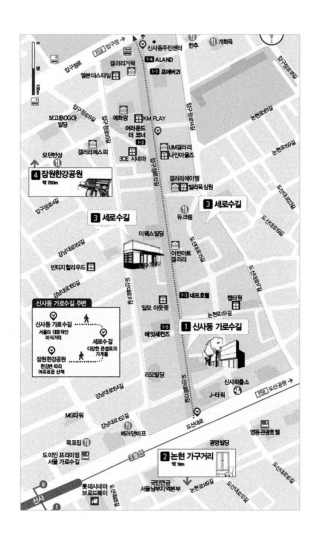

가로수길을 중심으로 한 신사동 관광지도 ┃ 젠트리피케이션 초기 단계를 이끌었던 주
역들은 이미 가로수길을 떠났거나 이른바 '세로수길', '네로수길' 등 가로수길 이면도로
주변으로 밀려났다. (출처: 서울특별시 관광사업과, 2015년 12월 발행)

왔다.[64] 임대료를 올리는 고전적인 수법을 쓰던 개인 건물주들도 점차 재건축을 빌미로 임차인들을 한꺼번에 내보내려 하면서 상당한 갈등과 마찰을 빚기도 했다.

결국 불리한 처지에 놓인 세입자늘은 천정부지로 치솟는 임대료를 견디지 못하고 전치당하면서 그나마 경제적 손실을 어느 정도 줄일 수 있는 권리금도 제대로 챙기지 못했다. 2013년 경제전문지들의 가로수길 관련 보도에 따르면 월 임대료가 4년 전에 비해 거의 여덟 배나 되는 천 4백만 원에서 4천 7백만 원까지 오른 반면, 같은 시기 권리금은 3억 천만 원에서 1억 원 안팎으로 떨어지거나 어떤 경우에는 아예 사라지기도 했다.[65]

의류 패션업종에 특히 거세게 몰아친 기업화 바람에도 아직 꿋꿋이 버티고 있는 자립형 매장이 있다. 그중 하나가 바로 가로수길 한가운데, 플라워 카페가 세로수길로 쫓겨나기 전에 있었던 자리 맞은편에 있는 작은 옷가게다. 업주 K1은 해외경험을 통해 국제적인 패션의 흐름을 파악하고 돌아와 국내에서 의류유통 및 소매 관련 실무경력을 쌓은 뒤, 대학시절 소비자로서 자주 왕래하던 가로수길에 2009년 여름에 가게를 냈다. 그는 비슷한 시기에 이상을 품고 들어온 후발 젠트리파이어들과 심미적 감성 면에

---

64 가로변 건물들의 층수 및 업종 변화에 대해서는 이인성·배재흠(2013: 134-136)을 참조.

65 "월 임대료만 1억"이니, "4년 새 여덟 배" 올랐다느니 하는 신문기사 제목만 읽어도 임대료 폭등이라는 현실을 체감할 수 있다. 〈조선비즈〉, 2013.1.18 및 〈파이낸셜뉴스〉, 2013.8.17, 그리고 〈아시아경제〉, 2014.2.19를 참조.

서는 공유하는 게 많을지 몰라도, 현실 비즈니스 감각 면에서는
훨씬 더 날카로워 보였다.

나이가 지긋한 아버지뻘 건물주에게 때가 되면 명절인사와
선물을 잊지 않는 가족 같은 배려에서부터, 주차공간이 부족한
가로수길에서 고객을 유치하는 데 결정적인 역할을 하는 주차 서
비스 요원들과 돈독한 친분을 유지하는 것까지, K1은 인터뷰에
서 가로수길의 치열한 경쟁과 대기업의 압력으로부터 생존하는
법을 차근차근 설명해주었다. 특히 점포의 존폐가 걸린 부동산
문제에 대한 촉각은 남달랐다.

> *질문: 비교적 새 건물에 입주하신 거군요?*
>
> *K1: 네, 왜냐하면 제가 당시에 부동산 업자들이 권유하던*
> *가게들을 선택 안 한 이유가 건물들이 헐릴 수도 있겠다 싶은*
> *것들이었어요. 그런 데 들어갔다가 헐리면 끝이죠.*
>
> *질문: 오래된 건물은 임대료가 낮아도 피해야 한다는 건가요?*
>
> *K1: 그렇죠.*
>
> *질문: 그럼 개점할 당시에 원래 있던 주변 1, 2층 건물들은*
> *지금 다 증축한 거고요?*
>
> *K1: 네, 여기서는 건물주가 증축을 하는 게 아니라, 대기업이*
> *안테나숍[66]을 만들어야 하니까 '작업'을 많이 해요.*

---

66 '안테나숍'이란 제조업자가 판매보다는 정보수집과 소비자의 제품평가를 위해
운영하는 지점을 말한다. K1은 가로수길에서 대기업 안테나숍들의 매상이 저조할 것
으로 추측했다.

가로수길에 붙은 전치 반대 운동 포스터 | 대기업의 가로수길 진출, 재건축을 빌미로 임차인들을 내보내려 하는 건물주에 밀려 세입자들은 천정부지로 치솟는 임대료를 견디지 못하고 전치 당한다. 이들은 그나마 경제적 손실을 어느 정도 줄일 수 있는 권리금도 제대로 챙기지 못하는 처지에 이르렀다. (출처: 김필호)

> *그냥 임대하는 기업이 알아서 자기 돈 들여 증축을 하는 거예요.*
> *공간이 없으니까(K1 인터뷰).*

K1 또한 라이브 뮤직 카페 업주 Y와 마찬가지로, 대기업과 건물주에게 모든 실권이 있는 상황에서 기존의 젠트리파이어들이나 소규모 자영업자들이 스스로의 권익을 보호하는 조직을 만들 가능성에 대해서는 다분히 회의적이었다.[67]

방배동 사이길: 대안적 도시화의 가능성

1988년 강남구로부터 떨어져 나온 서초구 서쪽 맨 끝, 즉 강남의 경계지역에 해당하는 방배동은 지리적으로 볼 때 신사동과 닮은 점이 있다. 특히 1980년대 중반, 압구정동보다도 몇 년 앞서 강남의 이국적 유행을 이끌었던 방배동 카페골목의 입지가 그렇다.

카페골목은 동작대교가 한강을 가로질러 이어지는 동작대로에서 동쪽으로 3백여 미터 떨어진 한적하고 좁은 차로인 방배중앙로 양쪽 약 5백 미터 구간을 가리킨다. 북쪽으로는 구반포 주공아파트 단지, 동쪽으로는 방배동 삼호아파트에 둘러싸여 있고 서쪽으로는 재래시장이 있어서 언뜻 보기에는 가로수길과 입지조건이 매우 비슷해 보인다.

그러나 교통사정은 가로수길과 달리 제약이 많은 편이다. 우선 동작대교가 한강 북쪽 용산 미군기지를 통과하지 못하는 까닭에 강남과 강북의 관문 구실을 제대로 못하는 데다, 지하철 4호선 이수역은 카페골목에서 거의 1킬로미터나 떨어져 있어 걸어서 오가기에 다소 멀다. 더구나 동작대로를 가로지르는 서초대로가 국군 정보사령부에 막혀 강남으로 통하지 못했던 탓에 이수역 북쪽 대로변으로는 이렇다 할 상권이 개발될 여지가 없었다.

이처럼 상대적으로 열악한 교통조건에도 불구하고 방배동

---

67 이들의 비판적인 전망과는 달리 철거 위험에 시달려온 몇몇 가로수길 업주들은 최근 신사동 가로수길 문화협동조합(신가협)을 결성해 조직적으로 저항하기 시작했다. 〈오마이뉴스〉, 2016.5.22를 참조.

방배동 카페골목, 사이길, 서래마을 지도 | 카페골목은 동작대교가 한강을 가로질러 이어지는 동작대로에서 동쪽으로 3백여 미터 떨어진 한적하고 좁은 차로인 방배중앙로 양쪽 약 5백 미터 구간을 가리킨다. 북쪽으로는 구반포 주공아파트 단지, 동쪽으로는 방배동 삼호아파트에 둘러싸여 있고 서쪽으로는 재래시장이 있어서 언뜻 보기에는 가로수길과 입지조건이 매우 비슷해 보인다. (출처: 네이버 지도)

카페골목이 강남 개발 초창기의 핫스팟으로 부상한 이유를 정확하게 짚어내기는 쉽지 않다. 정부의 강북 구도심 개발제한 정책으로 인해 성인 유흥 문화시설들이 접근하기 쉽고 교통이 편리한 한남대교 남단 신사동으로 대거 옮겨간 데 비해, 상대적으로 한적한 동작대교 남단 방배동은 자가용을 타고 오는 고객들을 끌어들일 만한 소규모 고급 업소들에 좀 더 적합했으리라는 추측을 해볼 뿐이다.

방배동 고급 빌라촌 입구 | 사이길 부근 연립주택가에서 언덕 위 고급 빌라촌으로 올라가는 계단. 입구에 있는 폐쇄회로TV(CCTV)가 눈에 띈다. (출처: 김필호)

1970년대 내내 방배동은 관악구에 속해 있었다. 행정구역상 강남구로 편입된 것이 1979년 말인데, 그보다 한 해 앞서 허허벌판이나 다름없던 이수교차로 입구에 이탈리아 식당 '장미의 숲'이 한강 너머 동부이촌동에서 건너와 자리 잡았다. 이곳이 1980년대 초부터 작가, 예술가, 연예인, 학계 및 정치계 인사 사이에서 명소로 떠오르면서 방배동 카페골목 역사가 시작되었다.[68] 카페골목의 때 이른 젠트리피케이션은 십 년을 넘기지 못하고 쉬 달아올랐다 쉬 식은 편에 속하지만, 문화연예계 인사들이 넘쳐나던 이 동네는 조덕배의 〈나의 옛날 이야기〉나 최호섭의 〈세월이 가면〉

68 "그곳―방배동 카페 '장미의 숲'"(블로그에서 인용)과 〈일간스포츠〉, 2009.9.27 및 〈경향신문〉, 2013.4.13를 참조.

등 1980년대 후반 '방배동 발라드'의 산실로서, 같은 시기 신사동의 트로트 분위기와 달랐다.

사이길, 카페골목과 서래마을 틈에 자리잡다

이제는 옛 명성의 흔적조차 찾기 힘든 카페골목에서 동쪽으로 아파트 단지를 가로지른 뒤 방배로를 건너면 서래초등학교가 나오는데, 학교정문으로부터 이어져 야트막한 언덕을 타고 오르는 도로명이 방배로 42길, 즉 방배동 사이길이다. 길게 잡아야 4백미터가 채 되지 않고, 양방향 통행이지만 중앙차선도 안 그어진 전형적인 주택가 이면도로가 최근 언론매체의 이목을 사로잡는 새로운 핫스팟으로 떠오르는 것 자체가 처음 이곳을 찾는 이에게는 의외일 수도 있다.

카페골목도 사이길도 그 자체로 젠트리피케이션을 논하기에는 지리적으로 너무 좁은 공간들이다. 주거생활권 변화와 상권 이동을 파악하려면 이 길들을 둘러싼 지역으로 시야를 넓혀야 한다. 따라서 사평대로와 서초대로 사이의 방배동, 그리고 인근 반포4동의 서래마을까지 포함하는 지역을 하나의 블록으로 묶어야 할 것이다. 가로수길의 젠트리피케이션이 압구정동, 청담동과 긴밀히 연관되어 있듯이, 사이길도 카페골목과 서래마을을 빼놓고는 생각하기 어렵다.

1990년대 들어 카페골목은 라이벌인 압구정동, 청담동에 밀리면서 신사동 사거리 뒤편 먹자골목과 비슷한 분위기의 유흥가로 변해갔다. 그런 와중에도 거의 30년간 꿋꿋이 제자리를 지켜온 '장미의 숲'조차 2007년 결국 문을 닫았다. 하지만 3년 뒤 서래마을에서 다시 태어난 '장미의 숲'은 방배동 핫스팟의 중심이 카페골목에서 서래마을로 옮겨갔음을 뒤늦게나마 확인해주는 지표와 같다.[69]

사이길 동쪽 언덕에는 강남 개발 초기부터 부유층이 정착했던 고급 빌라촌이 펼쳐지는데, 이는 서래마을의 다문화적 정체성을 빚어낸 서울프랑스학교를 지나 몽마르트공원까지 이어진다. 압구정동과 청담동처럼 과시적인 부와 사치로 세상에 널리 알려지지는 않았지만, 방배동 빌라촌은 한때 대우 김우중, 롯데 신격호 등 재벌가 대저택이 있던 "강남의 평창동"으로 2000년대 들어 고급 빌라 재건축 붐이 일면서 현재의 모습이 갖춰졌다(장용동 외, 2007). 1985년 서울프랑스학교가 이전해온 이래 구청의 적극적인 행정지원과 주민의 봉사활동 덕분에 유럽풍 외국인 마을로서 이미지를 다져온 서래마을은 2000년대 들어 반포천 쪽에서 올라오는 서래로 주변 상권이 차츰 확장되면서 새로운 문화거리로 떠올랐다.

시간의 단절이 있긴 하지만 방배동 카페골목에서 반포 서래마을로 중심이 옮겨진 것은 압구정동에서 청담동으로 중심이 옮겨진 것과 유사하다. 압구정동과 청담동의 배후지였던 가로수길이 그 후광에 힘입어 성장하기 시작했다면, 카페골목과 서래마을

---

69 기존의 '장미의 숲'이 그대로 이전한 것이 아니고, 창업자의 아들이 비슷한 뜻을 지닌 새로운 이름의 이탈리안 식당을 열었다.

사이에 점이지대로서 어중간한 저개발 상황에 있었던 사이길도 이제 비슷한 효과를 누리는 것은 아닌가 하는 질문을 해본다.

사회적 기업과 정책적 지원: 사이길의 실험

몇몇 잘 알려진 고급 인테리어점과 가죽공방 들 외에는 동네목욕탕, 미용실, 학원, 슈퍼 등 전형적인 근린시설만 있었던 사이길에 소형 갤러리들을 비롯한 선구자 젠트리파이어들이 들어온 시기는 2011년에서 2012년 무렵이다. 그중에는 청담동과 가로수길에서 옮겨온 갤러리들이 간혹 눈에 띈다. 한 갤러리는 2009년 청담동에 문을 열었다가 건물주가 재건축을 하는 바람에 밀려났는데, 대표 L3은 이미 기업화 단계에 들어선 가로수길로 옮길 생각은 없었다고 한다. 번잡하지 않고 임대료도 비싸지 않으면서 지역 주민과 행인이 부담 없이 드나들 수 있는 "문턱이 낮은 갤러리"를 위한 장소를 물색하다 찾아낸 곳이 사이길이라는 것이다.

L3에 따르면 그보다 좀 앞서 홍대입구에서 옮겨온 한 곳을 빼고는 갤러리가 몇 개 없었고, 공방들은 꽤 있었지만 일반 고객에 개방된 공간이 아니라 닫힌 작업실이 대부분이었다. 고객의 지역성뿐 아니라 서초구에 기반을 둔 작가들의 전시를 주로 한다는 L3의 갤러리 운영방식에서 압구정동-청담동-가로수길로 대표되는 전형적 강남 문화보다는 오히려 젠트리피케이션이 진행된 강북의 삼청동이나 한남동 부근의 정서와 비슷한 것이 느껴진다.

서울시와 지방자치단체의 정책적 지원이 아예 없었거나 뒷북을 울리는 식이었던 압구정동-청담동-가로수길과는 달리, 서래마을과 사이길은 동네가 지금의 모습으로 만들어지기까지 서초구청의 역할이 컸다.[70] 서초구청은 서래마을을, 프랑스를 비롯한 유럽과 미국에서 온 백인 이주민 공동체가 사는 "다문화 마을"로 조성하는 데 심혈을 기울였고 지역 주민들, 특히 주부들은 적극적인 자원봉사로 이를 도왔다(김은미 외, 2009: 65-90).

이런 구청의 마을만들기 경험은 기업의 사회적 책임corporate social responsibility, 사회적 기업, 사회적 경제 같은 공공 담론과 맞물리면서 지역 사회 경제활성화를 목표로 하는 지자체와 민간단체의 공동사업, 즉 민관협력 이니셔티브로 발전했다. 비영리 사단법인 씨즈seed:s가 운영하고 현대자동차가 재정후원과 홍보를, 서초구청이 공간을 제공하는 '서초창의허브'가 바로 이 이니셔티브의 산물이다. 2011년 문을 연 서초창의허브는 "창업지원 시설과 지역 교육문화 서비스 기능이 결합된" 센터로서 "다양한 분야의 청년 사회적 기업가들을 인큐베이팅하고 그들의 창의적인 사회 서비스 모델을 지역에 제공, 지역 주민과 사회적 기업이 일상적으로 만날 수 있는 브릿지 역할"을 자처하고 나섰다(서초창의허브, 2015).

---

70 가로수길은 2008년 서울시 '디자인 클러스터' 조성사업의 1단계 대상으로 선정되어 지원센터가 설치되었는데, 디자인 관련 업계들의 집중은 그보다 몇 년 앞서서 이미 진행되고 있었다. 강남구의 청담동·압구정동 패션특구를 위한 각종 지원책과 규제는 기울어가는 압구정동 로데오 거리 상권을 살리는 데 실패했다(이민정·김승인, 2014: 1038-1039).

　　이런 사회적 기업의 이상을 실현하기 위해 사이길에 발을 들인 여성 기업가 L4는 2009년부터 사회적 기업 진흥원의 지원을 받으며 제주도와 전남 보성에서 마을만들기 프로젝트를 추진한 경험을 인정받아 서초창의허브의 인큐베이팅 사례로 뽑혔다. 공간디자인을 전공하고 대학에서 강의도 하는 등 문화예술 교육 분야의 전문가인 L4는 1980년대 초부터 구반포에 거주한 서초구 토박이기도 하다. 그는 한동안 이 지역의 고학력 전문직 경력단절 여성을 대상으로 하는 일자리 창출 프로그램을 구상하고 있었던 차에, 우연한 기회로 서초창의허브를 알게 되어 사업을 제안하게 되었다고 한다.

　　L4는 2013년 아예 건물을 사서 1층은 카페, 2층은 갤러리로 구성된 일종의 대안 복합공간을 열어 인근 주부들을 위해 모임장소를 제공하고 예술관련 직업교육을 실행했다. 애초 취지에 맞게 서초구청과 연계한 취업알선 서비스도 해보았지만, "아는 엄마들은 돈이 많아서 일자리 창출보다는 봉사로 재능기부를 많이" 한다고 했다. 즉 이 사업의 주 대상인 경력단절 여성들에게는 경제적인 요구보다 문화적인 자기성취가 더 중요한 동기가 되는 셈이다.

　　L4: 그러니까 자신의 정체성을 다시 찾는 것. 그냥 있으면 죽은 것 같은 거죠, 자기를 잃어버렸기 때문에.

　　질문: 정신적인 문제가 생기는 건가요?

　　L4: 그렇죠, 우울증 같은 게 의외로 많은 거죠. ……여기가

사치스러운 동네는 아니고 오히려 자기계발하려는 거죠. 자식

유학 보내고 자식한테 투자하는 걸로 뼈 빠진다고 해야 하나, 그런

구조적인 문제를 갖고 있거든요. 그러다 보니 엄마들이 자기를

찾는 데에는 소홀한 것 같아요(L4 인터뷰).

사이길의 젠트리파이어 중에도 넓은 의미에서 경력단절 여성에 속하는 사람들이 꽤 있다. 앞서 언급한 갤러리 대표 L3은 디자인 회사에서 근무하기도 하고 프리랜서 일러스트레이터로 일하다가 10년여 공백 끝에 갤러리를 열었다. 이 사이길 갤러리를 갤러리 레스토랑으로 바꾸는 데 함께한 레스토랑 운영자 J1도 결혼 후 하던 일을 그만두었다가 자식교육 문제로 캐나다와 유럽에 살면서 익힌 지식과 기술을 바탕으로 뒤늦게 외식산업에 뛰어들었다.

서초창의허브 매니저 C2는 씨즈 재단이 서초구에 들어올 때부터 문화예술 분야 투자에 중점을 두었는데, 그 이유는 "문화예술 쪽 콘텐츠를 향유할 수 있을 만한" 이 지역 부유한 주민들이 겪는 사회문제, 예컨대 청소년 비행이나 기혼여성 경력단절에는 문화예술적인 치유책이 필요하다고 보았기 때문이라고 말했다. 사이길로부터 어느 정도 떨어져 있지만 역시 서초창의허브의 지원을 받으며 창업한 서래마을의 수제 유아용품 전문점 또한 결혼과 육아로 경력이 단절된 전직 디자이너들이 부업 삼아 집에서 만든 제품을 판매하고 있다(A 인터뷰).

2014년 방배사이길 축제 | 사이길에서는 소규모의 자발적·유기적 공동체를 지향하는 대안적 도시화의 실천가능성이 아직도 엿보인다. 이곳의 선구자 젠트리파이어들은 사회적 기업이나 사회적 경제를 둘러싼 공공담론에 직간접적으로 관련된 경우가 많았고, 지자체가 이들의 조직적인 활동을 체계적으로 지원하면서 눈에 띄는 성과를 내기도 한다. (출처: 곽명우)

마을만들기와 젠트리피케이션의 공존?

가로수길과 달리 젠트리파이어와 지자체가 힘을 합쳐 매우 계획적으로 추진하는 사이길 상권개발은 동네주민과 친밀함을 유지하려는 시도와 함께 이루어지고 있다. 사회적 기업가 L4와 몇몇 갤러리 운영자들은 기존 핫스팟에서 겪었던 어려움을 교훈으로 삼은 듯 부동산 가격과 임대료가 오를 조짐이 보이기도 전에 일찌감치 건물을 매입했다. L4가 서초구청의 전폭적 후원을 받으며 이끌어온 '방배 사이길 예술거리 조성회'(이하 '조성회')는 월 2회 벼룩시장과 봄과 가을, 연 2회 축제를 주관하는 과정에서 주민과 상인 사이의 친목을 도모하려고 노력했다.

그 덕택에 젠트리파이어들과 지역 주민, 그리고 예전부터 있던 근린형 상인들과의 관계는 비교적 원만해 보이지만, 미묘한 갈등이나 불편함이 아주 없지는 않은 듯하다. 조성회 일에 적극 참여해온 공방업주 I2는 슈퍼, 미용실, 전파사 등 근린상점들이 축제와 벼룩시장 등의 행사에서 소외되고 있는 점, 그리고 젠트리피케이션이 꾸며놓은 동네의 겉모습이 이들에게 암묵적인 전치의 압력으로 다가온다는 점을 깨닫고 있었다. 그리고 2013년 거리축제를 단순한 동네잔치 차원을 넘는 행사로 키우려는 L4의 노력은, 그가 건물주인 사실이 뒤늦게 알려지면서 부동산 업자들과 상인들로부터 집값을 높이려는 숨은 의도가 있는 게 아니냐는 의혹을 사기도 했다.

사이길은 젠트리피케이션 1단계를 거쳐서 2015년 현재 막 2단계에 접어든 상태로서, 앞으로의 전망을 점치기는 아직 이르다. 게다가 사이길은 가로수길과는 달리 젠트리피케이션의 고전적 네 단계 발전이 불균등하게 진행 중이다. 2013년 이래 대중매체가 기울인 관심으로만 친다면 사이길은 이미 3단계 가까이 와 있는 듯도 하지만, 실제 상인들이 평가하는 유동인구는 대중매체의 핫스팟 이미지에 못 미친다. 특히 평일 낮 시간에 몇 차례 답사해보니 일반 동네 뒷골목과 상황이 많이 다르지 않았는데, 이를 놓고 보면 젠트리피케이션 1단계에서 2단계로의 진행이 끝났는지도 불분명한 듯하다.

여기에는 사이길이 지리적으로 좁다는 점이 큰 한계로 작용한다. 젠트리피케이션이 시작되면서 현재 어림잡아 40~50개 점포가 있을 정도로 상권의 밀도가 올라갔고, 이 중 30여 개가 조성회에 참여해 대표성을 보여주고 있지만, 점포 수만 수백여 개에 이르는 주변 상권에 비하면 여전히 소규모를 면치 못한다. 그렇기 때문에 조성회 주요 회원뿐 아니라 서초구청도 서래마을-사이길-카페골목을 연결하는 예술인 마을이자 특화거리라는 사회적 기업가 L4의 야심찬 계획에 기대를 건 셈인데, 그것이 현실화될지는 아직도 미지수다.

질문: 조성회에서는 서래마을이랑 카페골목 사이에서 동네의 정체성이 사라질 수 있다는 생각은 안 해보셨나요?
I2: 저희 몇몇, 특히 작년 임원진 같은 경우에는…… 사람들이 이곳에서 하루를 소비할 수 있는 문화를 형성해야 한다고 생각하고 있거든요. ……사실 저희 자체 내에서도 반대가 많아요. 처음에 사이길 조성회를 어디까지 할 것이냐를 두고 말이 많았어요. 사이길이니까 이 길만 하자고 했는데, 그래도 짧다고 해서 큰 길가랑…… 이게 점점 더 넓어진 거예요. 하나의 상권으로 해야 같이 살아남을 수 있다고 생각을 하죠. 물론 시간이 걸리겠지만 그게 서초구청에서 바라는 거기도 해요.

그래서 저희가 사실 아무 생각 없이 제안하고 서초구청장님도
순간적으로 너무 좋아한 게 마을버스였어요. 이 세 군데를
돌아다니는 셔틀을 만들자고 했다가 교통과장님이 무슨 조례인지
규정인지를 들면서 그게 어렵다고 해서 구청장님이 너무
안타까워하셨어요(I2 인터뷰).

문제는 이 계획의 실현가능성만이 아니다. 아래 연구조사
질의서에 갤러리 대표 L3가 보낸 응답에서 보이듯, 지자체 개입
과 상권확대 자체를 비판적으로 바라보는 시각도 있어서 공동체
내부에서 갈등이 일어날 소지가 있다.

질문: 혹시라도 정부, 정치인, 학계에 바라는 것이 있다면
무엇인가요?
L3: 결론부터 말하면 아무것도 바라지 않는다. 오히려 관심을
갖지 말아주면 좋겠다. 정부나 정치인 관심은 고맙기는 하지만,
자신들의 실적이나 공치사를 위해 조금밖에 안 되는 도움을
과장하면 궤도에 오르기도 전에 임대료만 오르기 때문이다.
……학계에서 관심을 가지고 이슈화시키면 오시는 분들이 너무
큰 기대를 가지고 와서 실망을 한다. 이제 태동하고 있는 데다
사업하시는 분들, 건물주들의 이권이 개입되면 부정적 방향으로
흘러갈 수도 있고, 바람직하게 진행된다 하더라도 그 색깔과
향기를 가지기에는 많은 시간이 필요할 것 같다(L3 인터뷰).

　　사이길 임대료는 최근 많이 올랐지만 강남과 강북의 다른 핫스팟과 비교했을 때는 여전히 싼 편에 속한다는 의견이 대체로 많다. 의외로 권리금이 높은 경우가 적지 않았는데, 거기에는 대중매체와 소문을 통해 뜨는 동네라는 말을 듣고 가게를 열었다가 생각보다 고객이 훨씬 적은 데 실망해서 오래 버티지 못하고 빠져나가는 상인이 많기 때문이라는 해명도 있다. 이유야 어찌 됐든 상인들은 권리금 상승이 다시 임대료 상승을 부르는 악순환을 낳는다고 여러 차례 지적하고 있다.

　　한편으로는 부동산 중개업자나 개발업자들의 유혹에 쉽게 넘어가지 않는 이 지역 구주민 건물주들의 보수성이 가로수길의 전철을 밟지 않게 하는 안전장치 역할을 한다는 낙관적인 견해도 있다. 그러나 예정대로 2018년 국군 정보사령부 아래로 장재터널이 개통되어 서초대로가 강남의 중심을 동서로 잇는 가로축 역할을 하게 된다면, 이 지역 부동산 시장에 상당한 변동이 일어날 것임이 예견된다. 따라서 젠트리피케이션에 가속이 붙을 가능성도 배제할 수 없다.

나가며: 역류성 젠트리피케이션의 속도와 폭

현장연구가 끝난 지 얼마 되지 않았을 때, 가로수길의 산 "역사"로 알려졌던 플라워 카페가 신사동에서 완전히 철수하기로 했다

는 소식이 들려왔다.[71] 강남 젠트리피케이션의 속도를 새삼 실감
하게 하는 사건이다. 이 카페는 청담동에서 가로수길로, 다시 가
로수길에서 전치되면서 얻은 뼈저린 교훈을 바탕으로 세로수길
에 건물을 사서 옮겨갔다고 들은 바 있다(L1 인터뷰). 그렇다면 이
번 이전은 최소한 건물주 횡포에 떠밀려나간 것은 아니다. 정확
한 이유야 무엇이든, 플라워 카페가 떠나간 것은 가로수길 초창
기에 떠올랐던 대안적 도시화의 전망이 마침내 기업화의 물결에
휩쓸려 자취를 감춘 것으로 기록될 것이다.

　　가로수길 사례에서 드러난 역류성 젠트리피케이션은 강남
개발의 대세를 거스른다는 거창한 의미에서 역류가 아니다. 이는
개발의 거대한 물결에 딸려 있으면서 간혹 여기저기서 나타나는
부수현상이다. 즉 역류성 젠트리피케이션은 초대형 강남 개발이
미처 휩쓸고 지나가지 못한 배후지에서도, 새로운 문화적 동력이
발견되면 대기업 주도형 개발의 열풍이 뒤늦게라도 찾아올 수 있
음을 암시한다. 앞서 살펴보았듯이 강남 개발은 1960년대 이래
한국사회가 겪은 압축적 경제성장 및 도시화의 표현이었다. 고전
적 젠트리피케이션의 1단계에서 4단계까지를 불과 15년 만에 끝
낸 신사동 가로수길은 도시경관 변형에 집중투여된 한국형 압축
성장의 에너지가 여전히 충만해 있음을 증명한다.

　　게다가 이는 1960~80년대 국가가 주도한 압축적 경제성장
이 낳은 도시팽창형 강남 개발과는 달리, 1990년대 말 경제위기

71　카페의 페이스북 홈페이지를 찾아보면 2015년 11월에 강남대로 건너 반포로 이
전한 것으로 나온다.

266

이래로 정책적 개입이 미미해진 신자유주의적 성장이 젠트리피케이션 초창기의 참신한 감성과 공간적 실험을 손쉽게 포획한 결과로 볼 수 있다. 패션·언론·광고·연예 산업 등에 종사하면서 사회적·문화적 자본을 축적한 젠트리파이어들이 가로수길에 모여들어 특별한 계획 없이 자생적·유기적으로 동네를 꾸미기 시작했을 때는 신新도회주의 스타일의 '걷기 좋은 거리'가 연상되기도 했다. 하지만 그 귀착점은 시대를 앞서갔던 압구정동 로데오 거리의 상업 젠트리피케이션과 별로 달라 보이지 않는다.

그에 비해 사이길에서는 소규모의 자발적·유기적 공동체를 지향하는 대안적 도시화의 실천가능성이 아직도 엿보인다. 이곳의 선구자 젠트리파이어들은 사회적 기업이나 사회적 경제를 둘러싼 공공담론에 직간접적으로 관련된 경우가 많았고, 지자체가 이들의 조직적인 활동을 체계적으로 지원하면서 눈에 띄는 성과를 얻었다.

이것이 가로수길을 잠식해 들어간 역류성 젠트리피케이션의 단계적 진행을 막을 수 있을지는 좀 더 지켜볼 필요가 있다. 특히 상권확장을 위한 경제적 논리와 동네주민 및 근린상인과의 긴밀한 관계를 유지하려는 사회적 윤리 간의 모순을 극복해야 하는 어려운 문제가 남아 있다. 이를 해결하는 데는 젠트리파이어 스스로의 노력뿐 아니라 주민, 지자체와 지속적이고 긴밀한 협의가 필요하다.

이렇듯 공동체를 유지하려는 주체적 요구를 구조적 요인들,

즉 지리적 협소함이나 교통의 불편함 등과 함께 생각해보면 사이길은 가로수길처럼 기업화로 쉽게 치닫지 않을 가능성이 높다. 반면 이런 상권이 활성화되지 못하면 사이길 또한 1980년대 카페골목처럼 금방 한물간 곳이 될 수도 있다는 점에서 이런 구조적 요인은 양날의 칼과도 같다.

강남의 역류성 젠트리피케이션의 특징 중 하나는 전치의 위협이 젠트리파이어 스스로를 포함한 상인에게 집중된 반면 주민은 그로부터 상대적으로 안전하다는 점이다. 전치가 본격적으로 진행된 가로수길을 놓고 보면, 가로변 상업지구를 제외한 주변부 주택가의 공시지가는 여전히 인근의 고급 아파트 및 주택가에 비해 상대적으로 낮게 나타날 뿐만 아니라, 소매업의 수가 늘어났음에도 거주지와 업무지 비율은 중장기에 걸쳐 비교적 안정세를 보이고 있다(이인성 · 배재흠, 2013: 139). 임대거주자의 전월세가 올라갔을 가능성을 배제할 수는 없지만, 강남의 주거지역 부동산 가격대가 주변 상업시설보다는 학군을 중심으로 결정된다는 사실을 생각해보면 개연성이 크지 않다. 그보다 규모가 훨씬 더 작은 사이길에서 가로수길과 비슷한 과정이 나타난다 하더라도 아파트 단지와 고급 빌라촌을 포함한 인근 주거지역에 미칠 영향은 미미할 것으로 보인다.

이러한 상업 젠트리피케이션은 부동산 시장의 관점에서 보면 주로 세입자로서의 상인들과 건물주로서의 구주민 간의 관계에 초점이 맞춰진다. 따라서 그 외 주민에게 역류성 젠트리피케

강제집행 | 2016년 7월 19일, 가로수길에 있던 식당 U에 대한 강제집행과 부동산 인도
가 완료되었다. 이곳은 연예인이 건물을 매입한 뒤 기존 세입자가 쫓겨 당하는 한국식
젠트리피케이션의 전형적인 과정을 밟았다. 피전치자, 즉 쫓겨나는 사람들이 내세운
항의 내용 가운데 하나는 "법대로 하면 다 쫓겨난다"이다. (출처: 신현준)

이션이 미치는 영향은 아무래도 제한적일 수밖에 없다. 가로수길
과 사이길처럼 작은 동네에서 상업 젠트리피케이션이 일어나는
경우는 더더구나 전체 지역 인구의 주거 패턴에 큰 영향을 주지
못한다. 이런 이유로 역류성 젠트리피케이션에 강남 개발의 부수
현상 이상의 의미를 부여하기란 지금으로서는 어렵다. 이는 강남
의 지배적인 신축 젠트리피케이션 및 슈퍼젠트리피케이션 틈새
에서 일시적·국지적으로 일어난 현상으로서 사회적·공간적 계
급이동이라는 측면에서는 별다른 파급력이 없다는 뜻이다.

　　그러나 공간적 전치보다는 시간적 전이가 두드러지는 역류
성 젠트리피케이션은 강남 개발의 특수한 역사적 맥락을 부각시

켜 젠트리피케이션 개념의 "탈식민화"에 기여한다. 서양 중심적 시각에서는 강남 개발을 젠트리피케이션의 두 번째 물결이나 신축 젠트리피케이션으로 다루지만, 사실 한국적 맥락에서는 고전적 젠트리피케이션에 앞서는 교외화/도시팽창으로 이해할 수 있다. 이는 강남을 뛰어넘어 한국, 그리고 최근 동아시아의 다른 사례들에서 신축 젠트리피케이션과 교외화/도시팽창을 어떻게, 왜 구분해야 하는가라는 질문을 남긴다.

또한 이 역조현상을 일으킨 새로운 문화적 감수성과 대안적 도시화 담론 및 실천에 앞으로도 특별한 관심을 기울일 필요가 있다. 무엇보다도 강남 개발이 가져온 한국형 교외화와 도시팽창의 획일적인 풍경으로부터 벗어나려는 시도가 강남 안에서도 나타났다는 사실이 중요하다. 이는 대안적 도시화를 바라는 열망이 중간계급 이상의 기성문화 엘리트에게도 그만큼 호소력이 있음을 보여준다. 문제는 대안을 현실화할 실천적·정책적 조건이 한국의 부동산 투기 1번지인 강남에서 무르익을 수 있는가 하는 데 있다.

● 이 글은《도시연구—역사·사회·문화》제14호에 게재한〈강남의 역류성 젠트리피케이션— 신사동 가로수길과 방배동 사이길의 사례연구〉를 이 책의 취지에 맞게 수정·보완한 것이다.

A   (20대 여성, 사회적 기업 운영), 2015.1.16.

C1   (40대 여성, 패션 디자이너), 2015.6.12.

C2   (30대 여성, 서초창의허브 매니저), 2015.1.6.

I1   (30대 여성, 건축가), 2015.6.2.

I2   (30대 여성, 공방 운영), 2015.1.16.

J1   (40대 여성, 카페 운영), 2015.11.16.

J2   (30대 남성, 사회적 기업 운영), 2015.11.16.

K1   (30대 여성, 의류점 운영), 2015.6.2.

K2   (30대 남성, 화가), 2015.11.16.

K3   (20대 남성, 목공방 운영), 2015.11.20.

K4   (30대 여성, 건축가), 2015.1.6.

K5   (30대 남성, 건축가), 2015.1.6.

K6   (40대 여성, 공방 운영), 2015.11.16.

L1   (50대 여성, 플라워 카페 공동대표), 2015.6.2.

L2   (40대 남성, 건축가), 2015.1.27.

L3   (40대 여성, 갤러리 운영), 2015.1.20.

L4   (50대 여성, 사회적 기업가), 2015.1.6.

L5   (40대 여성, 갤러리 운영), 2015.1.20.

O   (50대 남성, LP 바 운영), 2015.1.6.

P   (40대 남성, 부티크 대표), 2015.6.12.

Y   (50대 남성, 라이브 카페 운영), 2015.1.6.

이곳도 부동산의 가치로 본다면 '누구의 것'이겠죠. 그런데 내가 이것을 동시대에 많은 사람이 향유할 수 있는 문화장소라고 인식을 하고 운영한다면, 나 혼자 판단하고 나 혼자 뜨고 버릴 수 있는 아이가 아닌 거죠. 우리 마을의 아이니까. 그래서 우리 모두 관심을 갖고 잘 배려해서 키워나가야 이 아이가 오래 머물 수 있는 거죠.

그야말로 한 사이클이 돌았어요. 이제는 예술가들은 조금 빠져나가고, 판매할 수 있는 게 있는 사람들만 살아남은 것 같아요. 2년 사이에 임대료가 50퍼센트, 보증금이 30~60퍼센트가 올랐다니까요.

5장

한남동

낯선 사람들이 만든
공동체

신현준

들어가며: 한남동, 분쟁지역이 되다

2015년 12월 7일에서 11일 사이 한남동의 한 문화공간인 갤러리 카페에서는 '대망명'이라는 이름의 페스티벌이 열렸다. 저녁 시간 동안 이곳 1층에서는 학자, 예술가, 문인, 건축가가 참여한 포럼이 차분한 분위기에서 진행되었고, 2층에서는 인디밴드 공연으로 소란스러웠다. 그와 더불어 전시, 연극, 영화상영 등 다양한 예술 퍼포먼스도 펼쳐졌다.

　'대망명'이라는 심상치 않은 제목이 말하듯, 이 페스티벌은 보통의 축제가 아니었다. 안내홍보문에는 "우리는 재난을 맞아 새로운 축제를 준비하고 있습니다"라고 적혀 있었다. '재난'을 당해 '망명'한다는 것은 그저 상징적 은유에 그치지 않는, 이곳이 처한 물리적 현실을 말해준다. 이곳은 건물주로부터 명도소송을 당해 머지않아 쫓겨날 운명에 처해 있다. 축제기간 중인 12월 9, 10일

농성장이 된 테이크아웃드로잉 | 2015년 9월 5일과 12월 9일의 모습. 싸이 대 테이크아웃드로잉 사건은 최근 한남동의 변화를 상징한다. 이 사건은 건물주와 세입자 사이의 불평등한 관계를 보여주는 수많은 사례 가운데 하나지만, 비슷한 성격의 다른 사건과 달리 복잡하게 전개되었다. 1년 넘게 지속된 법률 공방과 물리적 충돌 끝에 2016년 4월 양측은 합의를 이루었다. (출처: 신현준)

이틀간 열린 포럼 제목인 "우리의 최후 망명지는 어디인가"는 이 공간을 운영하는 사람들의 절박한 심리를 대변한다.

　이곳 세입자는 테이크아웃드로잉(대표 C)이고, 건물주는 연예인 싸이다. 그래서 이곳에 들어서면 'Stop Psy'라는 구호 등이 여기저기 붙어 있고, 구호 가운데 하나에는 'Stop Gentrification'이 적혀 있다. 한마디로 말해서 예술계와 연예계가 대립하고, 전자가 후자에 의해 전치되려는 상황에서 이에 대한 저항이 일어난 것이다. 이 사건은 2015년 3월에 세상에 드러나기 시작해 이 글을 쓰는 2015년 12월까지, 약 열 달 동안 벌어지고 있었다.

여기에서 한 가지 의문이 든다. 테이크아웃드로잉은 〈건축학 개론〉(2010)에서 한가인과 엄태웅이 만나던 힙하고 시크한 분위기의 디저트 카페로 언론에 자주 등장하며 사람들이 많이 찾는 곳이 되었다. 그렇다면 테이크아웃드로잉에서 지금 벌어지고 있는 현상은 젠트리피케이션이 일어난 곳이 한층 더 젠트리피케이션되는 과정, 서장에서 언급한 이른바 슈퍼젠트리피케이션(Lees, 2003; Butler and Lees, 2006)인 걸까? 이 글은 이런 의문으로 시작해서 테이크아웃드로잉 인근에서 벌어지고 있는 장소만들기를 살펴보려 한다.

한남동이 재난과 망명이라는 단어와 어울린다고 생각해본 사람은 많지 않을 것이다. 이곳 도로명 주소는 용산구 이태원로 252지만, 아직까지도 옛 지번주소인 용산구 한남동 683-139가 더 익숙하게 들린다. 앞서 이야기한 포럼도 이태원포럼이 아니라 한남포럼이다. 또한 분쟁당사자인 C와 싸이 모두 한남동 인근 주민이다. 이 동네에서 도대체 무슨 일이 벌어지고 있는지 이제 동네 전체로 줌아웃zoom out 해보자.

길, 장소가 되다: 우사단길과 한강진길

경리단길, 이제 지겹지도 않냐?

우사단으로 외 (UPPjt 페이스북, 2015.3.28).

2015년 초, 자신을 '소셜 디자인 그룹Social Design Group'이라
고 부르는 단체가 SNS에 올린 정식 개업소식 문구다. 여기서 '우
사단'이란 정확히 말해 우사단길을 가리킨다. 모두 '단'이라는 말
이 붙어 두 길이 비슷하게 느껴질지도 모르지만, 경리단經理團과
우사단雩祀壇의 '단'은 한자도, 역사적 기원도 다르다. 경리단은 국
군재정관리단의 옛 명칭이고, 우사단은 조선시대 기우제를 지내
던 제단의 이름이(라고 한)다. 어쨌든 이렇게 길 이름, 그것도 공식
도로명이 아닌 별칭이 장소를 표현하는 흐름은 분명 새로운 현상
이다.

이 현상은 서울, 나아가 한국의 다른 어느 지역보다도 강남
구와 용산구에서 두드러진다. 길로 장소를 표현하는 흐름은 도로
명 주소라는 새로운 제도의 효과로 볼 수 있을까? 경리단길 공
식 도로명은 '회나무로'고, 우사단길은 우사단로에서 뻗어 나온
여러 골목 중 하나인 우사단로 10길이 공식 명칭이다. 길이 장소
를 표현하게 된 데는 도로명 주소의 영향도 있겠지만, 흥미로운
점은 이 현상으로 공식 도로명이 변형되어 불리거나 거의 불리지
않는다는 것이다.[72]

이태원을 대표하는 여러 가지 길 | 우사단길과 한강진길은 모두 한남동에 속하지만, 같은 행정동이라고 해도 매우 다르며 인근의 다른 장소들을 포함해 비교해보면 그 차이는 더 크다. (출처: 서울특별시 관광사업과, 2015년 12월 발행)

만약 경리단길을 벌써 지겹다고 느끼는 사람이라면 아마도 넓은 의미에서의 이태원을 자주 방문해서 그럴 것이다.[73] 두 길 가운데 경리단길은 서쪽 끝에, 우사단길은 동쪽 끝에 각각 위치하고 있다. 앞의 우사단길 홍보문구에서 두 길을 비교한 것도 아주 억지스럽지는 않다. 왜냐하면 두 곳이 2010년대 이후 이 공간에서 일어난, 이른바 핫 플레이스의 발흥과 쇠퇴를 함축적으로 보여주기 때문이다. 이 글은 그 가운데 발흥하는 곳인 이태원 동쪽을 살펴보고자 한다.

먼저 공식 도로명으로는 우사단로 10길인 우사단길에 들어서보자. 우사단로를 동남쪽으로 걷다가 왼쪽으로 돌면 나오는 이 길 입구에는 무슬림 이주자의 편의시설인 상점과 식당이 있고, 이어서 모스크(이슬람 성원)가 나온다. 인도와 차도가 구분되지 않는 좁은 길 양편에는 허름하고 지저분해 보이는 3층 정도의 합벽 건물들이 늘어서 있다. 3~4년 전만 해도 이곳은 오래된 미장원, 세탁소, 분식집, 전파사, 설비집 등의 근린 상업시설이 산재해 있었고 거주용 건물은 비어 있거나 방치되어 있었다. 그런데 최근

---

72 서울 골목길 풍경을 다룬 책에서 소개된 한남동의 골목은 남계천길과 해맞이길로, 이 글에 나오는 길들과는 완전히 다르다(임석재, 2006: 48-103). 이 두 길은 도로명주소가 정착되기 전 시험적으로 사용될 때 붙여진 명칭이다. 남계천길은 지금의 한남대로 21길과 대사관로 34길을 더한 길, 해맞이길은 대사관로 30길에 해당한다. 이 두 길이 과거 한남동을 대표하는 골목들이었다면, 이 글의 대상은 최근에 새로 출현한 길들이다. '천川'과 '해'라는 자연적 상징을 담은 두 길이 우사단길, 경리단길, 꼼데가르송길 등 새로운 이름에 전치된 셈이다.

73 이런 지겨움은 아마도 경리단길의 난폭한 상업화에서 기인하는 것으로 보인다. 이를 상업 젠트리피케이션으로 분석한 최근 글로는 허자연 외(2015)를 참조.

몇 년 새 이 건물들 1층에 아티스트와 디자이너의 아틀리에, 스튜디오, 공방, 갤러리가 들어서고, 이들이 모이는 카페, 레스토랑, 바, 펍 등이 곳곳에 생겼다.

여기서 동쪽으로 방향을 틀어 가파른 비탈길을 내려간 뒤, 횡단보도를 건너면 여러 갈래 골목길이 보인다. 이곳에는 패션과 연관된 작업실 겸 상점, 이른바 디자이너 숍들이 꽤 많다. 우사단길에 비해 고급스러운 라이프스타일 숍, 디저트 카페, 부티크 레스토랑 등 멋들어진 가게들도 곳곳에 숨어 있다. 대사관로 5길, 이태원로 42길, 이태원로 54길을 포괄하는 이곳은 복잡하고 불친절한 공식 도로명에 익숙지 않은 사람에게는 가까운 지하철역 이름을 딴 한강진길로 알려져 있다.

이 글은 우사단길과 한강진길을 중심으로 이곳에서 일어나고 있는 변화를 살펴볼 것이다. 두 장소 모두 한남동에 속하지만, 같은 행정동이라고 해도 매우 다르며 인근의 다른 장소들을 포함해 비교해보면 그 차이는 더 크다. 앞서 이야기한 테이크아웃드로잉은 한강진길 골목에서 대로로 나오는 곳에 있다. 대로에서부터 펼쳐지는 광경은 골목길과는 전혀 다르다. 부티 나고 고급스러운 매장이 여기저기 보인다.

이 대로는 이태원로라는 공식 도로명보다는 이곳의 패션매장 이름을 딴 꼼데가르송길이라는 별칭으로 더 유명하다. 이 길 안쪽 동네로 들어가서 가파른 길을 오르다 보면 남산의 지배자로 군림하는 듯한 5성급 호텔 그랜드하얏트가 나오고, 호텔을 통과

해 방향을 잘 잡으면 경리단길의 한쪽 끝으로 들어갈 수도 있다.

여기서는 장소를 대표하는 '길'이 만들어지는 과정을 연구하기 위해 현장연구에 기초한 질적 연구방법을 택했다. 2012년 이후 주기직으로 이 지역을 방문해 주요 행위자들과 심층면접(또는 인터뷰)을 집중적으로 진행했다.

연구를 위해 인터뷰이들과 먼저 신뢰감rapport을 쌓은 다음 몇몇 사람과 SNS로 주고받은 일상소식을 자료에 반영했다. 또한 대중매체가 이곳을 어떻게 다루는지도 계속 확인했다. 또한 이 글에서는 신문과 잡지에 나온 정밀하지 않은 지도를 소개했는데, 이는 장소에 대한 심상지리imaginitave geography를 살펴보기 위해서다. 마지막으로 경리단길과 해방촌 등 인근 지역을 다룬 조사도 비교연구에 유용했다.

한강진길과 우사단길의 행위자들을 둘러싼 미시적 분석을 위해서는 한남동 및 그 인근의 공간과 장소, 그곳에서 살아왔던 사람들을 살펴볼 수밖에 없다. 다음으로 이 지역의 공간적 배치 및 주요 행위자들을 검토해가는 것으로 논의를 시작하고자 한다.

공간, 장소 그리고 행위자: 한남동의 다양한 창의계급

공간과 장소를 개념적으로 구별하는 것은 단지 규모의 문제 때

문만은 아니다. 장소에는 의미(Orum and Chen, 2003: 1)나 감각
(Cresswell, 2004: 7)이 따라야 한다. 그 감각이나 의미가 반드시 고
정될 필요는 없으며 넓은 의미의 이태원도 하나의 장소이다. 지
금의 이태원은 고정된 어떤 의미나 감각을 부여하기에는 지나치
게 유동적이고 추상적이며 모호해졌다. 과거 이태원의 위치가 현
재 용산고등학교 근처였다는 기록들(한영주 외, 2001: 15; 서울역사박
물관, 2010: 16)이나, 일제강점기 이태원정梨泰院町의 위치를 현재 녹
사평역과 경리단길 초입 사이쯤으로 표시한 지도들(서울역사박물
관, 2006: 22-23; 2015: 72-75) 등을 보면 이태원은 물리적으로도 옮
겨진 셈이다.[74]

현재 이태원이라고 불리는 장소의 중심은 지하철 6호선 이
태원역 부근이고, 그 범위는 행정동(이태원1·2동)으로만 한정해도
과거에 비해 훨씬 넓다. 시간이 지남에 따라 이태원의 중심은 이
동해왔고 범위도 확장되었다. 공식 행정구역을 넘어서는 이태원
의 물리적 범위는 10년 전 한 학술논문에서 "서울시 용산구 이태
원1동에서 한남2동까지의 1.4킬로미터의 구간"(김은실, 2004: 18)
으로 규정된 바 있고, 최근 부동산 관련 언론보도에 따르면 이태
원은 녹사평역에서 한강진역에 이르는 구역을 가리키기도 한다
(《MK부동산》, 2015.8.16.). 따라서 지금 시점에서는 '광역 이태원'이
라는 말까지도 필요해 보인다.

---

74 현재 용산구의 서부 구역은 근대 이후 서울, 즉 구한말 한성부漢城府나 일제강점
기 경성부京城府의 일부였으나, 현재 용산구 동부인 이태원동, 한남동, 보광동 등은 한
동안 고양군 한지면漢芝面이었다가 1936년에 경성부에 편입되었다.

이는 물리적 범위의 문제를 넘어선다. 문화·감각 차원에서 보면 이태원은 탄력적이고 유동적이다. 김은실이 말하는 이태원은 "한남동 외인 거주지역과 많은 대사관이 밀집한 이태원2동 등을 포함한 인근 지역"(김은실, 2004: 18)으로 외국인 지역으로서의 의미가 두드러진다. 이태원이라는 공간의 '이방성'과 그 안에 살고 있는 '외국인'을 주체로 강조한 연구목적으로 본다면, 이 접근은 어느 정도 이해할 수 있다. 김지윤은 박사학위 논문에서 "이태원은 1960년대 이태원1동의 작은 골목길 지역에 국한"되었지만, 현재는 "이태원1동, 이태원2동, 한남동, 보광동, 해방촌 등 여러 개 동을 포함하는 더 넓은 지역으로 확대되었다(Kim, 2014: 43)"라고 규정했다. '낯선 사람들의 공동체community of strangers'라는 논문 제목에서 알 수 있듯이 김지윤 역시 이태원의 주요 행위자들을 외국인으로 전제했다.

이 연구는 현재 이태원이 갖는 의미와 감각은 2010년 이전과는 또 다르게 변했다는 점에서 출발한다. 이태원에서 '외국인'이라는 행위자와 '이방성'이라는 성격은 여전히 중요하지만, 2010년대 이후 이곳의 변화를 이끈 사람은 다른 행위자들이다. 그 행위자는 외국인이라기보다는 내국인이다. 이 내국인은 특별한 종류의 내국인으로, 그들의 실천은 이태원 농쪽에서 더 두드러진다. 지금부터는 광역 이태원 전체가 아니라 그 일부인 한남동에 집중할 것이다.

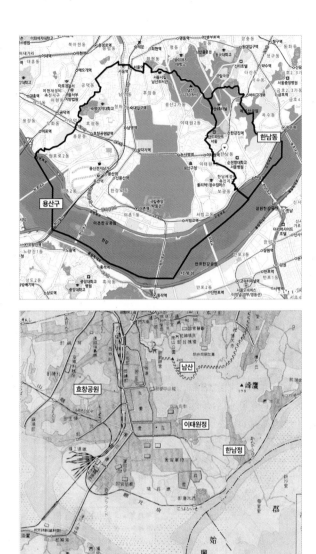

최근 용산구와 한남동의 범위(위)와 1939년의 《경성부시가약도京城府市街略圖》의 한 부분(아래) | 일제강점기 이태원정은 현재 녹사평역과 경리단길 초입 사이쯤에 표시되어 있다. 강기슭의 조그만 마을이었던 한남정 또는 한강리 강기슭에만 마을이 존재하고, 높은 지대에는 마을이 거의 없었다. 참고로 1924년 제작한 《경성도京城圖》에는 구릉지가 공동묘지로 표시되어 있다. (출처: 네이버 지도(위), 서울역사박물관(아래))

한남동, 부촌과 빈촌의 두 얼굴

먼저 한남동이라는 구역의 범위와 성격을 명확히 해보자. 우사단길과 한강진길이라는 장소가 점을 찍고 짧은 선 하나를 그리는 것에 가깝다면, 한남동이라는 구역은 여러 개의 긴 선을 긋고 면을 그리는 것에 가깝다. 한남동漢南洞은 한강과 남산 사이에 위치하는데, 남서쪽과 북동쪽은 뚜렷하게 대조된다. 한쪽에는 부촌이, 다른 쪽에는 빈촌의 모습이 드러난다. 북쪽과 동쪽에는 재벌가 저택, 고급 아파트, 외국 대사관 등 큰 건물들이 그 위용을 자랑하는 반면, 남쪽은 차가 다닐 수 없는 비좁고 가파른 비탈길에 2, 3층 주택이 빼곡히 들어차 있다. 후자가 달동네라면, 전자는 별동네라고나 할까?

현재 이곳에는 두 가지 종류의 개발압력이 존재한다. 남쪽과 서쪽은 재정비촉진지구로 지정되어 대단지 아파트, 이른바 한남뉴타운으로 주택가를 재개발하는 사업이, 북쪽과 동쪽은 재벌 주도로 패션과 광고를 중심으로 하는 상권개발 사업이 추진되고 있다. 이곳은 지리적으로 서울의 중심이자 구도심과 신도심(강남)을 남북으로 연결하는 축의 중앙에 위치한 요지로 인식되면서 개발압력 강도가 매우 높아졌다. 최근 두 개발에서 나타난 양상은 대조적이다. 선자는 서울시가 2015년 9월 전면 재검토를 발표했듯 개발이 복잡하고 지지부진해진 반면, 후자는 별다른 저항 없이 강하게 탄력을 받아 진행 중이다. 이런 도시개발 양상이 최근 이 장소를 이루는 사회문화적 형세의 경제적 배경이다. 현재 한남동은 이태원로를 경계로 두 하위 구역으로 분단된 것처럼 보이는데, 그 연원을 찾으려면 역사를 거슬러 올라가야 한다.

한남동 역사를 이야기하는 것이 이 글의 목적은 아니지만 강기슭의 조그만 마을이었던 한남정漢南町 또는 한강리가 지금 같은 형세로 된 과정을 간략히 살펴보기로 하자.

1945년 이후 한남동 도시개발은 판자촌으로부터 시작한다. 한남동 및 이웃 보광동 구릉지의 공동묘지 터에 만들어진 판자촌은 "1960년대로 접어들면서 생겨나기 시작했"(서울역사박물관, 2010: 62)다고 추정하기도 하지만 1957년에 "판자집 450호를 철거"(청년 허브, 2014: 82)했다는 기록도 있다. 판자촌은 한국전쟁 이후 서울로 몰려든 전재민戰災民과, 홍수로 한강이 범람할 때마다 생긴 수재민에 의해 형성된 것으로 보인다.

1960년대 초중반 언론이 보도한 한남동 판자촌 철거기사(〈동아일보〉, 1962.9.9; 〈경향신문〉, 1964.11.18)로 미루어보면 1950년대 중반부터 1960년대 중반까지 이 구역에 반복적으로 비공식 주거지가 생겼다 사라지곤 한 것 같다. 판자촌은 1968년 〈양성화지구사업〉, 그리고 1972년 〈현지개량사업〉 시행 이후 관과 주민 사이에서 벌어진 복잡하고 치열한 싸움과 교섭으로 지금의 한남동과 보광동 주택가가 되었다. 이 주택가들이 이태원 상권에 의존하면서 진화한 역사는 여러 기록에서 볼 수 있다.

원래 이 일대 토지의 상당 부분이 서울시의 시유지거나 국방부의 군징발지軍徵發地였다는 점은 특기할 만하다. 이 일대가 주택가로 바뀌면서 남은 땅을 민간에 팔기 시작했는데, 이 택지들은 정계·재계·종교계 유력인사들, 이른바 파워 엘리트들이 차지했다.[75]

대표적인 곳은 1967년 이후 한남동 쪽에 생긴 유엔빌리지다. 이곳은 처음에는 미군이나 외국 대사관 관계자들의 거주지였지만, 이내 한국인 부유층이 들어오면서 한국의 비벌리 힐스로 불리며 평창동, 성북동과 더불어 서울의 대표적인 부촌으로 알려졌다. 이런 모든 변화는 1969년 한남대교 개통 및 이후 강남 개발과 연계되어 나타났다.

한남오거리는 1957년부터 2007년까지 단국대학교 캠퍼스가 있었던 탓에 단대오거리로 알려져 있다. 기존의 유엔빌리지에 덧붙여 대규모 고급 아파트 단지가 예전 단국대학교 부지에 들어서면서, 2010년대 이후 이 지역은 핫 플레이스로 부상했다. "복잡한 강남, 시끄러운 이태원에서 벗어나 새로운 아지트를 원하는 트렌드세터들이 선택한 새로운 핫 플레이스……"(《중앙일보》, 2013.8.29)라는 기사 내용이 암시하듯, 이곳은 물리적으로만 강북일 뿐 문화적으로는 강남에 속하는 장소로 변신했다. 브런치길(공식 명칭은 독서당로)은 이런 변화를 상징하는 글로벌 기호이다. 한남동은 국적을 넘나드는 글로벌 (슈퍼)젠트리파이어들이 압구정동, 청담동, 신사동 가로수길에 시들해지면서 새로이 개척한 장

---

75 25년 전 기사에 따르면, 한남동에서 가장 고가의 집은 문선명 통일교 교주가 소유한 천 2백 평짜리 집으로 당시 시가로도 백억을 호가했다고 한다(《경향신문》, 1991.4.2).

소 가운데 하나일 것이다. 싸이가 대표하는 연예계 스타들이 이에 가담한 중요한 행위자임은 두말할 것도 없다.

삼성, 한남동 6천 평 요새의 위엄

여기서 한남동을 둘러싼 삼성의 부동산 투자전력을 살펴볼 필요가 있다. "역사는 1등만을 기억합니다. 2등은 아무도 기억하지 않습니다"라는 철학을 가진 삼성가의 부동산 전략은 그들이 말하는 2등 재벌들에 비교하면 특이했다. 삼성은 유엔빌리지가 아닌 지금의 한강진역 인근을 탐냈다. 1985년 고故 이병철 회장 집을 장충동에서 한남동으로 옮겼고 1987년에 이건희 회장이 취임했는데, 삼성은 그 이전부터 비싼 값을 주더라도 공격적으로 이 일대의 토지를 사들였다. 1996년 〈동아일보〉가 삼성의 한남동 부동산 매입을 밝혀낸 보도에 따르면, 삼성은 1970년부터 20여 년에 걸쳐 한남동 739번지부터 743번지 일대 6천 평을 꾸준하고 집요하게 사들였다.[76]

또 한 가지 특징은 삼성이 이 토지들을 문화와 이으려 했다는 점이다. 삼성 측은 승지원承志院이라고 이름 붙인 이건희 회장 집과 다른 삼성가 인물들이 사는 집을 제외한 나머지 토지에 공익 문화타운을 건립할 계획을 말하곤 했다. 이런 구상은 1997년 말에 IMF 경제위기라는 곡절을 겪은 뒤 1998년 제일기획이 이

76 추가조사에 의하면, 삼성은 이 6천 평 외에도 738번지와 736번지 일부를 추가구입한 것으로 드러났다(〈동아일보〉, 1996.7.20). 이전에 비바백화점이 있었던 736번지에는 지금 제일기획이 들어서 있다.

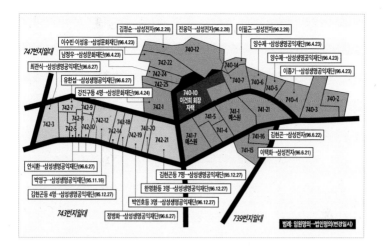

삼성가의 **부동산 전략** | 삼성은 유엔빌리지가 아닌 지금의 한강진역 인근을 탐냈다. 삼성은 1970년부터 20여 년에 걸쳐 한남동 일대 6천 평을 꾸준하고 집요하게 사들였고, 이 땅들을 문화와 이으려 했다. 그 결과 조용한 주택가였던 한남동은 2000년대를 거치면서 서서히 상권으로 변하기 시작했다. (출처: 동아일보)

전하고, 2004년 미술관 리움이 개관하면서 실현되었다. 이 두 기관은 그 문화타운이 어떻게 만들어질지를 예고했다. 즉 부촌이든 빈촌이든 조용한 주택가였던 한남동은 2000년대를 거치면서 서서히 상권으로 변하기 시작했다.

삼성이 차지한 구역은 마치 요새나 성곽 같아서, 장소라기보다는 영토라는 말이 더 어울린다. 장소가 "수평적 사회관계의 차별화"라는 패턴을 갖는 반면, 영토는 "내부와 외부의 구분"이라는 패턴을 갖는다는 의미에서 그렇다(박배균, 2012: 44). 삼성으로 대표되는 재벌 및 다른 엘리트 행위자들을 슈퍼젠트리파이어나 글로벌 젠트리파이어라고 부르는 이유는 그저 이들이 엄청난 부자이거나 전 세계를 누비며 활동해서만이 아니다. 마크 데이비드슨Mark Davidson에 따르면 이들의 거주는 주거habiting가 아니라 서식habitat에 가깝다(Davidson, 2007). 그 이유는 그 공간적 실천이 진지한 장소만들기와는 다른 배타적 영토를 구축하는 것이기 때문이다.

이곳에 사는 미군 장교, 대사관 주재원, 다국적 기업 전문직 등 외국인은 물론, 글로벌 기업인 제일기획이나 글로벌 스타인 싸이가 '한남동'이라는 장소와 맺는 관계는, 앞서 이야기한 젊은 작가들이 한강진길과 우사단길에서 맺는 관계와는 전혀 다르다. 따라서 이들을 고전적 젠트리파이어와 슈퍼/글로벌 젠트리파이어로 구별할 필요가 있다.

삼성이 다른 재벌들과 또다시 구별되는 점이 있다. 삼성이 이곳에서 펼쳐온 사업은 광고, 예술, 패션, 공연 등 이른바 창의산업에 속한다. 즉 삼성은 예술, 창의성, 혁신 등의 기치 아래 부동산 투자를 통해 한남동 개발을 주도해왔고, 한동안 다른 재벌이 끼어들 자리를 주지 않았다.

삼성과 관련된 행위자가 모두 같지는 않다. 삼성 소속이라고 하더라도 회장부터 말단직원에 이르는 여러 직급을 가진 사람들을 하나로 묶는 것은 적절하지 않다. 또한 이 장소들에 서식하는 사람들 모두가 삼성 직원 및 관계자 권력의 영향권에 있다고 볼 수도 없다. 한남동의 다른 행위자들을 이들과 구별하기 위해서는 창의계급creative class이라는 개념을 먼저 살펴보아야 한다.

대기업 임원부터 소생산자까지, 창의계급의 분화

이 글은 장소만들기를 자본의 논리를 따르는 정치경제적 과정으로 환원하는 것과는 거리를 두고자 한다. 이런 관점에서 2000년대 초반에 리처드 플로리다Richard Florida가 고안한 창의계급 이론(Florida, 2002)을 비판적으로 검토해보자. 플로리다는 도시의 레스토랑, 카페, 바, 소극장, 공연장, 갤러리 등 문화적 편의시설들이 창의계급, 정확히 말하면 창의적 엘리트에 속하는 초超창의적 핵심super-creative core이나 창의적 전문직creative professionals을 끌어들여 장소나 도시의 경쟁력을 높이는 데 이바지한다고 강조한다.[77]

한남동에서 여가와 소비를 즐기는 사람들을 창의계급으로 정의할 수 있는데 그 이유는 이들 중 기업에 고용되어 광고·패션·예술 계통 일을 하는 사람들이 많기 때문이다. 여기서 '삼성'이라는 이름이 다시 등장할 수밖에 없다. 광고회사 제일기획을 시작으로, 패션기업 제일모직 꼼데가르송의 플래그십 스토어, 공연 복합문화 공간인 블루스퀘어가 속속 들어서면서 한남동은 경제와 예술을 접속해 나름의 방식으로 구현한 삼성의 영토로 태

---

77 초창의적 핵심은 과학, 공학, 교육, 컴퓨터 프로그래밍, 연구조사 등의 직업을 아우르면서 예술, 디자인, 미디어에 종사하는 사람들을 포함하고, 창의적 전문직은 지식기반 산업(의료, 금융, 법조 등) 부문에서 일하는 사람들을 가리킨다.

어났다. 한남동은 이들 창의적 엘리트를 위한 일터이자 놀이터로 탈바꿈되고 있다.[78]

플로리다의 이론은 소비를 특권화하고 있다는 비판(Peck, 2008)이나 소비와 생산을 통합적으로 이해하는 데 실패했다는 비판(Pratt, 2010)에 나 역시 동의한다. 플로리다의 주장은 이런 논리적 약점 외에도 이제까지 창의와 연관되어왔던 행위자들을 배제한다는 결함을 안고 있다. 사람이든 장소든 어떤 대상을 창의적이다 또는 창의적이지 않다고 하는 것은 다분히 정치적인데, 그 점에서 플로리다가 전문직 분야에 고용된 사람들이 아닌 독립적으로 창의적 작업을 해나가는 사람들을 배제했다는 점은 매우 정치적이다. 창의계급의 실존을 인정한다고 해도 창의적 엘리트와 창의적 대중은 뚜렷하게 구별되며, 이 가운데 플로리다가 말하는 창의계급은 오직 창의적 엘리트다.

한남동 행위자들 가운데 기업이 운영하는 창의산업의 직원으로 일하는 사람보다는 기업에 소속되지 않고 독립적으로 창의적 작업을 꾸려가는 사람이 가장 주목할 만하다. 이들을 고독한 창작자라는 낭만주의 시대의 예술가 관점으로 보는 것은 시대착오적인데, 그 이유는 신자유주의 (창의)경제에서는 예술과 창의성이 이른바 유연한 축적체제에 통합되는 양상을 보이기 때문이다. 즉 탈공업 시대에 창의적 일을 하는 사람들의 노동이 외주나 하청 등의 형태로 '값싼 노동'으로 취급되어 유연한 축적체제

---

78 한 예로 한강진길에서 갤러리 겸 카페를 운영하고 있는 I는 고객들 가운데 "제일기획 직원인데 할인 안 되냐?"는 말에 피로감을 호소했다.

에 봉사할 수 있다는 지적은 이미 여러 차례 있었다(Harvey, 1990; Lloyd, 2002).

그래서 이들은 창의적 하층계급 개념에 가장 가깝다(Morgan and Ren, 2012). 창의적 하층계급의 특징은 그 성원들이 상대적으로 빈곤하다는 점, 상징적이고 비상품화된 혁신적 제품생산에 관여한다는 점, 상징적 거래 및 교환에 참여하여 선물경제gift economy를 실천한다는 점, 아이디어와 창작물을 차용하고 공유하는 습관을 통해 창의적 공공재를 생산한다는 점 등이다. 이와 더불어 창의적 하층계급이 분출하는 저항은 넓은 범위에서 정치운동에 포함되는 경우가 많고, 이를 통해 불평등한 사회적 관계, 사회를 지배하는 도덕적·경제적 권력에 도전하는 경향이 있다. 이들은 중간계급이든 노동계급이든 하층계급이든 상관없이 "보헤미안"으로 불리기도 하는데, 이는 그들의 대안적 라이프스타일을 상징한다(Gornostaeva and Campbell, 2012: 170-173).

그렇지만 한강진길이나 우사단길에 자리 잡은 행위자들을 모두 창의적 하층계급이라는 범주에 넣는 것은 무리다. 이 글에서는 창의적 소생산자라는 범주를 대안으로 사용하려 한다. 여기서 소생산자는 사전적으로 '자기의 생산수단과 노동력으로 사회적 생산에 참가하는 사람'을 뜻하고, 창의적이라는 말은 일반 소생산자와 달리 생산공간에 문화자본을 배치한다는 뜻이다. 즉 가게(작업실이나 상점)를 임대해 혼자나 몇몇이 무언가를 만들고 일하는 것이다. 더 나아가 이 행위자들을 같은 집단으로 규정하지 않고 내부의 분화를 주목함과 동시에, 이들이 다른 집단과 맺는 사회적 상호작용에도 주의를 기울여야 한다. 다시 말해 초창의적 핵심과 창의적 전문직 외에도 창의계급에는 창의적 소생산자가 광범하게 존재하며, 특히 이 소생산자는 끊임없이 이동한다. 한남동을 예로 들자면, 제일기획이나 제일모직 임원이나 상급 직원이 초창의적 핵심이고 중하급 직원들이 창의적 전문직이라면, 독립적으로 가게를 운영하는 사람들은 창의적 소생산자에 속한다.[79] 이제 이 소생산자들이 만들어가는 장소들로 들어가보자.

한강진길: 문화적 기획 또는 경제적 기획

이제 한강진길로 돌아와 장소를 조금 더 상세히 묘사해보려 한다. 삼성을 비롯한 대기업은 이곳에 대형 건물을 먼저 지은 다음, 문화와 연관된 사업에 착수하기 시작했다. 제일기획, 리움, 꼼데가르송, 블루스퀘어 등 삼성이 지은 건물들 외에도 대림 미술

79 이기웅은 엘마이어가 말한 문화기업가(Ellmeier, 2013)를 원용, 창의적 소생산자를 문화기획자로 해석하여 사용하고 있다(이기웅, 2015). 문화기업가의 정의는 "문화를 이용해 새로운 사업기회를 만드는 사람"으로, 여기에는 "자영업자, 프리랜서, 프로젝트 기반 단기계약직 노동자 등 창의산업 종사자들의 일반적 고용 및 노동 형태가 내포"되어 있다. 그런데 한국에서 문화기업가를 "문화활동이나 행사를 창안하고 조직하는 문화기획자를 지칭하는 용어"로 사용하는 것은 현실의 용법과는 괴리가 있어서 오해의 가능성이 있다. 즉 문화기업가라는 말은 예컨대 제일기획 같은 사기업과 공공기금에 (부분적으로) 의존하는 문화기획 단체를 구분해주지 못하는 것으로 판단된다. 따라서 이 글에서 문화기업가라는 말이 갖는 의미는 수용하되, 그 어휘를 그대로 옮겨 사용하지는 않는다.

관 프로젝트 스페이스 '구슬모아당구장', 코오롱 플래그십 스토어 '시리즈', 현대카드 뮤직라이브러리가 속속 들어서면서 이 거리의 경관이 급변했다. 디자인 업체 M, 베이커리 S, 설렁탕 집 S 등 유명한 패션과 외식 관련업체들도 이 길에 자리를 마련했다.

　이 지역의 랜드마크는 2010년 8월에 문을 연 꼼데가르송이다. 여기에 패션 및 외식 관련업체들이 속속 모여들었고, 꼼데가르송이 문을 연 지 한 달 만에 "제2의 가로수길"(《조선경제》, 2010.9.1), "대사관 빌라촌"이었던 곳이 "문화와 예술이 특화된 상권"으로 변했다는 기사(《조선비즈》, 2011.10.20)와, "'삼성'이 주도"하는 "패션거리"가 조성되었다는 기사(《데일리안》, 2014.5.19)가 등장했다. 일종의 언론플레이라는 의심이 들 정도로 대중매체는 장소를 만드는 데 한몫했다.

　앞의 싸이 대 테이크아웃드로잉 사건은 최근 이곳의 변화를 상징한다. 명도소송이 아직 계류 중인 이 사건은 건물주와 세입자 사이의 불평등한 관계를 보여주는 수많은 사례 가운데 하나지만, 비슷한 성격의 다른 사건과 달리 복잡해지고 있다. 이 사건은 2015년 3월 13일 싸이 측에서 용역을 동원해 강제집행을 시도하면서 대중매체에 알려졌다(《한겨레》, 2015.3.13). 건물주의 일방적 승리로 끝나는 이제까지의 관행과 달리 이 사건은 간단히 요약할 수 없는 복잡한 양상을 보이면서 전개되어, 법률공방과 물리적 충돌이 계속되었다.

　싸이 대 테이크아웃드로잉 사건을 건물주 대 세입자나 부동산 대 예술로 단순화하기는 어렵다. 문화자본이나 경제자본 (Bourdieu, 1986; Ley, 2003) 등의 개념에 익숙한 사람이라면, 경제자본은 풍부하지만 문화자본은 빈약한 행위자 대對 문화자본은 풍부하지만 경제자본이 빈약한 행위자의 대립으로 설명하고 싶은 유혹에 빠질 법도 하다. 그렇지만 이 경우는 보다 복잡한 도식이 필요하다.

싸이 대 테이크아웃드로잉,
단순히 건물주 대 세입자 대결인가

싸이가 한남동에 건물을 매입한 것은 재벌 대기업뿐만 아니라 유명 연예인의 최근 두드러진 부동산 투자추세의 한 사례로 볼 수 있다. 주로 강남 지역에 집중되었던 연예인의 부동산 투자가 한남대교를 타고 북상하는 현상은 특기할 만하다(《이코노미스트》, 2015.6.29). 싸이의 가족내력을 보면 그 경로는 더 인상적이다. 1990년대 후반부터 싸이 가족은 청담동과 신사동에서 카페와 레스토랑을 운영하면서 특유의 감각으로 "가로수길을 제일 먼저 움직인 사람들" 가운데 하나로 거론되었다(《동아일보》, 2008.3.21). 싸이 가족은 한남대교를 사이에 둔 두 장소를 이어가며 나름의 지도를 그리고 있는 것처럼 보인다.

싸이의 상대방인 테이크아웃드로잉은 문화예술계에서 하나의 성공사례로 꼽히는, 자타가 인정하는 브랜드다. 테이크아웃드로잉은 2006년 "외부 지원으로부터 독립해, 문화공간을 그 자체

테이크아웃드로잉에서 진행된 페스티벌 〈대망명〉 (왼쪽)과 〈한남포럼〉 (오른쪽) | 실제로 테이크아웃드로잉과 함께 이벤트를 기획한 사람들 가운데는 건물 뒷골목 작은 터에 자리를 잡은 창의적 소생산자들이 있으며, 이들은 건물주와 대립하는 과정에서도 테이크아웃드로잉과 연대해왔다. (출처: 테이크아웃드로잉)

로 '자가발전'시키기 위한 새로운 방식의 브랜드"로 성북동에서 시작했고, 2010년 한남동에 자리를 잡았다(테이크아웃드로잉 홈페이지). 이곳이 주목받은 것은 영화촬영지였다는 사실 때문만은 아니다. 갤러리의 전형인 화이트 큐브white cube와 달리 허름한 건물을 개조한 장소가 풍기는 특유의 분위기와 더불어 '카페 레지던시cafe residency'라는 독특한 프로그램이 이곳의 차별점이다. 대표 C의 말을 빌면, "입주작가를 포함해 여기를 방문한 사람들이 자연스럽게 네트워킹을 하는 문화적 장소"를 만들고자 했다. 이곳에 입주한 작가 대부분은 독립이나 대안 등의 말과 어울리는 예술가와 작가들이다.

테이크아웃드로잉은 한남동 성공에 힘입어 2012년에는 경리단길 초입에 같은 이름의 분점을, 2014년에는 해방촌길 초입에 북카페 'ㅊ(치읗)'을, 2015년에는 한남동 본점 뒤에 플라워숍 '꽃밭'을 연계매장으로 열면서 예술과 경제는 반비례한다는 모순에 대한 해법을 제시하는 것처럼 보였다. 예술계 종사자들에게 테이크아웃드로잉을 평가해달라고 했을 때 대부분은 선망과 질투가 섞인 말을 했지만, 어느 경우든 "대단하다"라는 감탄사를 빠뜨리지 않았다.

내가 C를 만난 때는 싸이와의 분쟁이 겉으로 나타나기 전인 2014년 11월이었다. 싸이 측이 부동산 명도단행 가처분신청을 낸 시점은 그해 8월이었다는 점에서 그가 한 말은 의미심장하다.

> 이곳도 부동산의 가치로 본다면 '누구의 것'이겠죠. 그런데 내가 이것을 동시대에 많은 사람이 향유할 수 있는 문화장소라고 인식을 하고 운영한다면, 나 혼자 판단하고 나 혼자 뜨고 버릴 수 있는 아이가 아닌 거죠. 우리 마을의 아이니까. 우리 도시에서 크기 시작한 아주 어린아이같은 느낌이고, 그게 제게는 참 좋아요. 그래서 우리 모두 관심을 갖고 잘 배려해서 키워나가야 이 아이가 오래 머물 수 있는 거죠. '당신이 머리가 좋아서 여기 한남동에

298

만들었고 이것에 재화 가치를 느끼면 팔고 떠날 거냐?'는 질문은
제게는 없는 질문이에요(C 인터뷰).

"테이크아웃드로잉은 동네미술관"이라는가 "지역의 문화자
원에 관심이 많"다든가, "나에겐 난민의식이 있다"라는 C의 말을
공허한 수사로 볼 수만은 없다. 실제로 테이크아웃드로잉과 함께
이벤트를 기획한 행위자들 가운데는 건물 뒷골목 작은 터에 자리
를 잡은 창의적 소생산자들이 있으며, 이들은 건물주와 대립하는
과정에서도 테이크아웃드로잉과 연대해왔다.

한남동 뒷골목으로 온 예술가들

이 뒷골목 행위자들은 2009년부터 이곳에 자리를 잡았다.
홍대 앞(서교동), 삼청동, 가로수길(신사동) 등에서 임대료가 갑자
기 올라 창의적 소생산자들이 그곳을 떠나고, 젠트리피케이션이
라는 용어가 세간의 주목을 받을 무렵이었다. 이렇게 다양한 장
소에서 전치된 사람들의 행선지 가운데 하나가 이 골목길이었다.

2009년 이후 이곳에는 대안공간 꿀[80], 공연장 꽃땅, 한국예
술종합학교 레지던시 공간 스튜디오 683, 계원예술대학 공간 해
밀턴 등이 모여들었고, 패션 디자이너 S&Y의 작업실, 전시공간

---

[80] 설치미술가 최정화가 운영한 복합문화 공간이자 대안공간인 꿀은 2010년 4월
에 선구적으로 자리를 잡았다가, 2013년 계약이 만료되면서 건물주가 새로운 이름의
공간으로 재출범했다. 비슷한 시점에 대림미술관이 만든 대안공간인 구슬모아당구
장이 가까운 곳에 문을 열었는데, 그런 이유로 2013년 봄은 한남동 변화에서 상징적
순간이다. 〈시사인〉, 2013.3.29을 참조.

W, 독립서점 P 등도 자리를 잡았다. 그러나 2012년 지도에서 자리 잡고 있던 이 장소들은 2015년 지도에서 사라졌다. 대신 그보다 더 많은 곳들이 생겨났다. 즉 2000년대 말에서 2010년 초까지 예술가를 위한 곳들은 빠져나가고 어느 정도 상업기능을 갖춘 가게들이 살아남거나 새로 들어왔다.

이 골목에서 약간 떨어진 곳에서 갤러리 카페를 운영하며 S라는 단체를 이끌고 있는 B는 "처음(2011년)에는 가게들이 4~5군데 정도 있었는데, 지금(2014년)은 40군데 정도 있"다고 말해주었다. 그는 홍대에서 대안공간을 운영하는 등 예술관련 작업을 하다가 "(홍대에) 다양성이 싹 죽었다"고 느끼던 차에 우연히 이곳을 찾은 뒤 "홍대에서 얻은 재미와 콘텐츠를 가지고 여기에 넘어 와서" 계속하고 있다고 밝혔다.

그런데 B는 홍대에서 활동할 때부터 자신이 하는 사업이 지속가능할 수 있을지에 의문을 느끼고 있었다. 그는 "사람들의 인식이 (작품)구매와는 거리가 멀"어서 갤러리에서 (작품)판매를 시도했지만 성공적이지 않았다고 회고했다. 그래서 그는 한남동에 자리 잡은 패션 디자이너들과의 연계를 중요하게 생각한다. 그가 생각하기에 용산에는 "돈이 쉽게 들어오는" 특징이 있기 때문에 "상업적 행위도 하면서, 이해가능한 합리적인 것을 엮"는 기획을 한다는 것이다. 그가 최근 추진하는 프로젝트의 이름은 〈자립심〉인데, 문화적 자립을 넘어 경제적 자립을 추구한다는 메시지로 읽힌다. B의 '자립심'은 C가 말하는 '자가발전'과 서로 통한다.

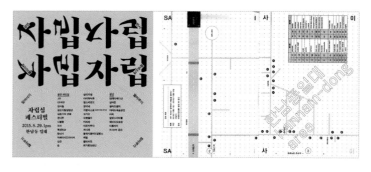

한강진길의 한 창의적 소생산자가 기획한 행사들 | 2009년 이후 한강진길에는 복합문화공간, 공연장, 전시공간, 서점 등이 자리 잡기 시작했다. 홍대 앞, 삼청동, 가로수길 등에서 갑자기 오른 임대료 때문에 전치된 사람들은 다음 행선지 가운데 하나로 이 길로 왔다. 그러나 2000년대 말에서 2010년 초까지 자리 잡은 공간들 중에 예술가들을 위한 곳들은 빠져나가고, 어느 정도 상업기능을 갖춘 가게들이 살아남거나 새로 들어왔다.
(출처: 자립심페스티벌)

이 점이 지향과 규모의 차이에도 불구하고 두 사람(및 단체)이 연대할 수 있는 기반으로 보인다.

전시공간을 운영하면서 B와 함께 〈자립심〉을 기획하고 있는 사진가 I는 이 프로젝트를 더 상세히 설명해주었다. 그는 〈자립심〉을 "지역 프로젝트"로 정의하면서, "동네 안에서 커뮤니티를 만들어서 동네사람끼리 소통도 하고 각자의 공간을 소개하는 자리를 만드는 것"이 목적이라고 했다. 동네사람이란 "세입자"고, 그들의 장르는 "주로 패션과 음식"이라는 설명도 덧붙였다.

그가 한 말 가운데 흥미로운 부분은 이곳에 자리 잡은 사람 중에는 "장사가 잘되는 분도 있고 안되는 분도 있어서" 〈자립심〉

을 기획할 때 반응을 보면 "장사를 하고 싶은 분들이 반, 공간을 유지하고 싶은 분들이 반"이라는 점이다. 이렇게 한강진길에 자리 잡은 창의적 소생산자는 초기부터 분화되고 있다.

싸이 대 테이크아웃드로잉 사건은 두 당사자 간의 대립을 뛰어넘어 더 폭넓은 의미를 지닌다. 공식적으로 이태원로라고 불리는 길 한편에는 대로변뿐 아니라 그 안쪽까지 막강한 경제자본과 거대한 건물을 소유한 세력이 문화적 기획을 벌이고 있다. 반면 이 길의 다른 한편에서는 풍부한 문화자본을 가진 세력이 길 안쪽 작은 건물을 빌려 경제적 기획을 진행하고 있다. 이 길은 이른바 창의적 계급투쟁의 최전선인 셈이다. 꼼데가르송길은 대로를 당당하게 차지하고 있는 반면, 한강진길은 골목으로 들어가야 나타난다. 이는 세력관계의 균형이 어디로 기울고 있는가를 보여준다.

우사단길: 소수자와 공동체

모스크에서 우사단길을 따라 걷다 보면 양 갈래로 갈라지는 곳에서 작은 재래시장이 나타난다. 이곳은 일제강점기 때 공동묘지가 있던 곳으로 일명 '도깨비시장'이라 불린다. "단속을 나오면 귀신같이 사라지기 때문"에 붙은 이름이란 설도 있고, "오후 3시에서 6시까지 세 시간 동안 사람들이 모였다가 순식간에 사라져서 생

한남뉴타운계획 | 〈한남뉴타운 재개발 계획〉에 따라 서울 용산구 한남, 이태원, 보광동에 걸친 111만 205제곱미터의 대지가 다섯 개 구역으로 나뉘어졌다. 우사단길은 한남 3구역 가운데에 위치한다. (출처: 부동산이마트연구소)

긴" 이름이라는 설도 있다(조정구, 2012). 유래가 무엇이든 우사단 길은 한동안 도깨비시장길로 불렸고(임석재, 2006: 86-91), 예전에는 시장규모도 지금보다 더 컸다. 도깨비시장길이라는 이름의 역사는 그리 길지 않고, 우사단길, 또는 우사단마을이라는 이름이 생긴 지는 겨우 3년밖에 되지 않는다.

　이곳을 가리키는 또 다른 공식 명칭은 한남3구역으로, 이는 〈한남뉴타운 재개발 계획〉에 따른 것이다. 이때의 '한남'은 공식 동 이름과 달리 인근 보광동과 이태원동 일부를 포함하는 반면,

앞서 다룬 한남동의 다른 지역은 포함하지 않는다. 우사단길은 한남 3구역 가운데에 위치하는데, 거기서 오른쪽(동북쪽)은 한남동이고 왼쪽(서남쪽)은 보광동이다. 이 재개발 계획은 2003년 11월에 처음 나왔다. 이후 지지부진한 단계를 거쳐 2009년 4월 아파트 1만 2,741가구 공급을 골자로 한 〈한남 재정비촉진계획안〉이 발표되었지만, 용적률(층수)이 문제가 되어 결국 2015년 9월 서울시가 전면 재검토를 결정하면서 새로운 단계로 접어들었다. 적어도 앞으로 몇 년 동안은 전면철거 및 아파트 건설이 이뤄지지 않을 것이라는 전망이 우세하다.

그래서 우사단길에는 "쇠퇴징후를 보였던 지역이 재개발 지구로 지정된 결과 어떠한 형태의 개인적 정비도 불가능해지면서 노후화가 가속화되는 와중에도 이러한 공간을 필요로 하는 이주자나 저소득 계층이 그 공간을 채우는 현상"(신현준·김지윤, 2015: 234)이 벌어지고 있다. 거주의 불안정성을 감수하고서라도 이곳에 세입자로 오는 이주자와 저소득 계층에는 창의적 소생산자도 포함된다. 2013년 한 언론은 한남동 산꼭대기에 있는 이곳을 "높은 한남동"으로 묘사하면서 "낮은 한남동"과 대비했다. "패션피플들의 새로운 아지트"인 낮은 한남동과 달리 우사단길은 "가난한 예술가들이 공동체촌을 닮은 거리를 형성"했다는 것이다(〈한겨레〉, 2013.12.18). 이들이 '가난한' 것은 이들 세대가 패션피플보다 더 젊다는 것과 무관하지 않은데, 그 주력성원은 대체로 1980년대 중후반에 태어난 이들이다.

우사단길에 모여든 청년, 잉여, 열정

우사단길 공동체가 만들어진 것은 2012년 8월 '사원앞카페 벗'이 생기면서부터다. 이 카페는 열정감자, 열정골뱅이 등의 메뉴를 개발해 화제를 낳은 청년기업가 C가 처음 오프라인에 문을 연 곳이었다. 2012년 우사단길을 찾았을 때 청년기업 C와 더불어 디자인 작업실 겸 매장인 W와 마을활동가의 작업실인 N연구소까지, 이 세 곳이 오래된 식당이나 상점과는 다른 모습으로 우사단길에 자리 잡고 있었다. 이들이 가게나 단체 이름에 '장사', '작업', '노동'이라는 단어를 넣은 것은 자신들의 사회적 지위나 실천이 서민과 다르지 않다는 것을 보여주려는 의도인 듯하다. 이들을 포함한 청년활동가를 다룬 한 보고서의 제목 '청년 예술가 · 창업가들의 골목길 고군분투기'(영희야 놀자, 2014)에서 '예술가 · 창업가'라는 단어를 쓴 것도 같은 맥락이다. 즉 예술과 창업이 확실히 구분되지 않고 있다.

2012년 이전까지 이곳에는 남아시아 · 중동계 이주자라는 인종적 소수자(송도영, 2007), 그리고 트랜스젠더와 성 노동자 등 성적 소수자를 위한 편의시설이 대부분이었다. 세대적 소수자, 즉 이곳에서 오랫동안 살아온 나이 든 주민까지, 다양한 소수자들이 장소를 공유하면서 "낯선 사람들의 공동체"(Kim, 2014)라는 이태원의 오래된 장소정체성을 유지하고 있었다. 여기에 가장 늦게 합류한 청년 소생산자들은 스스로를 경제적 소수자로 정의한다.

이 선구자들을 시작으로 지난 2, 3년 동안 우사단길에는 '청

우사단길 공동체 | 우사단길에 모여든 청년들이 만든 단체 우사단단 성원들의 아지트로 노동, 장사, 작업, 숙박, 식사, 음료, 예술을 위한 작은 공간들이다. 아시아와 아프리카에서 온 이주자들이 곳곳에 보인다. (출처: 신현준)

년', '잉여', '열정' 등으로 표상되는 주체들이 몰려들어 동네경관을 확 변화시켰다. 문화기획자로 활동하면서 지역의 역사를 기록하고 있는 L1은 이를 "창고에서 가게로 변하는 과정"이라고 묘사했는데, 실제로 많은 건물이 비어 있었거나 장고로 사용되었던 2011년 이전을 기억하는 사람에게 이 변화는 매우 극적이다. 재개발 사업 부진에 따라 부재지주가 많아지고 지금도 계속해서 외지인이 세입자로 들어온 것이다. 그 결과 동네 여기저기서 리모델링 공사가 진행 중이다.

그 선구자들 가운데 일부는 '우사단단'이라는 단체를 결성했다. 마을활동가 J1은 그 과정을 "처음에는 동네에서 같이 술 마시던 모임이 동네반상회가 되고, 반상회를 홍보하니 삼삼오오 모여들어 지금의 우사단단이 되었다"라고 돌이켰다. 우사단단은 정기적으로 마을회의를 갖고 마을신문을 발간한 데 이어, 2013년부터 '계단장'이라는 아트마켓을 기획하면서 마을의 구심점이 되었다. 3월부터 10월까지 매월 마지막 주 토요일에 열리는 계단장은 다른 지역의 비슷한 사례에 비하면 성공적이라는 평가를 받고 있다. 특히 2013년 몇 차례 신문에 계단장이 보도되고, 2014년 5월 KBS 〈다큐멘터리 3일〉에 "높은 곳, 낮은 삶"이라는 제목으로 방영되면서 외부에 널리 알려졌다.

불안감과 안도감의 공존

이들이 우사단길로 모여든 동기는 각각 다르지만, 서울 중심에 위치한 것에 비하면 임대료가 싸다는 점이 가장 크게 작용한 것은 분명했다. 타투(문신) 작업실 겸 전시실을 운영하는 H1은 "서울 지도를 딱 봤을 때 중심"에 있는 데다 작품유통 면에서 "강남이나 인사동으로 빠지기도 좋"아 이곳을 택했고, 공동작업실이자 전시실인 G를 운영하는 예술가 세 명은 "우리 셋이 사는 주거공간의 중심쯤"이라서 이곳을 선택했다고 말했다. "작업실 없는 형태로 일했는데, 이젠 작업실을 만들자"라고 말했던 그때 당시로서는 "엄청 싼 임대료"에 끌려온 경우였다. 이에 J1은 "우리가 언제 우리 돈으로 이렇게 남들을 내려다보면서 사는 삶을" 살아보겠느냐며 고지대의 매력을 덧붙였다. 게스트하우스 H를 운영하는 H2도 건물옥상에 올라갔을 때의 전망에 매료되어 이곳에 오게 되었다고 말해주었다. 이렇게 지리적·경제적·자연적 이유가 복합적으로 작용하여 우사단로를 선택한 것이었다.

오게 된 동기는 서로 달랐지만, 이곳에서 소통하고 교류하게 된 사람들 사이에는 어떤 공통분모가 있었다. H1은 자신의 작업을 "직업적으로 한다는 개념은 없고 내 맘대로 하는" 일로 규정했다. H2는 스스로를 "지속가능한 한량"이라고 불렀다. 대기업에 근무하다가 어느 날 갑자기 "나는 행복하지 않아요!"라고 주변 동료에게 외치며 퇴사한 이력에서 그의 성향이 엿보인다. 매우 개인주의적으로 보였지만 이들에게도 의외의 공동체 의식이 있었다. "주위에 일손이 필요하면 가서 도와주"든가 "'이게 필요하다'고 인터넷에 올리면 서로 빌려주는" 일들이 그렇다. 〈옥상유랑단

)이라는 음악 프로젝트를 하고 있는 N은 "어떤 집 비밀번호를 (몇 몇이) 다 알고 있다"라든가 "(이곳에 온 사람들은) 동네 안에서 거의 해결하고 동네 밖으로는 나가지 않는 날이 많다"라고 했다. H1이 "여기가 좋은 게 시골마을 같은 느낌이 있다"라고 한 말도 이런 맥락일 것이다.

우사단단을 이끌고 있는 J1은 "자기 일은 빡세게 하고 동네에 놀 수 있는 친구들이 항상 있고, 삶의 풍요로움과 만족도가 있는…… 이 삼박자가 맞는다"라고 정리했다. 이들의 삶은 단지 젊은 나이에 한때 좋은 시절을 누려보려는 낭만이 아니었다. 이들이 하고자 하는 일이 "아직 본격적인 사업 같지는 않다"라는 나의 평에 반발하며 J1은 "실력으로 승부를 내고 싶다. 실속 없는 겉포장을 싫어하지만 우리도 본격적인 사업을 목적으로 한다"고 강하게 말했다.

그렇다면 이들은 생계를 어떻게 꾸릴까. 이곳에서 전적으로 사업을 하는 사람들도 꽤 있었지만, '하고 싶어서 하는 일', '재미있는 일', '원해서 하는 일'을 하는 사람들도 있었는데 이들이 먹고살기 위한 방법은 조금씩 달랐다. 지역 활동가 겸 예술가 N은 "이틀은 '나인투식스'로 클라이언트(광고주) 일을 하고, 나머지 시간에는 내가 원하는 일을 한다"라고 했다. 설치미술가인 K와 S는 각각 백화점 의뢰로 소품 만드는 일과 패션동향을 파악하는 일로 생계를 해결한다고 했다.

2012년과 2015년을 비교하면 이곳에 남아 있는 사람들의 성격도 한강진길과 유사하게 변했다. 세입자는 2년마다 재계약해야 한다는 점을 고려할 때 "한 사이클이 돌았다"라고 말한 J1은 "예술가들은 조금 빠져나가고…… 판매할 수 있는 게 있는 사람들만 살아남은" 상황을 전한다. "2년 사이에 임대료가 50퍼센트, 보증금이 30~60퍼센트가 올랐다"라는 그의 말에서 이곳에도 젠트리피케이션의 조짐이 어떤 형태로든 일어나고 있음을 알 수 있다.

이들은 이런 상황에서 불안감과 안도감이라는 상반된 감정을 보이고 있었다. 한편으로는 "프랜차이즈가 들어오기 힘든 구조"(N 인터뷰)라는 안도감과 다른 한편으로는 "어떤 식으로든 재개발이 이루어질 것"(J1 인터뷰)이라는 불안감이 공존하고 있었다. 이들은 젠트리피케이션이라는 용어를 이미 잘 알고 있고 자기 동네의 변화를 인근의 경리단길이나 도시조직이 비슷한 창신동 등과 끊임없이 비교하고 있다.

젠트리피케이션은 이제 행위자들 사이에서 하나의 담론으로 형성되어 그들이 언제까지 이곳에서 활동할 수 있을지 저울질하는 조건으로 작용하고 있다. 그래서 이들 가운데 많은 사람이 앞으로 5년 정도 여기에 있을 계획을 세우고 있었다. 이 '5'라는 숫자는 불안감과 안도감이 교차하는 균형점으로 보인다.

나가며: 리움부터 구탁소까지

앞서 살펴본 이 지역의 변화를 젠트리피케이션 개념으로써 어떻게 바라볼 수 있을까? 이곳을 조사하면서 젠트리피케이션이 일반 대중에게는 아직 생경한 용어일지 모르지만 그 현실을 겪고있는 행위자들은 이미 저마다 정의를 내리고 나름의 대응전략을 세워 이를 실천에 옮기고 있다는 사실을 알게 되었다. 이제 젠트리피케이션은 현재의 상황을 기술하기 위한 개념도구를 뛰어넘어 미래를 예방하기 위해 검토해야 할 개념도구가 되었다

기존 젠트리피케이션 이론을 한남동에 적용한다면, 더 부유한 사람이 덜 부유한 사람을 전치시킨다는 점에서 한강진길에는 슈퍼젠트리피케이션 개념을, 덜 가난한 사람이 더 가난한 사람을 전치시킨다는 점에서 우사단길과 그 인근에는 서브젠트리피케이션sub-gentrification이라는 개념을 각각 적용할 수 있다.[81] 그렇지만 그보다 더 중요한 것은 전혀 다른 두 종류의 젠트리피케이션이 어떻게 그토록 작은 범위 안에서 동시에 일어나는지 그 놀라운 사실을 분석하는 일이다.

여기서는 앞에서 나왔던 두 예술공간을 다시 언급하면서 결론을 대신하고자 한다. 리움과 구탁소는 둘 다 한남동에 위치한 갤러리로, 그 사이 거리는 2킬로미터가 되지 않는다. 그렇지만 물

---

[81] 서브젠트리피케이션은 브라질 리우데자네이루의 빈민촌인 파벨라favela의 최근의 변화, 이른바 '파벨라 시크favela chic'을 연구하면서 나온 개념이다(Cummings, 2005).

리적인 거리가 무색할 정도로 문화적인 거리는 멀어 보인다. 또한 지도상 직선거리가 2킬로미터로 짧지만, 실제로는 험준하다고 느낄 정도의 비탈길을 계단으로 오르내려야 한다. 이런 자연지형은 이 둘이 같은 동의 한 구역을 차지하면서 공존하게 만든 중요한 조건이다. 산과 언덕이라는 지형이 비非인간 행위자로서 능동성을 갖기 때문이다. 그 결과 한남동 각 구역에는 초창의적 핵심부터 창의적 전문직과 창의적 소생산자, 창의적 하층계급에 이르는 다양한 계급이 곳곳에 퍼져 있다. 이들 사이의 창의적 계급투쟁은 공간적 실천을 통해 표출되고 있다.

이런 면에서 미래의 한남동은 창의성이 신자유주의적 창조경제와 어떤 관계를 맺어 나아가는지를 관찰할 수 있는 중요한 현장이 될 것이다. 한강진길과 우사단길의 창의적 소생산자들이 거대 자본이 기획하는 경제의 문화화에 포섭되는 점진적 과정을 밟을지, 자신들이 기획하는 문화의 경제화를 성취할지가 핵심인데, 거꾸로 말해 삼성으로 대표되는 거대 자본이 이들 창의적 소생산자들을 활용할지, 배제할지, 이들과 공존할지 가늠하는 문제이기도 하다.

이상의 과정은 3~4년의 단기간 동안 일어났기 때문에 결론을 내리기에는 아직 사례가 충분하지 않지만 앞으로의 전망을 위해 외국의 사례를 참조해보자. 선진국 도시가 아닌 곳에서 일어난 창의산업 사례로 러시아 상트페테르부르크를 조사한 저스틴 오코너Justin O'Connor는 현대 도시문화가 "국가기금을 통해서가 아니라, 독립 문화행위자들과 상업적 비즈니스 사이의 복합적 혼합을 통해 작동한다"라고 지적한다(O'connor, 2015: 46).

여기서 '독립 문화행위자'란 창의적 소생산자보다 조금 더 넓은 범주로 보이는데, 이들이 시장을 통해 혁신과 창의성을 수도하는 영미 모델은 한국의 청년창업자를 비롯한 창의적 소생산자들이 부러워할 조건일 것이다. 그러나 오코너에 따르면 러시아에서는 이런 혁신과 기획력으로 소규모 사업이 성공하기는 매우힘들다고 한다. 그 결과 러시아는 프랑스나 캐나다같이 시장의 매개보다는 공공의 가치를 강조하는 모델을 따를지, 중국이나 싱가포르같이 국가와 시장이 합작하는 모델을 따를지 갈등하고 있다고 오코너는 진단한다.

우리와 러시아 상황이 딱 맞지는 않더라도 영미 모델을 따를 수 없는 이유는 어느 정도 분명해 보인다. 독립적 문화행위자들의 혁신과 창의성이 잠재해 있다고 해도, 이를 사업으로 끌어올리려면 시장의 투명성과 정책의 민주성이라는 조건이 필요하다. 한국에는 이런 조건이 부족하다. 거대 재벌의 지배가 더욱 거세지고 정치적·정책적 민주화가 후퇴하고 있는 한국의 조건은 러시아의 조건과 정도의 차이만 있을 뿐이다.

'강남 스타일'도, '강북 스타일'도 따르지 않는 그들의 분투

한남동에서 만난 창의적 소생산자들은 정부기금에 부분적으로 의존하긴 하지만 어떻게든 자력으로 시장에서 생존하기 위해 분투하고 있었다. 이들의 노력은 거대 자본에 의존하는 강남 스타일도, 공공기금에 의존하는 강북 스타일도 아니다. 한남동, 나아가 이태원에서는 중앙정부가 추진하고 개인 자본이 들어와 펼치는 창조경제와 문화융성도, 지방 정부가 문화정책 차원에서 주도하는 도시재생도 적용하기 힘들다.

그래서 자가발전과 자립심이라는 한남동의 창의적 소생산 자들의 에토스가, "창의적 힘을 이용하기 위해 예술과 산업의 분리에 이의를 제기하는 현대 경영학 담론"(Morgan and Ren, 2012: 127-128)에 부합한다는 식으로 논평하는 것은 탁상공론일 뿐이다. 실제로 한남동에서 만나본 창의적 소생산자들은 "그걸 누가 모르느냐"라는 식으로 반문했다. 창의적 계급투쟁creative class struggle은 플로리다가 지어낸 말이지만, 한남동에서의 투쟁은 그가 한 말과는 전혀 다르게 펼쳐졌다. 당사자 가운데 약자들은 직접적 대결, 유연한 교섭, 고의적 회피 등 다양한 방법으로 각각 투쟁을 벌이고 있었다. 한남동이 그 투쟁의 최전선에 있는 것은 변함없지만, 투쟁의 양태는 복합적이다.[82]

테이크아웃드로잉 사건으로 다시 돌아가보자. 2015년 11월, 이곳은 강제집행을 반대하며 건물주와 대결하고 있었다. 이 일대에서 강제집행을 반대하는 투쟁이 벌어진 것이 이번이 처음은 아니라는 사실을 연구과정에서 알게 되었다. 1960년대 강제 철거가 일어난 곳인 '한남동 산 10-33번지'가 지금은 어디인지를 찾아보면, 바로 한강진역 북서쪽 언덕이다.

판자촌이 철거된 이후인 1960년대 말, 이곳 가까이에 수원지(정수장)를 지었고 노후화를 이유로 2004년에 폐쇄했다. 그리고 지금 그 자리에는 서울 용산국제학교가 들어서 있다. '있는 집 아이들도 들어가기 힘들다'는 그 학교 말이다. 학교부시인 시유지 7천 평은 이명박 서울시장 시절 서울시가 무상으로 임대해줬고, 중앙정부 부처인 산업자원부는 건립비용 백억 원을 지원해주었다는 후문이 있다. 기업가적 국가라는 것이 특별한 게 아니다.

그 결과 지금의 한남동 산 10-33번지는 서울 용산국제학교, 그랜드하얏트 호텔, 리움 사이에 있다. 이 땅은 공유지(시유지)지만 실제로는 사유지나 마찬가지다. 이곳에서 반세기 전 역사를 떠올려보면, 젠트리피케이션을 "새로운 도시 인클로저new urban enclosure"(Hodkinson, 2012; 김용창, 2015)라고 부르는 사람이 급진적 지리학자만은 아니라는 확신이 든다. 단 그 '울타리'는 잘 보이지

---

82 이는 비단 창의경제 부문에만 국한된 논의를 뛰어넘어 이태원이라는 공간이 어떻게 변화해갈지에 대한 일반적 논의와 연결된다. 이태원에서는 한국인과 외국인을 망라하는 다양한 이방인들, 즉 낯선 사람들이 서로 적정한 거리와 평형을 유지하면서 살아왔고, 그 차이들이 공간적으로든 사회적으로든 용납될 수 있는 기반이 있었다. 이태원은 나양한 낯선 사람들과의 복잡한 만남 속에서 때로 예측할 수 없었던 문화적 돌연변이가 발생하는 공간이었던 것이다. 그런데 이제 한강진 방향에서 이태원 중심으로 밀고 들어오는 거대 자본의 문화경제적 기획은 기존에 공생하던 문화의 묘한 균형을 와해시킬 가능성이 높다. 거대 자본, 그것도 그냥 '한국 자본'이 아니라 국경을 넘나드는 글로벌 자본이 일으키는 한남동의 슈퍼젠트리피케이션은 그동안 유지되어온 서로 다른 집단들 간의 공간적 공생 또는 병존을 위협한다. 이런 맥락을 고려할 때, 이태원이 "외국인들의 공간으로서 특성은 많은 부분 감소할 것"이며, "공간의 한국화"와 "보통 도시공간화"(서울역사박물관: 209)가 발생할 것이라는 전망은 몇몇 문제점을 드러낸다. 첫째로는 민족만 보고 계급을 보지 않는다는 점, 그리고 둘째로는 '한국'의 의미와 감각 자체가 변한 것을 무시한다는 점이다.

않고, CCTV가 여기저기 보인다. 그곳에는 정말 낯선 사람들이
살고 있다.

후기

구탁소는 2016년 3월 2년 동안의 활동을 끝으로 한남동에
서 자취를 감췄다. 그리고 우사단단은 2016년 이후 계단장을 더
이상 열지 않고 있다. 지난 2~3년 동안 이곳을 자주 찾던 나는
이제 이곳이 더욱 낯설게 느껴진다.

● 이 글은 《한국경제지리학회지》 제19권 제1호(2016)에 게재한 〈한남동의 창의계급들과 경
합하는 장소들의 생산—세 가지 길의 상이한 행위자들과 젠트리피케이션의 상이한 유형들〉을
이 책의 취지에 맞게 수정·보완한 것이다.

B   (30대 남성, 기획자), 2014.12.26.

C   (40대 여성, 기획자 · 예술가), 2014.11.11.

H1   (40대 남성, 예술가), 2015.5.2.

H2   (20대 여성, 자영업 종사), 2015.4.17.

I   (30대 여성, 기획자 · 예술가), 2015.12.2.

J1   (30대 남성, 활동가 · 예술가), 2015.4.17.

J2   (30대 여성, 음악인), 2015.12.29.

K   (30대 여성, 예술가), 2015.3.18.

L1   (20대 남성, 활동가), 2015.4.17.

L2   (20대 여성, 갤러리 큐레이터), 2014.11.18.

N   (20대 여성, 활동가 · 예술가), 2015.5.2.

S   (30대 여성, 예술가), 2015.3.18.

3부

'정책 없는 재생'에서 '재생 없는 정책'으로?

구로공단

창신동

해방촌

임금투쟁을 하는데 거기에 열여덟 살짜리 동생이 껴 있었어요. 너는 왜 이 고생을 하며 투쟁에 동참하느냐고 제가 물었어요. 그랬더니 그 애가 "언니, 나도 나이키 신발 신고 싶어"라고 하더라고. 그 나이에 얼마나 그게 신고 싶었을까.

이제 수출은 전부 중국으로 가버렸고 내수하고 하청받아서 하지. 거의 여자들은 봉제업을 하고 있어. 배운 게 이거니까. 할 줄 아는 게 이건데 몸이 허락하는 날까지 해야지.

6장

구로공단

전신성형,
그리고 유리빌딩의 환청

최영숙

들어가며: 의문의 간극

구로는 더 이상 과거 굴뚝산업 시절 공장들이 밀집했던 지역도,
산업역군이라 불렸던 공장노동자들이 몰려 살던 동네도 아니다.
구로는 현재 중산층 타운, 첨단오피스 건물 및 쇼핑의 메카로 변모
중이며, 과거의 기억은 이제 소멸되었다(김경민 · 박재민, 2013: 95).

미싱하는 분들이 많으세요. 여기는 장사가 잘 안되어서 문
닫은 가게들에 몇몇 분들이 모여서 작업하시는 곳들이 주택가
사이사이에 있어요. 예전에 비해 없어졌다고는 하지만 아직도
여긴 많아요(O 인터뷰).

시시한 말다툼을 넘어서

이윤의 극대화를 지상목표로 하는 신자유주의의 공격적 자본구조는, 우리의 삶과 그 터전인 도시공간을 가파른 속도로 뒤바꾸고 있다. 젠트리피케이션은 그 안에서 가장 뜨겁게 달궈지고 있는 개념이라고 해도 과언이 아니다.

젠트리피케이션 논의는 인간의 기본적 권리인 주거권 및 부동산 게임을 둘러싼 계급 간 갈등을 중심으로 시작되었다. 이후 그 양상이 다양해지면서, 젠트리피케이션에 대한 해석은 경제와 문화라는 양대 진영으로 분리되었다. 즉 젠트리피케이션 연구는 집세와 부동산 가치 등 경제적 측면에 근거한 재개발, 재건축 사례를 다룬 연구와, 자신만의 라이프스타일을 만들어가기 위해 낡고 오래된 도시지역에 이주해 문화적 개척을 시도해온 중·상류층의 공간적 실행에 기반을 둔 연구로 나뉜다.

그러나 최근 젠트리피케이션 담론이 두 진영의 시각 차를 둘러싼 논쟁에 치중하면서 사회적·정치적 비판력을 상실했다는 지적이 나오기도 했다. 반反젠트리피케이션 활동가이자 도시지리학자인 슬레이터는 이 둘 사이에 지난하게 이어지는 이론적·이데올로기적 시시한 말다툼squabbles 속에서 공간적 전치를 비판하는 시각이 점점 사라지고 있다고 말했다(Slater, 2006). 그리고 도시경관의 문화적 스펙터클을 분석하는 데 그치는 관광형 연구와 전치대상자를 타자화하는 중·상류층 중심의 연구, 다양한 사회계급을 같은 지역에 뒤섞어놓기 위한 긍정적인 정책기제로서 젠트리피케이션을 해석하는 연구의 비중이 늘고 있음을 개탄했다. 아울러 그는 경제냐 문화냐 식으로 무엇이 젠트리피케이션을 부추기는 요인인지 해석하는 것을 뛰어넘어, 젠트리피케이션이 도시공간에, 그리고 이를 감당해낸 개인에게 미친 영향을 분석하고 대안적 사회시스템을 고민하는 주체를 주목해야 함을 강조했다. 젠트리피케이션을 둘러싼 여러 시각과 해석을 처음으로 집대성한《젠트리피케이션》(Lees, Slater and Wyly, 2008)에서도 전치대상자에 대한 연구가 절대적으로 부족함을 지적했다.

젠트리피케이션을 노동계급의 관점에서 분석한 도시사회학자 커스틴 페이턴Kirsteen Paton 또한 경제와 문화 진영으로 나뉜 젠트리피케이션 담론 가운데 노동계급의 실제적 경험을 연구하는 것은 거의 없다고 비판했다(Paton, 2014). 젠트리피케이션을 해석한 대부분의 연구들이 노동계급을 힙스터스러우면서도 경제력을 갖춘 중·상류층과 대비되는 존재로 뭉뚱그려 취급하고, 생산현장의 구조와 규모에 도시재편성이 미치는 영향에 따라 생겨나는 노동계급과 글로벌 자본 간의 변화에 주목하지 않는다는 것이다.

부동산 시장의 압력으로 일어난 뉴욕 브루클린 윌리엄스버그 지역 공장지대 젠트리피케이션 현상을 제조업 종사자의 관점에서 연구한 위니프레드 커런Winifred Curran도 유사한 관점을 피력했다(Curran, 2007). 특히 그는 제조업과 노동계급이 마치 더 이상 쓸모없고 쇠퇴한 것, 진보한 도시경관의 지저분한 장애물로 그려지는 문화경관 중심의 젠트리피케이션 해석에 문제를 제기했다. 젠트리피케이션 연구 대부분이 주로 거주환경을 둘러싼 사회계급 간의 경쟁구도에만 집중할 뿐 지역 경제의 순환이나 이와 긴밀히 연결된 경제공동체에 젠트리피케이션이 미치는 영향을 다룬 연구가 없다는 것이다.

　서울을 중심으로 한 젠트리피케이션 연구도 앞서 나온 비판을 피해가기 어려울 듯하다. 국내에서 젠트리피케이션은, 문화적 주체 또는 매개자들의 장소 리메이크와 이에 따른 부동산 가치상승 등의 지역적 영향이 새롭게 나타나면서 주목받기 시작했다.

　"젠트리피케이션은 주체들의 자발적인 움직임에 따른 현상으로, 정부주도 하에 인위적으로 이루어지는 도시재생과는 다른 개념"(서울문화재단, 2015)이라는 다소 협소한 이해를 바탕으로 한 해석이 창조도시 이데올로기와 맞물려 문화자본 중심의 젠트리피케이션 담론을 주도해온 것이 사실이다. 이 과정에서 〈상가임대차보호법〉이나 〈도시재생특별법〉 등의 법제정이 자본주도의 도시개발을 막는 장치로서 제안되기도 했다. 그렇지만 젠트리피케이션을 일으키는 자본과 정책의 복잡하고 유기적인 관계를 분석하거나 지역의 특수한 상황과 젠트리피케이션의 관계를 추적하는 현장중심의 연구는 찾아보기 힘들다.

　또 한 축으로는 주거단지 건설을 위한 대규모 재개발 및 낙후 지역의 재건축 사례들을 중심으로 한 정부주도의 도시개발을 서울형 젠트리피케이션으로 해석하는 연구(Shin, 2009; Shin and

Kim, 2015)가 있는데, 이들 역시 자본과 유착한 정부의 도시개발 현대사를 서술하는 데 그치는 수준이다. 이러한 연구는 주로 정부주도의 건설 프로젝트와 이를 뒷받침하는 정책을 중심으로 한 해석에 초점이 맞춰져 있다. 도시주택 정책의 현대사를 중심으로 한 연구들은 그 안에서 폭력적 개발사를 온몸으로 겪어야 했던 사람들의 증언을 상세히 다루지 않는다. 이 때문에 주거권을 둘러싼 경쟁과 갈등이 구체적으로 어떻게 나타났는지, 그리고 역사적·지역적 맥락이 특화된 '서울형' 젠트리피케이션은 어떤 특징이 있는지 그 담론을 이끌어내기에는 부족하다.

구로공단과 젠트리피케이션

전 세계적으로 젠트리피케이션은 자본에 대한 규제력을 상실한, 또는 규제의지가 없는 국가와 도시정부가 짜놓은 글로벌 경제 프레임 속에서 그 양상이 복잡하고 다양하게 나타나며, 그 규모 또한 커지고 있다. 젠트리피케이션 현상이 문화와 첨단을 투자가치로 내세우는 글로벌 도시전략을 기반으로 일반화되면서, 도시경관은 그 어느 때보다 가파른 속도로 바뀌고 있다. 젠트리피케이션은 월드컵, 올림픽과 같은 국제 스포츠 이벤트, 사회공학social engineering 정책, 지역 경제 활성화 정책 등 다양한 방식으로 나타나 사회불평등을 공간적으로 구현하는 강력한 도구로 활용된다. 도시라는 공간은 한때 다양성을 최고의 덕목으로 자랑했지만, 이제 젠트리피케이션이라는 유용한 도구를 통해 세계자본과 문화적 취향을 갖춘, 특정 계층만을 위한 안전하고 청결한 투자장소이자 라이프스타일 놀이터로 바뀌고 있다.

국경을 초월한 글로벌 시장공간으로서 도시를 연구해온 사회경제학자 사센은 일찌감치 젠트리피케이션을 그에 따른 공간적·경제적·사회적 재편성 과정과 연계하여 폭넓게 확장시켜 이해해야 한다고 제안했다(Sassen, 1991: 255). 젠트리피케이션을 노동계급의 관점에서 분석한 페이턴 또한 젠트리피케이션을 도시재생을 매개로 한 지배권력의 도구적 전략으로 들여다보기를 제안했다(Paton, 2014). 페이턴은 지역 특수성을 고려하면서 피지배계층이 젠트리피케이션으로 인해 겪는 변화를 현장중심으로 관찰·기록하기를 권유했다. 이는 젠트리피케이션을 계급 간 갈등 또는 문화적 취향의 갈등으로 해석하며 승자와 패자라는 단순한 구도로 몰아온 기존 많은 연구가 가진 한계를 극복하는 데 유용한 시각이다.

젠트리피케이션 연구를 둘러싼 비판과 제안을 끌어안아, 현재는 서울산업디지털단지로 탈바꿈한 옛 구로공단 권역과 그 주변부를 젠트리피케이션 현상으로 분석한다는 것은 과연 어떤 의미인가? 경제 또는 문화라는 어느 한 진영에 치우치지 않으면서 산업적 전치[83]라는 지역의 특수한 맥락은 어떻게 바라보아야 하

83 '산업적 전치'는 커런이 제조업 공간의 고급 주택화를 연구한 것에서 언급한 개념으로(Curran, 2007), 이 장에서는 단순히 제조업 공간의 주거지화를 뛰어넘어 제조업 공간이 서비스와 지식산업 등의 후기 산업공간으로 전치되는 현상까지를 포함하는 것으로 사용한다.

는가? 산업적 전치가 이 지역에, 그리고 개개인, 특히 전치대상자들에게 미친 영향은 누구의 목소리를 통해 어떤 방식으로 전달되어야 하는가? 이 지역을 조사하며 수집한 개개인의 이야기들은 도시구조의 재편성이라는 거대 헤게모니 담론 속에서 어떤 관점으로 풀어내야 하는가?

이 글에서는 앞의 질문들에 성급히 답하지 않으려 한다. 이는 젠트리피케이션을 둘러싼 시시한 말다툼들을 비껴가려고 애쓰는 것에 그칠 수 있기 때문이다. 여기서는 오히려 젠트리피케이션의 핵심전술이나 결과로 의례히 언급되어온 '전치'의 개념에 조심스레 딴지를 걸어보고자 한다. 상위 계급의 공간이동, 즉 소비계급과 창조계급이 하위 계급을 공간적으로 몰아낸다는 전치의 개념이 지닌 분석의 한계를 구로공단의 사례를 통해 지적하고자 한다. 또한 한 지역의 인적 기후people climate[84]가 압도적인 자본에 의해 물갈이된다는 고도로 정치화된 전치의 개념이, 또 다른 상징적 폭력을 낳을 수 있음을 밝히고자 한다. 이 글이 공장시절의 기억은 이제 과거로 사라졌다는 전문가들의 주장과 주택가 곳곳에 봉제작업장이 아직까지 계속 운영되고 있다는 지역 거주민의 증언 사이에 존재하는 의문의 간극에 답하기를 희망하면서 말이다.

---

84 '인적 기후'는 창조도시 담론의 전도사인 플로리다가 창조계급이 도시의 새로운 세력으로 떠오르고 있으며, 도시개발에 긍정적 영향을 미쳤다고 주장하며 내세운 개념이다(Florida, 2002). 그는 한편으로는 제조업 종사자와 같은 비창조계급을 암묵적으로 내리깔거나 도시의 주요 동력에서 제외시킨다.

생산의 길

2011년부터 3년간 진행한 현장연구는 지역 봉제업 종사자들과의 인터뷰, 장기거주민과 이주여성 이 두 그룹으로 나누어 각각 세 차례 진행한 지역 경험 스토리텔링 워크숍, 옛 구로 제2·3공단 및 주변 주택가의 소규모 봉제작업장들을 엮은 워킹투어를 중심으로 이루어졌다. 또한 '생산의 길' 기획과정에서 수집된 자료들을 활용했다.[85]

현장연구는 섬유봉제 공장들이 모여 있던 옛 구로 제2공단의 대표 장소인, 지금의 마리오사거리[86]와 가리봉오거리 주변 지역을 대상으로 집중적으로 진행했다. 이곳은 공단설립 당시에는 영등포구 가리봉동에 속해 있었는데 이후 공단 전체가 구로구로 독립하고 그 일부가 다시 금천구로 분리되면서, 현재 행정지도상으로는 금천구 가산동 및 이와 면한 독산1동과 독산3동을 포함한다. 마리오사거리는 구로공단이 서울디지털산업단지로 바뀌기 전까지는 공단사거리, 또는 이곳에서 벌어졌던 역사적 사건을 강

---

85 2011년 여름에 시작한 옛 구로공단 주변 '생산'의 장소연구는, 2013년 서울시에서 주관한 자치구 동네관광 상품 프로그램 개발과 운영사업 지원을 받아 '노동운동과 이주'로 주제를 확장했다. 그 결과 구로공단 장터길, 산업화와 노동자의 길, 작가들이 사랑한 구로공단길, 가산동 생산의 길, 독산동 생산의 길, 조선족 리모 씨의 길, 이촌향도민 김모 씨의 길, 이 일곱 개 경로가 워킹투어 프로그램으로 개발되었다. 각 경로 및 개별 장소들에 대한 상세한 자료는 http://www.seoulstory.kr/story/list/206/2113에서 내려받을 수 있다.

86 효성물산, 대우어패럴, 구로봉제협동조합 등 대규모 봉제공장들이 사라지고 들어선 의류상설할인 매장 마리오아울렛 1관과 2관, 더블유몰, 하이힐이 접해 있는 사거리의 별칭이다.

생산의 길

2-1 가산동 생산의 길
① 마리오아울렛
② (주)나루코리아 지퍼공장
③ 구로 근로복지공단 아파트
④ 한국세라믹기술원
⑤ 가산동 봉제삼거리
⑥ 쪽방주택집
⑦ 무극사
⑧ (주)아름다운사람
⑨ 금천예술공장

2-2 독산동 생산의 길
⑩ (구)코카콜라공장
⑪ 봉제부속거리
⑫ 특수봉제골목
⑬ 남문시장
⑭ 금복상회
⑮ 중국문화의 거리
⑯ 황금손 뜨개방
⑰ 형제목욕탕
⑱ 독산로 107길 부속임가공거리
⑲ 독산로 20미터 도로 봉제거리

195

'생산의 길' 경로 | 생산의 길은 옛 구로공단의 대표장소인 지금의 마리오사거리와 가리봉오거리 주변 지역을 중심으로 지역 변화 및 생산문화와 관련된 장소들을 둘러볼 수 있다. (출처: 서울특별시)

조한 구로동맹파업의 거리, 무역박람회의 거리로 불렸던 곳이다. 이 일대가 '금천패션드라이브'로 브랜딩되면서 이곳 장소가 가진 역사와 특성과는 전혀 상관없는 이름으로 바뀌었다. 제도적으로 장소성이 사라지면서, 그 이름도 함께 사라진 것이다.

　이 지역 봉제산업 종사자들과의 인터뷰는 난항을 겪었다. 특히 납품 수량대로 수익이 돌아오는 영세작업장에서 일하는 사람들은 시간을 따로 내기가 현실적으로 어려웠다. 오후 8시까지 근무가 일반적이고 야근이 더 길어지는 날도 많은 데다, 퇴근 후에는 집안일을 돌보아야 하는 주부노동자들이 대부분이었기 때문이다. 결국은 그들의 노동환경에 밀착한 인터뷰를 위해 샘플링, 부분 봉제와 특수 봉제, 합복[87] 등의 봉제작업이 핵심 제작요소인 공공미술 프로젝트를 기획·진행하게 되었고, 이를 통해 독산3동에 있는 영세공장들과 협업하면서 자연스럽게 이야기들을 수집할 수 있었다.[88]

　지역 토박이들 및 이주여성들과 진행한 워크숍은 모두 세 차례에 걸쳐 진행되었다. 1차 워크숍에서는 참여자가 가져온 사진을 보고 이야기를 나누며 워밍업하는 시간을 가졌고, 2차 워크숍에서는 지역에서 경험한 삶과 연관된 각자의 키워드를 최대한

87　특화된 공정을 통해 별도로 작업한 의류의 각 부분들을 최종 결합해 완성하는 작업.

88　독산동 소재 전통시장의 한 점포를 빌려 〈더 빨리 더 높이 더 멀리, 몸이 허락하는 날까지〉(2011)라는 공공 전시로 작업결과물을 발표하고 봉제제작에 함께한 참여자들과 공유하는 기회를 마련했다.

끄집어냈다. 마지막 3차 워크숍에서는 2차 워크숍에서 수집한 키워드와 연관된 장소들을 지번도를 펼쳐놓고 표시해가며 이야기했다. 그렇게 지역 변화에 관련된 주요 사건들과 장소들이 담긴 지도를 자연스럽게 그리면서 마을투어 경로를 완성했다. 만들어진 지도로 지역 활동가 및 주민을 대상으로 마을투어를 진행하면서 더 많은 이야기들이 보태졌고, 이것이 추후 연구지원 사업을 통해 완성된 워킹투어 경로인 '생산의 길'의 초석역할을 했다.

이후의 내용은 바로 이 생산의 길이 '구로공단'이라는 국가적 프로젝트로 조성되기 시작한 시점부터 격동기를 거쳐 제도적으로 사라져버리기까지의 역사를 서술하며, 이 전락의 과정을 기존 젠트리피케이션 담론으로 해석하는 데 어떤 한계가 있는지 밝히고자 한다.

구로동맹파업, 나이키 신발, 젠트리피케이션

> 수출이 안 되는 물건이 없습니다. 우리나라는 어느 민족보다도 머리가 좋은 데다가 지금 선진국보다 가공임加工賃이 헐합니다. 농공병진의 대정책을 수립해야 합니다. 외자도입을 적극적으로 추진하여 확대균형을 하면 되는 것입니다(이원만, 《나의 정경 50년사》, 1977).[89]

세운상가 옆을 걷는 에피파니 편찬 롯부

---

89 이상철(2012:225)에서 재인용.

구로공단은 국제 분업주의에 편승한 대외지향적 경제개발 전략의 일환으로 1964년부터 십 년에 걸쳐 60만 평 규모에 총 세 개 단지로 완성한 국내 제1호 수출산업단지다(구양미, 2002: 11). 이 정부주도 개발사업은 건립과정에서 기존 주민을 다른 지역으로 강제이주시키면서 대규모로 이루어졌다. 부족한 국고와 민간 자본으로 국내 투자가 힘들었던 당시, 노동집약적 경공업을 해외로 옮기는 것이 필요했던 일본 중소기업과 이해관계가 맞아떨어지면서 재일교포 기업들을 중심으로 공단입주가 시작되었다. 이후 미국 기업의 투자가 이어지고, 수출을 기반으로 한 국내 제조업 기업이 모여들면서 구로공단은 성황을 이루었다.

구로공단은 1966년 동남전기가 14만 달러에 달하는 트랜지스터 라디오와 텔레비전을 처음으로 수출함으로써 수출공단 본연의 모습을 갖추게 되었다. 1968년 박정희 정권이 제1회 한국무역박람회를 통해 수출전쟁을 선포하면서 구로공단은 명실공히 내일의 번영에 복무하기 위한 베이스캠프로서 자리 잡게 되었다(사단법인 한국무역박람회, 1969). 무역박람회는 42일간 2백만 명을 동원하며 2천 백만 달러의 수출실적을 올렸고, 그중에서도 섬유봉제업은 집중관심을 받으며 최고의 거래실적을 자랑했다. 섬유봉제업은 이후 1969년부터 1980년까지 12년간 연간 수출액의 40퍼센트 이상을 차지해 수출의 총아로 추대받았다(한국수출산업공단, 1994: 206, 273-274). 특히 1977년에 백억 달러 수출액을 달성하는 등 1980년도까지 공단은 연평균 30퍼센트 이상의 수출증가를 올리며 눈부시게 성장했다.

그러나 이러한 성장 뒤에는 노동자와 노동환경에 대한 국가적 통제가 있었다. 예를 들어 적극적 외자유치를 위해 1970년대 제정된 〈외국인투자기업의 노동조합 및 노동쟁의 조정에 관한 임시조치법〉은 우리나라 노동자의 인권에 앞서 외국인 투자기업의 이익을 보호하기 위해 노동통제를 합법화해주는 근거가 되었다. 그 결과 1987년 외국인 투자기업은 총 46개에 달했다(한국공단연구소, 1987).

국가번영의 시나리오

싸우며 건설하자(1969년 박정희 신년사)
중단 없는 전진(1971년 박정희 신년사)
수출상품은 국력총화의 예술(1972년 6월 백억 달러 달성 기념사).

군부정권 아래 수출전쟁을 표현하는 뜨거운 슬로건들 속에서 특히 봉제산업에 종사하는 여성 노동자들은 한국 경제도약에 헌신한 보병[90] 이자 산업역군으로 치켜세워졌지만, 그들의 노동조건과 삶의 질은 형편없었다. 시내버스 요금이 10원, 짜장면 값이 50원이던 1968년 당시, 평화시장 피복공장에서 2교대로 긴

---

90 한국사 전문가인 브루스 커밍스Bruce Cumings는 한국 현대사를 집대성한《한국현대사》에서 어린 여성들은 실로 1960년대 수출주도의 경제도약에 공헌한 보병들이었다고 기술했다(Cumings, 2005: 373).

시간 미싱을 밟았던 어린 소녀 시다들의 월급은 3천 원이었다(《경향신문》, 1970.10.7). 여성 노동자의 현대사를 조명한 여성사 전시관 특별 전시 〈팬지꽃 아픔〉(2005)을 기획한 큐레이터 김장언은, 군부정권이 자본과 국기는 아비지, 노동자는 딸로 각각 상징화하면서 가부장적 가족주의와 집단주의에 호소해 여성 노동자에게 처절한 희생을 강요해왔다고 주장했다. 실제로 1987년까지 노동자 평균임금은 최저생계비에도 미치지 못하는 수준이었고 노동시간은 무려 주당 54.7시간에 달했다. 수출경쟁력을 높이기 위해 임금을 낮게 유지해야 한다는 논리에 따라 기본적인 근로권리와 최저수준의 삶조차 보장되지 못했고, 이는 결국 자신의 권리를 찾기 위한 노동자들의 노동조합 운동으로 이어졌다.

어린 노동자들이 흘린 피와 땀을 기반으로 고도의 성장기를 지나온 구로공단은 1980년대에 들어 정체기를 맞는다. 1970년대 이후 중화학 공업에 집중된 경제정책으로 경공업 분야가 서서히 쇠퇴하기 시작했고, 수도권 인구가 팽창하면서 공단 주변 땅값이 갑자기 올라 공단 입지조건이 열악해짐과 동시에 공단 부지를 재개발하려는 시도가 끊이지 않았다. 또한 노동조합 운동이 활성화되면서 낮은 임금과 높은 노동강도에만 의존하며 경쟁력을 유지하는 기업운영도 더 이상 먹히지 않게 되었다.

특히 1980년대 중반 이후 제조업 내 유연적 산업화로 인해 중소규모 기업이 정리되고, 독점자본화가 심화되면서 제조업 노동구조에 지대한 변화가 일어났다(강현수, 1993). 유연적 산업화란 달러가치 하락, 임금상승, 지적 재산권 등의 변화에 대응하면서 자본축적을 구조적으로 가속화하려는 자본의 운동경향을 말한다. 즉 기획, 생산, 유통, 판매의 일원화 경영을 토대로 한 포드주의 방식과는 달리, 중심부와 주변부로 복잡하게 얽힌 분업을 통한 노동분산, 단위상품의 전문기술을 보유한 하청기업과의 네트워크, 연구개발 및 첨단기술 투자의 위험분산을 위해 협력에 기반을 둔 경영방식이다.

문제는 이 유연적 산업화가 공정한 분업과 동등한 협력관계에서 이루어지지 않는 이상, 대자본의 재편전략에 따라 약육강식의 피라미드 구조를 이룬다는 것이다. 이 피라미드 구조에서 외부화된 생산, 즉 저기술 저부가가치 품목이 가장 아래에 놓인다. 즉 노동력 이용측면에서 외부 중소기업에게 주는 하청, 용역회사를 중심으로 한 노동자 파견제, 사내하청이라 할 수 있는 소사장제[91]가 확산되고, 그 안에서 주로 주부 및 외국인 비정규직 저임금 노동자들이 제조업 말단에 자리한다.

아울러 이러한 구조는 정규직인 중심 노동자와 비정규직인 주변 노동자 간의 분리 및 갈등을 불러왔다. 서울 도심 안 제조업

---

91 소사장제란 같은 회사 안에서 7~8명의 분임조 단위마다 다른 회사를 세워 운영하는 방식으로, 모기업이 원청기업이 되어 분임조장인 소사장에게 작업장과 설비 및 자재 등 인력충원을 제외한 각종 업무를 지원하는 대신, 소사장은 공정의 일부를 전담하는 생산직 관리자 역할을 한다. 소사장은 안정된 월급 대신 작업량에 따른 수익에 의존함으로써 함께 일하는 작업자들의 공임을 낮추거나 일일 작업량을 늘리게 된다. 아울러 비용효율화를 위해 4대 보험이 적용되지 않는 일당직 고용이 일반화되면서 고용불안을 야기한 주범이 되었다.

봉제업 상시모집 | 봉제업계에서는 채용 인원수가 정해지지 않는 상시모집 광고가 점점 많아지고 있다. 일정하지 않은 영세작업장들의 작업량과 이에 따라 채용과 해고가 쉽게 이루어지는 불안정한 고용구조를 반영한다. (출처: 최영숙)

의 경우, 기술교육이나 다능공화多能工化[92] 양성을 기본으로 한 질적 유연화가 아닌 언제든지 고용과 해고가 가능한 주변 노동자들을 활용하는 방식의 수량적 유연화가 지배적이다.

　또한 생산조직 측면에서 기업통폐합과 인수합병은 자본의 집중과 독점체제를 더욱 강화시켰다. 이로 인해 독점기업과 하청기업 간의 수직계열화(기업이 최상위, 원청이라 불리는 중간관리자급 하청 및 재하청으로 위계화) 빛 유기적 분업관계(경영 및 연구 등은 본사에서, 생산 등 노동집약적 업무는 하청기업으로 분리)가 본격화되었다. 독

---

[92]　분업구조에서 노동자가 한 가지 기술만을 습득함으로써 전체 공정구조를 읽지 못하는 문제를 극복하기 위해, 다양한 기능을 갖춘 노동력을 양성해 노동력의 유연화를 추구하는 것을 의미한다.

점기업은 하청을 다원화해 생산관리 비용을 절감하거나 분산하고, 아울러 하청기업들 간 가격경쟁 구도를 조장했다. 말단 하청기업은 가격경쟁 구조에서 살아남기 위한 고정비용 절감을 위해 일당직 등의 비정규직 노동자들을 고용했다. 이에 노조의 세력이 자연스레 약화되었고, 기업은 노동자를 더 강하게 통제했다.

공간이용 측면에서는, 경영 및 의사결정 부서인 본사와 직접생산을 담당하는 공간이 분리되고, 사무직과 생산직 간의 계급화가 심화되었다. 저렴한 지대와 운영비를 명목으로 아예 공장이 지방이나 해외로 이전하기도 했다.[93] 아울러 노동자를 고용해 생산활동을 지속하며 다른 하청업체들과 경쟁하는 것보다 공장부지를 팔아 부동산 이득을 챙기는 게 훨씬 이익이라고 판단한 상당수의 공장주들은 폐업을 선택하기도 했다. 제조업 내 유연적 산업화에 따르는 고통, 즉 저임금의 불안한 고용구조는 조직적·공간적으로 외부화되고 말단에 놓여 있는 생산직 노동자들, 즉 국가번영에 기여해온 산업역군이라 칭송받던 이들이 받아들여야만 하는 것이었다.

구로동맹파업

구로동맹파업은 이 쓰디쓴 배신에 항거한 구로공단 노동자들의 연대투쟁으로 볼 수 있다. 1985년 6월 22일 제2공단에 위치한 대우어패럴 노조사무실에 경찰들이 찾아와 임금인상을 위해

---

93 1980년대 후반부터 해외 분공장 설립이 증가해 1995년에는 49개에 달했다(구양미, 2002:13).

두 차례의 철야농성을 주도했다는 이유로 노조간부들을 연행해 가면서 파업은 시작되었다. 그간 소모임 및 교육활동을 통해 활발히 연대해온 공단 내 노조들은 회사를 상대로 하는 단위 사업장 노조의 개별적 힘으로는 정부공권력의 지지를 받고 있는 자본과 싸우는 데 역부족임을 느껴, 대우어패럴 사건을 계기로 동맹파업을 결의했다.

이는 국가번영의 시나리오에서 자신들이 주체가 아닌 도구로 남용되어왔음을 인식한 노동자들이 자본과 권력의 부당한 이익구조에 맞서 '노동자'라는 정체성을 확립한 역사적 사건이다. 대우어패럴 노조간부 중 한 사람이었던 강명자 사무장이 그 시절 노조투쟁을 회고하며 꺼내놓은 눈물 섞인 이야기에서는, 공단 전역에 걸쳐 가파르게 진행되는 후기 산업화 과정에서 위기를 절감하는 노동자의 모습을 읽을 수 있다.

> 임금투쟁을 하는데 거기에 열여덟 살짜리 동생이 껴 있었어요.
> 너는 왜 이 고생을 하며 투쟁에 동참하느냐고 제가 물었어요.
> 그랬더니 그 애가 "언니, 나도 나이키 신발 신고 싶어"라고
> 하더라고. 그 나이에 얼마나 그게 신고 싶었을까(강명자, 워킹투어
> '생산의 길' 해설 중, 2012).

그의 말은 내일의 번영을 위해 열심히 일했지만 후기 산업사회에서 인정받는 '좋은 소비자'가 결코 될 수 없었던 그들의 노

구로동맹파업 당시 대우어패럴 작업장(위)과 그 자리에 들어선 하이힐 아울렛(아래) |
1985년 구로동맹파업은 국가번영의 시나리오에서 자신들이 주체가 아닌 도구로 남용
되어왔음을 인식한 노동자들이 자본과 권력의 부당한 이익구조에 맞서 '노동자'라는
정체성을 확립하는 역사적 사건이다. 구로동맹파업의 근원지였던 대우어패럴 작업장
자리에는 복합문화관을 표방한 쇼핑센터가 들어섰다. (출처: 박용수·민주화운동기념사업
회(위), 김유선(아래))

동조건을 암시한다. 더불어 88올림픽이라는 국제 이벤트를 치러 낼 정도로 빠른 경제성장을 이룬 1980년대 대한민국 하늘 아래에서 초국적 시장 브랜드의 대표 격인 나이키 신발을 구매할 수 있는 상위 계급과 그렇지 못한 하위 계급 사이에 놓인 부의 격차가 두드러지기 시작함을 드러낸다. 또한 모두가 빈곤한 상황에서 부국강병을 함께 이뤄내자는, 한국전쟁 이후 이어진 국가의 계도에 머리를 조아리며 쌀밥에 고깃국을 꿈꾸었던 시절이 더 이상 아니라는 자각이, 그리고 그에 맞게 변화한 노동자의 욕망을 감지할 수 있는 증언이다.

구로공단의 장소성이 제도적으로 삭제되고 소비지로 재再영토화되는 과정을 연구한 김원은 구로공단이 대중소비, 신세대, 개성 등을 키워드로 하는 1990년대의 흐름에 조응하지 못한 장소로, 자본-소비문화의 불균등성에 의해 공동화되었다고 주장한다(김원, 2015: 101). 1980년대에 들어 인권회복과 주체성 확립을 향한 노동자들의 본격화된 노력은 철저한 감시와 억압의 대상이 되었다. 정부는 이러한 노동자들의 움직임을 국가번영을 위해 최대한의 이윤을 추구하는 도구적 영토인 구로공단의 의미를 뛰어넘으려는 위험한 시도로 해석했고 철저한 감시와 억압으로 대응했다.

임금경쟁력을 상실함과 동시에 초국적 시장으로 바뀌어가는 도심에서 보잘것없는 소비력을 갖춘 제조업 노동자들이, 첨단 지식산업을 표방한 국가주도의 젠트리피케이션을 두 팔 벌려 환영한 구로공단 안에서 버틸 수 있는 가능성은 희박했다. 구로동 맹파업은 개별 사업장을 떠나 노동자의 대규모 단결을 이끌어내면서 그들이 정치적 발언을 시작하게 되는 계기를 마련했지만, 이미 수천 명이 라인에 앉아 일하던 작업장은 개발업자에게 팔려나가기 시작했고 결국 개별 노동자는 산업적 전치의 대상으로 전락해갔다.

상공부의 공업단지 현황 연도별 자료에 의하면 1986년과 1992년 사이 노동자 전체의 21.8퍼센트인 15,560명이 고용감소를 경험했다(문미성, 1993: 115-116). 달러벌이를 위해 끝도 보이지 않는 기나긴 라인에 앉아 밤낮없이 미싱을 밟았던 여성 노동자들을 형상화한 '수출의 여인상'이 구로공단 10주년을 기념해 1974년 산업관리공단 앞마당 중앙에 세워졌다. 그러나 20층짜리 비즈니스 센터가 들어서면서 수출의 여인상이 뒤편 화단으로 밀려난 사건은 이러한 비극을 상징적으로 드러낸다. 산업공단 출범 50주년인 2014년을 맞이해 수출의 여인상은 다시 제자리를 찾긴 했지만, 여성 노동자들의 존재는 산업공단의 유구한 역사 속으로 묻힌 지 오래다.

언제나 그렇듯 이러한 비극을 지속적으로 조장해온 것은 번영의 시나리오에 충실하고자 하는 국가의 제도적 지원이다. 정부는 1990년대에 들어서 본격적으로 구로공단을 첨단 지식산업의 메카로 전환하겠다는 야심을 품고, 등록세와 취득세 등의 세금 감면을 통해 아파트형 공장 건설 붐을 부채질하기 시작했다. 세

금감면으로 분양단가를 낮출 수 있었던 건설주들은 분양수익을 최대한 높이기 위해 8층 이상 고층 건물에 단위 분양면적을 소형화했다. 따라서 입주자들은 주로 낮은 분양가와 월세에 이끌린 소규모 영세사업체라고 볼 수 있다. 산업단지 구조 고도화 정책은 토지이용의 고도화, 즉 부동산 이익을 높이는 방식으로 전개되었을 뿐 노동시장 고도화에는 실패했다.

가시적 변화는 공단의 외형 변화지만 더 큰 변화가 그 안에 존재했다. 더 큰 변화는 10인 미만의 영세사업장이 급격히 증가하고 있었다는 사실이다. 과거 제조업체 공장이 수백, 수천 개로 분리된 것이다. 규모와 외양은 커졌지만 그 내부는 영세화된 셈이다(김원, 2015: 151-152).

1997년에는 수출전문 제조업체에게만 입주를 허락했던 〈공업배치 및 공장설립에 관한 법률〉이 정보통신 관련 업종까지 포함할 수 있도록 완화되었다. 또한 중앙 및 지역 정부의 고부가가치 지식산업과 소비시설에 기반한 제도적 지원이 맞물리면서 제2공단은 패션단지로 특화되었고 제3공단은 첨단 디지털밸리로 육성되었다. 구로공단은 대대적인 전신성형을 거쳐 서울디지털산업단지로 거듭났다. 2004년 구로공단역을 구로디지털단지역으로, 2005년 가리봉역을 가산디지털단지역으로 이름을 바꾸면서 구로공단에 새로운 장소성을 부여하며, 재영토화를 이루려는 국가적 계획은 피상적으로 완결되었다. 그리고 1990년대 이후에 태어난 지금 20대의 기억에 구로공단은 존재하지 않는다.

> 그때 옆집 언니는 가발공장에 다녔다. 엄마는 반찬값을 번다고 인형 눈을 붙이기도 했다. 기억도 나지 않는 부업거리를 마당에 한가득 늘어놓고 아줌마들이 바쁘게 일했다. 1호선 철길 따라 어른들이 줄줄이 공장으로 들어가는 걸 보면서 나는 국민학교를 다녔다. 그때 그 많던 공장들은 어디로 갔을까(김유선, 2011: 8).

생산이 삶의 방식이었던 그 많던 제조업 노동자들은 다 어디로 갔을까? 공장이 헐리고 유리빌딩이 지어지듯 개인 노동자의 삶이, 그 삶의 공간이 그렇게 쉽게 탈바꿈되거나 사라질 수 있는 걸까? 사실 이 질문들에는 많은 젠트리피케이션 연구들이 전치상황을 서로 다른 사회계급의 공간이동, 즉 '물리적 땅따먹기'로 해석하는 모습을 비판하려는 의도가 다분하다. 다시 말해 기존 젠트리피케이션 연구에서 다루는 전치는 땅을 누가, 어떻게 차지하느냐에 집중할 뿐, 그 땅을 둘러싼 삶의 경험을 주목하지 않는다. 삶의 경험을 인식하려면 주거권을 중심으로 계급갈등을 다루는 서사들이 고도로 구조화된 '현존과 부재'의 문제를 현상으로 이해하는 것을 넘어, 소비계층의 현존'화'와 생산계층의 부재'화'를 양산하는 구조를 해석해내야 한다. 또한 젠트리피케이션 연구는 현재의 시공간 분석을 뛰어넘어 바로 그 곁에서 공존

하며 일어나는 갈등, 경합, 협력의 서로 다른 양상을 얼마나 주목
해왔는지, 그 안에서 남발되는 전치의 개념과 계급갈등을 기반으
로 표방하는 그 개념의 '정치성'은 얼마나 사회적으로 유의미할
수 있는가에 대한 문제제기다.

　　상위 계급이 하위 계급의 공간을 잠식해 그 지역의 문화적
취향을 고급화하고 부동산 가치를 높여 결국 하위 계급을 추방한
다는 전치의 개념으로 현재의 서울디지털산업단지를 바라본다
면, 우리는 아주 무심하게 '노동자들이 다들 사라진 게 분명'하다
고 단언할 수 있겠다. 효성물산이 사라지고 마리오아울렛이, 대
우어패럴 대신 복합문화 공간을 표방하는 하이힐이 들어선 현란
한 쇼핑가로 탈바꿈한 제2공단 한복판에 서면 이제 도심 속에 제
조업 공간이란 건 없다고 확신할 수 있겠다. 전치과정을 감당해
낸 사람들, 지금은 지긋한 중년이 된 소녀 미싱사들의 노정을 굳
이 추적하지 않는다면 말이다.

반半지하, 현존하는 부재, 후기 산업의 유령들

2001년 7월 말 기준, 구로구와 금천구에 벤처 인증기업으로 등록
한 사업체 가운데 제조업 비율은 무려 73.3퍼센트였다. 즉, 구로공
단은 직접적으로 생산을 하는 제조업종 벤처 중심으로 재편되었
다고 볼 수 있다(구양미, 2002: 29). 후기 산업화에 따른 유연적 산업

화와 지역의 특수성 사이의 관계를 연구한 문미성도 도심 속 제조업이 사라진 게 아니라 재편성되고 있음을 주목했다(문미성, 1993). 유연적 산업화가 꽤 이루어진 1990년대 초 기준으로 5~9인 규모의 영세 제조업체 60퍼센트 이상이 수도권에 몰려 있었다.

특히 섬유봉제업은 고용이 꾸준히 줄어든 반면, 서울 집중도는 오히려 높아졌다. 앞서 언급한 생산의 외부화, 즉 원청에서 하청으로, 하청에서 재하청으로 이어지는 계층화가 가장 두드러지게 나타나는 산업이 바로 섬유봉제업이다. 중소 의류기업들이 주문소량화 등으로 자체 공장 라인을 가동할 규모의 경제를 상실했기 때문에 소규모의 탄력적 고용구조를 갖춘 영세 제조업체들은 유용한 생산 네트워크로 활용될 수 있었다.

섬유봉제업은 공간적 측면에서는 넓은 부지가 필요하지 않은 노동집약적 산업이기에 주거 및 상업 지역에 스며드는 입지 패턴을 이루었다. 이 과정에서 공간적 이동성이 매우 제약된 주부노동력의 불안전한 고용이 보편화된다. 구로공단 주변 가산동과 독산동에서는 태어난 지 얼마 안 된 아기를 옆에 눕혀놓고 미싱을 밟았다는 이야기가 흔히 들린다. 이러한 상황은 구로공단 주변 가산동과 독산동의 경우 문미성이 연구를 발표한 1993년 이후에도 크게 달라지지 않았다. 2011년 진행한 D어패럴 대표 Y1과 G웰팅기 대표 Y2의 인터뷰에서 최근 이곳 상황을 엿볼 수 있다.

이 주부노동력의 상당수는 70년대 서울로 이전한 지방 출신으로, 서울 도심으로부터 점차 주변 지역(수도권 포함)으로 이전해 왔으며(주거지 분화), 과거의 노동경력 때문에 비교적 숙련도가 높다. 그런데 최근 노동력 부족, 임금인상 등으로 어려움을 겪는 중소기업은 이러한 종류의 노동력이 자신의 이윤확대 기반으로 충분한 가치가 있음을 인식하게 되었다. 따라서 이들이 밀집되어 있는 저소득층 주거지역이 1980년대 후반 이후에 새로운 의미를 획득하고 있는 것이다(문미성, 1993: 120).

이제 수출은 전부 중국으로 가버렸고 내수하고 하청받아서 하지. 거의 여자들은 봉제업을 하고 있어. 배운 게 이거니까(Y1 인터뷰).

할 줄 아는 게 이건데 몸이 허락하는 날까지 해야지(Y2 인터뷰).

섬세한 기술력을 갖춘 숙련노동자들에게 제조업은 쉽게 버릴 수 없는 삶의 방식이다. 2010년 기준 구로 제2·3공단이 있던 금천구의 제조업체 수는 약 4천 3백 개, 종사자 4만여 명으로, 전체 고용인구 18만 5천 명 중 20퍼센트가 넘는 꽤 큰 비중을 차지한다(금천구, 2012). 혼자서 또는 부부가 주문을 받아 반지하방에서 작업하는 가내하청이나 등록되지 않은 소규모 작업장들까지 고려한다면, 도심 내 제조공간이 사라졌다는 단언은 어불성설이다.

미싱 밟는 소리

다세대 주택가 골목골목을 차분히 들여다보면 특화된 공정으로 승부를 거는 소규모 작업장들을 쉽게 발견할 수 있다. 박카스로 장시간 노동의 피곤함을 달래고 라디오에서 흘러나오는 이야기를 통해 세상과 접속하며 묵묵히 미싱을 밟는 작업장의 모습은 이 일대의 독특한 풍경이다. 눈길을 사로잡는 그럴싸한 간판보다는 우라(안감), 웰팅기(주머니 덮개), 스모킹(고무줄이 들어간 공정), 호시(자수)와 같이 취급하는 공정의 내용이 별다른 수식어 없이 그대로 바깥벽이나 유리문에 붙어 있다. 이런 다양한 봉제용어들은 소란스럽지 않으면서도 독특한 장소성을 자아낸다.

"봉제가 이 지역을 먹여 살린다"라는 말이 나올 정도로 구로공단 주변 지역에는 영세규모 의류제조업이 모여 있다. 그 현황을 보여주는 뚜렷한 예가 독산3동에 있는 형제목욕탕 건물이다. 형제목욕탕은 두 세대에 걸쳐 운영되고 있는 전형적인 동네목욕탕으로, 특이하게도 여탕만 남아 있고 남탕 자리에는 봉제공장이 들어와 있다. 시부모로부터 운영권을 물려받아 14년째 자리를 지키고 있는 주인의 말에 따르면, 목욕탕에서 이발도 하고 구두도 닦던 시절에는 남탕이 주요 수입원이었고 한때는 남자들을 위한 헬스장 시설도 별도로 마련되어 있었다고 한다(K 인터뷰).

이제는 미용실을 선호하고 목욕탕보다는 찜질방을 이용하는 남자들이 많아지면서 손님이 급격히 줄어들어 급기야 월세공간으로 바꾸었는데, 봉제공장이 첫 세입자가 된 것이다. 더불어

봉제공장이 있는 형제목욕탕 | 구로공단 주변 지역에는 영세 규모 의류제조업이 모여 있다. 다세대 주택가 골목골목을 들여다보면 도심 내 제조공간이 아직 사라지지 않고 살아 있음을 실감할 수 있다. 제조업은 섬세한 기술력을 갖춘 숙련노동자들에게 쉽게 버릴 수 없는 삶의 방식인 것이다. (출처: 최영숙)

목욕탕 건물 뒤 자투리 공간에는 미싱 수리와 판매를 하는 봉제 부속상이 자리 잡고 있다. 목욕탕 주변 골목을 거닐다 보면, 예전에 서비스업을 하다가 문 닫은 장소에 간판도 바꾸지 않고 봉제 작업장이 들어와 있는 모습이 여기저기 포착된다. 어린이집이었던 곳의 알록달록한 유리창에 '봉제인력 상시 모집'이라는 공고가 붙어 있는 식이다.

봉제작업장의 집적과 분산된 패턴은 나름의 생태계를 구축하기도 한다. 구로동맹파업의 주역이자 30년 미싱사 경력을 자부하며 독산동에서 객공客工으로 일하고 있는 강명자 씨는 "큰길에

영세규모 작업장(왼쪽)과 대로변의 공장들(오른쪽) | 직접 오더를 받아 일하는 하청공장들은 대로변에 위치한 상업용도 건물의 가장 높은 층을 차지하는 반면, 부속 및 특수 봉제작업을 전담하는 영세규모 재하청 작업장들은 골목길 안 다세대주택의 가장 낮은 층에 자리한다. 재하청 작업장들은 간판도 없이 취급 작업과 연락처만 적혀 있는 경우가 많다. (출처: 최영숙)

서 오다(주문)따서 작은 길로 뿌린다"라는 한 문장으로 이 지역 봉제업 지형을 명확히 정리한다(2012년 현장연구를 위한 동반 인터뷰). 정식 명칭은 '독산로'인, 독산3동·4동을 가르는 대로에 있는 큰 공장들은 의류업체로부터 주문을 받아 재단작업을 한 뒤, 주머니나 소매 등의 부분 봉제작업과 자수나 단추 작업 같은 특수 봉제작업을 외주로 돌린다. 독산로와 접해 있는 작은 주택가 골목에는 이 외주 일감으로 생존하는 소규모 작업장이 즐비하다.

이들 중 하나인 독산로 107길에는 거의 한 집 건너 하나씩 다섯 명이 채 안 되는 소규모 재하청 작업장이 모여 있다. 작업장이 아닌 가내공업도 활발한데, 주로 라벨작업이나 가슴다트를 넣는 단순작업이 이루어진다. 각 외주업체의 부분 작업이 완성되면 큰 공장은 이들을 합쳐 옷을 완성하고 납품한다. 큰 공장이든 작은 하청업체든 각자 진문분야가 있다. 큰 공장을 숙녀복, 청바지, 니트 등 의복 종류에 따라 구분한다면, 소규모 외주업체는 안감, 에리(깃) 등 세분화된 작업공정에 따라 나눈다.

작업장 공간구성에서도 차이가 나는데, ○○실업 또는 ○○어패럴로 불리는 대로변의 큰 공장들은 건물 가장 높은 층에 위치하는 반면, 주택가 골목에 있는 외주업체들은 주로 다세대 주택 반지하 공간이나 가장 낮은 층에 자리한다. 독산대로에는 미싱상 등 부속가게와 봉제전문 직업소개소가 있는 것도 특징이다. 별 질서 없이 모여 있는 것처럼 보이는 영세 의류제조업체들은 아는 사람의 눈으로만 알아볼 수 있는 나름의 방식으로 유기적 생태계를 구성하고 있다.

수천 명이 같은 라인에 앉아 미싱을 밟던 대규모 공장은 사라졌지만 그곳에서 젊음을 다 바친 숙련공들은 옛 구로공단의 주변부에 새로운 일터를 만들어냈다. 그 일터는 그들의 작업장을 밀어내고 들어선 현란한 패션단지의 쇼윈도에 걸릴 옷들을 만들어내는 생산배후지 역할을 하고 있다. 공간적 이동이 일어나긴 했지만 노동자라는 정체성과 그들의 삶의 방식까지 전치된 것은 아니다.

이토록 혁혁히 현존하는 삶과 장소들이 도시공간을 읽어내는 여러 담론, 특히 젠트리피케이션 연구에서 끊임없이 부재화되는 맥락은 무엇인가. 이렇게 곳곳에 스며들어 있는 제조업을 행방불명으로 쉽게 단정짓는 연구와 정책들의 논거는 과연 무엇인가. 페이턴은 젠트리피케이션을 매개로 하는 도심 내 자본재편성의 특징은 병리화, 낙인, 경시화 등을 통해 노동계급과 그들의 공간이 지닌 가치를 의도적으로 끌어냄으로써 잠재적 개발가치와 이익실현을 도모함에 있다고 주장했다(Paton, 2014: 2). 즉 소비와 지식산업이 아닌 그 외의 것들을 철저히 하위에 놓음으로써 소비지를 개척하고 신자유주의를 촉진하는 기회를 마련한다는 것이다. 구로공단의 사례가 입증하듯, 페이턴은 노동계급과 그들의 정체성은 사라지는 것이 아니라 재편성된다고 주장한다. 젠트리피케이션은 노동계급을 전치시키기 위한 것이 아닌, 그들의 행동양식과 관습을 관리하고 조정하기 위한 도시재편의 도구 및 전략으로 진화했다는 것이다(Paton, 2014: 24).

구로공단이 서울디지털산업단지로 탈바꿈된 과정은 이러한 비판지점을 첨예하게 드러낸다. 국가와 자본은 더 많은 이윤을 담보하기 위해서 구로공단 재영토화의 필요성을 느꼈고, 이는 곧 그들이 스스로 만들어낸 구로공단이라는 장소성의 폐기를 의미했다. 그 과정에서 시위대, 가출청소년 범죄, 슬럼, 타락, 낙후와 같은 사회적 아젠다를 끌어들여 구로공단을 주변부화했고, 후기 산업화가 본격화된 1990년대에 들어 구로공단은 급기야 공동화되었다(김원, 2015). 구로공단이 공동화되고, 결집을 꿈꾸었던 노동자들이 무기력하게 주변으로 흩어지는 동안, 우후죽순 하늘로 치솟기 시작한 아파트형 공장들은 개발을 통해 이익을 획득한 자본의 세력을 상징한다.

도시경관과 삶의 경험

전치가 아닌 주변부화된 제조업 공간들이 도심 안에서 효율적 생산능력을 유지하며 살아남는 동안, 이에 따르는 비용절감의 노력은 고스란히 임시직·비정규 노동자들의 몫이 되고 있다. 주변부와 중심부로 양극화되어 공존하는 이중도시dual city 구조(Sassen, 1998)에서는 주변부가 저렴한 노동력으로 제공하는 다양한 생산능력과 서비스를 바탕으로 중심부가 지속적으로 부를 대거 축적하는 불평등한 양상이 더욱 심해진다. 제조업이 번영의 시나리오에 더 이상 낄 틈이 없어진 것은 제조업이 경제에 기여하는 규모가 줄어들었기 때문이라기보다는, 초국적 자본주의가 인간의 노동을 전략적으로 평가절하해온 탓이다.

이에 대한 근거로 제조업이 지역 경제에 미치는 긍정적 영향을 검토한 킴 필립스-페인Kim Phillips-Fein의 주장을 들 수 있다(Phillips-Fein, 1998). 제조업은 원자재를 구입해 완성한 제품을 소매상인에게 판매하기 때문에, 지역의 공급자 및 소매업자와 촘촘히 연결되어 있어서 제조업 투자는 지역 안에서 다양한 산업분야의 고용을 촉진한다는 것이다. 더불어 지식산업과 서비스에만 치우치지 않은 혼합형 경제구조economic diversity가 경기침체를 회복

옛 공단의 흔적 | 구로디지털단지역을 나오자마자 보이는 낮은 건물 위층에 걸린 '공단무도장' 간판(위)이나 일용직 노동자들이 적은 돈으로 한 끼를 때울 수 있는 가리봉 소재의 '공단식당'(아래)은 21세기로 채 전환되지 않은 '주변적 장소'로 이곳의 옛 흔적을 담고 있다. (출처: 최영숙)

하는 데 훨씬 더 유리함을 1987년 주식시장 붕괴 당시 뉴욕과 시카고의 실업률을 대비하며 보여준다. 지식경제와 금융산업이 쏠려 있는 뉴욕이 9.3퍼센트의 실업률을 기록한 반면, 제조업을 꾸준히 지원해온 시카고는 6퍼센트를 넘지 않았다는 것이다.

금기용 외(2012)도 서울시 특화업종 생태계에 관한 연구에서 2차 산업과 3차 산업의 균형유지가 지속가능한 도시발전을 위해 중요하다고 했다. 그 이유는 제조업 공동화 현상이 장기적으로 고용불균형과 소득불균형을 가져오기 때문이다. 특히 제조업은 균형 있는 고용환경을 만들어내고 생산성을 높이는 강점이 있으므로 도시형 제조업의 생태계를 안정화하는 정책적 지원이 이루어져야 함을 제안한다.[94] 따라서 일본이 2013년 중소 제조기업의 생산성 향상을 장기적으로 지원하는 정책을 발표하며 '장인정신 모노즈쿠리ものづくり'의 재再무장을 국가적으로 촉구하고(〈아시아경제〉, 2013.10.28), 독일이 제조업 혁신과 주도권을 선점하기 위해 차세대 산업혁명인 인더스트리 4.0을 주창하며 신新제조업을 지원하는 것(김영훈·박형근, 2014)은, 우리보다 경제구조의 변화를 일찍 경험한 선진국으로서 어느 한쪽으로 치우친 경제구조의 나약함을 스스로 깨달은 뒤의 결정이라고 볼 수 있다.

이에 반해 여전히 부동산 경제에 지나치게 의존하며 개발과 재개발을 경제활성을 위한 본보기로 삼고 진행되는 서울의 재편성은 그 끝이 아슬아슬해 보인다. 금천구 독산동의 미싱사들과

---

94 서울시는 기존의 집적화된 제조업을 4대 도시형 제조업으로 선정했는데, 의류봉제, 귀금속, 인쇄, 기계가 이에 속한다(금기용 외, 2012).

지역 상인들이 하나같이 입을 모아 "봉제가 망하면 이 동네 밥집, 술집이 다 망한다"라고 한 말을 독산동에만 해당되는 지엽적 견해로 치부해서는 안 된다. 건강한 주변부 없이는 중심부도 결국은 모래 위의 성일 뿐임을 암시하는 대목이다.

그런데도 개발이익을 실현하기 위해 전치대상자들은 끊임없이 부재화·패자화된다. 젠트리피케이션을 경제적 관점으로 연구한 선봉장인 스미스는 전치대상자들을 표현하는 연구자들의 언어선택에 문제를 제기했다(Smith, 1996:18). 젠트리피케이션을 주도하는 중·상류층을 최전방의 선구자로 묘사하는 것과 달리 연구자들이 전치대상자들은 사회적 목소리가 부재된 존재social wallpaper, 즉 젠트리피케이션의 백스테이지로 그리며 이들을 도심의 기괴한 촌뜨기로 전락시키는 이데올로기를 만들어낸다는 것이다. 젠트리피케이션을 마치 도시진화를 위한 자연적인 단계인양 독려하면서 이러한 이분법을 심화하는 이론이 바로 전 세계에 유행처럼 퍼져 있는 창조도시 담론이다.

창의계급의 부상이 도시재생의 원동력이라 주장하며, 창조도시 담론으로 유명해진 플로리다는 노동계급을 촌뜨기보다도 더 못한, 창의계급이 이룩한 풍요로움에 편승하는, 성취감이 부족하고 방향성을 상실한 도덕적 계도대상이자 창조적 도시로 변환하는 데 기여도가 낮은 인적 기후의 오염인자로 상정한다(Florida, 2002; 2004). 플로리다는 노동계급이 저임금 노동을 하는 이유를 산업구조의 변화나 불공평한 부의 분배가 아닌 창조력 부족으

스타벅스와 구로공단 | '역사를 담은 쇼핑공간'을 자처하며 다양한 조형물을 통해 1960~70년대 생산현장의 기록과 기념을 시도한 마리오아울렛 3관 1층의 외벽. 다국적 기업인 스타벅스 매장 양옆으로 한때 경제 공신이었던 국내 제조업체들의 이름이 벽돌에 새겨져 있는 풍경이 아이러니하다. 현대사를 적극적으로 문화자본화하는 창조도시 담론의 극명한 사례로 볼 수 있다. (출처: 최영숙)

로 돌렸다. 또한 낡고 오래된 지역 회복에 가장 필요한 것은 대중교통이나 교육기관 같은 사회기반 시설이 아니라 창의계급의 유입을 통한 도시경관의 메이크오버makeover라고 주상했다. 그의 주장은 골치 아픈 계급갈등을 뒷전으로 밀어놓은 채 적은 예산으로 문화예술 프로그램 등을 돌리며 단기간에 눈에 보이는 성과를 올리는 데 적합해, 수많은 지방 정부로부터 환영받았다.

제이미 펙Jamie Peck은 플로리다의 이론을 적용한 정책을 거품을 잔뜩 얹은 카푸치노 도회정치라고 부르면서 이 이론을 좇아가서 나아지는 건 동네 커피맛밖에 없다고 비꼬았다. 펙에 따르면, 플로리다의 제안들이 급속도로 퍼진 이유는 그 내용이 혁명적이어서가 아니라 실현하기에 간소하기 때문이다(Peck, 2005: 760). 반면 서울은 간소함보다도 가시성이 주는 효과를 주목했다. 창조도시 담론을 바탕으로 디자인서울 정책을 펼쳤던 오세훈 전 서울시장이 무상급식을 과잉복지라고 비난하며 남긴 퇴임사 중 21세기 도시흥망은 아름다움으로 결정된다는 대목은 도시경관의 효과에 집중해온 창조도시 정책의 정수를 드러낸다(《한겨레》, 2011.8.26).

이렇게 도시의 미학적 경관이 중요한 가치창출 요소인 창조도시 담론은 개발주의와 맞물려 쇠락한 공장건물을 고급 주택 단지로 만드는 재건축 프로젝트에 합리적 근거를 마련해준다. 구로공단에는 제조업이 더 이상 존재하지 않는다고 기술한 김경민과 박재민은 "가리봉오거리, 구동파(구로동맹파업)의 기억은 이제 없다"라고 단언하며, 산업시설을 재활용해 폐허미 또는 숭고미라고 하는 새로운 미적 가치를 보여줄 수 있는 가능성을 논하기도 했다(김경민·박재민, 2013: 95). 이런 식의 견해에 대해 주킨은 "진짜 공장의 연기와 땀을 경험해보지 않은 자들만이 제조 산업공간을 로맨틱하고 흥미롭다고 느낀다"라며 비판했다(Zukin, 1989: 59). 아울러 도시경관을 위한 미적 가치를 추구하는 과정에서 과거의 향수로 상품화되는, 따라서 철저히 부재화되는 삶의 경험에 대해 고민할 것을 제안한다.

이러한 부재화는 조형물, 체험관과 같은 도회적 상기장치 urban reminder들을 통해 제도적으로 화석화되기도 한다. 즉 현존하는 누군가의 삶의 경험을 철저히 과거의 존재로 취급하는 것이다.[95] 마리오아울렛 3관 앞에 우뚝 솟은 굴뚝조형물은 공단시절 이곳에서 열심히 땀 흘리며 푸른 꿈을 꾸었던 젊은 노동자들을 기념하는 동시에, 주변 곳곳에서 여전히 미싱을 밟고 있는 숙련공들을 유령화시킨다. 금천구 '구로공단 노동자생활체험관 순이네 집'(이하 '노동자생활체험관')은 1980년대 노동자들이 모여 살던 쪽방[96]을 영화세트처럼 꾸며놓아 당시 그들의 생활을 체험해볼 수 있도록 했다. 이는 곧 가리봉동에 여전히 널려 있는 벌집에 살며 고된 육체노동을 감당해내는 외국인 이주민의 존재를 유령화시킨다.[97] 또한 구로동맹파업을 비롯한 노동운동사를 전시관 콘텐츠에서 제외시킴으로써 '노동자 주체성 회복'이라는 주제에 관

95 마리아 레위카Maria Lewicka는 제2차 세계대전으로 국경이 바뀌면서 강제이주가 이뤄진 폴란드의 해당 지역을 대상으로 장소애착, 장소정체성, 장소기억 등의 개념들을 도입해 도시의 잊힌 과거를 복원하는 연구를 했다. 그는 기념상과 같이 인위적으로 만들어진 상징이 아닌, 자연적으로 보존이 잘된 오래된 흔적들이 장소에 대한 기억을 환기하고 정체성을 확립하는 '도시적 환기장치'로서 더 나은 역할을 한다고 주장한다(Lewicka, 2008).

96 이른바 벌집이라 불리는 건물 안에 부엌시설과 방으로 구성된 한 평 남짓한 공간을 쪽방이라 부른다. 화장실은 공동으로 사용하도록 외부에 있다. 저임금 노동자가 필요로 하는 저렴한 주거조건에 임대수익을 극대화하려는 건물주의 욕망이 교차하며 이뤄진 건축구조로, 초기 세입자들은 농촌에서 도시로 올라온 구로공단의 노동자들이었다.

해 시민들과 소통할 기회마저 주지 않는다. 김원은 이 전시관이 여성 노동자의 고통스러움이나 희생에만 초점을 맞춘다고 지적했다(김원, 2015: 104). 결국 신파로 가득한 과거 이야기 속 여주인공으로 여성 노동자를 대상화하는 데 그친 셈이다. 불균형한 재현으로 인해 관광형 체험에 그친 노동자생활체험관은, 여성 노동력을 둘러싸고 여전히 진행 중인, 오히려 더 심화되고 있는 사회적 아젠다를 논하는 공공의 장으로서 작동하지 못한다.

나가며: 유령의 회귀를 위하여

전치대상자들을 부재화할 뿐 아니라 왜곡된 재현의 대상으로 전락시키는 이 폭력적 상황 속에서, 전치를 핵심으로 다루는 기존의 젠트리피케이션 담론은 이 부재화의 맥락에 동조하거나 질문조차 하지 않음으로써 현실을 외면해버린다. 젠트리피케이션 담론이 전치상황을 둘러싼 불평등 구조에 기반을 두고 계급논쟁으로서 정치성을 획득하는 동안, 그에 따라 이 주제와 연관된 학자들과 정책입안자들의 목소리가 커지는 동안 젠트리피케이션이 만들어낸 폐해에 대한 대안은 거의 불가능에 가까운 과제가 될

97 법무부출입국 통계연보(2012)에 의하면, 국내에 등록된 외국인의 약 35퍼센트인 32만 명이 조선족(한국계 중국인)으로 주로 서울 서남권에 산다. 이 중 구로구 가리봉동은 행정동 면적 또는 총 인구 기준 최대 조선족 밀집지역이다. 신명직(2011)은 이를 "1990년대 공단노동자에 의해 탈영토화된 가리봉동 등지가 조선족에 의해 재영토화"되는 과정으로 설명하기도 했다.

것이다. 전치대상자들이 현존하는 부재로서, 정치적 담론의 동정 어린 도구로서 남용되어온 것은 아닌가라는 윤리적인 질문을 던지지 않는 한 말이다.

이 윤리적인 질문에 답하려면, 전치의 과성을 거치면서도 사라지지 않고 삶의 방식을 유지해온 실제 경험에 주목해야 한다. 아울러 현재 서울디지털산업단지에서 누가, 어떤 조건으로 일하고 있는지를 살펴보면, 승자와 패자로 나뉘는 계급 간 갈등을 핵심으로 하는 전치개념의 한계가 더 명확하게 드러난다. 단지에 입주해 일하는 지식노동자들, 즉 전치의 행위자 또는 승자로 비춰지는 이들 가운데 52.9퍼센트가 평균임금 162만원을 받는 비정규직 노동자들이다. 이들의 주당 평균 노동시간은 45.6시간, 월 평균임금은 196.5만원이다. 전국 평균 노동시간 42.8시간, 평균임금 218만원과 비교해 장시간 저임금 구조가 자리 잡고 있다는 사실 앞에서 기존 전치개념은 무색해진다.[98]

노동착취 구조가 점점 고도화되는 신자유주의 체제 안에서 산업 젠트리피케이션[99]을 읽어내려면 산업적 공간변화를 해석하는 것을 넘어, 경제성으로만 조형되며 인간을 끊임없이 부품화하

98 2011년부터 2013년까지 서울디지털산업단지 노동환경 실태를 조사한 박준도(2014)의 연구에 기반한 것으로, 흥미로운 점은 정보통신 산업 및 사업지원 서비스업 등의 지식노동자 비정규직 비율이 52.9퍼센트로, 제조업 비정규직 비율인 48.6퍼센트를 오히려 앞선다는 것이다. 생산단순직은 최저임금도 못 받는 비율이 33.9퍼센트에 달하고, 시간당 평균임금이 30대를 기점으로 40대, 50대, 60대로 올라갈수록 현저히 줄어드는 양상을 보여 생애주기에 전혀 맞지 않는 임금구조의 심각함을 드러낸다.

99 산업 젠트리피케이션은 산업 구조의 기반으로 일어난 자본 주도의 도시공간 재편성을 의미한다.

전신성형된 구로공단 | 마리오아울렛 3관 앞에는 구로공단 노동자들을 기념하는 굴뚝 조형물이 우뚝 솟아 있다. 그 뒤로 철로를 사이에 두고 옛 3공단 자리에 아파트형 공장 들이 빼곡히 들어섰다. 굴뚝조형물은 공단시절 이곳에서 열심히 땀 흘리며 푸른 꿈을 꾸었던 젊은 노동자들을 기념하는 동시에, 주변 곳곳에서 여전히 미싱을 밟고 있는 숙 련공들을 유령화시킨다. 화려하게 탈바꿈한 서울디지털산업단지의 높은 유리빌딩, 그 곳에서 일하는 지식노동자들의 삶도 과연 화려한가? (출처: 최영숙)

는 지금 시대 노동의 가치체계에 문제를 제기해야 한다. 전신성 형된 구로공단의 눈부신 외형에 시선을 빼앗기기보다 유리빌딩 구석구석에서 들려오는 부재화된, 그러나 엄연히 현존하는 삶이 자아내는 환청에 다소곳이 귀를 기울여야 한다.

서울, 젠트리피케이션을 말하다

K   (40대 여성, 목욕탕 운영), 2012.

O   (30대 여성, 독산동 주민), 2012.

Y1   (50대 남성, D어패럴 대표), 2011.

Y2   (50대 여성, G웰팅기 대표), 2011.

도시재생은 차라리 처음부터 안 했으면 좋았을 거라는 생각을 해요. 처음에는 주민들이 원하는 거다 해줄 것처럼 하다가 나중에는 구청에서 나와서여기도 외부 사람이 들어와서 땅값 오를 거라는얘기나 하고. 그럼 여기 살던 사람은 어떻게 하라고. 그냥 여기 부모 커뮤니티도 잘 되고 있는데 이런 거 잘 되게 두면 될 것 같아요.

장진우 거리 아세요? 개인이 어떤 문화적 코드를 심어서 재미있는 공간을 만들고, 사회적 이슈를 만들고, 거리를 바꿀 수 있는 가능성에 놀랐어요. 창신1동 좁은 골목에서도 충분히 문화적 코드를 심어서거리를 변화시킬 수 있겠구나 하는 생각이 들었죠.

7장

창신동

글로벌 도시만들기와
도시재생 사이

김지윤

들어가며: 도시재생 선도지역이 된 봉제마을

창신동은 현재 행정구역상 종로구에 들어가지만 1975년 이전에는 동대문구에 속했다. 이러한 사실에서 알 수 있듯, 창신동은 경제적으로 동대문시장을 중심으로 하는 의류산업 생산의 한 축을 담당해왔다. 이곳은 아파트와 다가구·다세대 주택이 뒤섞여 있으면서도 주택가 사이에 봉제공장이 곳곳에 분포한 도시형 제조업 밀집지역이기도 하다. 1980년대를 전후로 동대문시장 청계천 가까이에 있던 봉제공장이 모여들면서 창신동 주택가 사이사이에 숨었듯, 이곳은 오랫동안 사람들의 기억에서 잊힌 동네였다.

그러나 2010년을 전후로 창신동의 봉제산업 종사자(이하 '봉제인'), 봉제공장과 다양한 형태의 주택과 골목길이 어우러진 풍경이 대중매체를 통해 주목받기 시작했다. KBS에서 방영된 〈다큐3일〉 '서울 창신동 봉제공장 누나들을 만나다' 편(2010.3)에서

창신동 봉제마을의 재탄생

366

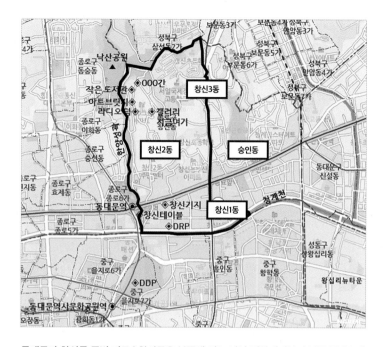

동대문과 창신동 주변 지도 | 창신동은 북쪽에 있는 낙산 정상에서부터 남쪽 동대문에 이르는 경사지에 자리 잡고 있으며 서쪽은 한양도성을 기준으로 종로구 이화동 및 충신동과 자연적으로 경계 지어져 있다. 동대문역 1번 출구를 나와 창신길을 따라 북쪽 낙산에 이르는 도로인 창신길의 오르막길에 OOO간, 작은도서관, 아트브릿지, 라디오 덤 등 젊은 예술가나 문화활동가들이 만든 공간이 자리하고 있다. (출처: 네이버지도)

는 여성 봉제인들의 일상과 개인사를 보여주었다. 또한 SBS 드라마 〈시크릿가든〉 여주인공 집으로 창신동의 한 주택이 나오면서 이후 해외 팬들이 찾는 한국 드라마의 주요 관광지가 되기도 했다. 영화 〈완득이〉(2011)에서는 주요 인물들이 사는 곳으로 창신동 골목이 등장한다.

이처럼 창신동은 21세기 글로벌 도시 서울과 어울리지 않을 법한, 1970~80년대의 시간성을 지닌 공간으로 그려져왔다. 즉 동대문 패션시장을 위한 생산지이면서도 고층 빌딩을 중심으로 하는 화려한 소비공간과 대비되는 곳, 서울의 저소득층이 밀집한 장소, 30~40년 경력의 봉제인들이 여전히 작은 봉제공장에서 재봉틀을 돌리는 곳, 이제는 거의 사라진 서울 달동네의 근대적 풍경이 남아 있는 곳으로 주로 재현된다.

대중매체의 영향으로 창신동에는 '봉제마을'이라는 이름이 붙여졌고, 이 때문인지 젊은 예술가나 마을활동가들이 창신2동을 중심으로 작업실이나 문화활동을 위한 공간을 열기 시작했다. 창신동 전체 주민에게 잘 알려지진 않았지만 2010년 이후 마을 라디오 방송국, 마을도서관, 문화예술 교육공간, 예술가들의 작업실 등이 창신2동 창신길을 따라, 비어 있던 봉제공장 자리에 들어서면서 창신동 봉제마을의 새로운 문화적 흐름이 생겨났다.

이러한 변화를 이곳의 집값을 올려 구주민을 몰아내는 젠트리피케이션의 전조로서 우려의 눈으로 보는 한편, 침체기에 있던 창신동을 활성화할 계기로 보는 긍정적 시각도 있다.

그러던 와중에 2014년 1월 국토교통부가 공개모집한 도시 재생 지역에 서울시가 창신1·2·3동과 창신동에 인접한 숭인동 일부를 함께 묶어 신청한 결과, 같은 해 5월에 서울시 최초로 창신·숭인 지역이 도시재생 선도지역으로 선정된다. 2013년 주민들의 반대로 뉴타운 구역에서 해제된 지 1년도 되지 않아 일어난 일이다. 서울시는 창신·숭인 지역 주민의 자발적인 참여로 도시재생 지역 공모에 지원했다고 했지만, 대부분 주민은 도시재생이 무엇인지, 뉴타운 개발과 도시재생의 차이짐이 무엇인지 이해하지 못한 채 또 다른 형태의 도시개발 계획을 마주하게 되었다.

창신·숭인 지역 도시재생 프로그램은 2017년에 끝날 계획이어서 아직 그 결과를 평가할 수는 없다. 그러나 서울시에서 도시재생 프로그램이 가장 먼저 진행된 곳으로서 주민주도형 도시재생 과정에 주민들이 어떻게 참여하고 있는지, 재생 프로그램을 구체적으로 어떻게 계획하고 있는지를 반추하기 위한 사례로 그 의미가 있다. 이미 서울시는 창신·숭인 지역을 시작으로 서울의 많은 지역을 도시재생 지역으로 선정하겠다고 발표했다(〈파이낸셜투데이〉, 2015.3.9). 즉 창신·숭인 지역에서의 도시재생 과정이 앞으로 서울 다른 지역 도시재생 프로그램의 모델이 될 수 있는 만큼, 이 지역에 대한 사례연구가 매우 중요하다.

따라서 창신·숭인 지역 도시재생 연구를 위해 2015년 1월부터 8월까지 지역 주민, 봉제산업 관련자, 창신동을 기반으로 하는 예술가, 마을활동가, 사회적 기업가, 해당 관청 공무원 25명을 인터뷰했다. 또한 2014년 도시재생 선도지역으로 선정된 이후 도시재생을 위한 주민설명회와 주민모임을 참여관찰하고 관련 보고서들을 분석했다.

창신동을 둘러싼 서울시의 경합과
문화적 실험

오세훈 전 서울시장 당선 다음 해인 2007년에 창신동은 뉴타운 개발지역으로 지정된다. 이후 오세훈 전 시장은 2010년 동대문 디자인플라자Dongdaemun Design Plaza, 이하DDP를 내세워 서울이 세계 디자인수도로 지정되도록 심혈을 기울였다. 2011년 당선된 박원순 시장은 2014년 창신·숭인 지역의 도시재생 선도지역 선정을 추진했다. 이 과정에서 DDP는 서로 다른 정책기조를 가진 두 서울시장을 거치며 서울의 랜드마크 중 하나가 되었다. 디자인 중심의 도시브랜딩 정책을 강조했던 오세훈 전 시장은 2007년 동대문운동장 공원화에 따른 현상설계를 공모했고, 세계적 건축가 자하 하디드Zaha Hadid의 설계가 뽑혔다. 이후 DDP는 박원순 시장의 재임기인 2014년에 개관했다.

오세훈 전 시장은 DDP 건축에 열성을 보였다. DDP를 통해 2010년 서울이 세계디자인수도로 선정되는 데 주력하면서 동대문 일대를 패션허브로 개발하려 한 것이다. 2010년에 국제산업 디자인단체협의회가 서울을 세계디자인수도로 뽑은 가장 큰 이유 중 하나도 오세훈 전 시장의 디자인 중점정책과 아직 완공되지 않았던 DDP의 존재감이었다. "DDP로 관광객 천 2백만 명을 유치해 서울의 경제활성화와 동대문 일대를 세계 디자인과 패션 중심지로 발전"(《프레시안》, 2010.3.3)시키겠다는 오세훈 전 시장의

동대문 일대에 대한 정책들은 DDP를 중심으로 한 동대문 패션
시장에 한정되어 있었다. 여기에 봉제산업이 밀집된 창신동과 같
은 주변 지역을 고려한 계획은 없었다.

그러나 2011년 낙선된 박원순 시장은 DDP를 중심으로 한
패션허브 계획은 유지하되 창신동의 봉제, 종로의 귀금속, 을지
로의 조명 및 도기 등을 연계해 이 주변 지역을 창조산업 벨트로
육성하는 계획을 발표했다(〈한겨레〉, 2012.12.11). 박원순 시장은 먼
저 봉제산업 중심지로 알려진 창신동을 방문했고 이후 창신·숭
인 지역은 도시재생 선도지역으로 선정되었다. 서울시는 2015년
에 좀 더 구체적인 두 가지 방향을 제시했다.

첫째는 창신동과 동대문 패션시장의 연계성을 강조하면서
지역 경제 활성화와 글로벌 패션시장에서의 경쟁력을 위해 봉제
산업을 활성화한다는 것이다. 둘째는 동대문역-창신동 봉제박
물관-한양성곽으로 이어지는 봉제거리 주변 환경 정비계획이다
(〈동아닷컴〉, 2015.10.16). 다시 말해 봉제마을 창신동을 주변 역사문
화 유적지와 거대 소비공간과 연계해 관광자원화한다는 것이다.

2000년대 이후 동대문과 창신동을 둘러싸고 관僚주도의 도
시브랜딩, 소비·관광 활성화, 그리고 도시재생 등 다양한 정책
이 꾸준히 경합해왔다면, 다른 한쪽에서는 동대문시장과 창신동
을 아우르며 다양한 개인, 그룹 또는 사회적 기업 들이 지역 기반
활동, 문화적 실험, 기업가적 실천 등을 활발히 진행하고 있다.

창신동의 젊은 예술가들

동대문옥상낙원Dongdaemun Rooftop Paradise, 이하 DRP을 만든 문화
예술활동가 P2는 뭔가 반지르르한 신자유주의적 공간인 DDP에
대항한다는 의미로 이름을 지었다고 한다. 도시에서 청년예술가
들을 위한 틈새공간을 탐색하던 그는 동대문 신발상가 B동의 비
어 있던 옥상공간을 발견했다. 그리고 상인들이 그 옥상에 20여
년간 버렸던 쓰레기를 치우고, 젊은 건축가들과 협력하여 예술가
들이 작업하거나 청년들이 모여 문화예술 활동을 할 수 있는 공
간을 만들었다. 이들은 옥상에서 캠핑, 파티, 동대문 상인이나 봉
제인과의 만남 등을 이어나가고 있다. 동대문시장에 가까이 있다
보니 봉제인과 협업해 독특한 작품을 만들기도 하는데, 최근에는
예술작품으로 만든 티셔츠를 전시했다.[100]

이들은 대량생산되는 기성제품을 구매하기보다는 자신이
원하는 물건이나 예술품을 직접 만드는 걸 즐기는 메이커문화
maker culture의 하나로 봉제에 접근한다. 문화예술활동가 K3는 "지
금 청년들에게 '봉제 배워서 너도 창신동에 가서 일해볼래?'라고
하면 아무도 안 갈 거예요. 그곳의 노동집약적이고 대량생산적인
시스템은 청년들에게 전혀 흥미로운 시스템이 아니잖아요"라며
봉제라는 흥미로운 기술을 창신동의 기존 시스템이 아닌 다른 영
역에 활용하기 위해 실험하는 중이라고 말한다.

---

100 2015년 11월 통의동 보안여관에서 〈메이드인서울〉이라는 전시에 참여한 DRP의
작가는 동대문의 봉제인들과 작업한 '동대문오리지널'이라는 작품을 전시했다. 자세
한 내용은 보안여관 홈페이지(http://cafe.naver.com/boaninn/725)를 참조.

동대문옥상낙원 DRP | 이곳의 문화예술 활동가들은 옥상에서 캠핑, 파티, 동대문 상인이나 봉제인과의 만남 등을 이어나가고 있다. 이들은 봉제라는 기술을 창신동의 기존 시스템이 아닌 다른 영역에서 활용하기 위해 실험을 하는 중이다. (출처: 동대문옥상낙원)

신발상가 옥상에서 내려와 동대문(흥인지문)의 바로 동쪽 골목으로 들어서면 허름한 사무실 건물에 '창신테이블'이 있다. 이곳은 대학원에서 도시설계를 전공한 이들이 "공정한 커뮤니티 개발을 위한 플랫폼"(2015년 2월 인터뷰)이라는 모토를 내세운 협동조합 형태의 예비 사회적 기업이다. 그들은 옷을 생산하는 창신동이 디자이너와 동대문시장의 도소매 상인들에 종속된 을의 입장인 상황을 주목해 대안적인 생산 시스템을 실험하기 위해 젊은 디자이너와 창신동의 봉제공장을 연결할 길을 모색하고 있다. 또한 이들은 전공을 살려 창신·숭인 지역 도시재생 센터나 서울시 도시재생 계획을 위한 해당 지역의 산업체 실태조사 등 다양한 조사를 진행할 뿐 아니라 지역 연구도 병행하고 있다.

홍인지문을 뒤로 하고 동대문역 5번 출구를 향해 걸어가면 후미지고 복잡한 창신1동 뒷골목에 허름한 쪽방과 여관, 그리고 최근 들어선 중국 관광객을 위한 중저가 게스트하우스 사이에 세련된 스타일로 리모델링된 한옥이 보인다. 운영자 P1이 스스로를 "무인 시스템으로 운영되는 렌탈하우스"라고 설명하는 이곳은 숙박, 파티, 캠핑 등의 소모임을 위한 대여공간으로, 1930년대에 창신동 일대에 지어졌던 도시형 한옥을 리모델링한 것이다. 부모가 소유했던 한옥을 임대해주다가 4년 전에 자신이 물려받아 건축가인 친구와 함께 개조했다.

그는 집을 개조한 의도에 대해 한옥을 허물기보다는 보존하는 데 관심이 있고, 이런 작업 자체가 단순히 "재미있어서" 시작했다고 말한다. 하지만 그는 한옥을 리모델링한 이후 주변의 가옥주들을 만나 적극적으로 리모델링을 제안하면서 이 일대를 변화시키려는 생각을 갖게 되었다. 주변 공간이 어떻게 변했으면 좋겠는지 그에게 묻자 "경리단의 장진우 거리 아세요? 개인이 어떤 문화적 코드를 심어서 재미있는 공간을 만들고, 사회적 이슈를 만들고, 거리를 바꿀 수 있는 가능성에 놀랐어요. 창신1동 좁은 골목에서도 충분히 문화적 코드를 심어서 거리를 변화시킬 수 있겠구나 하는 생각이 들었죠"라고 답했다.

그는 지금 이곳을 슬럼화되는 동네로 인식하는 것 같았다. 주변 동대문과 한양성곽 보존 때문에 재건축이 불가능한 상황에서 그는 주변 가옥주들을 설득해 오히려 주변 환경을 문화자원으로 활용하는 마을재생을 추진하려는 듯 보였다.

동대문역 1번 출구를 나와 창신길을 따라 북쪽으로 향하는 오르막길을 오르면 '000간'(공공공간), 작은도서관, 아트브릿지, 라디오덤 등 주변 건물들 가운데서 눈에 띄는 공간이 모여 있다. 젊은 예술가나 문화활동가가 문 닫은 봉제공장이나 가게였던 곳을 빌려 지역 사회와 밀착해 문화예술 활동 또는 마을활동을 하고 있는 공간이다.

이들 가운데 가장 활발하게 활동하고 있는 000간은 회화를 전공한 젊은 예술가 두 명이 운영한다. 이곳 운영자들은 지역기반 활동을 위해 창신동에 들어왔으며, 비어 있던 봉제공장을 리모델링해 작업장 및 제품판매 공간으로 활용하고 있다. 이들은

어린이 도서관 '작은도서관'(위)과 예술공간 'OOO간'(아래) | 다양한 개인이나 그룹의 문화예술 활동과 실험이 동대문과 창신동을 가로질러 일어나고 있다. 이들이 동대문과 창신동에 거점을 두고 움직이는 이유는 패션과 봉제라는, 이 지역이 가진 사회경제적 특성 때문이다. 이들은 정부가 창신동을 관광지로 만들려는 시도 이전에 들어와 이미 마을에 활기를 불어넣고 있었다. (출처: 김지윤(위), 신현준(아래))

서울시나 대기업 공모 프로그램을 적극 활용해 지역 아동을 위한 미술교육 프로그램, 창신동 골목 지도만들기, 골목투어, 주변 봉제공장 간판교체, 자투리 천을 활용한 상품개발 등 다양한 프로젝트들을 벌여왔다.

다양한 프로젝트로 000간 주변 골목이 눈에 띄게 변하기 시작했고, 그것은 대중매체, 그리고 서울시와 종로구의 관심으로 이어졌다. 실제 이들의 활동은 창신·숭인 지역 도시재생 실행계획에 크게 반영되기도 했다. 이들은 봉제공장이 집중되어 있는 647번지 봉제박물관 안내판을 디자인했고, 종로구청이 운영하는 창신동 골목투어에도 이들이 먼저 시작한 골목투어 내용이 반영되어 있다.

창신길에서 동쪽으로 주택가 사이를 걸어가다 보면 창신11길을 중심으로 1980년대 지어진 투박하고 큰 주택들이 늘어선 길이 나온다. 그 가운데 한 주택 1층에, 전면이 거울로 되어 주민들의 궁금증을 불러일으키는 공간이 들어섰다. 2015년 두 명의 젊은 사진작가는 자칭 "해발고도 70미터"인 창신동 중턱에 작업실 겸 갤러리를 열었다. 이 공간은 이전에 주차장과 봉제공장으로 쓰였던 곳이다. 갤러리 운영자 H3에게 이곳에 작업실을 연 이유를 물으니 "작업실을 구하다 어렸을 때 살았던 이곳에 와보니 1980년대 골목과 그때 정서가 다 남아 있었다. 삼청동, 팔판동, 누하동 등에서 살아봤는데 반 년 지나니까 슬리퍼 신고 다닐 수가 없더라. 다 밖에서 사진 찍고 있어서"라며 창신동의 변하지 않은 골목정서에 끌렸다고 대답했다.

앞서 본 000간과 달리 이들은 주민이나 지역 밀착형 문화예술 활동에는 별 관심이 없다. 000간에 대해 물으니 "우리는 일부러 그런 걸 안 하려고 한다. 우리의 방점은 젊은 예술가들의 네트워크에 있기 때문에 예술가로서 주민과 뭔가 하고 있지는 않다. 그냥 주민이 되면 되는 거지. 아직 이사는 오지 않았지만 고려는 하고 있다"라며 오히려 자신들이 뭔가 눈에 보이는 변화를 가져와 창신동을 자신들이 경험한 북적거리는 동네로 만들고 싶지 않다고 대답했다.

정부의 정책경합과 더불어 다양한 개인이나 그룹의 문화예술 활동과 실험이 동대문과 창신동을 가로질러 일어나고 있다. 지역 공동체 문화나 경제를 활성화하기 위한 지역 및 주민 밀착형 활동에서부터 개인적인 예술활동이나 사회적 기업에 이르기까지 활동의 내용과 형태도 다양하다. 정부는 물론 다양한 개인이나 그룹이 동대문과 창신동에 거점을 두고 움직이는 이유는 패션과 봉제라는, 이 지역이 가진 사회경제적 특성 때문이다. 또한 아파트로 획일화되고 있는 도심과는 다른 이곳의 독특한 공간적 특성을 향한 관심과 애착이 영향을 미치는 것으로 보인다.

중요한 것은 이들 대다수가 2014년 창신·숭인 지역 도시재생 선도지역 선정 이전에 이곳에 들어와 활동해왔다는 점이다. 정부가 창신동을 동대문과 연계해 봉제산업을 활성화하고 이곳을 관광지로 만들려는 시도 이전에 이미 문화예술가나 마을활동가가 이곳에 들어와 마을에 활기를 불어넣고 있었다. 이들을 주목하는 이유는, 과연 이곳이 정부가 도시재생 정책을 펼 정도로 쇠퇴한 곳이었는지 문제제기하기 위해서다. 물론 오래되고 정비가 잘 이루어지지 않은 일부 구역의 폐가와 빈집 등을 개선하고

서울, 젠트리피케이션을 말하다

1980년대 이전에 비해 매우 위축된 봉제산업을 활성화시키는 등
현실적 문제는 해결되어야 한다. 그러나 이러한 문제들이 과연 도
시재생 정책으로 해소될 수 있을지 그리고 창신동에서 자연스럽
게 생겨난 문화예술 활동과 일상의 실천은 과연 관주도의 재생
사업과 어떻게 갈등을 빚거나 만나게 될지 주목할 필요가 있다.

도시재생은 과연 선한 정책인가

1980년대 이후 탈산업화 시대 도시구조화의 주요 논리로 데이비
드 하비David Harvey가 주장하는 기업가주의적 도시entrepreneurial city
는 정부와 기업 논리의 주축이 되어왔다. 반면 2000년대 이후에
는 정부와 주민의 관계를 중심으로 한 탈정치화의 수사학이 정부
주도의 도시재생 정책을 정당화하고 있다.

하비는 정부역할이 축소된, 민간주도의 도시개발 논리가 지
배적인 도시를 기업가주의적 도시라 말한다. 이러한 도시에서는
자본유치를 위한 도시 간 경쟁에서 민·관 파트너십에 의존해,
주민을 위한 주택, 학교, 병원과 같은 일상공간보다는 도시미화
를 위한 랜드마크나 산업 테마파크와 같은 일종의 투기공간 조성
에 주력한다(Harvey, 1989).

또한 기업가주의적 도시화는 생산보다는 소비자와 관광객에
게 매력적인 소비와 엔터테인먼트 중심의 공간들을 만드는 데 초

점을 맞추어 도시의 균형적 발전보다는 메트로폴리스에 대한 투자에 집중한다(Loftman and Nevin, 2003). 이러한 과정에서 이윤추구를 극대화할 수 있는 투자나 사업 활동을 먼저 지원하고 상대적으로 거주민의 사회경제적 안전과 복지를 위한 지원은 폄하하거나 축소한다(Hubbard, 2006). 이와 같은 기업가주의적 도시의 생성에서는 자본유치를 위한 공간재구성이 우선시되었고, 여기서 정부는 주도적인 도시관리자urban manager(Pahl, 1975)에서 한 걸음 물러나 기업가주의적 공간생성을 돕는 역할에 머물게 되었다.

기업가주의적 공간을 둘러싼 비판이 거세지자 정부는 그동안 소홀히 했던 공공 이익과 공간의 사회적 기능을 다시 강조하기 시작했다. 이런 맥락에서 쇠퇴한 도심지역 재생에서 공공의 역할이 강조되었다. 문제는 도시재생 정책들이 여전히 기업가주의적 논리의 연장 선상에 있으면서도 도시재생이라는 선한 목적을 내세우고, 일방적인 정책을 추진하는 탈정치적 입장을 취한다는 점이다. 여기서 탈정치적이라는 것은 정부가 주민이나 시민사회와의 파트너십, 동의, 합의를 강조하면서 오히려 토론의 필요성이나 의견불일치를 인정하지 않는 통치술을 의미한다.

영국의 지리학자 리스는 2014년 발표한 논문에서 런던 남동부에 위치한 에일즈베리 공영주택지에 대한 노동당의 재생정책을 정부가 주도한 젠트리피케이션으로 규정하며 이 과정에서 정부가 어떻게 탈정치적 수사를 활용하는지 분석한다(Lees, 2014). 1960~70년대에 만들어진 에일즈베리 공영주택 단지는 당시 2천 7백여 가구에게 주택을 제공하기 위한 단지로 그때로서는 앞서가는 디자인과 합리적 가격으로 환영받았다. 그러나 시간이 지나 노후화되면서 점차 저소득층과 다양한 배경의 이주민 등 사회경제적으로 취약한 계층의 주거비율이 높아졌고, 이는 슬럼으로 인식되어 도시재생 대상지가 되었다.

도시재생 정책에 따라 주민들은 매우 적은 금액의 보상금을 받아 떠나거나 이를 거부할 경우 주택보수를 위한 어떤 지원도 받지 못하는 선택을 강요받았다. 정부는 이들에게 도시재생이라는 선택지 없는 최선을 들이밀면서도 주민의 참여와 동의를 이끌어냈다는 점을 강조하기 위해 다양한 장치를 동원했다. 특히 저소득층 위주의 슬럼화를 막는다는 이유로, 보수를 끝낸 주택단지를 중산층 이상에게 제공하면서 이를 커뮤니티의 다양성을 추구하는 선한 정책으로 포장했다. 리스는 이렇게 대다수 주민이 원하지 않는 방향으로 도시재생을 추진하면서도 주민참여를 강조하는 것은 정교한 통치술을 가리기 위한 하나의 수사일 뿐이며 분쟁요소를 없애려는 탈정치적 입장임을 강조한다.

그러나 많은 정치학자들이 지적하듯 반대의 목소리가 존재하지 않는 탈정치적 상황이란 자유주의적 환상에 지나지 않는다 (Rancière, 2001; Žižek, 2002). 철학자 자크 랑시에르Jacques Rancière는 '탈정치적'의 반대의미로 '정치적'이란 개념을 제시했는데, 이는 비동의와 균열을 내재함으로써 사회경제적으로 '몫 없는 자들'의 목소리를 들을 수 있는 장을 마련할 수 있는 상황을 의미한다. 앞서 하비가 도시화를 서로 다른 이해관계를 가진 다양한 주체들이 도시라는 공간적 자원을 매개로 충돌하고 상호작용하는 사회적 과정이라고 정의했듯이(Harvey, 1985), 도시재생 역시 랑시에르가 언급하는 정치적 과정을 통해 다양한 주체들이 충돌하며 다른 목소리를 서로 인정하고 드러내는 과정이 필요하다.

최근 한국의 도시재생 관련 정책은 이러한 탈정치적 수사, 즉 '선한' 도시재생이라는 목적을 강조하며 반대 목소리를 억누른다. 다시 말해 지금 행해지는 도시재생은 과거 전면철거 방식의 재개발이나 뉴타운 개발과 다르다는 것이다. 또한 전자는 주민이 참여하고 주도해 지역을 조금씩 바꿔가며 주거안정과 지역경제를 살리는 선한 정책이지만 후자는 많은 폐해가 있었던 국가주도의 하향식 정책임을 인정하는 반성적 수사를 통해 도시재생과 도시개발을 대비시킨다.

도시재생에서 강조하는 주민참여에서 그 '주민'은 누구인지, 지금 도시재생이 과연 기업가주의적 도시공간과는 다르게 주민을 위한 공간을 살리려 노력하는지 검증이 필요하다. 이 글에서는 21세기 서울에서 벌어지는 도시정책의 패러다임이 과연 정부가 주장하듯 재개발에서 재생으로 긍정적인 전환을 하고 있는지 창신·숭인 지역 도시재생 프로그램을 통해 알아보고자 한다. 이를 위해서 우선 이 지역 도시재생 프로그램의 주요한 주제인 봉제산업을 이해할 필요가 있다.

창신동의 역사: 동대문시장과 봉제마을

공업화를 거친 대부분의 도시에서는 탈산업화를 겪으며 많은 공장시설이 교외 또는 해외로 옮겨가 해당 공장부지들이 공동화되는 현상이 나타난다. 그런데 인쇄, 의류, 귀금속 등 기존의 굴뚝형 공장에 비해 환경오염을 적게 일으키고, 노동력 수급이 중요한 몇몇 제조업은 도시에 남는 비율이 높다. 도시형 제조업[101]으로 불리는 이 업종은 주로 도시의 한 공간에 모여 공존한다. 서울 충무로의 인쇄업, 종로의 귀금속 등이 그 예다. 의류제조업의 경우 국내 의류제조 관련 업체의 50퍼센트가 서울에 모여 있고, 그중에서도 동대문에서 가까운 다섯 개 구(종로구, 중랑구, 동대문구, 성북구, 중구)에 서울 지역 업체의 약 49퍼센트가 밀집해 있다.[102] 창신동도 동대문에 인접한 의류 제조업체, 이른바 봉제공장의 밀집지로서 전국에서 봉제업체의 밀집도가 가장 높은 지역으로 알려져 있

---

101 국회의원 전순옥은 이러한 도시형 제조업에 종사하는 숙련노동자를 소공인(小工)으로 명명하며, 소공인을 지원하는 〈도시형소공인 지원에 관한 특별법〉을 발의했는데 법안에 따르면 도시형 제조업이란 '노동집약도가 높고 숙련기술을 기반으로 하며 일정 지역에 집적하는 특성이 있는 제조업'으로 10인 이하 노동자들을 고용하고 있는 업체들을 지칭한다(전순옥·권은정, 2015: 40).

102 동대문 인접 지역 외에도 서울에는 그 특성에 따라 강남 3개 구(서초구, 송파구, 강남구)와 도심 외곽 지역(금천구, 구로구, 양천구, 은평구)에도 의류 제조업체들이 집중되어 있다. 그러나 이들의 업체당 평균 종사자 수가 서울 전체 평균인 4.2명보다 높은 6~11명 선에 이르는 것에 비해, 동대문 주변 업체들의 평균 종사자 수는 2~3명으로, 동대문 인접 지역의 의류 제조업체들은 가족생계형 업체의 비중이 상대적으로 높은 편이며, 자체 공장근로자보다는 일감에 따라 보수를 받는 객공형태의 근로자를 많이 고용하고 있다(한국의류산업협회, 2013a).

는데, 상당수의 봉제공장은 동대문시장 일대에서 이곳 창신동으로 옮겨왔다.

동대문시장에서는 일찍부터 포목, 신발, 의류, 부자재 등의 거래가 활발히 이루어졌는데, 그 시작은 19세기 후반으로 거슬러 올라간다. 1899년 서울에 전차가 개통된 이래, 전차선로의 개설과 노점금지로 실업자가 된 상인들을 흡수하면서, 1905년 광장회사가 설립되었다. 당시 이 회사가 운영했던 시장을 '동대문시장'이라고 불렀는데, 그곳이 바로 지금의 광장시장이 있는 곳이다. 그리고 한국전쟁 이후 폐허가 된 서울 청계천변에 북에서 내려온 피난민과 지방에서 올라온 사람들이 모여들어 판자촌을 형성하기 시작했다. 특히 동대문 주변에는 거리에 미싱을 가지고 나와 옷을 만들어 생계를 유지하는 사람과 노점상이 늘어서면서 상권이 만들어졌다(이순우, 2014).

1958년 청계천 일대에 대화재가 일어난 이후, 이들 판자촌과 노점상은 밀려나고 청계천이 복개되면서, 1962년에는 아파트형 평화시장 건물이 들어섰다. 이 건물은 지금 청계천로 오간수교와 전태일다리 사이에 있다. 이곳에서는 2·3층에 봉제공장을 두어 의류를 생산하고 1층 상점에서 옷을 파는, 당시로서는 나름 혁신적인 의류 생산 및 판매 시스템을 도입했다. 이후 그 주변에 평화시장 건물과 같은 구조인 동화시장(1968)·신평화시장(1969)·제일평화시장(1979) 건물이 차례로 세워지고, 1970년에는 부자재 전문 동대문종합시장[103]이 들어서면서 1960년대 후반에서 1970

년대 초반, 이 일대는 의류생산과 판매중심지로 특화되기 시작한다. 당시 한 신문기사는 동대문시장에서 점차 생선, 채소 등의 식료품을 취급하는 상가는 줄어들고 의류·포목·잡화 상가들이 집중되는 변화를 주목해 이를 "동대문시장의 매머드화"(《매일경제신문》, 1967.6.17)로 부르기도 했다.

이 중에서도 평화시장은 2·3층 공장에 숙련된 미싱사들이 모여 있어 전국 기성복 시장의 중심이 되었다. 실제 봉제공장에서 일하다 영국 유학길에 올라, 한국 여성 노동자를 주제로 박사학위를 받은 전순옥은 《끝나지 않은 시다의 노래—1970년대 한국 여성노동운동에 대한 새로운 자리매김》(2004)에서 당시 평화시장의 노동환경과 청계피복노조 결성 과정을 자세히 다루고 있다. 평화시장 2·3층에 자리 잡은 공장의 열악했던 노동환경을 여기서 자세히 다룰 수는 없다. 대개 환기도 되지 않는 좁은 공간에서 어린 여공을 비롯한 많은 노동자들은 장시간 노동에 시달렸으며, 고용주들은 근로기준법을 지키지 않음은 물론 정당한 임금을 지급하지 않고 세금을 축소하기 위해 온갖 불법적인 수단을 동원했다. 이러한 노동조건에 대항해 1970년 11월 평화시장에서 일하던 의류제조 노동자 전태일이 시장 앞에서 분신을 했고 그해 11월, 청계피복노조가 결성되었다.

이후 동대문시장에 집중된 봉제공장들에 대한 안전점검과

103　1970년 도시재개발의 일환으로 설립된 동대문종합시장은 원래 있던 고속터미널을 강남 반포로 이전하면서 세워졌으며 주로 원단과 부자재들을 다루고 있다(오유석, 2001: 140).

1982년 평화시장 안의 모습 | 1970년 11월 열악한 노동조건에 대항해 평화시장의 의류제조 노동자 전태일이 시장 앞에서 분신을 했고 그해 11월, 청계피복노조가 결성되었다. 이후 동대문시장에 집중된 봉제공장에 대한 안전점검과 근로기준법 준수여부 등 노동환경 단속이 강화되기 시작하면서 1970~80년대 꽤 많은 공장이 창신동을 비롯한 그 주변 지역으로 옮겨갔다. 이로 인해 평화시장 등을 중심으로 동대문에 집중해 있던 의류 생산과 판매의 공간적 공존이 무너지고 동대문은 판매와 소비위주 공간으로 바뀌었다. (출처: e영상역사관)

근로기준법 준수여부 등 열악한 노동환경 단속이 강화되기 시작하면서 1970~80년대에 꽤 많은 공장이 창신동을 비롯한 그 주변 지역으로 옮겨갔다. 이로 인해 평화시장 등을 중심으로 동대문에 집중해 있던 의류 생산과 판매의 공간적 공존이 무너지고 동대문시장은 판매와 소비 위주 공간으로 바뀌었다.

　동대문시장의 소비기능은 점차 두드러지면서 1990년대 들어 평화시장과 같은 도매 위주 상점이 아닌 현대적 패션상가들이 연이어 생겨났다.[104] 이들은 동대문시장에 일반 소비자들을 적극적으로 끌어들여 밤 12시 이후 새벽장뿐만 아니라 24시간 패션시장의 붐을 가져왔다. 그러나 대형 의류전문 빌딩이 경쟁적으로 지어진 배경에는 투기이익을 노린 부동산 개발방식의 개입(조달호·최봉·홍석기, 2011)이 있었다. 이렇게 자본이 유입되면서 동대문시장은 소비 중심의 화려한 도시공간으로 변모했지만 의류산업 자체의 인프라 개선 등 산업의 질적 향상은 이루지 못했다.

> 미싱공 6년의 김 양(23, 서울 청계천 평화시장 M봉제 미싱사)은……
> 평화시장의 여러 봉제공장을 옮겨 다니며 먼지로 뒤범벅이
> 된 작업장에서 하루 12~17시간씩 고된 일에 시달리다 보니
> 자신도 모르는 사이 폐결핵에 걸린 것이다. ……평화시장 안
> 봉제공장은 그래도 작업조건이 나은 편. 변두리 주택가나

104　1990년 아트프라자를 시작으로, 1994년에는 디자이너 출신 상인들이 주축이 된 디자이너클럽, 1996년에는 당시 단일 상가로는 동양 최대 규모의 거평프레야, 1998년 밀리오레, 1999년 두산타워 등의 소매위주 상가들이 들어섰다.

금화동, 창천동, 창신동의 시민아파트 등에 잠입해 취재한 4백여
무허가 봉제공장의 5천여 여공들은 완전히 밀폐된 작업장이나
심지어 지하방공호 등에서 하루 14~18시간 중노동에 시달리고
있다(〈동아일보〉, 1977.2.7).

위의 글은 1970년대 후반, 봉제공장의 노동환경에 대해 언급한 신문기사다. 기사는 평화시장 안 공장과 창신동 등 주변 주거지역으로 이전한 공장을 비교하면서 오히려 후자의 작업환경이 더 열악했음을 보여준다. 처음부터 창신동을 비롯한 주변 주택가로 사업주들이 공장을 이전한 이유가, 근로기준법에 위배되는 장시간 노동 및 노동환경 관련 법 기준에 위배되는 공장들에 대한 단속을 피하기 위한 것이었기 때문에 노동환경이 개선될 여지는 없었다.

공장들이 시민아파트나 주택지하실, 좁은 주거공간 등 공장에 적합하지 않은 공간에 자리 잡으면서 환기와 채광조차 되지 않는 곳이 훨씬 많았다. 동대문 주변 상가에 있던 공장들은 한 건물 내에 밀집되어 있어 그나마 정부의 관리감독 내에서 편법적인 운영을 했다면, 주택가로 들어온 공장들은 사업자 등록도 하지 않은 무허가 비율이 훨씬 높았다.

동대문시장에서 창신동으로 봉제공장들이 옮겨가면서 이제 봉제공장들은 단순한 공간이동을 뛰어넘어 공식적인 생산과 소비의 경제영역에서 후퇴하게 되었다. 반면 장시간의 노동집약적 노동형태는 그대로 유지되어 노동환경이 정체되거나 오히려 더 나빠지는 계기가 되었다. 또한 봉제공장들이 이곳을 떠나 주변 주거지로 흩어졌고, 시간이 흐르면서 그동안 평화시장을 중심으로 지녔던 노동운동의 상징성은 더욱 약해졌다.

봉제공장 밀집도가 높은 창신동이 그 상징성을 면면히 이어가고 있기는 하지만, 앞서 이야기한 것처럼 소규모로 분화된 공장들, 1990년대 이후 생산공장 해외 이전에 따른 의류제조업의 침체, 그리고 한국사회를 통틀어 약해진 노동운동 등으로 봉제공장 노동자들의 처우는 크게 나아지지 않았다. 2005년 청계천을 복원하면서 평화시장, 통일상가, 동화상가가 모여 있는 주변 청계천 다리를 전태일다리로 이름 짓고, 다리 위에는 그의 동상을 설치하여 노동운동의 역사적 상징성을 보여주고 있기는 하지만 이를 기억하는 이는 많지 않다.

이렇게 봉제공장들이 창신동으로 이전하면서 이곳에 어떠한 변화가 생겼는지 역사와 사회경제적 맥락 안에서 살펴볼 필요가 있다. 영세한 공장들은 창신동으로 더욱 밀집되었고, 노동조건 역시 더 열악해졌다. 창신동에는 30~40년 이상 봉제노동자로 일한 숙련노동자들이 많으나, 이들이 만드는 의류는 주로 저가 의류다. 또한 창신동 공장에서 만드는 옷은 자체 브랜드가 아닌, 디자이너 주문에 따라 제조하고 납품하는 방식으로 유통되며 그 비율이 85퍼센트에 이른다(한국의류산업협회, 2013b). 이러한 소규모 영세공장들은 디자이너 또는 도소매 시장 의존도가 높아 갑을 관계에서 을의 위치에 놓일 수밖에 없다. 특히 1990년대 이후 중국이나 동남아시아에서 생산된 저가 상품과의 경쟁, 공장의 해외 이전으로 봉제산업이 침체되면서, 봉제산업의 어려움은 봉제인이 아닌 창신동 지역 주민들도 체감하고 있다. 이미 창신동의 공간구성이나 지역 경제구조가 상당 부분 봉제산업을 중심으로 이루어졌기 때문이다. 마을미디어 운영자 C1과 봉제인 K5의 인터뷰는 창신동의 변화를 잘 말해준다.

> 동네가 많이 한적해졌죠. 불황이 어마어마해요. 밤늦게까지
> 공장에 불이 켜져 있고 미싱 돌아가던 소리가 들렸었는데. 이제는
> 공장 수가 반 이상 줄어든 것 같아요(C1 인터뷰).

> 공장하던 사람들이 많이 떠났고, 총체적으로 뭔가 빙하가
> 허물어지는 것 같은 느낌을 받아요(K5 인터뷰).

창신동 봉제산업은 이를 둘러싼 글로벌 패션산업의 흐름, 동대문시장을 중심으로 하는 디자인-제조-판매의 역학 구조 내에서 이해해야 한다. 더불어 도시형 제조업의 특징도 고려해야 한다. 그러나 창신·숭인 지역 도시재생 프로그램은 특정 산업이 아니라 도시 안의 낙후된 특정 지역을 대상으로 하는 프로그램이다. 그런데도 봉제산업을 들여다보아야 하는 이유는 도시재생 프로그램이 봉제산업을 재생의 주요 대상으로 삼기 때문이다. 이러한

계획들이 과연 창신 · 숭인 지역 도시재생에 유효한지, 그리고 봉제산업 활성화가 산업차원인지, 관광대상인지도 검증해야 한다.

창신동의 공간: 봉제공장에서 한양도성까지

도시재생은 도시쇠퇴를 전제로 한다. 현재 한국에서 도시쇠퇴 징후를 가늠하는 기준은 5년간 평균 인구성장률 감소, 5년간 총 사업체수 변화율 감소, 20년 이상 된 노후건축물 비율이 50퍼센트 이상, 이렇게 세 가지인데 이 중 하나 이상이 나타나면 도시가 쇠퇴했다고 본다. 이 기준에 따르면 한국의 도시 세 곳 중 두 곳이 쇠퇴하고 있다는 결과에 이른다(도시재생사업단, 2012). 이러한 쇠퇴지역 재생은 다시 경제기반형 재생과 근린형 재생 두 가지로 나뉜다. 도시재생사업단에 따르면, 전자는 주로 경제기반을 다시 세우기 위해 쇠퇴한 산업단지 등을 중심으로 한 도시 전체의 산업기능 활성화에 초점을 맞춘 계획이고, 후자는 쇠퇴한 근린 주거지역의 점진적 주거재생을 통해 적은 비용으로 도시체질을 개선하는 것이다.

창신동은 근린형 도시재생 선도지역으로, 앞서 이야기한 취지에 따르자면 봉제산업 활성화보다 낡은 주거환경이 중요한 재생대상이 되어야 한다. 특히 이곳은 2007년부터 2013년까지 뉴타운 지역으로 지정되면서 주거환경 정비가 전혀 이루어지지 않왔기 때문에 개선을 원하는 주민들의 요구도 강한 편이다. 따라서 주거환경 개선과 관련하여 창신동의 공간적 구성 및 그 변화에 대해 살펴볼 필요가 있다.

1960년대 이후 급속도로 일어난 산업화와 도시화로 인구가 도시로 모여들기 시작했다. 농촌에서 도시로 이동한 인구는 도시에 노동력을 제공하는 주체가 되었고, 이들이 핵가족을 이루면서 가구 수가 크게 늘어나자 주택부족 현상이 나타났다(전남일·손세관·양세화·홍형옥, 2008: 188). 그렇게 농촌을 떠나온 사람들이 도시에 정착해 일자리를 찾고 세 들어 살기 시작한 전형적인 동네 중 하나가 창신동이다.

창신동은 북쪽에 있는 낙산 정상에서부터 남쪽 동대문에 이르는 경사지에 자리 잡고 있으며 서쪽은 한양도성을 기준으로 종로구 이화동 및 충신동과 자연적으로 경계가 지어져 있다. 현재 동대문역과 동묘역을 가로지르는 길인 종로에 면하고 있는 일부 지역은 상업시설들이 몰려 있는 일반 상업지역과 준準주거지역이고 창신동 일대는 대부분 일반 주거지역이다.

이 지역은 봉제공장이 주택가 사이에 퍼져 있다는 점에서 서울의 일반 주거지역과 눈에 띄게 다르다. 앞서 이야기한 동대문 주변 다섯 개 구에도 1980년대를 전후로 많은 봉제업체들이 옮겨왔지만 지금까지도 유독 창신동에 봉제업체 밀집도가 높은 데에는 창신동의 지형 특성과 그에 따라 만들어진 주거형태 분포에 그 원인이 있다. 가파른 경사지를 따라 판잣집들이 자연발생

창신동 전경과 다가구 · 다세대주택에 들어선 봉제공장 | 창신동은 봉제공장이 주택가 사이에 퍼져 있다는 점에서 서울의 일반 주거지역과 눈에 띄게 다르다. 이곳에 유독 봉제업체 밀집도가 높은 이유는 창신동의 지형 특성과 그에 따라 만들어진 주거형태 분포 때문이다. 가파른 경사지를 따라 판잣집들이 자연발생적으로 생겨나 구획정리가 어려웠고, 한양도성이라는 사적에 인접해 개발제한을 받아 재개발로 대단위 아파트 단지를 조성하는 일은 쉽게 이루어지지 않았다. (출처: 김지윤)

적으로 생겨나 구획정리가 어려웠고, 한양도성이라는 사적史蹟에 인접해 개발제한을 받아 재개발로 대단위 아파트 단지를 조성하는 일은 쉽게 이루어지지 않았다.

그래서 이 지역은 아파트보다는 다가구와 다세대 주택 분포율이 높은 편이다. 2010년 기준으로 한국의 아파트 거주가구 비율은 약 47퍼센트(통계청, 2010)에 이르는 반면, 2012년 기준 숭인동 일부를 포함한 창신동 지역 주택현황을 보면 전체 주택형태 중 아파트의 비율은 19퍼센트에 그치고, 대신 단독주택(47.5퍼센트)과 연립·다세대 주택(24.8퍼센트)을 합한 비율이 약 72퍼센트에 이른다(서울특별시, 2015). 이렇게 공장이 임대해 들어갈 수 있는 단독주택과 연립·다세대 주택의 비율이 높다 보니 집주인들도 재개발로 아파트 분양권을 얻기보다는 현재 주택형태를 유지하면서 일반 임대보다 임대료가 높은 봉제공장 임대를 선호하고 있다. 이런 이유에서 창신·숭인 지역 뉴타운 개발계획도 집주인들의 반대에 부딪혀 무산되었다.

절개지부터 낙산아파트까지, 창신동이 품은 서울의 역사

창신동은 20세기 초부터 지금까지 서울 도시화의 흔적을 곳곳에 담고 있다. 그 역사적 흔적은 이곳에 오래 살았던 주민의 기억, 오래된 집과 골목에서 찾아볼 수 있다. 1930년대 일제강점기에는 이곳에 도시형 한옥이 지어졌고 그중 일부가 창신동 시장 주변에 남아 있다. 1960년대에는 서울시가 주택공급을 늘리기

서울, 젠트리피케이션을 말하다

위해 도시빈민의 판잣집 등 불량주택을 없애고 짓기 시작한 시민 아파트가 들어서기도 했다. 특히 고지대에 지은 낙산아파트는 제대로 된 상하수도 시설이 마련되지 않았고 화장실 등 기본시설이 좋지 않아 주민이 아파트 주변에 간이화장실을 따로 짓기도 했다. 게다가 대중교통 시설이나 진입로가 제대로 갖춰지지 않아 초기에는 많은 주민이 출퇴근을 위해 동대문에서부터 가파른 언덕길을 30분 이상 오르내려야 했다.[105]

1970년대 낙산아파트에 거주했던 한 주민이 신문에 기고한 내용에 따르면, 낙산아파트는 강남 아파트들이 상징했던 중산층의 삶과는 거리가 멀어 "'문화적' 생활보다는 '난민수용소나 폐허'에 더 가까운"(〈매일경제신문〉, 1970.2.4) 이미지였다고 한다. 이미 낙후될 대로 낙후됐던 낙산아파트는 1980년대부터 추진되어온 한양도성 복원 및 주변 공원조성을 두고 끊임없이 그 철거가 논의되다가 1997년에 철거가 시작됐고, 2002년에는 그 자리에 낙산공원이 들어섰다.

낙산아파트의 중요성은 일단 그 규모에 있었다. 약 천 세대가 넘는 아파트 주민들이 높은 언덕에서 동대문까지 이르는 언덕길을 통해 출퇴근하고 창신시장을 오고가며 장을 보던 1980년대가 창신동이 가장 북적북적한 때였다. 그때부터 지금까지 창신동

---

105 1969년 5층짜리 41개동으로 1,096세대를 수용하는 대단지 낙산아파트는 현재 창신동 북측 낙산공원 자리에 지어졌다. 그러나 이러한 시민아파트들은 주택부족을 해결하기 위해 단기간에 지어져서 이미 1970년대에 불량주택으로 분류될 정도로 문제가 많았다(전남일 외, 2008: 205).

에 살고 있는 K5는 낙산아파트 철거 전후의 변화를 말해주었다.

> 제가 초등학교 때 생각해보면, 시민아파트 살던 사람들이 이
> 아래로(동대문역 방향) 물결처럼 내려왔어요. 여기 창신시장 골목도
> 미어터져서 못 다닐 정도로. 시민아파트가 철거되면서 그 물결
> 같던 사람들이 확 빠져나가니까, 시장에 다니는 사람들이 반으로
> 줄더라고요. 시장 아주머니들이 아침저녁으로 다니는 사람이
> 없다는 소리를 할 정도였어요(K5 인터뷰).

이러한 변화는 1990년대부터 시작된 봉제산업 침체기와 맞
물렸다. 문 닫는 공장이 늘고 주민 수는 줄면서, 시끌벅적했던 창
신동 분위기가 전반적으로 가라앉았다.

현재 창신동에는 아파트보다 주택이 훨씬 많고, 그중 단독
주택보다는 많은 임차인을 두고 세를 받기 위한 다가구·다세대
로 개조된 주택이 대부분이다. 이는 1984년, 서울시가 주택부족
문제를 단기간에 해결하기 위해 제정한 〈임대주택건설촉진법〉과
맞물려 있다. 단독주택에 두 가구 이상 사는 것을 합법화하면서
이후 많은 다가구·다세대 주택이 생겨난 것이다(전남일 외, 2008).
창신동에서도 합법화된 다가구·다세대 주택 정책을 적극 활용
하는 가옥주들이 속속 등장했는데, 현재 창신11길을 따라 축대
위에 지어진 비교적 넓은 평수의 금강주택단지가 대표적인 사례
다. 주민들은, 이들 주택의 가옥주는 외부에서 이주해온 사람이

창신동 절개지 위아래 주택들 | 창신동·숭인동 일대에는 일제강점기 때 화강암 채굴을 위해 돌산을 잘라내고 남은 가파른 절벽인 절개지가 있다. 한국전쟁이 끝난 뒤 1960년 대까지도 채석장으로 이용되었던 이곳에는 현재 다가구·다세대 주택들이 빼곡히 차 있다. (출처: 김지윤)

거나 동대문에서 봉제공장이나 의류도소매로 돈을 벌어 집을 산 성공한 봉제인일 거라고 말한다.

　이외에도 창신동·숭인동 일대에는 일제강점기 때 화강암을 채굴하기 위해 돌산을 잘라내고 남은 가파른 절벽인 절개지가 있는데, 이들 주변에도 다가구·다세대 주택들이 빽빽하게 들어서 있다. 이러한 절개지들은 한국전쟁이 끝난 뒤 1960년까지도 일부는 채석장으로 운영되었다. 채석장이었던 돌산꼭대기 또는 그 낭떠러지 바로 밑에는 수백 채의 무허가 집이 들어서기 시작했고, 안전조치 등 정부의 적극적인 행정관리 없이 꽤 오랫동안 방치되어왔다. 이로 인해 낙석으로 집이 무너져 내리거나 안전사고가 발생해 무허가 건축물들이 철거되기도 했지만, 이곳은 새로운 주거공간으로 계속 채워졌다. 1963년 창신채석장 가까이에 창신아파트가, 1973년에는 낙산채석장 부근에 주택들이 새로 들어서면서 지금까지도 절개지 주변으로 다가구·다세대 주택들이 빼곡하게 차 있다.

인구성장률과 공장 등 사업체 수가 줄어들고, 20년 이상 된 노후건축물 비율이 높다는 사회적·공간적 조건으로 보면 창신동은 전형적인 쇠퇴의 징후가 보이는 곳이다. 다양한 형태의 다가구·다세대 주택, 연립주택, 오래된 아파트와 비좁은 골목이 섞인 경관은 재개발과 뉴타운 정책으로 만들어진 아파트 위주의 밋밋한 경관에 비해 혼잡스럽게 보일 수도 있다. 그러나 도시재생의 대상이 되기 위해서는 쇠퇴의 징후나 혼잡해 보이는 도시경관보다는 실제 주민이 도시재생을 어떻게 받아들이는지가 더 중요하다.

> 도시재생은 차라리 처음부터 안 했으면 좋았을 거라는 생각을
> 해요. 처음에는 주민들이 원하는 거 다 해줄 것처럼 하다가
> 나중에는 구청에서 나와서 여기도 외부 사람이 들어와서 땅값
> 오를 거라는 얘기나 하고. 그럼 여기 살던 사람은 어떻게 하라고.

서울, 젠트리피케이션을 말하다

그냥 여기 부모 커뮤니티도 잘 되고 있는데 이런 거 잘 되게 두면
될 것 같아요(K4 인터뷰).

마을활동가 K4의 말처럼, 도시재생은 기존 재개발 방식과
차별화되기 위해서라도 주민의 삶의 질을 개선하고 주민 힘으로
만든 커뮤니티 활동을 지원함으로써 그들이 원하는 곳에서 안정
된 삶을 사는 것이 되어야 한다. 그러나 도시재생 정책을 담당하
는 일부 공무원이 이야기하듯 도시재생이 땅값이나 집값을 올리
는 계기가 된다면 이는 정부주도의 젠트리피케이션이 되어 오히
려 기존 주민의 삶을 위협할 수 있다.

도시재생을 둘러싼 쟁점: 진정한 주민이란

저는 여기서 30년 넘게 봉제일을 하면서 주민으로 살았지만
뉴타운이 제 일이 아니었어요. 도시재생도 제 일이 아니었어요.
집주인처럼 이해관계가 얽힌 사람들은 주민협의체 같은 데 가서
기를 쓰고 참여하지만 대부분 여기 사람들은 먹고살기 바쁘다
보니 그게 자기 일이 아니에요(K5 인터뷰).

일단 뉴타운처럼 주민들이 쫓겨나는 건 아니니까, 도시재생은
좋은 거라고 생각하죠(Y 인터뷰).

도시재생은 주민참여를 강조한다. 하지만 많은 주민들은 도시재생이 무엇이며, 어떤 방식으로 진행되는지 모르거나 아예 관심도 없다. 세입자들은 집값만 오르지 않는다면 대체로 상관없다는 입장이어서, 도시재생 프로그램이 재개발처럼 기존의 주택을 헐어버리고 아파트를 짓지 않는다는 점에서 안심하는 분위기다. 창신·숭인 지역 뉴타운 지정해제를 주도했던 가옥주들은 도시재생 역시 관주도의 또 다른 개발계획이라고 생각한다. 그래서 도시재생이 자기재산에 미칠 영향을 염두에 두고, 관이 개최하는 주민설명회나 주민의 의견을 수렴하는 주민협의체에 가장 적극적으로 참여하는 편이다.

창신·숭인 지역 도시재생 프로그램에서 갈등이 첨예한 지점은 무엇보다 주민이 봉제산업에 얼마나 관련되어 있는가에 따른 시각 차이에 있다. 이 지역 도시재생 프로그램의 일정 부분이 봉제산업에 초점을 맞추고 있고 이곳이 '봉제마을'로 알려지다 보니, 봉제산업과 관련이 없는 주민은 도시재생 프로그램의 내용과 예산이 봉제산업에 편중되어 있다고 불만을 터트린다.

이들은 먼저 봉제인이 과연 도시재생 프로그램에 목소리를 낼 만한 주민인지에 대해 문제를 제기했다. 대부분 봉제공장이 주택 일부를 임차해 운영하다 보니 봉제노동자나 공장주는 세입자거나, 주소지가 이곳이 아니지만 출퇴근하는 사람들이 많다. 여기서 이들이 진정한 주민인지를 물은 것이다. 이 지역에 상대적으로 오래 살아온 가옥주들은 이러한 문제를 거론하면서, 진정한 주민으로서 자신들의 권리를 주장한다.

문제는 출퇴근하는 봉제인 수가 가옥주보다 더 많다는 점이다. 이러한 갈등은 주민협의체를 구성하는 과정에서 본격적으로 드러났다. 봉제인 수가 가장 많은 창신2동에서 가장 많은 주민이 주민협의체에 가입한 것이다. 처음에는 느슨한 조건으로 주민이면 누구나 참여할 수 있다며 모집했지만, 이 일로 주민협의체 안에서 주민의 자격조건이 세분화되기 시작했다.

신청자 중 의결권을 가질 수 있는 주민은 '건물 및 토지 등의 소유자 및 세입자'로 한정된다. 반면 주민협의체에 참여는 할 수 있지만 의결권은 없는 이들을 따로 구별했는데 이에 속하는 사람들이 바로 사업자등록을 하지 않은 봉제인이나 이 지역에 살지는 않지만 출퇴근하는 이들이다. 창신·숭인 지역에 있는 많은 봉제공장이 사업자등록을 하지 않은 상황에서, 이러한 구별은 주민협의체에서 봉제인들의 의결권을 제한하기 위한 의도로 보인다.

창신동 정체성과 주민의 자격

앞서 이야기한 갈등이 소유권, 즉 경제자본을 둘러싸고 벌어졌다면, 두 번째는 문화자본을 가진 이들의 활동을 둘러싸고 나타난다. 이들은 창신·숭인 지역이 도시재생 선도지역으로 선정되기 이전부터 봉제공장이 밀집한 창신2동을 중심으로 활발한 커뮤니티 활동을 해왔다. 이들 가운데 많은 사람들이 봉제인, 봉제공장, 봉제산업에 관심을 가지며 이 지역에 기반을 두기 시작했다.

우선 의류봉제협동조합과 봉제산업협회는 봉제산업에 종사하는 노동자나 사업주의 이익을 대변해왔다. 해송아동지역센터를 비롯한 아동·청소년 관련 단체들은 부모 모두가 장시간 봉제산업에 종사하는 가정의 자녀들을 위한 돌봄 서비스를 제공해왔고 이들 단체를 통해 부모들의 커뮤니티도 자연스럽게 이루어졌다.

2010년을 전후해서는 젊은 예술가, 마을활동가, 사회적 기업이 만들어내는 새로운 공간이 창신동에 자리 잡기 시작했다. 마을주민이 방송의 진행자도, 청취자도 될 수 있는 라디오 방송국, 지역 아동을 위한 마을도서관과 문화예술 교육 프로그램을 진행하는 단체, 그리고 건축학이나 의상디자인을 전공한 대학(원)생들이 창신동 봉제산업 활성화를 위해 디자인 기능을 불어넣는 사업모델을 도입하는 등 다양한 사회적 기업이 생겨났다. 이러한 단체와 기업 대부분은 2010년부터 2014년 사이 창신동에 자리를 잡았다. 이들은 창신동 봉제산업이 가진 문화경제적 가치에 끌렸다고 한다.

> 이 지역에 끌렸던 이유는 지역 문제를 고민하는 기존 활동가들이
> 있다는 점이었어요. 지역 아동센터의 선생님들, 노동운동하셨던
> 분들 보면서 저희가 많은 영감을 받았어요. 또 하나는 이 지역이
> 뭔가를 생산하고 있다는 점이에요. 예술가로서 우리도 뭔가
> 생산하기는 하지만 이벤트성이고 일시적인데 이 지역에서는 뭔가

꾸준히 생산한다는 점에서 끌렸어요(H1 인터뷰).

*여기에 끌렸던 지점은 여기가 매끄러운 데가 아니고 약간 거칠한
곳이라는 것. 노동자였던 아버지의 손처럼? 땀 흘린 만큼 돈을
버는 이 분들에 대한 애정이 있죠(C1 인터뷰).*

　문화예술 활동 및 사회적 기업을 운영하는 H1과 마을미디
어 운영자 C1의 인터뷰 내용처럼, 이들 다수가 창신동 봉제인들
에게서 느껴지는 이른바 '노동자들의 스피릿'을 이야기한다. 즉
이들은 자신의 노동력과 기술을 활용하여 생존하는 삶의 방식을
긍정적으로 바라보는 것이다. 이들은 도시재생 프로그램이 시작
되기 전부터 창신동에서 새로운 주민 또는 활동가로 자리 잡았는
데, 이 무렵 공공기관이나 기업 단위에서 사회적 기업과 마을만
들기 관련 사업을 직간접적으로 지원하는 제도가 늘어나, 그 도
움을 받기도 했다. 문제는 이들이 하는 모든 활동이나 공간조성
을 일반 주민들은 관이 주도하는 도시재생 프로그램 안에서 재정
적 지원을 받는 것으로 인식한다는 점이다.

*어제도 할머니들이 모여서 하시는 말씀이 "구청은 돈이 많은
가봐? 이런데 자꾸 뭐 만들고" 하시더라고요. 좀 안 좋은
시선으로. 이런 공간은 다 나랏돈, 세금 받아서 하는 거 아니냐고
하시는 거죠(K4 인터뷰).*

이렇게 이 지역 정체성을 봉제산업에 두는 이들에게 '주민'의 기준은, 주택이나 토지의 소유여부보다는 창신·숭인 지역을 중심으로 자신의 일상생활을 얼마만큼 이루어가는지다. 이러한 사람들이 만든 모임이 '창신마을넷'인데 이들은 주소지나 주택소유 여부와 상관없이 창신·숭인 지역에서의 다양한 커뮤니티 활동으로 연계되어 있다.

이와 달리 기존 행정구역에 기반을 두어 조직된 모임들도 있다. 각 동별 모임을 조직화한 주민자치회가 대표적이다. 이 모임의 성원은 대체로 가옥주로 토지나 주택 소유권이 곧 주민 의사결정권과 같다고 생각한다. 이들의 일부는 봉제공장 임대수익에 기대고 있어 봉제공장이 중심인 지역 경제의 중요성을 공감하지만, '주민'의 대표성 문제에서는 주택 소유권이 없는 봉제인들을 경계한다. 또한 봉제공장 및 커뮤니티 활동가와 예술가들이 집중된 창신2동 외의 지역 주민들 역시 도시재생 프로그램의 자원이 봉제산업에 집중되어 있다는 불만을 갖고 있다.

> 주민들이 불만이 많아요. 왜 지원이 다 창신2동에만 몰렸냐는 거죠. 예산분배를 잘해야지 봉제 쪽에만 돈을 줘서 창신2동에만 몰린다는 거죠(K6 인터뷰).

종로구청 공무원 K6의 말에서 알 수 있듯이 한 지역 안에서도 다양한 이해관계를 가진 개인과 그룹이 있기에 이러한 갈등이 일어나는 것은 어쩌면 당연한 결과다. 기존 재개발 방식은 주로 아파트를 건설하면서 그 분양권을 주민들의 토지 및 주택 소유권이나 거주형태에 따라 배분했기 때문에 주민의 자격은 곧 재산권이나 거주형태로 쉽게 판가름났다. 반면 도시재생은 직접적인 개인 자산보다는 지역 경관이나 공공 자원 또는 주민 공모사업 지원 등에 초점을 맞추다 보니, 도시재생 프로그램의 콘텐츠를 제안할 수 있는 문화자본을 가진 개인이나 그룹의 역할이 중요해졌다. 다시 말해 경제자본을 가진 주민과 경합하면서 "과연 주민이란 누구인가"라는 문제를 둘러싼 갈등이 생겨난 것이다.

　서로 부딪치는 그룹들의 의견을 수렴하고 관과 주민 사이 의사소통을 위해 만들어진 창신·숭인 지역 도시재생 지원센터는, 이러한 논의를 발전시키기보다는 도시재생을 모든 지역 문제를 해결하는 만병통치약으로 포장한다. 창신·숭인 지역이 도시재생 선도지역으로 선정된 지 두 달 뒤인 2014년 7월에 문을 연 도시재생 지원센터[106]는 초기에는 주민들과 대면 인터뷰를 통해 의견을 듣고 그들을 대상으로 하는 설명회를 개최하면서 좋은 평가를 받았던 것으로 보인다. 그러나 정작 주민들이 낸 의견들이

106　현재 서울시가 도시재생 지역으로 선정하는 곳에는 관과 주민의 매개역할을 하기 위한 도시재생 지원센터가 들어서고 있다. 주로 건축학이나 도시계획을 전공한 학계 인사가 센터장이 되고 서울시와 구청에서 파견하는 직원이 4~6명 정도 근무하는 것으로 계획되어 있다. 창신·숭인 지역 도시재생 지원센터의 경우 서울시에서 한 명, 종로구에서 세 명의 직원이 파견되고, 여덟 명의 동 대표, 20여 명의 전문가 그룹을 자문으로 선정할 계획이었다. 그러나 실제 서울시에서 파견된 직원은 도시재생 지원센터에 근무하고 있지 않으며, 실무를 담당하는 직원의 다수는 커뮤니티 활성화를 사업모델로 하고 있는 기업에서 파견한 용역직원이다.

도시재생 프로그램에 제대로 반영되지 않는다는 불만이 생겼다. 2015년에 행해진 주민과의 인터뷰에서는 도시재생 지원센터를 "공모사업 지원서류에 서명하는 곳", "서울시에서 이미 정한 계획을 전달하는 곳"으로 묘사하는 이들이 많았다.

관광자원화가 먼저인가, 봉제산업 활성화가 먼저인가

이렇게 창신·숭인 지역 도시재생 계획에서 봉제산업 활성화를 둘러싼 주민들 간 갈등은 과연 누가 진정한 주민인가라는 논의에까지 이르며 주요한 쟁점이 되고 있다. 그러나 또 다른 문제는 지금 계획되고 있는 도시재생 프로그램의 틀 안에서 마련된 봉제산업 관련 정책이 유효한가 하는 점이다.

많은 주민이 인터뷰에서 창신·숭인 지역이 도시재생 선도지역으로 선정된 것은 "박원순 시장이 다녀간 뒤"라고 했다. 주민들이 요구하기 이전에 이미 서울시와 종로구가 이 지역을 주목했고 그래서 도시재생이 시작되었다는 말이다. 창신동이 관의 주목을 받은 데에는 DDP의 영향이 크다. DDP는 서울시를 글로벌 도시로 만들기 위한 전형적인 도시브랜딩 전략의 하나다. 세계적인 명성을 가진 건축가에게 디자인을 맡겼고, 그 공간을 무엇에 쓸 것인지에 관한 것보다는 도심의 경관조성에 집중했기 때문이다.

봉제박물관은 박원순 서울시장의 아이디어로 출발했다.
박 시장은 지난 2011년 11월 지지부진한 창신동 뉴타운의

대안으로 지역 산업자원을 활용한 도시재생을 주문했다.

박 시장은 특히 "창신동 일대를 관광지로 육성할 수 있도록
봉제박물관을 세우고 주변 지역 문화와 연계해 지역 경제
활성화를 도모할 수 있는 방안을 검토할 것"을 지시했다.

(…) 봉제박물관은 단순한 의류제조 공장 밀집지역을 넘어
문화관광 자원으로 활용해 봉제산업의 발전은 물론 지역 경제를
떠받쳐주는 구심점 역할을 할 것으로 서울시는 기대하고
있다(《헤럴드경제뉴스》, 2015.8.3).

봉제박물관 건립은 창신·숭인 지역이 도시재생 선도지역
으로 선정된 초기 단계부터 여러 보고서와 계획안에 지속적으로
거론되고 있다. 그러나 봉제인들조차 '봉제박물관'이라는 단어에
거부감을 표시하자 이를 '봉제지원앵커시설'이라는 이름으로 바
꾸어 이곳에 봉제인들을 위한 공간을 만들겠다고 한다. 그러나
종로구청 공무원 K6는 "아직 그 안에 무엇이 들어갈지 정해지지
않았다. 우리도 모르겠다. 봉제인들이 원하는 걸 들어본 뒤에 결
정될 것이다"라고 했다. DDP와 마찬가지로 일단 물리적으로 건
축물부터 세우고 나서 그 기능과 내용을 고려하겠다는 것이다.

문제는 이 센터건립이 봉제산업 활성화의 주요 성과물이 될
가능성이 높다는 것이다. 서울시가 발표한 계획을 보면, 이곳에
는 봉제인들의 네트워킹과 커뮤니케이션을 위한 공간을 비롯해
봉제체험 공간, 공동작업장, 상설전시장 등이 들어설 예정이다.

창신동 봉제거리박물관 | 서울시는 창신·숭인 지역 도시재생 프로그램 가운데 하나로 봉제공장들이 밀집된 647번지 일대를 '봉제거리박물관으로 지정해 골목길 투어 프로그램을 진행하고 있다. 오래된 주택이나 생활환경이 아직 나아지지 않은 상태에서 이 지역의 낙후함과 봉제산업 자체가 관광의 대상이 된다면 도시재생은 과연 이 낙후함을 개선하기 위한 것인가 아니면 박제화하려는 것인가라는 의문을 갖게 된다. (출처: 김지윤)

이런 시설들이 과연 봉제산업 활성화에 도움이 될 수 있을까?

실제 만나본 봉제인들은 공장들 간 협업을 위해서 아파트형 공장이 필요하다고 말한다. 이는 지역 곳곳에 퍼져 있는 수많은 공장을 전면적으로 다시 배치하고 이들을 수용할 만한 큰 공장을 마련해야 하는 것이기 때문에 근린재생형 도시재생 프로그램으로 실현하기에는 어려워 보인다. 도시재생 지원센터가 봉제인들의 또 다른 요구사항인 원자재 공동구매와 제품의 공동판매를 위한 지원센터역할을 할 수도 있지만, 시설의 구체적인 기능을 확정하기도 전에, 지원센터부터 짓기 시작하는 상황에서 봉제인들의 바람이 제대로 반영될지 의문이다.

현재 서울시가 확정한 창신·숭인 지역 근린재생형 활성화 계획에 따르면 약 2백억 원의 관련 예산 중 75억 원은 주거환경 개선, 70억 원은 봉제산업 활성화, 45억 원은 관광자원 개발, 나머지 10억 원이 주민 공모사업과 도시재생 마을학교 등 주민활동에 대한 지원금으로 책정되었다. 그중 관광자원 개발예산이 45억 원이나 된다. 종로구청은 이미 서촌이나 북촌에서 한옥지구와 근대 문화유산 등을 활용한 다양한 관광 프로그램을 개발한 경험을 발판으로 창신·숭인 지역 도시재생 프로그램을 추진하고 있다.

그 프로그램 가운데 하나로, 비교적 규모 있는 봉제공장들이 밀집된 647번지 일대를 '봉제거리박물관'으로 지정해 골목길 투어 프로그램을 진행하고 있다(종로구청 홈페이지, 2015). 또한 창신·숭인 지역 관광 프로그램 자원으로 새로 발굴되거나 연계될 예정인 문화자원들로는 창신동 서쪽 경계의 한양도성, 일제강점기에 만들어진 절개지, 백남준과 박수근 같은 예술가들의 옛 집 터와 작업실, 창신1동의 완구 및 신발도매 시장, 그리고 마을의 명소라 이름 붙은 창신동 곳곳 독특한 외관의 집들과 마을길은 물론 영화나 드라마 촬영지였던 주택들이 있다.

회의적 반응

봉제공장을 비롯한 다양한 공간들이 관광자원으로 거론되면서 주민들 사이에서 자신들이 사는 공간 자체가 볼거리가 되어

사생활이 침해되는 것 아니냐는 우려의 목소리가 나오고 있다. 오래된 주택이나 생활환경이 아직 나아지지 않은 상태에서 이 지역의 낙후함과 봉제산업 자체가 관광의 대상이 된다면 도시재생은 과연 이 낙후함을 개선하기 위한 것인가 아니면 박제화하려는 것인가라는 의문을 갖게 된다.

> 사실 여기는 딱히 재생해야 할 게 없어요. 보기와 달리 그렇게 낙후된 곳도 아니고. 주민들 활동도 잘되고 있었거든요(S5 인터뷰).

> 작년(2013년)부터 이 동네가 들썩인 게, 000간 생기고, 마을도서관 생기고 하면서 종로구청에서도 오고 박원순 시장도 방문하고 그랬죠. ……그냥 도시재생이고 뭐고 아예 신청을 안 했으면…… (B 인터뷰).

주민 S5와 마을활동가 B의 인터뷰에서 알 수 있듯이 이미 도시재생을 회의적으로 보는 반응도 나오고 있다. 어떻게 보면 창신·숭인 지역에 도시재생이 절실하게 필요하기보다는 봉제공장 밀집지라는 특성과 더불어 2010년부터 창신동에 들어와 활동하던 다양한 예술가와 마을활동가와 같은 인프라, 그리고 관광자원이 될 수 있는 다양한 장소들과 주변 경관 활용을 통해 그럴듯하게 재생할 가능성이 높은 지역이기 때문에, 창신·숭인 지역이 도시재생 선도지역으로 선정되었다는 인식이 많은 주민과 활동가들과의 인터뷰에서 나타난다.

나가며: 누구를 위한 도시재생인가

주민들의 적극적인 참여로 낡은 주거환경과 도시환경을 조금씩 개선해 주거안정성과 주민의 삶의 질을 높인다는 도시재생은 철거 후 재건축하는 예전 재개발 방식에 비해 환영할 만한 방식이다. 그러나 주민이 참여하거나 주도하는 새로운 도시개발 정책이라는 기조와 달리 창신·숭인 지역의 도시재생은 서울시의 주도로 시작되었다. 또한 이 지역은 근린재생형 도시재생 지역임에도 처음부터 창신동 봉제산업에 초점을 맞춰 도시재생이 진행되었다.

이와 관련된 실행안들을 보면, 봉제산업 자체의 활성화보다는 글로벌 패션마켓으로서의 동대문시장 및 DDP와 연계해 창신·숭인 지역을 관광지로 만들고자 하는 측면이 강하게 드러난다. 패션디자인 허브를 상징하는 DDP, 조선시대 역사유물인 한양성곽, 그리고 도시형 제조업인 봉제와 근대 도시화의 흔적이 남아 있는 창신·숭인 지역. 이렇게 이어지는 공간적 서사는 관광자원으로 쓰기에 충분해 보인다.

이러한 관점에서 보았을 때, 이 지역의 변화 방향은 주민이 오래 머물기 위한 도시재생보다는 관광객을 포함한 외부인을 위한 경관 미화beautification가 될 가능성이 보인다. 앞서 말한 기업가주의적 도시로 변할 우려가 큰 것이다. 또한 봉제산업 활성화가 도시형 제조업 또는 의류봉제산업 활성화라는 산업차원의 프레임이 아닌 도시재생 프레임으로 이루어지는 상황에 문제제기하는 것도 필요하다.

> *창신동뿐만 아니라 이런 데가 중랑구, 만리동 등 몇 군데 있어요.*
> *그런데 서울시 차원에서는 봉제산업이 안 좋아진 지 꽤 됐는데*
> *별 대책이 없어요. 산업 쪽에서 직접 뭔가 해야 되는데……*
> *우리는 일단 이 장소에 대해서만 관여하는 거죠(K6 인터뷰).*

위의 공무원 인터뷰에서 알 수 있듯이, 봉제산업이 창신·숭인 지역 경제의 주요 축이라 해도 도시재생 프레임을 통해 봉제산업을 다시 일으키기보다 도시제조업 또는 글로벌 패션산업의 맥락에서 봉제산업 위기에 대한 근본적인 해결책을 내어놓는 것이 더 바람직하다. 여기에 봉제산업 종사자나 봉제산업 활성화에 관심 있는 예술가나 사회적 기업인과는 다르게 봉제산업이 이 지역을 대표할 수 있는지에 의문을 던지며 봉제산업 활성화에 동의하지 않는 주민들의 이야기에도 귀 기울일 필요가 있다. 박물관화하는 문화적 재현물로서의 '봉제마을' 조성이 아닌 지역 주민들 일상과 사회경제적 활동의 기반이 되는 장소로서의 지역 재생이 필요하다.

또한 정부가 도시재생 사업을 기존 재개발이나 뉴타운 개발

창신동 주민들이 라디오덤을 통해 제작한 음반들 | 2010년을 전후로 젊은 예술가, 마을활동가, 사회적 기업가들이 창신동에 자리 잡기 시작했다. 이들 대부분은 창신동 봉제산업이 가진 문화경제적 가치에 끌렸다고 한다. 마을주민이 방송 진행자도, 청취자도 될 수 있는 라디오 방송국 라디오덤도 그 가운데 하나다. (출처: 신현준)

과 대비하여 '선한 정책', '좋은 정책'으로 규정하여 일방적으로 추진하는 것도 문제다. 재생은 쇠퇴와 쇠락을 전제로 한다. 그러나 지역 주민이 스스로 아동 돌봄, 노동, 문화예술과 관련된 다양한 커뮤니티 활동과 오랫동안 침체되어 있던 봉제산업 활성화 방책을 마련하는 등 꾸준히 노력해온 결과, 이 지역은 생기를 잃은 적이 없다. 따라서 도시재생에서 '누가 진정한 주민인가' 그리고

'무엇을 재생할 것인가'라는 문제에 대한 다양한 목소리들이 '도시재생'이라는 목적 때문에 묻히는 것이 아니라 그 목소리에 귀 기울이는 정치화 과정이 필요하다.

● 이 글은 《도시연구—역사·사회·문화》 제14호(2015)에 게재한 〈'봉제마을' 창신동—도시재생과 산업재생의 엇박자〉를 이 책의 취지에 맞게 수정·보완한 것이다.

B   (50대 남성, 마을활동가), 2015.3.17.

C1   (30대 여성, 마을미디어 운영), 2015.2.2.

C2   (30대 남성, 도시재생 지원센터 근무), 2015.2.3.

G   (40대 남성, 창신동 주민), 2015.2.27.

H1   (30대 남성, 문화예술 활동가/사회적 기업가), 2015.1.23.

H2   (30대 남성, 마을활동가/사회적 기업가), 2015.2.3.

H3   (30대 남성, 갤러리 운영), 2015.2.26.

K1   (50대 여성, 지역 아동센터 운영), 2015.2.2.

K2   (30대 남성, 청년활동가), 2015.2.2.

K3   (30대 남성, 문화예술 활동가), 2015.2.3.

K4   (30대 여성, 마을봉사 활동가), 2015.2.26.

K5   (50대 여성, 봉제인), 2015.2.26.

K6   (50대 남성, 종로구청 공무원), 2015.5.24.

K7   (30대 남성, 갤러리 운영), 2015.2.26.

L1   (40대 남성, 카페 운영), 2015.2.2.

L2   (20대 여성, 문화예술 활동가), 2015.2.3.

P1   (30대 남성, 렌탈하우스 운영), 2015.2.3.

P2   (50대 남성, 문화예술 활동가), 2015.2.3.

P3   (40대 남성, 봉제인), 2015.2.26.

S1   (30대 여성, 문화예술 활동가/사회적 기업가), 2015.1.23.

S2   (30대 남성, 예술학교 운영), 2015.2.2.

S3   (30대 남성, 마을활동가/사회적 기업가), 2015.5.24.

S4   (50대 남성, 도시재생 지원센터), 2015.2.4.

S5   (30대 남성, 창신1동 주민), 2015.6.3.

Y   (50대 여성, 주민협의체 참여), 2015.5.28.

경리단 쪽으로 내려가는 길이 포화상태가 되니까 올라오면서, 금요일에는 장난 아니에요. 자코비스 버거 근처에는 폴리스 라인 쳐요. 어쨌든 새로 유입되는 사람들 때문에 시끄럽고 구주민들의 피해가 막심하죠.

사대문 주변에 집값 싼 곳을 찾아 돌아다니던 중에 발견했어요. 처음에는 입지와 집 넓어진 것만 좋아서 왔다가 거리에서 풍부한 느낌이 나는 해방촌 그 자체의 매력이 느껴졌죠.

8장

해방촌

도시난민의 정착지
또는 실험실

양재영 · 신현준

들어가며: 해방촌오거리, 이념을 넘어

해방촌은 어디 있는가. 2000년대 말 이후 이곳을 연구한 젊은 학자들은 각자 다른 방식으로 해방촌 위치를 이야기한다.

> 도심 근처 구릉지 주거지로, 남산과 미군기지 사이에 위치해 있다(서선영, 2009: 2).

> 용산고등학교의 서쪽[107], 남산타워의 남쪽, 곧 남산 밑의 언덕에 형성되었다(박지일, 2014: 7).

> 남산의 소월길과 미군부대 사이를 경계로 후암동과 이태원동 사이에 위치해 있다(심주영, 2012: 6).

---

107 글쓴이가 '동쪽'을 잘못 쓴 것 같다.

해방촌 위치를 둘러싼 다양한 설명만큼 그곳을 찾아가는 길도 여러 가지지만 먼저 해방촌을 걸어서 가려면 '등산을 하겠다'는 마음가짐이 필요하다. 언덕을 올라 숨이 턱까지 차오르며 다다른 마을의 정상이 바로 해방촌오거리다. 실제로 마을에서 가장 높은 곳은 아니지만, '꼭대기'나 '윗동네'라고 불린다. 이곳이 해방촌의 중심이다.

한 주간지에서 이 일대를 "다른 삶의 방식을 모색하는 '대안 공동체' 거점"(〈주간경향〉, 2013.2.19)이라고 묘사한 바 있다. 이곳에는 콩밭커피, 빈집, 빈가게, 종점 수다방, 수유너머R 등이 모여 있다. 한 일간지에서는 이곳을 "주민의 문화사랑방 구실을 하는 공간들"(〈한겨레〉, 2013.2.27)이라고 소개하기도 했다. 두 언론의 성격이 진보적인 만큼, 이들이 소개한 곳들에 드나드는 사람들도 진보적인 편이다. 실제로 주민공동체 '빈집'을 처음 시작한 사람 중 한 명인 J1은 자신이 반反자본주의 성향을 갖고 있다고 스스럼없이 말했다.

앞서 이야기한 해방촌에 대한 인상은 이곳 역사를 알고 있는 사람에게는 생뚱맞을 것이다. 해방촌 사람들은 전재민, 실향민, 월남인越南人, 피난민 등으로 불리면서 "반공정신 투철한"(〈경향신문〉, 1981.9.12) 사람들로 비춰졌다. 실제로 악명 높은 서북청년단의 본거지가 이곳이었고, 해방교회는 지금도 북한 선교에 앞장서고 있다. 보성여자고등학교와 숭실고등학교(뒤에 은평구로 이전)는 애초에 미국 선교사들이 설립해 북한에서 이주해온 학교다.

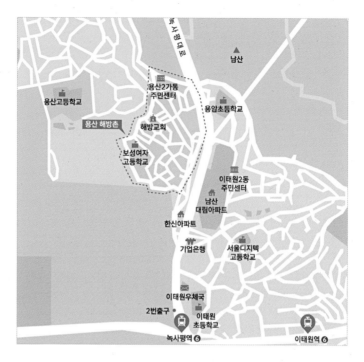

해방촌 지도 | 해방촌을 찾아가는 길은 여러 가지지만 걸어서 가려면 '등산을 하겠다'는 마음가짐이 필요하다. 해방촌 중심인 해방촌오거리에 오르는 길은 녹사평역과 숙대입구역에서 출발하는 두 길이 대표적이다. (출처: 서울특별시 관광사업과, 2015년 12월 발행)

해방촌이라는 동네이름이나 신흥시장이라는 시장이름은 8. 15광복에서 한국전쟁으로 이어지는 한국현대사의 산물이며, '보수'나 '기독교'와 연관되어 이곳을 반反공산주의 동네로 인식시키는 데 한몫했다.

　　2000년대 이후 반자본주의와 반공산주의라는 두 적대적인 이념을 가진 사람들이 이곳에서 큰 충돌 없이 어떻게 함께 살아가게 되었을까? 이념을 넘어서 이들을 결연結緣하는 어떤 힘이 작동하고 있는 것일까? 이 질문에 대한 대답은 이 글 끝에서 밝히고자 한다.

위의 질문 자체는 단순할지도 모른다. 사실 해방촌에서 최근 일어난 변화에는 '보수적 구주민과 진보적 신주민의 이념적 대립'으로 간단하게 설명할 수 없는 다양하고 복잡한 결들이 있다. 앞서 인용한 기사에 따르면, 동네의 변화를 주도하는 사람들은 장기체류 외국인[108]과 젊은이들이다. 〈남산골 해방촌〉이라는 마을잡지에서도 "타지에서 온 젊은이들, 그리고 다양한 나라에서 온 외국인들"(성승현, 2014: 19)을 해방촌의 새로운 주민으로 언급한다. 언론보도에서는 '외국인'과 '젊은이'를 함께 다뤘지만, 이들도 같은 집단은 아니므로 더 세심하게 접근해야 한다.

이 글에서는 2000년대 후반 이후 해방촌의 변화를 주도하는 새로운 행위자들이 어떤 활동을 벌였는지, 그리고 그 과정에서 해방촌이라는 장소정체성이 어떻게 변화하고 있는지(또는 변화

108　현재 한국에서는 '외국인들' 가운데 서양계는 주재원expatriate 또는 expat, 비서양계는 이주자migrant라고 부르는 언어적 관행이 존재한다. 그렇지만 서양계 외국인들 가운데 영어 강사는 그 나라 기관이나 기업체가 파견한 것이 아니라는 점에서 '주재원'이라고 부르기에는 곤란한 면이 많다. 카트린 룬스트룀Katrin Lunström이 '백인 이주자white migrants'라는 개념을 제안하고(Lunström, 2014), 이기웅이 이를 부분적으로 수용해 '서양계 이주민'이라는 개념을 사용한 것(이기웅, 2015)은 이런 맥락이다. 이 글에서는 어떤 때는 '이주자', 다른 때는 '외국인'이라는 표현을 사용하는데, 이 용어들이 갖는 배타적 뉘앙스에도 불구하고 일상의 용법을 고려할 때 불가피하게 사용할 수밖에 없다.

하고 있지 않은지)를 살펴보고자 한다. 즉 이들이 도시계획, 다문화주의, 젠트리피케이션 등 메트로폴리스의 새로운 변화의 움직임에 대응하는 과정에서 해방촌이라는 장소가 어떻게 형성·변환하는지를 고찰할 것이다.

이를 위해 학술문헌과 일반 서적을 포함한 자료를 검토하는 한편, 2014년 하반기부터 2015년 12월까지 해방촌과 그 인근에서 현지견학field trip과 현지조사field work를 진행했다. 먼저 해방촌 상권의 유형과 위치, 그리고 주거지 분포와 형태를 전반적으로 이해하기 위해 10여 차례에 걸쳐 현지견학을 했다. 그다음 2014년 11월부터 2015년 2월 사이에는 다양한 직업군의 한국인 및 외국인 18명과 사전에 작성된 질문지를 통해 심층면접을 실시했다. 또한 2010년대 이후 출판된 학술문헌과 언론 등에 수록된 인터뷰도 참고했다.

먼저 앞서 소개한 행위자들 외에 해방촌에 어떤 사람들이 어디에 터를 잡고 있는지 간단히 살펴보자. 해방촌 중심인 해방촌오거리에 오르는 길은 대표적으로 두 개다. 하나는 지하철 6호선 녹사평역에서 출발하고, 다른 하나는 지하철 4호선 숙대입구역에서 출발한다. 두 길 모두 군부대 담장을 끼고 걷다가 도로 양쪽으로 조밀하게 들어선 2~4층 붉은 벽돌의 양옥집을 만나게 된다. 두 길의 경관은 사뭇 다르다. 녹사평역에서부터 걷다 보면, 햄버거집을 비롯해 빼곡히 들어선 외국풍의 펍, 바, 레스토랑 등을 만나는 반면, 숙대입구역에서부터 걸으면 드문드문 들어선 한

국풍의 공방, 갤러리, 서점, 카페 등을 만난다. 공식적으로는 둘
다 신흥로에 속하지만, 그렇게 부르는 주민은 거의 없었다. 주민
대부분은 첫 번째 길을 햄버거길,[109] 두 번째 길을 후암동길이라
고 불렀다.

　이 글에서는 두 길을 중심으로 해방촌 변화를 이끄는 새로
운 행위자들을 대략 햄버거길의 상인, 해방오거리의 운동가, 후
암동길의 예술가로 구분해보았다. 이 행위자들이 어떻게 이곳을
변화시켰는지 들여다보기 전에 해방촌과 그 주변 동네의 지리와
역사부터 살펴보자.

개발압력과 상업 젠트리피케이션

해방촌오거리에는 용산2가동 주민센터가 자리하고 있다. 혹시
용산2가동이 용산동2가를 잘못 표기한 건 아닌지 묻는다면 '그렇
지 않다'가 답이다. 또 용산동2가는 없는지 묻는다면 '그것도 있
다'고 답해야 한다. 또한 용산1가동이나 용산3가동은 없지만, 용
산동1가와 용산동2가는 있다. 결론은 용산동은 1가부터 6가까지
법정동으로 존재하고, 행정동으로서 용산동은 용산2가동밖에 없
다는 것이다. 해방촌이라고 부르는 행정동으로서의 용산2가동은
용산동2가와 용산동4가를 합한 것이라는 설명이 덧붙여져야 할

109　이 길에는 수제 햄버거집이 많은데, 인터뷰를 했던 해방촌 거주자 K2와 K3는
이들 가게를 이곳의 중요한 랜드마크로 꼽았다.

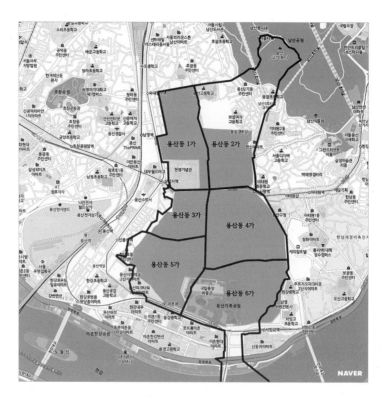

법정동 용산동의 범위 | 해방촌은 용산동2가와 용산동4가를 합한 용산2가동에 자리하고 있다. 여기에서 용산동2가는 법정동이고, 용산2가동은 행정동이다. 용산동 1가에서 6가 가운데 거주지에 해당하는 법정동은 용산동2가밖에 없다. (출처: 네이버 지도)

듯하다.[110]

　이렇게 설명이 복잡해진 이유는 지도에서 보듯 용산동1가 ~6가 가운데 동네라고 부를 수 있으며 거주지에 해당하는 법정동은 용산동2가밖에 없다는 점을 짚고 넘어가야 하기 때문이다.

용산동의 나머지 지역 대부분은 미군 또는 한국 군 시설이 차지하고 있고, 그 일부만이 1990년대 이후에야 비로소 공원(용산가족공원)이나 박물관(국립중앙박물관 및 전쟁박물관) 등의 공공시설로 바뀌었다. 따라서 용산동2가를 제외한 나머지 동은 최근 들어 작은 구역만 거주지로 개발되었을 뿐이다. 2009년 1월 20일 일어난 용산참사(용산4구역 철거현장 화재사건) 현장의 주소가 한강로3가이며, 그 앞에 들어서서 1년 전에 입주가 시작된 호화스러운 주상복합 아파트 용산파크타워의 주소는 용산동5가다.

용산동 유일한 거주지, 해방촌

지금의 용산구는 용산동을 중심으로 서쪽과 동쪽으로 나눌 수 있고, 각각에서는 현재 진행 중인 도시개발과 변화의 차별적 양상이 극명하게 드러난다. 이촌동과 삼각지 일대인 용산구 쪽에서는 정부와 기업이 공동으로 주도하는 대규모 주상복합 단지 재개발이 이른바 신축 젠트리피케이션[111](이선영·주경식, 2008; Lee, 2014) 형태로 이루어져왔다. 또한 이태원과 한남동 일대인 용산

110　서울의 행정동은 시시때때로 바뀌어왔다. 서울시의 〈자치구별 동 현황〉(http://www.seoul.go.kr/v2012/seoul/990908.html)에 따르면, 2015년 현재 법정동 용산동1가는 행정동 남영동, 법정동 용산동3가·5가는 행정동 한강로동, 법정동 용산동6가는 행정동 서빙고동에 속한다. 위 사이트에 따르면, 법정동이란 '예부터 전래되어온 동 명으로 개인의 권리·의무 및 법률행위 시 주소로 사용되는 동 명칭'이고 행정동이란 '주민의 편의와 행정능률을 위하여 적정한 규모와 인구를 기준으로 동 주민센터를 설치·운영하는 동 명칭'이다. 해방촌도 1977년 이전에는 용산동, 해방동, 신흥동, 용산2가 제1동, 용산2가 제2동 등이 이 구역 전체 또는 일부의 이름으로 뒤섞여 쓰였다. 더 자세한 내용은 이신철(2000: 89)의 표를 참조.

구 동쪽에서는 기업형 다문화주의corporate multiculturalism(Marable, 1995: 117-130)[112]를 상징하는 상업 젠트리피케이션이 일어나고 있다. 용산이 서울의 물리적 중심이라는 이유로 서로 다른 형태의 개발압력이 강하게 작용하고 있는 것이다. 용산동에서 거의 유일한 거주지인 해방촌은 이 압력 사이에 끼어 마치 샌드위치처럼 보인다.

이 가운데 서쪽, 즉 이촌동과 삼각지 쪽에서 밀려온 개발압력은 어느 정도 잦아든 듯하다. 2000년대 중반부터 용산가족공원과 한강을 잇는 녹지축 건설과 관련된 소문이 돌더니, 2009년 해방촌의 일부 구역을 철거하고 그 나머지 구역은 인근 후암동과 함께 (아파트로) 결합개발한다는 계획이 발표된 적이 있었다.[113] 이 계획은 해방촌 주민의 반대로 지지부진해져 결국 2014년 최

---

111 대표적인 예는 2005년 계획을 수립하고 2007년 계획을 확정한 용산국제업무지구 개발 및 이와 연계된 서부이촌동의 아파트 재개발이다. 그 뒤로도 삼각지 일대의 재개발과 동부이촌동 재건축을 비롯해, 한강로변의 용산은 부동산 시장 전체에서 가장 핫한 장소다. 이선영과 주경식은 이 대규모 개발계획을 "도시개발의 규제요소였던 도심 부적격 시설의 이전의 확정"과 연관 짓고, "도심과 강남을 연결하는 부도심 지역"을 목표로 한다고 설득력 있게 분석하고 있다(이선영·주경식, 2008: 122). 대표적인 도심 부적격 시설은 바로 미군 기지와 철도기지다.

112 역사학자 매닝 메이러블Manning Marable은 자유주의적 다문화주의와 대조되는 상업적 다문화주의를 경고한다. 즉 전자가 다양한 인종과 소수자들이 평등하게 자기 목소리를 내는 다양성을 존중하는 사상적 장치라면, 후자는 상업적인 목적으로 그러한 다양성을 과도하게 찬미함으로써 소비를 조장하는 동시에 권력, 착취, 인종주의, 성차별, 동성애 혐오 등의 문제를 등한시하는 이념적 기제가 된다.

113 이미 2007년 당시 집값의 시세가 2004년에 비해 6~7배가량 뛰고 지분쪼개기도 성행했다는 보도가 있다(《동아일보》, 2007.4.30). 주민 R1은 2000년대 말에는 "집값이 한 달에 1억씩 올랐었다"라고 회고했다.

종 무산된 뒤로는 해방촌을 제외하고 후암동 일부 구역만을 단독개발하는 쪽으로 방향을 잡아가고 있다. 물론 용산가족공원 조성 계획이 끈질기게 추진되고 있고 남산 그린웨이라는 녹지축 건설의 불씨 역시 완전히 꺼지지는 않았지만, 전면철거와 재개발이 당장 몇 년 안에 일어날 것 같지는 않다.

그런데 동쪽에서 들어오는 개발압력은 성격과 강도가 다르다. 이태원 중심에서 시작해서 경리단길로 퍼진 상업 젠트리피케이션은 해방촌 동쪽 일대에 접근하고 있다. 특히 녹사평대로 서쪽이자 해방촌 남쪽에 속하는 신흥로 일부, 이른바 햄버거길에서는 최근 몇 년 사이 이런 현상이 두드러진다. 이 구역에서는 코스모폴리탄한 분위기와 문화적 다양성을 갖춘 가게들이 내국인과 외국인 방문객을 끌어당기고 있다.

그 결과 해방촌은 어떤 의미에서도 이태원 지역에 속하지 않음에도 최근에는 심심치 않게 이태원의 일부로 거론되고 있다. 한 예로 대표적인 국내 레스토랑 평가 잡지는 해방촌의 맛집들을 소개하면서 기사 제목을 "이태원의 떠오르는 핫플레이스 해방촌"(《블루리본》, 2014.10.29)이라고 붙였다. 이렇게 해방촌을 이태원의 일부로 포함시키는 기사들은 이태원으로 통칭되는 상권을 확장하려는 욕망을 배후에 숨기고 있다.

해방촌은 녹사평대로 건너편 이태원2동의 경리단길과 종종 비교된다. "'핫' 이태원, '쿨' 해방촌"(《동아일보》, 2014.10.18)이라든가, "경리단길을 '강남', 해방촌길을 '강북'으로 비유하기도 한다"

(〈푸드조선〉, 2013.10.8)라는 표현이 그 예다.[114] 이런 기사들도 맛집과 상권을 주목하기는 마찬가지다. 그러니 해방촌을 제대로 들여다보기 위해서는 다소 돌아가는 듯 하더라도 이태원과 경리단길에 대해서 몇 마디 하고 넘어가야 할 것 같다.

이태원 - 경리단길 - 해방촌

이태원이 한국전쟁 이후 서울에 주둔한 미군들, 그리고 그들과 공생하는 한국인들을 위한 거주지이자 상권으로 기능해왔다는 것은 이제는 상식에 속한다(서울역사박물관, 2010; 정병호·송도영, 2011: 51-57; Kim, 2004). 1970~80년대 전성기를 누린 이태원은 1990년대 이후 "쇼핑상권의 쇠퇴"와 "유흥업의 변화"와 더불어 쇠퇴하고, 2000년대 이후에는 이주노동자들이 정착하면서 무슬림 공동체 형성, 이국적 음식문화 상권발달 등의 변화가 나타났다(서울역사박물관, 2010: 89-104). 그 결과 2000년대 이후 이태원은 더 이상 미국 문화가 지배적이지 않은, "서울 사람 스스로도 누리는 '자기영토 안의 다문화 지대'의 의미를 갖기 시작"(송도영, 2007: 103)한 곳이 되었다. 즉 이태원은 한편으로는 한국인을 위한 트렌디하고 이국적인 핫스팟으로, 다른 한편으로는 더 다양한

---

114 "서울 남산 자락에 있는 해방촌과 경리단길. 강남과 강북을 가로지르는 녹사평대로를 중심으로 양편으로 발달한 그 지역은, 몇 년 전까지만 해도 '옆 동네' 이태원의 명성에 가려 '조연' 같은 이미지로 비춰지곤 했다"(〈조선일보〉, 2015.8.8)라는 기사는 가장 형편없다. 동네의 최근 역사에 대한 최소한의 조사도 없고, '가로지르다'의 말뜻을 모르거나 남북의 방향감에 눈이 먼 최악의 기사다. 기사에서 소개하는 맛집도 한두 번만 가면 알아낼 수 있는 것들이다.

국적 · 인종 · 민족의 거주지enclave 또는 공동체로 발전하는 이중적 양상을 보인다(이희수 외, 2008; Kim, 2014).

여기서는 기존 연구에 몇 가지 논점을 더하고자 한다. 하나는 이런 발전이 이태원 중심지역의 양극화를 가져왔다는 점이고, 다른 하나는 그 과정에서 서양계 이주자가 차지했던 중심적 지위가 공간적으로 전치되었다는 점이다. 전자는 이태원로 북쪽의 비싸고 고급스러운 식당가(이른바 '세계음식특화거리')와 남쪽의 저렴하고 허름한 식당가 사이의 확연한 차이로 드러난다. 이는 이태원로 북쪽에서 가난한 백인 이주자, 즉 미군 장교, 대사관 직원, 기업주재원 등이 아닌 이주자의 비중은 줄어들고, 그 대신 한국인 중간계급의 비중은 높아졌다는 점에서 후자의 논점과 연결될 수 있다. 그 남쪽도 중동, 남아시아, 아프리카에서 온 유색 인종이 터를 잡고 상권을 형성해서 서양계 이주자, 특히 백인이 끼어들기에는 곤란한 형국이 되었다.

이는 더 이상 미군이 서양계 이주자의 지배적 집단이 아니라는 점을 뜻한다. 1995년 처음 원어민 영어 보조교사 초빙 프로그램을 시행한 이래 원어민 영어교사 수는 현재 3만 명 정도로 늘어났으며, 이는 주한미군 수보다 많다.[115] 이들은 서양계 이주자 가운데 주류로서 고유의 커뮤니티를 만들어 네트워크를 만들고 있다. 해방촌과 경리단길은 이들의 새로운 영토로 발견된 셈이고, 그 과정에서 이들이 고향에서 즐기던 가정식 음식점들이 하나둘 생겨나기 시작했다.

이들 업소들은 과도하게 상업화된 이태원 중심을 피해 그 서쪽 어딘가에 자리 잡았다. 2010년대 이전 경리단길 초입의 정경은 앞서 본 햄버거길과 크게 다르지 않았고, 비슷한 조건의 건물이면 임대료 수준도 비슷했다. 오스트레일리아인이 운영했던 이탈리안 레스토랑 녹사 라운지, 미국인과 캐나다인 4명이 동업한 수제 맥주집 맥파이, 독일 아저씨의 빵집 베이커스 테이블, 캐나다인이 한국인 부인과 함께 문을 연 꼬치집 댄디 핑크 등이 경리단길의 상징적인 곳이다. 외국 중고서점, 중고물품 업소, 에이큐브 같은 갤러리 등도 이런 외국인 주민 편의시설들이었다.

사태가 변하기 시작한 것은 한 사진가가 자신의 이름을 딴 '장진우 거리'를 만들면서, 이 거리가 입소문을 타기 시작하면서부터다. 그는 2011년부터 경리단길의 한 갈래인 회나무로 13길에서 식당, 카페, 빵집 등 여러 가게를 운영하면서, 블로그와 SNS를 활용해 수많은 인증샷을 올리는 명민한 마케팅으로 일약 청년사업가의 아이콘으로 올라섰다. 이는 장진우 신드롬으로 불리며 2014년 봄 주요 일간지들에 대서특필된 데 이어(《한겨레》, 2014.3.26; 《중앙일보》, 2014.4.14), 그해 늦가을 연예 프로그램 〈무한

115 통계청(http://kosis.kr/) 자료에 따르면, 체류자격별 등록외국인 가운데 2014년 현재 원어민 강사로 유효한 E-2비자를 받고 한국에 체류하고 있는 사람은 17,797명이다. 그런데 한국인 배우자와 결혼한 경우(F-2비자)나 재외동포(F-4비자)는 이 비자를 받을 필요가 없으므로 그 수는 3만 명으로 추산된다(《한국경제》, 2015.7.14). 한편 이민법상 E-2비자를 취득할 수 있는 나라는 7개국(미국, 캐나다, 영국, 아일랜드, 오스트레일리아, 뉴질랜드, 남아프리카공화국)으로 제한된다. 나이지리아, 인도, 필리핀에서 온 이주민은 아무리 영어실력이 뛰어나도 이 비자제한에 걸려 공식적으로 영어강사로 일할 수 없다.

도전〉에 장진우 거리가 등장하면서 인지도가 절정에 올랐다.

장진우 신드롬은 빨리 달아올랐다가 빨리 식어내린 듯하지만, 경리단길 부동산 상황은 여전히 핫해서 이를 다룬 연구성과도 이미 나올 정도다(허자연 외, 2015). 수많은 (셀가봉을 든) 사람이 이곳을 찾고, 대기업의 사업투자, 오래된 건물의 개축과 증축이 이어지면서 이곳은 부동산 투자의 중요한 대상이 되었다.[116] 골목길 여사장이라고 밝힌 한 LP바 주인은 "그사이 경리단길은 힙스터의 성지에서 무덤으로, 수제 맥주의 거리에서 노홍철의 거리로 롤러코스터를 타고 있다"라고 처연하게 말했다(〈Ize〉, 2014.11.14).

경리단길은 연남동, 서촌과 더불어 2010년대 중반 서울에서 일어난 젠트리피케이션을 대표하는 이른바 '핫 쓰리'인데, 다른 두 곳에 비해서도 그 속도가 무섭게 빨라서 젠트리피케이션의 여러 단계를 단시간에 뛰어넘은 사례로 기록될 전망이다. 최근 8년 동안 자리를 지킨 이탈리안 레스토랑 녹사 라운지가 GS25 편의점으로 바뀐 일은 이런 전환을 상징적으로 보여준다. 거의 비슷한 시점에 장진우는 갤러리아 백화점 식품관 고메이494에 입점했다.

경리단길이 속수무책으로 난개발을 당한 이유는 여러 가지

116　요 몇 해 사이, 경리단길 북동쪽에 빌딩을 매입해 카페를 운영하고 있는 배우 조인성, 이미 이태원 중심가에서 여러 레스토랑을 운영하며 사업에 성공한 방송인 홍석천 등은 적극적인 경리단길 투자를 위해 구역 안을 구석구석 물색하고 있다고 한다(〈조선비즈〉, 2014.10.29).

1960년대 경리단길 인근 | 배나무, 개천, 빨래하는 아낙, 아이 업은 여성. 경리단길은 배밭의 농로였는데, 1978년 하얏트호텔 개관과 더불어 비로소 현대적 도로가 되었다. (출처: 서울역사박물관)

겠지만, 그 가운데 하나는 이곳에 어떤 단체도, 커뮤니티도 없었다는 점이다. 하다못해 지구단위계획 같은 정책적 조절도 이곳에서는 예외였다. 외국인이 아닌 이주자 사장이 을이 되어 한국 국민인 건물주 갑과 교섭할 때는 소통의 곤란함을 겪기도 했다. 백인 이주자가 건물주인 한국인과 경제적 교섭을 할 때 그들은 임차인일 뿐, 서양인으로서 한국에서 일반적으로 누리는 사회적·문화적·언어적 특권은 그들에게 주어지지 않는다. 한국사회에서 백인 이주자는 분명 특권을 지녔지만, 그 특권이 경제적 시민권까지 자동으로 확보해주는 것은 아니었다.

익명을 요구한 한 캐나다인은 "이 임시적일 뿐인 '핫스팟'

에 태형을 내리는 과도하고 역겨운 소비주의의 공허함"에 분개하면서, "잘못된 방향으로 미쳐 날뛰는 재정상황에 처해서, 폭풍우로부터 벗어나려고 노력할 뿐"이라고 간명하게 말했다. 그 점에서 이태원의 경리단길은 힙스터들이 "좀먹은"(김시꾀, 2011) 게 아니라, 힙스터들이 좀먹을 사이도 없이 그들이 누군가에게 좀먹힌 것이다. 셀카봉을 들고 와서 찍은 사진을 인스타그램에 올리는 그들을 힙스터라고 우기지 않는다면 말이다.

경리단길과 해방촌을 구분해야 하는 역사적 이유는 없을까? 몇몇 자료들(서울역사박물관, 2010; 허자연 외, 2015)에 따르면 경리단길은 배밭의 농로였는데, 1978년 하얏트호텔 개관과 더불어 비로소 현대적 도로가 되었다. 그 전까지 경리단길 인근 지역은 농지였던 셈이다. 1960년대 경리단길 인근을 찍은 사진(왼쪽)이 이 멀지 않은 역사를 보여주는 증거다. 해방촌은 이렇게 근본 없는 경리단길과 조금 다르지 않을까? 사진에서 왼쪽 귀퉁이에 보이는 마을이 해방촌인데, 이때부터 해방촌은 이미 거주지의 성격을 갖추고 있었다. 이런 이유로 '해방촌은 강북, 경리단길은 강남'이라는 말은 어떤 점에서는 타당하다. '강북'이 먼저 개발된 근본 있는 곳, '강남'이 나중에 개발된 근본 없는 곳의 상징적 장소를 각각 가리킨다면 말이다. 그런데 흔히들 말하는 그 사회적·역사적 '근본'이라는 것도 사실은 만들어진 것이고, 그리 깊은 뜻으로 만들어진 말도 아니다.

해방촌, 그곳의 오래된 사람들: 1946~2005

용산과 해방촌의 역사를 시간순으로 서술한다면 지루한 감이 있
겠지만 여기서 그냥 넘어갈 수도 없다. 그러니 대략적으로 시기
를 구분해서 이곳 역사를 간략히 살펴보자.

19세기 말 이후 용산은 일본, 중국, 러시아, 미국의 정치적 ·
군사적 지배와 간섭이 행해질 때마다 중요한 역사적 사건이 일어
나는 지리적 거점이었다. 그래서 용산은 한국 근현대사를 보여주

〈표1〉 해방촌 개발 약사

시기	특징	비고
1946~1961	형성기	1946년 이후 월남민 · 실향민에 의한 무허가 판잣집 난립. 1948년 국유림 일부를 대지로 전환하고 대부.[117]
1962~1978	신흥기	1962년 도시계획법과 건설법으로 토지불하와 필지구획 시작. 1973년 〈주택개량촉진에 관한 임시조치법〉으로 최초로 공공재개발 시작. 남산순환도로(1963), 남산2호 터널(1970), 남산3호 터널(1978) 건설로 마을경계 확립.
1979~1990	재개발기	자력재개발 형식으로 재개발의 지속적 수행.[118] 불규칙적 블록의 정형화, 부정형적 필지형태와 구조의 구획.
1991~2004	개량기	〈주거환경개선사업〉 착수로 가로폭 확대(4~6미터), 유기적 가로망의 형화形化와 세분화, 필지의 합필.[119] '현지 개량방식'으로 단층 주거지에서 복층 다세대 · 다가구로 개축.

는 표본이 되었다(정병호·송도영, 2011: 20-30).

반면 해방촌은 그리 오래된 동네가 아니다. 1946년까지는 솔밭이 무성한 나대지였을 뿐, 그 이상은 아니었다. 일제강점기 때 그 일대에 사격장이나 신궁이 있었다는 기록 역시 동네의 선사先史 이상도 이하도 아니다. 해방촌이 주거지가 된 지는 70년 정도밖에 되지 않는다. 그간 해방촌은 판잣집으로 시작해 천막집과 토막집을 거쳐 벽돌집으로, 단층의 단독주택을 거쳐 2·3층 복층의 다가구·다세대 주택으로, 즉 "불량주거지로 시작하여 어엿한 도시주거지로 발전"(서선영, 2010: 109)했다. 〈표1〉에서는 해방촌 개발 및 재개발 역사 시기를 구분했다(서선영, 2009: 18-21; 조재훈, 2010: 19-23; 박지일, 2014: 7-9).

여기서 특이한 점은 해방촌 개발이 전면철거와 아파트 신축이라는 형태가 아닌, 자력재개발이나 현지개량이라는 방식을 취했다는 것이다. 자력재개발이란 시 정부가 도로 등의 공공시설을 설치하고 토지를 구획하면, 주민들은 새롭게 구획된 대지에서 자력으로 주택을 건립하거나 개량하는 방식(서선영, 2009: 24)이고, 현지개량이란 토지소유자 각자가 개별적 건축을 통해 소규모 개

---

117 일반적으로 정부가 국유림을 사법적인 계약을 통해 일반인들에게 빌려주는 것을 뜻한다.

118 이 시기구분은 한 신문기사에서 "용산2가 일대 5만 9천 평의 해방촌재개발사업은 지난 1979년 10월 주민자력개발로 시작된 이래 그동안 95퍼센트인 1천 3백여 개 동이 신축됐으며 나머지 70개 동은 올 안으로 완공된다"(《경향신문》, 1990.2.9)라고 보도한 기사 및 〈동아일보〉, 1979.2.23를 비롯한 1979년의 기사들을 검토하여 나눈 것이다.

119 두 필지 이상을 한 필지로 합해 토지를 합병하여 등록하는 것을 말한다.

발을 진행하는 방식(서선영, 2009: 32)을 말한다. 전자는 재개발 개량의 주체를, 후자는 재개발 개량의 장소를 각각 강조한다는 점에서만 차이가 있을 뿐 두 용어는 혼용된다.

분명한 것은 해방촌은 하나의 개발업자가 기존 가로구조를 무시하고 아파트 단지를 건설하는 재개발의 지배적 방식, 이른바 합동재개발을 따르지 않고, 가로구조를 비롯한 도시조직의 골격을 유지하면서 각 토지 소유자가 스스로의 힘으로 건축물을 개량하는 방식을 취했다는 점이다. 2009년 녹지축 추진과정에서, 해방촌 구릉지역과 후암동 노후 역세권을 묶는 결합개발을 반대한 주민들의 의견이 성공적으로 반영되었다. 이러한 사례는 이번이 처음이 아니다. 실제로 1979년 이곳 주민들이 자력재개발을 추진하기 전에 아파트 건설을 밀어붙이려는 정부방침에 맞서 "아파트 건립을 취소하고 단독·연립·합동 주택을 주민이 원하는 방향으로 짓게 해달라"라는 진정을 내면서 정부의 재개발 방식에 거세게 반대한 바 있다(〈동아일보〉, 1979. 2. 23). 즉 지금 해방촌의 건조환경은 오랜 투쟁과 교섭의 산물이다.

해방촌의 신흥과 쇠락

지금까지의 사례를 보면 해방촌 사람들이 단합된 공동체를 형성하고 강한 결속력을 지녔다는 인상을 받는다. 일반적으로 해방촌 공동체의 특성은 지연에 기초한 유대와 악착 같은 본성으로 이해된다. 역사학자 이신철은 월남인들의 "강한 결집력의 실체와 동력에 대한 관심"(이신철, 2000: 115)에서 시작하여 해방촌의 공동체를 지연공동체, 종교공동체, 교육공동체로 구분해 연구했다. 그는 결집력의 원천이 "지역적 연고라는 것을 매개로 왜곡·과장되어 있었"다고 밝혔다. 또한 실제 그 힘은 "사회적 무관심과 냉대, 경계심, 결정적으로는 정책의 부재"로 인한 생존본능에서 비롯되었다고 주장했다.

초기에는 영향력이 강했던 지연(평안북도), 종교(기독교), 학연(숭실학교와 보성학교)이라는 연고는 시간이 지날수록 약해졌다. 더군다나 1960년대 이후 산업화 과정에서 농촌을 떠나온 사람들이 해방촌에 대규모로 들어오면서, 지연과 이념보다는 경제와 생계가 해방촌의 강한 결속력으로 작용했다. "타지인들의 땅"이라 불리는 해방촌에 "새마을, 부녀회, 바르게살기, 체육회, 자율방범" 등 공식 단체 외에도 향우회(경상향우회, 전라도향우회, 충청향우회, 강원도향우회)를 비롯해 무수한 "사조직"이 있다는 것도 이런 주장을 뒷받침한다(정민, 2013: 23-24; 곰자, 2013: 2-3; 청년허브, 2014: 248).

이상은 진보적 연구자와 활동가의 견해지만, 보수적 견해도 사실에 대한 평가는 다르되 사실을 다르게 보지는 않는다. 한 연구자는 해방교회를 두고 "이제 이북 출신 교인은 삼분의 일 정도이며 나머지는 타지인들"이라고 하면서, "지역 주민인구도 비슷하게 변했"다는 사실을 인정했다(정진회, 1996: 79). '타지인'에 북한 출신 사람을 빠트리는 것이 흥미롭지만, 인구구성이 변화한 사실을 부정하지는 않는다. 다른 연구자는 "최근에는 호남세가

득세해 격세지감을 느끼게 되"고 "이념사상 문제로 주민 간 갈등을 빚고 있"다고 말하면서, "선거 때마다 보수와 진보의 불꽃 뿜는 선거전으로 혼탁을 거듭"(김장호, 2002: 234)한다고 하며 인구구성이 달라지면서 이념지형도 달라졌다고 보았다.

초기 해방촌 사람들은 사제 담배제조, 봉투붙이기, 단순노무 등에 종사했다. 1960~70년대에는 업계 은어로 '요꼬橫'라는, 편물(니트) 가내수공업으로 스웨터를 생산하는 방식이 해방촌 '신흥'의 상징이었다. 창신동의 직물산업이 동대문시장과 연관되었다면, 해방촌의 편물산업은 남대문시장과 관계가 있는데, 이는 해방촌에서 지연공동체, 종교공동체, 학연공동체의 성격이 약해졌어도 산업공동체의 성격은 강하게 남아 있음을 말해준다. 그 결과 2000년대 이후 해방촌은 최초의 타지인인 월남인의 후예들과 더불어 1960년대 이후 농촌에서 이주해 정착한 두 번째 타지인들이 현재의 원주민(또는 토박이)을 구성하고 있다.

주목할 점은 해방촌 인구가 1970년대 초에 2만 5천 명에서 2만 8천 명 수준으로 정점을 찍은 뒤 1980년대에는 2만 명 수준으로 안정되다가 1990년대 이후 지속적으로 감소해, 현재는 절정기였던 1970년대 초의 절반 수준인 만 3천 명 수준에 머물고 있다는 것이다. 이 과정을 "신흥과 쇠락"(정민, 2013: 16; 청년허브, 2014: 244-246)으로 묘사한 연구를 보면, 가내수공업으로 부를 쌓은 일부 주민이 해방촌을 떠나 인구가 줄어든 것으로 파악된다. 한때는 발 디딜 틈 없이 붐볐다는 신흥시장 점포가 텅 빈 모습에서 그 쇠락이 상징적으로 드러난다. 최근 들어 신흥시장 안에 비어 있는 점포를 주거용으로 개조한 쪽방들이 생겼는데, 이는 해방촌의 길지 않은 역사 안에서도 주민 간 계급분화가 이루어졌음을 보여준다.

이 절 제목 '해방촌, 그곳의 오래된 사람들: 1946~2005'에서 시기를 2005년까지로 한 이유는 이때 해방촌이 전환점을 맞았기 때문이다. 배영욱(2012)의 조사에 의하면, 이 시점 이후 해방

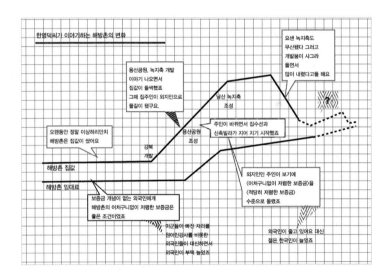

2000년대 이후 해방촌의 집값과 임대료 변화 | 2000년대 이후 해방촌의 집값과 임대료가 모두 급상승하면서 오래된 자가소유 주민이 집을 팔고 다른 곳으로 옮겨가자 그 집을 구매한 부재지주가 건물을 리모델링한 다음 임대료를 올리는 현상이 나타났다. 여기저기 빈집이나 빈방이 생기고, 주민들 대신 새로운 주민들이 빈 공간을 채우기 시작했다. (출처: 배영욱)

촌의 집값과 임대료 모두 급상승하면서 오래된 자가소유 주민이 집을 팔고 다른 곳으로 옮겨가자 그 집을 구매한 부재지주가 건물을 리모델링한 다음 임대료를 올리는 현상이 많이 나타났다.[120] 이를 정치경제학 이론으로 보자면, 지가 격차land gap는 어느 정도 메워졌지만 임대료 격차rent gap는 아직 메워지지 않았다고 해석할 수 있다(Lees et al., 2008: 50-55, 69-71). 여기저기 빈집이나 빈방이 출현하고, 주민들 대신 이 빈 공간을 채우는 새로운 행위자들이 나타난 것이다.

그 결과 중 하나로 해방촌은 제프리 허우Jeffrey Hou가 고안한 과문화 도시transcultural city의 면모를 갖추게 되었다.[121] 그에 따르면 해방촌은 "국경을 넘는 사람과 물자의 이동을 매개로 한국인과 외국인 사이는 물론 구舊이주민과 신新이주민, 고용주와 피고용자, 개인과 제도 사이에 긴장, 경쟁, 문화충돌이 일어나는"(Hou, 2013: 1) 현상이 나타난다. 해방촌의 일상을 들여다보면 복합적인 사회관계 사이에서 벌어지는 경합과 갈등, 그리고 교섭과 타협이

---

120 이미 2000년대 초에 "3·4층 양옥 한 채만 있으면 임대료로 생계유지가 가능해 유휴인력이 증가하고 여유 있는 주민은 피난의 때를 벗고 레저를 즐기며 살고 있다"(김장호, 2002: 234)라는 이야기가 나온 바 있다. 이 글을 쓴 보수성향의 토박이는 해방촌이 "여러 지역 출신의 혼거지가 되었고 외국인의 주거지로 전락하는 모습"(김장호, 2002: 235)을 절감하고 있다. 무심코 썼겠지만, '혼거'나 '전락'이라는 표현은 흥미롭다.

121 과문화跨文化는 영어의 'transcultural'에 해당한다. 영어의 'trans-'라는 접두어는 한국에서는 '초超'로 옮기는 것이 관례화되어 있지만 이 글에서는 '경계를 넘거나 경계에 걸쳐서 전개·수행되는 문화적 과정'을 지칭하기 위해, 한문 문헌에서 통용되는 '과跨'라는 문자를 사용하고자 한다.

이루어지는 과정을 목격할 수 있다. 이제 해방촌의 일상생활로 들어가 그 과정들을 자세하게 살펴보자.

코스모폴리스 해방촌, 이주민의 영토 확장

대부분의 해방촌 구역에는 상대적으로 높은 연령의 주민을 위한 거주지의 모습이 남아 있다. 오랜 시간에 걸쳐 주거 및 생업의 장소로 해방촌에 뿌리내린 주민들이 해방촌 토박이로 공인받고 있고, 최근 일어난 변화에도 불구하고 아직도 상당수 주택과 건물은 이들 소유다. 이 건물들이 임대로 쓰이고 있으며 세입자의 일부는 외국인이다. 그래서 "집주인 할머니와 월세 사는 외국인"(배영욱 외, 2010: 49) 사이에 임대차 관계가 맺어지는 경우는 희귀한 일이 아니다. 이는 "외국인에게 방을 임대를 해주는 경우가 많아서 외국인과 소통이 굉장히 자유롭고, 그런 역사가 꽤 오래되었"(성승현, 2014: 20)다는 말에도 드러난다.

그런데 최근 여기에 새로운 외국인 집단이 들어오기 시작했다. 자료와 증언을 종합하면, 이전에는 미군을 비롯해 대사관, 대학교, 기업체에서 일하는 주재원 성격의 외국인이 많았지만, 최근에는 이주자 성격의 외국인이 많아졌다는 것이다. 해방촌 토박이 R1은 그 변화를 실감하며, 아래와 같이 이야기했다.

질문: 외국인들이 옛날에는 미군과 관련된 사람들이었죠?

R1: 저 밑에 경리단길로 내려가는 길에서 자코비스 버거 있는

위쪽으로는 전부 다 미군들이 살았죠. 그런데 어느 날부터인가

아프리카 사람들이 들어오면서 (…) 미군들이 자연스럽게

후암동이나 한남동으로 넘어갔죠. '나 너희하고 살기 싫다'고

하면서…….

질문: 미군 외에 영어강사는 언제부터 많아졌나요?

R1: 이명박 정권부터 영어 몰입교육 한다고 그랬잖아요? 그래서

한 5, 6년 전부터 일반 강사들이 들어오지 않았나 생각해요

(R1 인터뷰).

새로운 외국인 집단은 아프리카 사람(대략 2000년대 중반)과
영어강사(2000년대 후반)들로 여겨진다. 그는 또한 필리핀 사람들
과 무슬림도 꽤 많이 산다고 덧붙였다.[122] "1990년대에는 백인이

---

[122] 서울통계정보시스템(http://stat.seoul.go.kr)의 가장 최근 자료(2015년 3/4 분기)에
의하면 해방촌 전체 주민은 11,199명이며, 그 가운데 1,324명은 외국인으로 전체 주
민의 십분의 일이 넘는 셈이다. 출신국으로는 미국인(409명), 필리핀인(128명), 캐나다
인(94명), 중국인(77명), 영국인(63명)이 상위를 차지한다. 나이지리아인을 비롯한 아프
리카인은 권역별·나라별로 분류되지 않고 기타(389명)에 속하는 것으로 보인다. 언론
보도에 따르면, 2013년 6월 용산구청에 등록된 주민 12,648명 중 외국인 수는 1,065
명이며 그중 미국인(254명), 나이지리아인(171명), 필리핀인(113명), 캐나다인(94명), 영
국인(73명)이 순서대로 상위 다섯 개 국적을 차지한다(《한겨레21》, 2013.7.18). 나이지리
아인과 필리핀인은 영어사용을 매개로 이 지역에 뿌리내리고 있지만, 한국 이민법 제
약 때문에 영어강사로 공식 취업하는 것은 불가능하다. 나이지리아인은 주로 무역업,
이른바 '보따리 장사'에 종사하고, 필리핀인은 주로 서비스업인 운전사나 가정부로
일하는 것으로 알려져 있다. 전자에 대해서는 한건수(2003; 2005), 후자에 대해서는 후
앙(Huang, 2013)을 참조.

가장 많았는데, 뒤이어 흑인이 해방촌 일대를 활보하고 있다"(김
장호, 2002: 234)라는 증언은 많은 수의 영어강사가 들어오기 전 이
곳 인구구성의 단면을 보여준다.

전반적으로 볼 때, 해방촌 토박이가 외국인을 대하는 태도
는 자유주의 다문화주의 관점에서 선의의 무시benign neglect(Glazer,
1975: 25; 1983: 124; Kymlicka, 1995: 3에서 재인용-), 또는 선의의 무관
심benign indifference(Latham, 2003: 1714)이라 부르는 것에 가깝다. 특
히 서양계 이주자에 대해서는 더욱 그렇다. 이런 윤리가 올바른
지에 대해서는 논란이 있겠지만, 이것이 서울 다른 지역에서는
찾아보기 힘든 용산의 고유한 특징이라는 점에는 쉽게 동의할 것
이다. "미군과 한국 주민이 서로 다른 방식의 삶을 살며 적당히
모른 체하거나 때때로 의지하며 지내온"(《한겨레21》, 2013.7.18) 가
까운 역사가 존재하는 것이다. 선의의 무시 또는 무관심은 악의
의 관심에 비해 적당히 무관심하되 때론 의지하며 지내는, 코스
모폴리탄한 윤리에 부합할 것이다.

구주민 가운데 일부는 무시와 무관심을 넘어 비서양계 이주
자와 진지하고 적극적으로 접속하고 있었다. 지역교육 운동가인
R1과 그의 동료 C는 동네에 있는 H교회와 연계해 비非서양계 이
주자 여성과 그 자녀에게 한국어와 한국문화를 가르치고 음식이
나 생필품을 지원하는 활동을 자발적으로 벌이고 있었다. 경제적
으로 자립한 구세대 토박이와 그 2세가, 변화하는 지역의 문화적
환경에 적응하여 이주자를 포용하는 모습은 주목할 만하다. 그들

의 활동에는 조화로운 공동체를 유지하기 위한 선의의 관심이 녹아 있다. 이 점에 대해 R1과 C는 "'너는 외국인, 우리는 동네 토박이'가 아니라 이제는 글로벌(사회)"이며 "여기서 살아가는 동안은 이방인이 아니라 함께 살아가는 주민으로서, 구별 없이 지낼 수 있다는 생각"이 필요하다고 역설했다. 비서양계 이주자 가운데에는 진짜 난민도 있지만, 방 한 칸에 대여섯 명이 난민처럼 거주하고 있기도 하다. 그래서 해방촌 집주인들이 꽤나 스트레스를 받지만 이에 관대한 것은 피난민이 선조인 해방촌의 역사와 관련이 있는 건 아닐까? 이를 꿰뚫어 보려면 토박이의 의식보다는 무의식 영역을 연구해봐야 할지 모른다.

햄버거길, 서양계 이주민의 공동체

비서양계 이주민은 제도적 제약으로 인해 해방촌을 자신의 장소라고 영토적 주장을 하는 데는 신중해 보인다. 장소의 영토성을 강화하는 전략은 "장소에 대한 의존성과 고착적 이해가 강한 행위자들이 그들의 미래를 지키고 보호하기 위해"(박배균, 2012: 45) 구사될 때가 많은데 비서양계 이주민이 이런 전략을 구사하는 것은 보기 힘들다. 단순하게 말한다면, 그런 전략과 주장을 펼치기에는 그들의 삶이 너무 바쁘고 고된 것이다.

그 점에서 해방촌의 한 구역, 햄버거길로도 불리는 신흥로 일부의 양쪽은 서양계 이주민이 영토주장을 강력하게 행사하는 장소다. 이곳에는 2010년대 중반 이전, 즉 최근 상업 젠트리피케이션이 퍼지고 심지어 경리단길에 요식업소가 들어서기 전에 생긴 몇몇 업소들이 여전히 자리 잡고 있다. 미국인이 운영하다가 지금은 영국인이 이어받은 필리스, 뉴질랜드인 남성이 운영하는 보니스피자앤펍, 모로코인 형제가 운영하는 샌드위치 가게 카사블랑카 등은 이미 2000년대 중후반부터 늦게는 2010년대 초반에 터를 잡았고, 고객 중 상당수는 해방촌에 사는 서양계 이주민이다. 인디고나 헝그리독 등 토박이 2세가 운영하는 식당 중에도 서양인의 가정식, 이른바 집밥을 제공하는 곳이 있(었)다. 한국인 입장에서는 진짜authentic 서양 음식과 음료를 맛볼 수 있는 곳이다.

2000년대 중반 이후 이들 업소는 주말에 간이무대를 마련해 디제잉, 오픈마이크, 전시 등의 이벤트를 기획해 열기 시작했다. 상업공간뿐만 아니라 거주공간에서도 이런저런 파티가 열려 맥주잔을 들고 계단과 통로를 누비는 진풍경이 연출되기도 했다. 이런 움직임은 2006년부터 시작해 매년 5월과 10월에 열리는 'HBCHae Bang Chon 페스티벌'로 집결된다. 이 기간 동안에는 전국에 사는 서양계 이주자들이 다 몰려 들어온 듯 엄청난 인파로 붐빈다. 그 인파에는 힙하고 코스모폴리탄한 취향의 한국인들도 있다. 이는 그들이 서양 대도시 구도심의 낭만적이고 "그리티gritty" 한 동네의 "도회적 진정성"이 해방촌으로 통째로 옮겨온 듯한 착각에 빠지기 때문일 것이다(Zukin, 2008). 그들은 이곳에서 인공적이고, 전면적으로 개발되거나 정제되진 않아 오히려 투박하고, 오래된 정취와 부분적인 개발이 공존하며, 덕분에 자연스러운 문

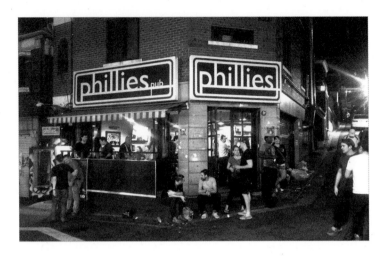

HBC 페스티벌 | 해방촌의 한 구역, 햄버거길로도 불리는 신흥로 일부의 양쪽은 서양계 이주민이 영토주장을 강력하게 행사하는 장소다. 이곳에는 2010년대 중반 이전에 생긴 필리스, 보니스피자앤펍, 카사블랑카 등이 여전히 자리 잡고 있으며, 고객 중 상당수는 해방촌에 사는 서양계 이주민이다. 이들 업소 주변으로 디제잉, 오픈마이크, 전시 등의 이벤트가 열리고, 거주공간에서도 이런저런 파티로 맥주잔을 들고 계단과 통로를 누비는 진풍경이 연출된다. 이런 움직임은 2006년부터 시작해 매년 5월과 10월에 열리는 HBC 페스티벌로 집결된다. (출처: 신현준)

화적 취향과 세련된 예술적 트렌드를 재현하는 대도시 일부의 풍광을 만끽하고 있는지도 모른다. 마치 과거 뉴욕 시 맨해튼의 로어이스트사이드처럼 말이다,

이곳에서 바를 운영하는 한 영국인이 해방촌을 "두 번째 고향"이라고까지 말하면서 강한 애착을 표현한 것은 그동안 이어진 다양한 활동의 결과라 하겠다. 그는 "비서양 출신을 포함해 동네

의 모든 외국계 주민이 서로를 가족 또는 공동체 구성원처럼 느
낀다"라고 말한데 이어 "경리단길에는 미군과 관련된 사람이 많
이 사는 반면, 해방촌에는 영어강사들이 많이 산다"라고 두 장소
를 차별화했다. 이는 상업화가 급속도로 진행되는 경리단길과는
달리 공동체 감각을 가진 해방촌, 정확히 말하면 HBC의 정체성
을 유지·구축하려는 열망으로 보인다.

　이 이벤트들을 주관하는 서양계 이주민 모두가 해방촌에 살
지는 않는다는 점, 그리고 2014년부터 HBC 페스티벌을 주최하
는 업소들이 경리단길 초입까지 확대된 점 등은 이런 공동체가
가진 유연성과 한계를 동시에 보여준다. HBC라는, 이들의 '상상
된 공동체'는 해방촌 윗동네라기보다는 녹사평대로 양쪽 길, 즉
햄버거길과 경리단길 입구에 자리 잡은 서양계 이주자들이 사업
을 위해 확장하는 네트워크로서의 의미가 더 강해 보인다.

　여기서 중요한 것은 이들의 움직임과 네트워크가 다른 행위
자들에게 어떻게 비춰지는가다. 이 점에 대해 각자 다른 배경을
가진 두 내국인의 목소리를 모아보았다.

경리단 (쪽으로) 내려가는 길 쪽이 포화상태가 되니까 올라오면서,

금요일에는 장난 아니에요. 자코비스 버거 근처에는 폴리스

라인 쳐요. (…) 어쨌든 (새로) 유입되는 사람들 때문에 시끄럽고

구주민들의 피해가 막심하죠(R1 인터뷰).

햄버거 거리가 가장 문제죠. (⋯) 그냥 외국인들이 밤에 찾아가서 펍 이용하는 정도였는데, 어느 순간 캠핑 테마카페가 생기고, 프랜차이즈 주점이 들어오면서 아랫동네 분위기가 바뀌기 시작하고, 차가 많아지기 시작하면서 주차난도 시작되고⋯⋯

(K3 인터뷰).

R1은 해방촌에 50년쯤 살아온 토박이 사회운동가고, K3는 2013년부터 이곳에 있는 직장으로 출근하는 직장인이다. 이 둘 모두 외국인에게 관용적인 태도를 보였지만 새로 들어오는 사람들에게는 그렇지 않았다. 그 이유는 최근 이 길 초입에 오래된 주택과 상점 대신 새로운 업소들이 들어서면서, 그 일부가 '자코비스 버거'라는 심리적 방어선을 넘어 북서쪽으로 올라오고 있기 때문이다.

이들 업소는 외국인이 주민 편의시설로 운영했던 업소들과 달리 불특정 다수의 방문객을 대상으로 하며 실제로 해방촌에 거주하지 않는 한국인이 운영하는 경우가 대부분이다. 그들은 코스모폴리탄한 감각을 내세우지만 흉내에 그치는 경우가 많아 이들의 사업이 그리 활발해 보이지는 않는다. 그사이에 서양 집밥을 팔던 인디고, 헝그리독 등은 사라졌다. 상업 전선이 북상하면서 서로 의존하던 공간이 분쟁을 일으키는 공간으로 바뀌고 있는 것일까?

커뮤니티 또는 사조직, 신주민의 전유물

2007년 즈음 두 부류의 사람들이 해방촌에 발을 들여놓았다. 한 부류의 사람들은 사회운동을 하다가 휴식이 필요해 오랜 기간 해외에서 자전거여행을 하다 돌아온 J1과 J1의 아내이고, 다른 한 부류의 사람들은 학부에서 건축을 공부하고 취업했다가 다시 대학원에서 도시설계를 공부하는 B와 그의 여동생이다. J1은 S와 더불어 '빈집'이라는 주거공동체를 만든 뒤 '빈마을', '빈가게', '빈고' 등의 공동체를 꾸준히 만들어왔고, B는 주변 지인들을 모아 동네를 계속 연구하며 2012년 〈남산골 해방촌〉이라는 마을잡지를 창간해 2015년까지 제8호를 내놓았다.

1970년대 중후반에 태어난 두 부류의 사람들은 우연히 해방촌의 숨겨진 멋을 발견하고는 해방촌에 발을 들여놓았다. J1은 "사대문 주변에 집값 싼 곳을 찾아 돌아다니"던 중에 "이렇게 재밌는 공간을 발견"했고, B는 동생이 찾은 집이 "처음에는 입지와 집 넓어진 것만 좋아서 왔"다가 "거리에서 풍부한 느낌이 나는 해방촌 그 자체의 매력"을 발견했다고 한다. '재미'와 '느낌'이라는 표현은 이 동네가 갖는 정동적 매혹affective allure을 잘 말해준다.

두 부류의 사람들이 각각 관여하는 두 커뮤니티의 결이 똑같은 건 아니다. 먼저 빈집은 일종의 주거공동체다. 게스트하우스가 아니라 '게스츠하우스guest's house'라는 표기를 고집하듯 주인이 따로 없는, 손님 모두가 주인인 공간을 지향한다. 이 공간에는 주거독립을 추구하는 활동가 유형의 사람들이 모여들었고 그 가운데 일부는 장기투숙객이 되었다. 이들은 여기에서 "다른 형태의 삶의 방식, (이제까지와는) 다른 형태의 공동체"를 실현하는 실험을 해왔다.

2008년 2월에 시작한 실험은 예상 외로 빠른 속도로 발전했고, 새로운 실험들이 눈덩이처럼 불어났다. 빈집은 1년여 만에 네 채로, 장기투숙객은 20명 정도로 늘어났다. 이로써 마을회의를 여는 '빈마을'이 만들어졌고,[123] '빈집'은 2010년부터는 협동조합 형태로 카페 '빈가게'를 운영하면서 간단한 식음료를 판매하는 한편, 독서, 바느질, 운동, 농사, 요리 등 각종 모임을 열기도 한다. 비슷한 시기 '빈화폐'(또는 해방화폐)를 발행해 가까운 상점에 가맹점까지 만들었고, 급기야 공동체 은행 '빈고'를 만들어 금융공동체를 실험했다. J1은 빈고야말로 "자신의 반反자본에 대한 문제의식이 체계화된 것"이라고 말했다.

빈집, 빈마을, 빈가게, 빈고 등의 공동체 실험은 간략히 소개하고 평가하기에는 무겁고 진지한 주제다. 여기서는 그 효과와 파장만 살펴보자. 일단 공동체 실험이 "주민운동의 개념은 아니었다"라고 J1이 인정한 것에서부터 주민들과의 각종 마찰을 암시한다. 빈집이 집주인과, 빈가게가 주변 상인과 마찰을 빚는 것은 예상할 수 있는 일이다. 심지어 "공간을 너무 협소하게 쓰고, 밤

---

123 빈집 홈페이지에 따르면 2015년 현재 빈집은 모두 여섯 채이고 장기투숙객은 30~40명으로 추산된다. 또한 과거에는 빈집이 열네 채나 있었는데, 대부분의 투숙객은 "주인과의 갈등"을 겪고 대안적 거주형태를 찾아나선 임차인들이었다.

에 너무나 많은 사람들이 다니니까" "시끄럽다"는 이유로 가끔씩 민원이 들어오기까지 한다. 한 방에서 예닐곱 명이 생활했다는 점에서 주민들에게는 이들 역시 난민처럼 보였을 것이다.

빈가게를 내고 장사를 시작하면서부터 비로소 지역과 교감하기 시작했지만, 여기 모인 활동가 유형의 사람들은 기존 주민들 눈에는 '이상한 젊은 애들'로 보였다. 인근에서 화장품 가게를 운영하는 상인은 "평소에 동네에 카페가 하나 생겼으면 해서 반가웠"지만, "우리가 원하는 카페 분위기는 아니"었고, "들어가도 이렇게 반겨주거나 하는 게 별로 없"다는 반응을 보였다는 기사도 있다(배영욱, 2012: 14). 빈집 성원들이 지역 주민과 정서적으로 소통하고 교감하는 데 어려움을 겪는 이유가 이념적 차이라는 시각은 적절하지 않다. 이는 오히려 지식인 출신이 벌이는 공동체운동이 지역 주민과의 문화적 · 정서적 코드와 부딪칠 때 생기는 일반적 곤란에 가깝다.

그 점에서 위 기사의 출처가 마을잡지 〈남산골 해방촌〉이라는 점은 흥미롭다. 이 잡지의 발행인은 앞서 이야기한 B다. 그는 2011년 즈음 빈집, 빈가게와 관련한 사람을 인터뷰했던 때를 떠올리며, "해방촌에 대해 물으니 (그들은) 잘 모르더라"라고 회고했다. 그는 "자기들 공동체 안에서 일어나는 일이 너무 많고 복잡하기 때문에 해방촌에 관심 가질 여력이 없어 보"였다고 말했다. 빈집, 빈가게와 직간접적으로 연관을 맺은 인물들이 해방촌의 역사와 일상을 상세하게 연구한 성과물이 독립출판물(정민, 2013; 곰자,

2013)이라는 점을 고려한다면 이런 평가는 일방적으로 들릴 수 있다. 그는 빈집과 빈가게를 처음 만든 사람들 몇몇을 빼고는 그곳 성원들에게서 "불편함"을 느꼈다고 털어놓았고, 사람을 대할 때 "쭈뼛쭈뼛하면서 경계하는 느낌"을 받는 등 사람을 대하는 데 서툴다는 느낌을 받았다고 했다.

이 잡지의 성원들은 스스로를 백수라고 부르는 빈집 성원들과는 달리 해방촌이나 그 인근에 살면서 직장을 다니거나 프리랜서로 일을 하는 20~30대의 젊은이들이었다. 그들은 서울연구원, 용산구청, 청년허브 등의 공공기관으로부터 드문드문 펀딩을 받은 적도 있지만 경제적 보상 없이 잡지를 만들 때도 많다. 즉 이 잡지는 동네와 주민에 대한 애정을 담은 정동적 노동과 집합적 지성의 산물이다. 이 단체의 성격을 물었을 때 B는 "동아리"라고 답해주었다. 이 잡지는 해방촌 역사와 지리를 심층적으로 연구하는 것과 더불어 주민의 일상과 그 일상이 펼쳐지는 장소를 묘사하는 데 초점을 둔다. 집, 골목, 계단, 버스, 교회, 시장, 갤러리 등에 대한 자세한 설명과 더불어 해방촌에 사는 다양한 사람을 인터뷰한 기사는 해방촌을 활기 없는 빈민촌 정도로 생각한 사람들에게 이곳이 얼마나 에너지가 넘치는 곳인지를 설득력 있게 보여준다.

〈남산골 해방촌〉은 외국인이나 이주자에게도 관심을 보인다. 여기에는 미국에서 온 음악인, 독일에서 온 제빵사, 스페인에서 온 영어강사, 아일랜드에서 온 경영전문가, 미국 대학교 강

공동체은행 빈고의 해방화폐 전단지(위)와 잡지 〈남산골 해방촌〉(아래) | 빈집, 빈마을, 빈가게, 빈고는 공동체를, 남산골 해방촌은 동아리를 표방한다. 빈집 성원들이 다양한 나라에서 온 이주노동자와 관련한 활동가들에게, 남산골 해방촌은 해방촌에서 일상적 삶을 살아가는 서양계 이주민에게 각각 관심을 보인다. 서로 다른 이들은 서로의 존재를 뚜렷하게 인식하며, 넓지 않은 공간에서 일상적으로 만나곤 한다. (출처: 빈집(위), 남산골 해방촌(아래))

사, 은퇴한 영국 기업경영인이 모두 포함된다. 이 부분에서 남산골 해방촌이라는 동아리와 빈집이라는 공동체 사이의 차이가 다시 한 번 드러난다. 남산골 해방촌이 해방촌에서 일상적 삶을 살아가는 서양계 이주민에게 관심을 보였다면, 빈집 성원들은 그들이 "이주 백수"라고 말한 "미국, 캐나다, 네팔, 버마, 콜롬비아, 스리랑카" 등 다양한 나라에서 온 이주노동자와 관련한 활동가들에게 관심을 보였다(J1 인터뷰). 이는 해방촌이라는 장소를 공유하는 서로 다른 행위자가 각각 맺고 있는 네트워크에 따라 다른 성격을 가진 외국인 집단과 접촉한다는 사실을 보여준다. B를 인터뷰한 장소가 햄버거길(또는 아랫동네)에 있는, 토박이가 운영하는 힙스터 카페였던 반면 J1을 인터뷰한 장소는 해방촌오거리(또는 윗동네)에 있는, 영화감독 지망생이 운영하는 빈티지 카페였던 것도 이런 차이를 상징적으로 드러낸다.

빈집, 빈가게와 남산골 해방촌이라는 대립구도를 만들려고 이 둘의 차이를 논한 것은 아니다. 중요한 것은 이들이 서로 다르지만 서로의 존재를 뚜렷하게 인식하며, 넓지 않은 공간에서 일상적으로 만나곤 한다는 점이다.

이 공간이 연대의 공간인지 의존의 공간인지는 분명하지 않다. 하지만, 적어도 대립이나 다툼의 공간은 아니었다는 것은 분명하다. 이는 해방촌이 각자의 커뮤니티에서 끼리끼리 어울릴 수 있는 공간임을 보여준다. 2010년대 전반기에는 해방촌의 여러 단체가 내부적 끈끈함과 대외적 폐쇄성 사이에서 비교적 원만하게 지내고 있었다. 적어도 2015년 봄까지는.

자발적 재생

'공동체'라는 말에서는 너무 끈끈한 느낌이, '동아리'라는 말에서는 너무 느슨한 느낌이 든다. 대안은 없을까. 남산골 해방촌의 B는 "커뮤니티"라는 말을, 빈집과 빈가게의 관계자들은 "사조직"(정민, 2013: 23; 곰자, 2013: 2)이라는 말을 사용했다. 커뮤니티든, 사조직이든 그 말에는 "정말 많은", "무수한"이라는 수식이 따르고 "거미줄처럼 얽혀 서로를 연결"한다는 점이 두드러진다. B는 미셸 푸코Michel Foucault의 헤테로토피아(heterotopia, 실제로 존재하지만 모든 장소의 바깥에 있는, 일종의 '현실화된 유토피아')라는 개념까지 소개하면서 "해방촌다운 것은 여러 가지가 다양하게 있는 것에 내가 하나를 더 얹는 것"이라는 해석을 덧붙였다.

이런 커뮤니티나 사조직이라는 단어는 구주민의 전유물이 아니라 신주민의 전유물이었다(정민, 2013: 29). 이러한 사조직은 조사를 진행하는 과정에서도 빠른 속도로 늘어나고 있었다. 해방촌오거리 인근만 해도, 이념적으로는 가장 진보적인 수유너머 R124이 빈가게 맞은편에 자리하고는 '박사님'들의 지식공동체를 구축하고 있고, 오거리 구석에는 "이념적인 부분은 빠져 있고 어떻게 보면 상업적"이라고 인정하는 협동조합 아이디쿱ID Coop이 사회적 경제를 실천하고 있다. 진보신당의 "지역 활동을 위한 거점공간"(진보신당 서울시당, 2012)인 종점 수다방이나 토박이 사회활동가의 이주자 교육공간도 아주 가까운 거리에 있다. 관심 있는 사람이라면, 보수에서 진보에 이르는 이념적 스펙트럼의 연속체를 만들어 이들 각각을 그 위 어딘가에 놓아보기도 할 것이다.

지리적으로 이 단체들의 중앙에 위치하는 신흥시장에 자리 잡은 문화공간 '해방촌4평학교'는 이념적으로도 가운데라 할 수 있다. "마을에서 즐거운 일상을 이웃과 같이 만들어가고자 만들어진…… 즐거운 빈 공간"이라는 표현에서 보듯 이곳은 마을과 이웃을 강조하면서 교육, 연구, 작업의 공간을 마련해주는, 즉 "주민들이 자치적으로 운영하는 협력적 마을공동체"(박현정, 2015: 29)다.

이곳 운영을 책임지고 있는 S는 건축을 공부한 뒤 사회적 경제와 관련된 일을 하다가 "빈집이라는 공동체가 궁금해서" 2011년 해방촌에 들어와서 독립한 뒤 장기투숙객이 되었다. 스스로를 "운동권과 전혀 관계가 없다"라고 소개한 그녀는 빈집공동체의 한 사람으로 지내다가 해방촌4평학교를 구상하며 "주민과 친화를 강조하다 보니 빈집과 거리를 두었다"면서 분리와 독립의 과정을 설명해주었다. 그 뒤 해방촌4평학교는 신흥시장을 연구하

124 '수유너머'는 고미숙의 수유연구실과 서울사회과학연구소 출신의 이진경과 고병권 등의 연구모임 너머가 결합해 2000년 출범한 인문학 지식공동체이며, 자신들의 표현으로는 '코뮌'이다. 수유동과 원남동을 거쳐 2007년 해방촌, 현재 센테니얼 크리스천 학교가 소재한 곳에 둥지를 틀었다. 2009년 수유너머는 여러 공동체로 나뉘었는데, 그 가운데 하나인 수유너머R은 삼선교로 이전했다가 2013년 해방촌으로 왔고, 구성원이 변하면서 2015년 10월부터 '우리 실험자들'로 바뀌었다. 수유너머가 지역 운동과 주민운동을 본격적으로 하지는 않았지만, 그 가운데 몇몇은 빈집, 빈가게와 교류하면서 지역 주민과 교감하려고 노력했다. 그 가운데 한 명은 2010년 서울에서 열린 G20 정상회의 포스터에 쥐를 그린 박정수다. 더 자세한 내용은 〈나·들〉, 2013.11.4을 참조.

신흥시장에 자리한 해방촌4평학교와 홍보 전단 | 해방촌에는 신주민들이 만든 커뮤니티나 사조직이 늘어나고 있다. 이들은 해방촌의 매력에 끌려 이곳에 와 마음 맞는 사람들끼리 만나 커뮤니티를 만들고 때로는 급진적인 실험도 한다. 낙후와 쇠퇴의 상징으로 거론되는 신흥시장도 2013년 이후 사회활동가와 예술가들이 들어와 활성화의 첫발을 내딛은 상태다. 이렇게 자발적으로 재생되고 있던 장소에 관이나 정부가 개입하면 어떤 결과를 가져올까. (출처: 양재영(위), 해방촌4평학교(아래))

고 바자회를 여는 등 자발적으로 이곳을 활성화하기 위해 노력하고 있다.

해방촌4평학교 활동의 결은 신흥시장에서 후암동을 내려가는 길 여기저기에 터를 잡은 사람들과의 느슨한 네트워크로 이어진다. 소규모 독립출판물 서점(스토리지북앤필름), 작고 예쁜 카페(린다린다린다), 감성적 환경잡지(그린마인드), 행위예술가 흑표범의 갤러리(공간해방) 등이 그것이다. 이들 외에도 작업실을 열고 자기 일을 하면서 동네에서 일어나는 일과 접점을 마련하려는 사람이 이 길을 이루는 새로운 행위자들이었다. 이곳은 햄버거길과 반대편에서 또 하나의 아랫동네를 만들어가는 듯했다.

그런데 2015년 5월 23~25일과 10월 17~18일에 열린 해방촌오픈스튜디오(이하 H.A.O)는 또 다른 결을 보여주었다. 해방촌에 터를 잡은 예술가들의 작업실을 개방해 생산자와 소비자가 가까이에서 소통하고 교감하는 장을 만들려는 시도는 예상 밖으로 환영받았다. 언제 이렇게 많은 작업실, 주로 공방이 해방촌으로 잠입했는지 놀라울 뿐이었다. 이 작업실들은 윗동네와 두 아랫동네를 가리지 않고 여기저기 퍼져 있었다. 2015년 초 한 여성지에 "예술 해방촌, 신흥로"(《리빙센스》, 2015.2.9)라는 기사가 실린 것이 하나의 신호탄이었을 것이다. 실제로 기사에 나온 '예술공간' 일곱 곳 가운데 다섯 곳이 H.A.O.에 참여했다.

이들 작업실은 대부분 2013년 이후 해방촌에 자리 잡았다. 그 가운데 일부는 처음 차린 작업실이거나 다른 곳에서 이전해

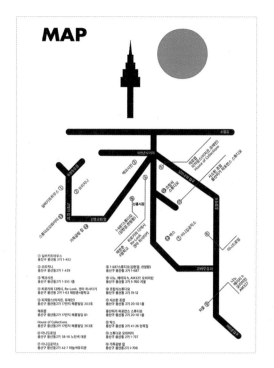

해방촌오픈스튜디오 포스터 | 2015년에 열린 해방촌오픈스튜디오는 해방촌에 터를 잡은 예술가들의 작업실을 개방했다. 생산자와 소비자가 가까이에서 소통하고 교감하는 장을 만들려는 시도로 예상 밖으로 환영받았다. 이들 작업실은 대부분 2013년 이후 해방촌에 자리 잡았고, 그들 사이에 자연발생적으로 또 하나의 사조직이 만들어졌다. (출처: 해방촌오픈스튜디오)

온 작업실이었다. 아무튼 단기간에 상당히 많은 작업실과 공방이 해방촌으로 몰려왔고, 그들 사이에 자연발생적으로 또 하나의 사조직이 만들어졌다. 비슷한 성격을 가진 우사단길 작업실들이 길 하나를 두고 양쪽에 몰려 있는 것과 달리, 해방촌의 작업실들은 인적이 드문 골목길 여기저기에 숨어 있다가 어느 날 갑자기 모습을 드러낸다.

그 점에서 H.A.O.가 HBC 페스티벌과 정확히 같은 날짜에 열린 것은 우연이 아니다. 서로 달라 보이는 이 두 행사의 주최자들은 일부러 일정을 조율했다. 오래된 외국인 이주자의 소비문화와 새로운 한국인 이주자의 제작문화가 문화적·미학적 성향을 공유하면서 시너지를 도모한 것이다. 해방촌의 가장 최근 타지인들이 서양에서 유학을 하고 온 한국인 작가나 디자이너라는 사실,[125] 그리고 이들이 탁월한 기획력을 갖고 있다는 사실 등이 그 예상치 못한 연대를 설명해준다.

이런 작가와 디자이너들의 새로운 커뮤니티는 만들어진 지 얼마 되지 않아 지금 평가하는 것은 조금 이르다. 그렇지만 이들의 활동은 해방촌에서 오랫동안 일해왔던 활동가나 예술가들처럼 이웃과 접속해 동네를 재생시키려는 움직임과는 다소 거리가 있어 보인다. 그 점에서 2015년 말 서울시가 발표한 해방촌 도시재생의 정책적 아젠다 가운데 아트마켓이 포함되어 있다는 점은 무언가 불길하다. 예술가들이 갖는 선의의 의도와는 무관하게 이곳의 예술주도 도시재생이 그 의도와는 다른 방향으로 흐를지도 모른다는 점에서다.

125 H.A.O. 참여자 다수는 뉴욕에서 공부를 했고, 그중 드로잉 작가 어니는 프랫 인스티튜트를 나와 뉴욕 일대에서 수년간 많은 전시 프로젝트를 진행했다(http://eon-ilee.com).

나가며: 도시난민은 또다시 쫓겨날까

앞서 해방촌을 향한 두 개의 압력, 즉 동쪽으로부터의 상업화 압력과 서쪽으로부터의 재개발 압력을 논하면서 후자는 잦이들었다고 말한 바 있다. 그런데 2015년 3월 해방촌이 서울형 도시재생 선도지역 스물일곱 곳 가운데 하나로 선정된 데 이어 2015년 11월에는 도시재생 활성화지역 선도모델 열세 곳 가운데 하나로 지정되었다. 그 결과 앞으로 4∼5년 동안 백억 원의 예산이 해방촌에 투입될 예정이다.

해방촌 재생정책에 등장하는 상세한 언어들은 이 글에서 다루지 않으려 한다. 단 해방촌이 '재생이 시급하고 주민공감대가 충분히 형성돼 있지만 자생적인 변화가능성이 낮은' 곳이라는 평가는 지난 3년 동안 해방촌을 관찰하며 얻은 결론과 너무나도 다르다. 해방촌은 '변화가 더딘 산동네의 빈촌'이라는 편견에도 불구하고, 수많은 행위자들이 이곳의 매력에 끌려 찾아와 마음 맞는 사람들끼리 만나 커뮤니티를 만들고 때로는 급진적인 실험도 하는, 에너지로 가득한 곳이다. 낙후와 쇠퇴의 상징으로 거론되는 신흥시장도 2013년 이후 사회활동가와 예술가들이 들어와 활성화의 첫발을 내딛은 상태다. 이곳은 도시동네들 가운데 "오래되었지만 새로운"(Zukin, 2010) 동네에 가장 근접한 곳이다.

이렇게 자발적으로 재생되고 있던 장소에 관이나 정부가 개입하면 어떤 결과를 가져올까. 들리는 소문으로는 토박이를 중심으로 재생의 주체가 꾸려지고, 신주민들의 조직은 선별적으로 여기에 동원되거나 배제되고 있다고 한다. 배영욱(2015)은 "각자 끼리끼리 살아가던 사람들을 한자리에 모으려고 하니 아무것도 아닌 일에 감정들이 생"기고, "왜 일을 이것밖에 못하냐고 타박할 대상을 찾게 된다"라는 편치 않은 마음을 드러냈다. 도시재생이라는 뒤늦은 정부의 선의의 관심이 이미 존재하는 선의의 무관심의 에토스를 건드리고 있는 것은 분명하다.

앞의 해방촌 역사를 살펴보면, 이곳에는 구주민이란 존재하지 않고, 줄곧 타지인만 있어왔다. 최초의 타지인은 1940~50년대 제2차 세계대전과 한국전쟁이라는 재난을 피해 이곳으로 들어왔고, 그 뒤의 주민은 1960~70년대 산업화가 가져온 농업의 피폐라는 재난을 피해 이곳을 찾았다. 그리고 2000년대 이후 신자유주의 구조조정이라는 말로 대표되는 재난을 맞은 젊은 세대가 이곳을 찾고 있다. 재난의 유형과 성격은 다르지만, 그 재난을 피해서 이동한다는 의미에서 피난민, 요즘 말로는 난민이다. 자신의 나라에서 적절한 직업을 찾지 못해 영어강사, 무역상, 이주노동자로 한국에 온 외국인들도 넓은 범위에서는 여기서 예외가 아닐지 모른다.

기억해야 할 것은 1980~90년대 해방촌이 정부나 개발업자의 직접 개입을 최소화하면서 자력재개발로 동네를 만들었다는 점이다. 2000년대 중반 이후 이곳에 살게 된 새로운 주민도 스스로 힘으로 이 동네를 젊고 국제적 감각이 숨쉬는 곳으로 재생시키며 모두들 여기에 열과 성을 다해왔다. 우리가 발견한 것은 이념적 연맹을 넘어서는 정동적 결연affective affiliation의 힘이었다. 이 모든 것을 생각해볼 때 국가나 정부는 이 동네의 변화를 주도하기에 적절한 주체가 아니다. 이 서로 다른 유형의 도시난민들[126]은 그냥 내버려두면 알아서 잘하는 존재들이다.

현장연구 마지막 날인 2015년 12월 26일 밤, 신흥시장 가운데에 마을공동체인 해방촌4평학교, 공사를 막 끝낸 힙스터 카페, 용산구에서 파견한 도시재생 지원센터가 어깨를 맞대고 있었다. 자발적 재생, 상업 젠트리피케이션, 관이 주도하는 재생을 각각 상징하는 세 곳이 연대의 공간을 만들어갈지, 다툼의 공간을 창출할지 미리 판단할 필요는 없을 것이다. 단, 서울시 의지대로 신흥시장이 아트마켓이 된다면 그 옆에 점포를 주거용으로 개조한 쪽방의 가난한 세입자들이 가장 먼저 쫓겨날 것이다. 그렇다면 그 책임은 누구에게 있을까. 해방촌의 젠트리피케이션은 아직 본격적으로 도래하지 않았지만 이미 각종 우려를 낳고 있다.

---

126 이 멋진 표현은 해방촌에서 2000년대 중후반을 보낸 음악인 J4가 만든 것이다.

인터뷰

B   (30대 여성, 주민/독립지역잡지 발행), 2014.12.17.

C   (40대 여성, 주민/지역 교육운동가), 2014.12.19.

D   (20대 남성, 미국 출신/주민/유치원교사), 2015.2.15.

F   (40대 남성, 영국 출신/펍 운영), 2014.12.26.

H1   (40대 남성, 펍 공동운영), 2014.11.25.

H2   (30대 여성, 예술가), 2015.1.9.

J1   (30대 남성, 주민/사회운동가), 2014.12.17.

J2   (20대 여성, 주민/독립잡지 편집자), 2014.11.18.

J3   (30대 남성, 주민/사회적 기업 운영), 2014.12.30.

J4   (30대 여성, 음악인), 2015.12.30.

K1   (30대 남성, 독립출판서점 운영), 2014.11.18.

K2   (30대 남성, 주민/디자인 사무실 협동조합 운영), 2014.11.18.

K3   (30대 여성, 주민/디자인 사무실 협동조합 운영), 2014.11.18.

K4   (40대 여성, 펍 공동운영), 2014.11.25.

L   (30대 여성, 주민/카페 운영), 2014.11.23.

R1   (60대 여성, 주민/지역 교육운동가), 2014.12.19.

R2   (40대 남성, 미국 출신/페스티벌 조직가), 2014.12.26.

S   (30대 여성, 주민/마을활동가), 2014.11.25.

서울을
생각하지 않기

이 책을 쓰는 동안 젠트리피케이션을 둘러싼 '담론 지형'이 급격하게 변했다. 젠트피케이션이 대중적 용어가 되었고, 젠트리피케이션이 가진 부정적 의미가 부각되었다. 한 예로 이 책의 글쓴이들이 조직한 학술행사에는 학계 사람들 외에도 활동가, 예술가들도 얼굴을 비추었고 그들 대부분은 젠트리피케이션에 반대한다는 선명한 지향을 가지고 있었다.

한 가지 변화가 더 있다. 젠트리피케이션이 대중적 용어를 넘어 공식적 용어가 되었다. 민간을 넘어 정부 차원에서도 젠트리피케이션을 논의하게 된 것이다. 이 책 글쓴이들은 시청에서 주최하는 간담회에서 자문 역할을 하기도 했고, 구청에서 조직한 포럼에서 발표를 하기도 했다. 책을 기획했을 때는 예상하지 못한 일이다.

이런 자리에서 만난 정부 관계자 대부분은 '도시재생 정책을 추진하면서 젠트리피케이션을 방지해야 한다'고 진지하게 생각하고 있었다. 문제는 닐 스미스가 "도시재생이란 젠트리피케이션의 사탕발림sugarcoating"이라고 말한 것처럼, 도시재생과 젠트리피케이션이 궁극적으로 다르지 않다는 점이다. 지나친 주장이라고 생각할 수도 있지만, 이미 수십 년 간 도시재생 정책을 추진해온 서양의 도시에서는 '누구를 위한 재생인가'라는 문제제기에 이어 재생regenerate의 접두어 'regene-'에 사망을 뜻하는 접미어 '-cide'를 덧붙인 'regenicide'라는 말까지 생겨났다. 이는 결국 도시재생이 낳는 결과가 젠트리피케이션과 다르지 않다는 인식을 반영한다.

서울의 도시재생 정책이 서양 도시에서 일어난 것과 동일한 결과를 가져오리라고 예단할 필요도 없고, 그래서도 안 된다. 그러나 선한 도시재생 정책이 젠트리피케이션이라는 사악한 결과를 낳을 가능성을 결코 간과할 수 없다. 의도가 선하다고 해서 결과가 선하다는 보장은 없을 뿐만 아니라, 모두에게 선한 결과를 만들기도 어렵다. 그러니 '도시재생을 추진하면서 젠트리피케이션은 방지하겠다'라는 병 주고 약 주는 일을 하지 않기를 바란다.

서울 어딘가에 자리를 잡고 무언가 해보려는 사람들에게 이 책은 어떤 도움을 줄 수 있을까? '서울 도처에서 젠트리피케이션이 발생하고 있다'는 연구는 '그렇다면 무엇을 어떻게 할 것인가'라는 질문에 또렷한 답을 주지 못했다. '서울은 더 이상 희망이 없다'는 비관적 전망 이외에 어떤 다른 메시지를 던져줄 수 있을까?

허름한 동네에 예술가의 작업실이 들어서면, 3~4년 뒤에는 카페나 레스토랑이 들어오고, 다시 3~4년이 지나면 글로벌 프랜차이즈 기업이 들어온다. 젠트리피케이션의 기본 공식이라 할 수 있는 이 과정이 이제 서울에서는 피할 수 없는 히니의 법칙으로 굳어져버린 듯하다. 이런 상황에서 '선한 개발'을 통해 '참한 도시'를 만들자고 제안하는 일부 도시계획가들의 주장은 공상처럼 들린다. 한 도시계획가는 이를 두고 서울을 '리씽킹'하자고 주장하는데, 이런 리씽킹은 '선한 젠트리피케이션이 가능하다'는 망상에 가깝다.

이 책을 거의 마무리할 무렵 또 하나의 사건이 발생했다. 독립문 인근 무악동, 이른바 '옥바라지 골목'이라고 불리는 곳에서 재개발사업조합 측 용역업체의 강제 퇴거 시도로 인해 지역 주민과 물리적으로 충돌했다. 이건 선한 개발이나 참한 도시와도 거리가 먼 익숙한 형태의 '폭력적 철거 및 재개발'에 가깝다. 여기에도 두리반 사건부터 테이크아웃드로잉에 이르는 투쟁에 참여했던 활동가와 예술가가 동참하고 있다. 2009년 용산 남일당 터에서 일어난 용산참사 이후 8년이 흘렀음에도 그다지 달라지지 않은 현실 앞에서 한탄이 나온다.

이런 한탄은 서울의 사대문 주변, 오래된 표현을 사용하자면 성저십리城底十里 인근에 호사스러운 주상복합 아파트가 속속 신축된 또는 신축될 현실에 비하면 때늦은 한탄에 가깝다. 이 책에서 논한 서울 여러 장소에서 일어나는 젠트리피케이션 사례는 외양상 고급스러워지지만, 모든 것이 비싸고 살기 힘든 곳이 되어가는 서울의 이면을 비춘다.

최근 우연히 지방과 농촌을 여행할 기회가 있었다. 나는 그곳에서 오래 전부터 '다르게 살기'를 실험해온 다양한 사람들을 만났다. 사실 지난 몇 년 동안 젠트리피케이션을 연구하면서 서울에 대한 애착이 조금 사그라든 나에게 그들의 삶은 여유가 있어 보였다. 서울에 모든 것을 걸고 집착하는 것이 유일한 대안은 아니지 않겠냐라는 생각이 문득 들었다.

그렇지만 나에게는 아직 서울에 대한 미련을 완전히 떨쳐버릴 수 없는 이유가 하나 있다. 그것은 합리적이라기보다는 정서적인 이유다. 서울에 살다가 지방이나 농촌으로 터전을 옮긴 사람들은 한결같이 '살기는 좋은데, 자극이 없다'는 말을 했다. 그 가운데 한 명은 그 자극을 '섹시함'이라는 말로 표현했다. 현재 자신이 살고 있는 곳은 서울과 같은 섹시함이 없다는 것이다. 이 책에서 자주 등장한 어휘를 사용하자면, 힙하지 않다는 의미로 받아들여진다.

따라서 (나처럼) '서울에서 마음이 떠나간다'라는 사람들은 스스로에게 진지하게 던져야 할 질문이 하나 있다. 도회적 힙urban hipness을 향유하지 않고 살아갈 자신이 있냐는 질문이다. 여러 학자들이 주장한 바와 같이 도시는 이데올로기이며, 서울 역시 거대한 이데올로기라고 할 수 있다. 여기서 서울은 행정구역으로서 서울이 아닌 수도권을 포함한다. 그러나 도시는 단지 이데올로기적 공간, 즉 합리와 이성의 공간일 뿐만 아니라 정동의 공간, 즉 감성과 취향의 공간이기도 하다. 도시는 특유의 공간감과 장소감을 통해 사람들의 마음을 사로잡는다. 흥분, 환희, 경이, 분노, 비애, 혐오 등의 정동들이 여기저기서 일어나 서로 섞이고 엉키다가 특별한 사건을 만들고 일상을 조직한다. 도시를 이데올로기적으로 비판하는 사람들이 실제로 그 도시에 애정, 적어도 애증을 갖는 것은 이 때문이 아닐까? 정치경제적으로 무력한 세입자로 살면서도 말이다.

젠트리피케이션 역시 신자유주의 시대 서울의 다양한 정동이 복합적으로 움직여 나타난 산물이라 할 수 있다. 이러한 움직임은 매우 난폭하고 험악하지만 특유의 화려함을 통해 사람들을 매혹시킨다. 때로는 신자유주의에 저항하고 반대하는 실천마저도 그 매혹의 일부가 된다. 우리는 과연 그 매혹으로부터 자유롭다고 말할 수 있을까? 이 점에 대한 연구는 앞으로의 숙제다.

젠트리피케이션이라는 단어가 이토록 급격하게 전파되고, 공유되고, 소통되고, 공인되는 과정을 '한국적' 현상으로 볼 수도 있다. 1990년대의 세계화나, 2000년대의 다문화가 그랬던 것처럼 말이다. 한국 그리고 서울은 비서양 도시 가운데 비교적 짧은 시간 안에 젠트리피케이션이 난폭하게 발생하고, 이에 대한 투쟁도 가열차게 전개된 하나의 본보기다.

그렇다면 아시아의 다른 나라들과 도시들은 어떨까? 아시아가 서로 비교하고 참고하면서 공동의 대안을 모색하는 인터아시아의 시각은 도시공간과 장소를 통해 접근하면서 보다 뚜렷하고 구체적으로 그려질 수 있을 것이다. 그래서 이 연구는 이 한 권으로 그치지 않는다. 이제 아시아로 그 시선을 돌리려 한다.

2016년 5월

신현준

서장 서울의 젠트리피케이션, 그리고 개발주의 이후의 도시

"'서촌'에 사람과 돈이 몰려오자…… 꽃가게 송씨·세탁소 김씨가 사라졌다", 〈한겨레〉, 2014.11.24.

"'젠트리피케이션' 뜻, 홍대 앞, 합정동, 상수동, 신사동 바꾸고 있는 '이것'", 〈조선일보〉, 2015.2.9.

김걸. 2007. 〈서울시 젠트리피케이션의 발생원인과 설명요인〉, 《한국도시지리학회지》 10(1): 37-49.

김수아. 2013. 《서울시 문화공간의 담론적 구성 — 홍대 공간을 중심으로》, 서울연구원 정책연구보고서.

미디어버스. 2013. 《공공 도큐먼트 2 — 누가 우리의 이웃을 만드는가》, 미디어버스.

미디어버스. 2014. 《공공 도큐먼트 3 — 다들 만들고 계십니까》, 미디어버스.

박해천. 2013. 《아파트 게임 — 그들이 중산층이 될 수 있었던 이유》, 휴머니스트.

옥은실·김영찬. 2013. 〈문화적 실천으로서 사회운동의 변화 — 두리반 운동을 중심으로〉, 《한국언론정보학보》 63: 53-75.

이선영·주경식. 2008. 〈젠트리피케이션 과정으로서 용산 재개발 지구의 근린 변화〉, 《한국도시지리학회지》 11(3): 113-123.

최병현. 2012. 〈서울 도심부 재개발 공동주택의 젠트리피케이션 효과에 관한 실증분석〉, 광운대학교 대학원 부동산학과 박사학위 논문.

홍대앞 연구 네트워크. 2015. 《홍대앞 문화예술생태계 활성화를 위한 정책과제 연구》, 서울문화재단 서교예술실험센터.

황창서. 2018. 《2010 부동산 대예측》, 원앤원북스.

Atkinson, R. and Bridge, G. (eds.), 2005. *Gentrification in a Global Context: The New Urban Colonialism*, New York: Routledge.

Beauregard, R.A. 1986. "The chaos and complexity of gentrification", in *Gentrification of the City*, Smith N. and Williams P. (eds.), 35-55, Winchester: Allen and Unwin.

Butler, T. and Lees, L., 2006. "Super-gentrification in Barnsbury, London: Globalization and gentrifying global elites at the neighbourhood level", *Transactions of the Institute of British Geographers* 31(4): 467-487.

Caulfield, J. 1994. *City Form and Everyday Life: Toronto's Gentrification and Critical Social Practice*, Toronto: University of Toronto Press.

Davidson, M. and Lees, L. 2010. "New-build gentrification: Its histories, trajectories, and critical geographies", *Population, Space and Place* 16(5): 395-411.

Davidson, M. and Lees, L., 2005. "New-build 'gentrification' and London's riverside renaissance", *Environment and Planning* 37(7): 1165-1190.

Davidson. M. 2007. "Gentrification as global habitat: A process of class formation or corporate creation?", *Transactions of the Institute of British Geographers* 32(4): 490–506.

Doucet, B. 2009. "Living through gentrification: Subjective experiences of local, non-gentrifying residents in Leith, Edinburgh", *Journal of Housing and the Built Environment* 24(3): 299-315.

Glass, R. 1964/2010. "London: Aspects of change", in *The Gentrification Reader*, Lees, L., Slater, T. and Wyly, E. (eds.), 7-8, London and New York: Routledge.

Ha, S.K. 2015. "The endogenous dynamics of urban renewal and gentrification in Seoul", in Lees, L., Shin, H.B., and E. Lopez-Morales (eds.), *Global Gentrifications: Uneven Development and Displacement*, 165-180, Bristol: Policy Press.

Hackworth, J. and Smith, N. 2002. "The changing state of gentrification", *Tijdschrift voor Economische en Sociale Geografie*, 92(4): 464-477.

Hamnett, C. 1991. "The blind men and the elephant: The explanation of gentrification", *Transactions of the Institute of British Geographers* 16(2): 173-189.

Hamnett, C. and Whitelegg, D. 2007. "Loft conversion and gentrification in London: From industrial to postindustrial land use", *Environment and Planning* A 39(1): 228-234.

He, S. 2010. "New-build gentrification in Central Shanghai: Demographic changes and socioeconomic implications", *Population, Space and Place* 16(5): 345-361.

He, S. 2012. "Two waves of gentrification and emerging rights issues in Guangzhou, China", *Environment and Planning* 44(12): 2817-2833.

Hochstenbach, C. 2013. "For us, it has nothing to do with gentrification: The contested process of marginal gentrification; Revanchist and emancipatory perspectives in newly gentrifying areas explored", Master Thesis, Graduate School of Social Sciences, University of Amsterdam, 2013.

Kyung, S. and Kim, K.-J. 2011. "State-facilitated gentrification' in Seoul, South Korea: For whom, by whom and with what result?", *paper presented for RC 21 Conference: Resourceful Cities*, Amsterdam.

Lees, L. 2003. "Super-gentrification: The case of Brooklyn Heights, New York City", *Urban Studies* 40: 2487–509.

Lees, L. 2012. "The geography of gentrification: Thinking through comparative urbanism", *Progress in Human Geography* 36(2): 155–171.

Lees, L., Shin, H.B. and López-Morales, E. (eds.), 2015. *Global Gentrifications: Uneven Development and Displacement*, Bristol: Policy Press.

Lees, L., Shin, H.B. and López-Morales, E. 2016. *Planetrary Gentrification* Cambridge: Polity Press

Lees, L., Slater, T. and Wyly, E. 2008. *Gentrification*, London: Routledge.

Ley, D. 1980. "Liberal Ideology and the Postindustrial City", *Annals of the Association of American Geographers* 70(2): 238-258.

Ley, D. 1986. "Alternative explanations for inner-city gentrification: A Canadian assessment", *Annals of the Association of American Geographers* 76(4): 521–535.

Ley, D. 2003 "Artists, aestheticisation and the field of gentrification", *Urban Studies* 40(12): 2527-2544.

Ley, D. 2010. *Millionaire Migrants: Trans-Pacific Life Lines*, Wiley-Blackwell.

Ley, D. and Teo, S.Y. 2013. "Gentrification in Hong Kong? epistemology vs ontology", *International Journal of Urban and Regional Research* 38(4): 1286-1303.

Lim, H., Kim, J., Potter, C. and Bae, W. 2013. "Urban regeneration and gentrification: Land use impacts of the Cheonggye Stream Restoration Project on the Seoul's central business district", *Habitat International* 39: 192-200.

Lloyd, R. 2002. "Neo–Bohemia: Art and neighborhood redevelopment in Chicago", *Journal of Urban Affairs* 24(5): 517-532.

Lloyd, R. 2006. *Neo-Bohemia: Art and Commerce in the Postindustrial City*, New York: Routledge.

Maloutas, T. 2012. "Contextual diversity in gentrification research", *Critical Sociology* 38(1): 33-48.

Mendes, L. 2013. "Marginal gentrification as emancipatory practice: An alternative to the hegemonic discourse of the Creative City?", *RCCS Annual Review [Online] 5*, http://rccsar.revues.org/513; DOI: 10.4000/rccsar.513

Rose, D. 1984. "Rethinking gentrification: Beyond the uneven development of Marxist urban theory", *Environment and Planning D: Society and Space* 1: 47-74.

Sassen, S. 1991. *The Global City: New York, London, Tokyo*, Princeton: Princeton University Press.

Shin, H.B. 2009. "Property-based redevelopment and gentrification: The case of Seoul, South Korea", *Geoforum* 40(5): 906-917.

Shin, H.B. and Kim, S.H. 2016. "The developmental state, speculative urbanisation and the politics of displacement in gentrifying Seoul", *Urban Studies* 53(3): 540-559.

Shin, H.B., Lees, L., and López-Morales, E. 2016. "Introduction: Locating gentrification in the Global East", *Urban Studies* 53(3): 455-470.

Slater, T. 2004. "North American gentrification? Revanchist and emancipatory perspectives explored", *Environment and Planning* A 36: 1191-1213.

Slater, T. 2006. "The eviction of critical perspectives from gentrification research", *International Journal of Urban and Regional Research* 30(4): 737-757.

Slater, T. 2010. "Still Missing Marcuse: Hamnett's foggy analysis in London town", *City* 14(1): 170-179.

Slater, T. 2011. "Gentrification of the city," in *The New Blackwell Companion to the City*, Bridges, G. and Watson, S. (eds.), 517-585, Hoboken: Wiley-Blackwell.

Smith, N. 1979. "Toward a theory of gentrification" in Lees, L., Slater, T. and Wyly, E. (eds.), 2010. *The Gentrification Reader*, London and New York: Routledge.

Smith, N. 1996. *The New Urban Frontier: Gentrification and the Revanchist City*, London: Routledge.

Smith, N. 2002. "New globalism, new urbanism: Gentrification as global urban strategy", *Antipode* 34: 427-450.

Smith, N. and Williams, P. 1986, "Alternatives to orthodoxy: invitation to a debate", in *Gentrification of the City*, Smith, N. and Williams, P. (eds.), 1-10, London: Allen & Unwin.

Solnit, R. 2000. "Farewell, Bohemia: On art, urbanity, and rent", *Harvard Design Magazine* 11.

Van Criekingen, M. 2010. "'Gentrifying the re-urbanisation debate', not vice versa: The uneven socio-spatial implications of changing transitions to adulthood in Brussels", *Population, Space and Place* 16(5): 381-394.

Van Criekingen, M. and Decroly J.-M. 2003. "Revisiting the diversity of gentrification: Neighbourhood renewal processes in Brussels and Montreal", *Urban Studies* 40(12): 2451-2468.

Yip, N.M. and Trần, H.A. 2016. "Is 'gentrification' an analytically useful concept for Vietnam?: A case study of Hanoi", *Urban Studies* 53(3): 490-505.

Zhang, X., Hu, J., Skitmore, M. & Leung, B.Y. 2013. "Inner-city urban redevelopment in China metropolises and the emergence of gentrification: Case of Yuexiu, Guangzhou", *Journal of Urban Planning and Development* 140(4), 10.1061/(ASCE) UP.1943-5444.0000169, 05014004.

Zukin, S. 1982. *Loft Living: Culture and Capital in Urban Change*, Baltimore: Johns Hopkins University Press.

Zukin, S. 1987. "Gentrification: Culture and capital in the urban core", *Annual Review of Sociology* 13: 129-147.

Zukin, S. 1989. *Loft Living: Culture and Capital in Urban Change*, 2nd ed, Brunswick, NJ: Rutgers University Press.

Zukin, S. 2008. "Consuming authenticity", *Cultural Studies* 22(5): 724-748.

1장 서촌: 도심에 남은 오래된 동네의 고민

"'서촌'에 사람과 돈이 몰려오자…… 꽃가게 송씨·세탁소 김씨가 사라졌다", 〈한겨레〉, 2014.11.24.

"'세종마을'을 아세요", 〈서울신문〉, 2011.5.27.

"'토박이 밀려난 서촌처럼 되지 말자'…… '뜨는 동네' 성동구의 실험", 〈한겨레〉, 2016.6.29.

"경복궁 서쪽 서촌? 세종마을?…… 때아닌 지명 논란 '후끈'", 〈헤럴드 경제〉, 2015.3.16.

"[문득 돌아본 '그때 그곳'] 최초의 아파트→미군 숙소→외신기자클럽…… 西村' 랜드마크", 〈문화일보〉, 2013.8.16.

"궁궐 곁에서 왕족처럼 산다 ― 풍수·명당 내세운 서울 강북의 궁궐 마케팅…… 역사의 흔적 지우고 왕궁의 생활 즐긴 건가", 〈한겨레 21〉, 440, 2002.12.26.

김유란. 2013. 〈서촌의 생활경관적 특성에 관한 연구〉, 서울시립대학교 일반대학원
조경학과 석사학위 논문.

김학희. 2007. 〈문화소비공간으로서 삼청동의 부상 ─ 갤러리 호황과 서울시 도심재활성화
전략에 대한 비판적 성찰〉, 《한국도시지리학회지》 21: 127-144.

서울시. 2010. 〈경복궁서측 제1종 지구단위계획〉.

서울역사박물관. 2010. 《서촌 조사 보고서》 (2권), 서울역사박물관.

설재우. 2012. 《서촌방향 ─ 과거와 현대가 공존하는 서울 최고의 동네》, 이덴슬리벨.

영희야 놀자. 2014. 《청년 예술가 창업가들의 골목길 고군분투기》, 서울시 청년일자리허브.

오세훈. 2007. 〈개회사〉, 《도심재창조 국제포럼》: 3-6.

유동우. 2014. 〈경복궁 서측(서촌) 갤러리 촌 형성에 관한 연구 ─ 서울시 통의동, 창성동,
효자동을 중심으로〉, 서울시립대학교 도시과학대학원 석사학위 논문.

이나영. 2014. 〈서울 서촌지역의 문화적 도시재생 활동에 관한 연구〉, 동국대학교 지리학과
석사학위 논문.

임희지. 2012. 《서촌지역 정책평가를 통한 향후 발전방향》, 서울연구원.

정지희. 2007. 〈문화 · 예술시설 입지에 기반한 서울시 삼청동길의 가치상향적 상업화〉,
《지리학논집》 50: 91-116.

종로구. 2012. 〈경복궁의 서쪽지역, 과연 서촌이었을까 ─ 서울 서촌의 지명과 위치에 관한
올바른 이해〉.

주택국 주거정비과. 2008. 〈서울 한옥선언 ─ 역사문화도시 서울의 한옥주거지 보전 및
진흥계획〉.

최종현 · 김창희. 2013. 《오래된 서울》, 동하.

한정훈. 2010. 〈삼청동 소비공간의 형성과 도시 경험〉, 《도시연구 — 역사·사회·문화》 4: 133-183.

허경진. 2008. 《조선의 르네상스인 중인中人 — 누추한 골목에서 시대의 큰길을 연 사람들의 곡진한 이야기》, 랜덤하우스코리아.

허경진. 2015. 《조선의 중인들 — 정조의 르네상스를 만든 건 사대부가 아니라 중인이었다》, 알에이치코리아.

Brown-Saracino. 2014. *Japonica*, "Social preservationists and the quest for authentic community," *City & Community* 3(2): 135-156.

Centner, R. 2008. "Places of privileged consumption practices: Spatial capital, the dot-com habitus, and San Francisco's internet boom," *City & Community* 7(3): 193-223.

Doucet, B. 2009. "Living through gentrification: Subjective experiences of local, non-gentrifying residents in Leith, Edinburgh," *Journal of Housing and the Built Environment* 24(3): 299-315.

Eisinger, P. 2000. "The politics of bread and circuses: Building the city for the visitor class," *Urban Affairs Review* 35(3): 316-333.

Glass, R. 1964/2010. "London: Aspects of change," Lees, L., Slater, T. and Wyly, E. (eds.), *The Gentrification Reader* 7, London and New York: Routledge.

Hackworth, J. and Smith, N. 2001. "The changing state of gentrification," *Tijdschrift voor Economische en Sociale Geografie* 92: 464-477.

He, S. 2009. "New-build gentrification in central Shanghai: Demographic changes and socioeconomic implications," *Population, Space and Place* 16(5): 345-361.

Hochstenbach, C. 2013. "For us, it has nothing to do with gentrification: The contested process of marginal gentrification; Revanchist and emancipatory perspectives in newly gentrifying areas explored," Master Thesis, Graduate School of Social Sciences, University of Amsterdam, 2013.

Kriznik, B. 2011. "Selling global Seoul: Competitive urban policy and symbolic reconstruction of cities," *Revija Sociologiju* 41(3): 291–313.

Lees, L., Shin, H. B. and López-Morales, E. (eds.), 2015. *Global Gentrifications: Uneven Development and Displacement*, Bristol: Policy Press.

Lees, L., Slater, T. and Wyly, E. 2008. *Gentrification*, London: Routledge.

Lim, H., Kim, J., Potter, C. and Bae, W. 2013. "Urban regeneration and gentrification: Land use impacts of the Cheonggye Stream Restoration Project on the Seoul's central business district," *Habitat International* 39: 192-200.

Lloyd, R. and Clark, T.N. 2000. "The city as an entertainment machine," paper presented for The Annual Meeting of the American Sociological Association, Washington DC, August 12-16.

Lombard, M. 2014. "Constructing ordinary places: Place-making in urban informal settlements in Mexico," *Progress in Planning* 94: 1–53.

Maloutas, T. 2012. "Contextual diversity in gentrification research," *Critical Sociology* 38(1): 33-48

Nietzsche, F. 1990. *Beyond Good and Evil*, Trans. Reginald John Hollingdale, Intro. Michael Tanner, New York: Penguin.

Shin, H.B. and Kim, S.H. 2016. "The developmental state, speculative urbanisation and the politics of displacement in gentrifying Seoul", *Urban Studies* 53(3): 540-559.

Slater, T. 2006. "The eviction of critical perspectives from gentrification research," *International Journal of Urban and Regional Research* 30(4): 737–757.

Smith, N. and Williams P. (eds.), 1986. *Gentrification of the City*. Boston: Allen and Unwin.

Yeo, H.K. and Han, S.M. 2010. "Heritage conservation as urban regeneration policy in globalizing cities: Social exclusion and gentrification at the vicinity of the Jongmyo World Heritage site in Seoul, Korea," *Proceedings of the ICOMOS Scientific Symposium*, 56-62, Dublin: ICOMOS.

Youn, E.S. 2007. "A comparison of cultural district in Seoul: Recent policies and possibilities for creative industry growth," presented for Creative City Conference 2007, Hong Kong: Hong Kong Institute of Planners: 182-193.

2장 종로3가: 섬이 되어버린 서울 미드타운

구본준의 거리가구 이야기, "사창가 초토화한 나비작전의 그곳, 숨은 옛 골목을 가다", http://blog.hani.co.kr/bonbon/13418

청와대공식블로그, "지역발전위원회 취약지역 생활여건 개조 프로젝트 사업대상 85개소 선정", 2015.3.24. http://blog.president.go.kr/?p=42372

"[그 섬, 파고다]", 〈아시아경제〉, 2013.11.4-29.

"[그 섬, 파고다 그 후 2년] 3-① 박카스 아줌마들 사라지니…… 노인들, 콜라텍서 작업 중", 〈아시아경제〉, 2015.10.29.

"[도시재생의 마법―젠트리피케이션] 〈섹스 앤 더 시티〉가 무시했던 동네에 힐러리의 대선 캠프가?", 〈이코노믹리뷰〉, 2015.6.24.

"돈의동 쪽방 생활여건 개선사업, 무엇이든 물어보세요~", 〈위키트리〉, 2015.12.16.

"돈화문로 '역사문화 거리'로 재탄생", 〈동아일보〉, 2010.1.8.

"[르포] '노인들의 홍대' 1호선 제기동역에 가다", 〈주간조선〉 2385, 2015.12.7.

"[상권지도 ⑪] '노인들의 홍대'에 젊은 층 발길 시작", 〈한경비즈니스〉, 2015.12.16.

"[상권지도 ⑪] 가맥 한 병에 먹태 안주, 쉬었다 가세요", 〈한경비즈니스〉, 2015.12.21.

"서울 최고의 한옥지구, 역사 속으로 사라지나", 〈프레시안〉, 2013.6.12.

"'실버'들은 이곳으로 간다―종로3가역은 '성지' 제기동역은 '핫플레이스'", 〈한겨레〉,

2015.10.11.

"익선동 한옥마을…… 새로운 상권 부상", 〈아시아투데이〉, 2015.11.8.

"종로3가 '유사성행위' 메카 뜨는 이유—유서 깊은 홍등가 불 꺼진 자리에
키스방·유리방·오피스걸 난립", 〈사건의 내막〉, 2013.11.18.

"종로 쪽방, 출구 없는 삶의 종착역", 〈신동아〉, 2003.1.

"콜라텍서 '원나잇 파트너' 찜…… 방치된 노인의 性", 〈한국경제〉, 2012.1.13.

"탑골공원 담 허물고 주차장은 지하로", 〈문화일보〉, 2014.2.7.

"폭행·성매매까지…… 무법지대 된 종로3가역", 〈JTBC 뉴스룸〉, 2015.2.2.

김경민·박재민. 2013. 《리씽킹 서울—도시, 과거에서 미래를 보다》, 서해문집.

미셸 푸코. 2003. 《감시와 처벌—감옥의 역사》, 나남.

서울시. 2010. 〈도시관리계획 (돈화문로 제1종지구단위계획 구역 및 계획 변경(재정비) 결정 및
종로2·3가 제1종지구단위계획 구역 변경 결정, 운현궁주변3 제1종지구단위계획 구역 변경 결정) 결정 및
지형도면 고시〉, 서울특별시고시 제2010-65호.

서울시. 2015. 〈2025 서울시 도시재생 전략계획(안)〉, 서울특별시.

서울역사박물관. 2010. 《종로 엘레지》, 서울역사박물관.

성우철. 2010. 〈서울 인사동 길의 도시구조 특성에 따른 공간구성 유형에 관한 연구〉,
《대한건축학회 논문집 계획계》 26(12): 253-261.

손정목. 2010. 《한국 도시 60년의 이야기 1》, 한울.

장두식. 2001. 〈聖과 俗의 혼잡한 조화—종로3가와 4가 사이〉, 《국토정보》 233: 75-80.

전우용. 2015. 〈한국 전통의 표상 공간, 인사동의 형성〉, 《동아시아문화연구》 60: 13-50.

조정구. 2009. 〈주거 최후의 전선, 돈의동 쪽방에 눕다〉, 《네이버 캐스트》. 2009.11.15.

참고문헌

최지훈 · 이준호. 1999. 〈서울도심주변 쪽방지역 연구 — 쪽방지역의 토지이용, 건축물관리현황을 중심으로〉, 《도시연구》: 20-36.

하성규. 2007. 〈불량주거 실태와 정책과제—쪽방을 중심으로〉, 《한국사회정책》 14: 123-168.

하성규 외. 2000. 《쪽방지역 실태조사 및 효율적인 정책 개발》, 서울특별시 보건복지부.

홍성철. 2007. 《유곽의 역사—아미산하 유곽에서 파주 용주골까지, 집창촌 100년의 기록》, 페이퍼로드.

Davis, M. 2006. *Planet of Slums*, London and New York: Verso.

De Certeau, M. 1984. "Walking in the city," in *Spatial Practices in The Practice of Everyday Life*, Steven F. Rendall (trans.), 91-110, Berkeley: University of California Press.

Lees, L., Slater, T. and Wyly, E. 2008. *Gentrification*, London: Routledge.

Lim, H., Kim, J., Potter, C. and Bae, W. 2013. "Urban regeneration and gentrification: Land use impacts of the Cheonggye Stream Restoration Project on the Seoul's central business district," *Habitat International* 39: 192-200.

Tsing, A. 2000. "The global Situation," *Cultural Anthropology* 15(3): 327-360.

Yeo, Hee Kyoung and Sung Mi Han. 2010. "Heritage conservation as urban regeneration policy in globalizing cities: Social exclusion and gentrification at the vicinity of the Jongmyo World Heritage site in Seoul, Korea," in *Proceedings of the ICOMOS Scientific Symposium*, 56-62. Dublin: ICOMOS.

Youn, E. S. 2007. "A comparison of cultural district in Seoul: Recent policies and possibilities for creative industry growth," in *Creative City Conference 2007*, 182-193. Hongkong: Hongkong Institute of Planners. http://www.hkip.org.hk/ci/paper/Elise%20Youn.pdf

3장 홍대: 떠나지 못하는 문화유민

모자란협동조합 페이스북, https://www.facebook.com/mojarancoop (2015.12.19. 접속)

연남자리 홈페이지, http://yeonnamzari.com/archives/11987 (2015.12.19. 접속)

"넓어지는 홍대상권, 합정·연남동 넘어 망원·성산동까지 '들썩'", 〈한국경제〉, 2014.11.19.

"손예진 · 신동엽도 눈독 들이는 홍대, 하지만……", 〈프레시안〉, 2015.6.26.

"신동엽 128억 · 손예진 93억…… 연예인도 반한 '홍대 상권'", 〈머니투데이〉, 2015.5.19.

김수아. 2013. 〈서울시 문화공간의 담론적 구성—홍대 공간을 중심으로〉, 서울연구원
보고서.

김승환. 2013. 〈신자유주의시대의 공공성 위기와 새로운 운동주체의 도래〉, 성공회대학교
일반대학원 사회학과 석사논문.

류재현 외 16인. 2005. 《홍대앞으로 와》, 바이북스.

신현준. 2013. 《가요 케이팝 그리고 그 너머—한국 대중음악을 읽는 문화적 프리즘》,
돌베개.

신현준. 2015. 〈중국 굴기 이후 한국화교와 다문화주의—잔여적 중국인인가 부상하는
과渡문화 주체인가?〉, 《한중인문학연구》 제49집: 263-292.

옥은실. 2009. 〈홍대 앞 문화들의 변화에 대한 고찰—1990년대 후반 이후 홍대 앞 다시
보기〉, 한국외국어대학교 대학원 신문방송학과 석사학위 논문.

용해숙. 2015. 〈반反 '홍대 앞' 장소의 정치—문화생산자의 귀환과 소환 사이〉, 성공회대학교
일반대학원 아시아문화연구전공 석사논문.

조한. 2013. 《서울—공간의 기억, 기억의 공간》, 돌베개.

진창종. 2012. 〈홍대 앞 주거지의 상업화 과정 및 특성화 과정 분석—문화주도적
젠트리피케이션 관점에서〉, 홍익대학교 대학원 도시계획과 석사학위 논문.

Betancur, J. 2011. "Gentrification and community fabric in Chicago," *Urban Studies* 48(2): 383-406.

Bourdieu, P. 1999. *Pascalian Mediatations*, Cambridge: Polity.

Ellmeier, A. 2003. "Cultural entrepreneurialism: On the changing relationship between the arts, culture and employment," *International Journal of Cultural Policy*, 9(1): 3-16.

Freeman, L. and Braconi, F. 2004. "Gentrification and displacement: New York City in the 1990s," *Journal of the American Planning Association* 70(1): 39-52.

Glass, R. 1964/2010. "London: Aspects of change," in *The Gentrification Reader*, Lees, L., Slater, T. and Wyly, E. (eds.), London and New York: Routledge.

Hackworth, J. and Smith, N. 2001/2010 "The changing state of gentrification" in *The Gentrification Reader*, Lees, L., Slater, T. and Wyly, E. (eds.), London and New York: Routledge.

Hamnett, C. 2003. "Gentrification and the middle-class remaking of inner London, 1961–2001," *Urban Studies* 40(12): 2401–2426.

Hartman, C., Keating, D. and LeGates, R. 1982. *Displacement: How to Fight It*, Washington, DC: National Housing Law Project.

He, S. 2007. "State-sponsored gentrification under market transition: The case of Shanghai," *Urban Affairs Review* 43(2): 171-198. November.

He, S. 2010. "New-build gentrification in central Shanghai: Demographic changes and socioeconomic implications." *Population, Space and Place* 16(5): 345-361.

He, S. 2012. "Two waves of gentrification and emerging rights issues in Guangzhou, China," *Environment and Planning* A 44: 2817–2833.

Latour, B. 2005. *Reassembling the Social: An Introduction to Actor-Network-Theory*, Oxford: Oxford University Press.

Marcuse, P. 1985. "To control gentrification: Anti-displacement zoning and planning for stable residential districts," *Review of Law and Social Change* 13:

931-945.

Negus, K., and Pickering, M. 2004. *Creativity, Communication and Cultural Value*, London: Sage.

Pattillo, M. 2007. *Black on the Block: The Politics of Race and Class in the City*, Chicago: University of Chicago Press.

Schlichtman, J.J. and Patch, J. 2014. "Gentrifier? Who, me? Interrogating the gentrifier in the mirror," *International Journal of Urban and Regional Research* 38(4): 1133-1550. July.

Shin, H.B. 2009. "Property-based redevelopment and gentrification: The case of Seoul, South Korea," *Geoforum* 40: 906-917.

Shin, H.B. and Kim, S.H. 2016. "The developmental state, speculative urbanisation and the politics of displacement in gentrifying Seoul", *Urban Studies* 53(3): 540-559.

Slater, T. 2006. "The eviction of critical perspectives from gentrification research," *International Journal of Urban and Regional Research* 30(4): 737–757.

Slater, T. 2009. "Missing Marcuse: On gentrification and displacement," *City* 13(2): 292-311

Vigdor, J. 2010. "Is urban decay bad? Is urban revitalization bad too?", *Journal of Urban Economics* 68(3): 277-289.

4장 신사동 가로수길과 방배동 사이길: 강남의 역류성 젠트리피케이션

웹진 〈헬로 가로수길〉, http://www.hellostreet.net

"2년 만에 또 쫓겨날 위기 리쌍 소유 건물 곱창집 사장 서윤수씨 '임차인도 사람, 같이 좀 살았으면 좋겠어요'", 〈경향신문〉, 2015.12.15.

"가로수길 'SOHO IN SEOUL'로 뜬다", 〈패션비즈〉, 2006.7.23.

참고문헌

"가로수길 맛집들에 걸린 현수막 '장사하고 싶어요'", 〈오마이뉴스〉, 2016.5.22.

"가로수길 빌딩에 몰려드는 재벌 2~3세들", 〈조선비즈〉, 2012.7.15.

"가로수길 월 임대료 4년 새 8배 올라", 〈파이낸셜 뉴스〉, 2013.8.17.

"'가로수길'의 패션제안…… 개성파 멋쟁이 '가을유혹'", 〈동아일보〉, 2001.11.4.

"'건물주 리쌍과 싸우는' 임차인 서윤수씨—'강남서 장사하면 서민 아닙니까?'", 〈일요시사〉, 2013.6.4.

"그곳—방배동 카페 '장미의 숲'", http://blog.naver.com/dianying?Redirect=Log&logNo=40015794965

"그곳엔 문화가 있다!", 〈주간동아〉, 2006.1.24.

"그들은 왜 가로수길에 열광하는가", 〈동아일보〉, 2008.3.21.

"길 32—방배동 카페골목", 〈경향신문〉, 2013.4.13.

"방배동 '장미의 숲' 유명했어", 〈일간스포츠〉, 2009.9.27.

"삼성도 감당 안 되는 가로수길 임대료", 〈아시아경제〉, 2014.2.19.

"'월 임대료만 1억' 가로수길에 푹 빠진 해외 패션업체들", 〈조선비즈〉, 2013.1.18.

강준만. 2006. 《강남, 낯선 대한민국의 자화상》, 인물과 사상.

구지연·김신원. 2013. 〈상업가로의 경관 이미지 평가에 관한 연구—신사동 가로수길을 사례로〉, 《디지털디자인학연구》 13(4): 258-267.

김걸. 2006. 〈서울의 주택재개발과 젠트리피케이션 과정으로서의 근린변화—월곡 4동 재개발구역의 사례연구〉, 《국토계획》 41(4): 215-216.

김걸·남영우. 1998. 〈젠트리피케이션의 쟁점과 연구동향〉, 《국토계획》 33(5): 83-97.

김수아. 2015. 〈신개발주의와 젠트리피케이션〉, 《황해문화》 86: 43-59.

김은미 · 양옥경 · 이해영. 2009. 《다문화사회, 한국》, 나남.

김학희. 2007. 〈창조경제와 도시 아트 클러스터—서울시 화랑의 입지 특성을 중심으로〉, 《대한지리학회지》 42(2): 258-279.

김흥순. 2010. 〈신사동 가로수길과 삼청동 길의 활성화 요인 연구〉, 《대한건축학회지》 26(5): 325-334.

손정목. 2003. 《서울 도시계획 이야기—서울 격동의 50년과 나의 증언》 제 1권, 한울.

서울역사박물관. 2011. 《강남 40년—영동에서 강남으로》 제1권, 서울역사박물관.

서초창의허브. 2015. 《서초창의허브Graphic Report》. http://seedsnews.blogspot.com/2015/06/graphic-report.html

신정엽 · 김감영. 2014. 〈도시 공간 구조에서 젠트리피케이션의 비판적 재고찰과 향후 연구 방향 모색〉, 《한국지리학회지》 3(1): 67-87.

오영욱. 2012. 《그래도 나는 서울이 좋다—흔적과 상상, 건축가 오기사의 서울 이야기》, 페이퍼스토리.

이민정 · 김승인. 2014. 〈특화장소의 정체성 지속을 위한 전략으로서의 장소 브랜딩 연구—신사동 가로수길, 압구정 로데오거리, 청담 패션거리를 중심으로〉, 《디지털디자인학연구》 14(4): 1031-1040.

이상훈 · 신근창 · 양승우. 2011. 〈상업가로로서 신사동 가로수길 형성과정 및 활성화 요인 연구〉, 《한국도시설계학회지》 12(6): 77-88.

이양희. 2009. 〈신사동 '가로수길'의 장소성에 관한 연구〉, 서울대학교 환경대학원 조경학과 석사학위 논문.

이인성 · 배재흠. 2013. 〈문화상업가로 활성화 과정에서의 건축물 용도변화—서울시 가로수길을 대상으로〉, 《한국도시설계학회지》 14(5): 127-140.

장용동 · 이윤미 · 박인호 · 손수근 · 김영화 · 정순식. 2007. 《르포 한국의 부촌》, 랜덤하우스.

조한. 2013. 《서울, 공간의 기억 기억의 공간—건축가 조한의 서울 탐구》, 돌베개.

줄레조, 발레리. 2007. 《아파트 공화국》, 후마니타스.

Bounds, M. and Morris. A. 2006. "Second wave gentrification in inner-city Sydney," *Cities* 23(2): 99-108.

Hackworth, J. and Smith, N. 2001. "The changing state of gentrification," *Tijdschrift voor Economische en Sociale Geografie* 92(4): 464-477.

Hu, E. 2015. "Korea's most famous entertainer is now its most infamous landlord," *National Public Radio*, 27 Oct, 2015: http://www.npr.org/sections/parallels/2015/10/21/449918818/koreas-most-famous-entertainer-is-now-its-most-infamous-landlord

Kerstein, R. 1990. "Stage models of gentrification: An examination," *Urban Affairs Review* 25(4): 620-639.

Kyung, S. and Kim, K. 2011. "State-facilitated gentrification in Seoul, South Korea: For whom, by whom and with what result," at the Annual RC21 Conference: *The Struggle to Belong, Dealing with Diversity in 21st Century Urban Settings*, 7-9 July 2011, Amsterdam, Netherlands. http://www.rc21.org/conferences/amsterdam2011/edocs/Session 2/2-1-Kyung.pdf

Lambert, C. and Boddy, M. 2002. *Transforming the City: Post-Recession Gentrification and Re-Urbanisation*, ESRC Centre for Neighbourhood Research Research Paper 6.

Lee, S. 2014. "Urban redevelopment, displacement and anti-gentrification movements," *Journal of Korean Geographical Society* 49(2): 299-309.

Lees, L. 2008. "Gentrification and social mixing: Towards an inclusive urban renaissance?" *Urban Studies* 45(12): 2449-2470.

Lees, L. 2012. "The geography of gentrification: Thinking through comparative urbanism," *Progress in Human Geography* 36(2): 155 -171.

Ley, D. and Teo, S.Y. 2013. "Gentrification in Hong Kong? Epistemology vs.

ontology," *International Journal of Urban and Regional Research* 38(4): 1286-1303.

Maloutas, T. 2012. "Contextual diversity in gentrification research," *Critical Sociology* 38(1): 3-48.

Pattison, T. 1977. "The process of neighborhood upgrading and gentrification: An examination of two neighborhoods in the Boston Metropolitan Area," Masters Thesis, Department of Urban Studies and Planning, Massachusetts Institute of Technology.

Shin, H.B. 2009. "Property-based redevelopment and gentrification: The case of Seoul, South Korea," *Geoforum* 40(5): 906-917.

Slater, T. 2011. "Gentrification of the city," in *The New Blackwell Companion to the City*, Bridges, G. and Watson, S. (eds.), 517-585, Hoboken: Wiley-Blackwell.

Smith, N. 2002. "New Globalism, new urbanism: Gentrification as global urban strategy," *Antipode* 34(3): 427-450.

Smith, N. 2006. *The New Urban Frontier: Gentrification and the Revanchist City*, London and New York: Routledge.

Zhang, X., Hu, J., Skitmore, M. and Leung, B. 2014. "Inner-city urban redevelopment in China metropolises and the emergence of gentrification: Case of Yuexiu, Guangzhou," *Journal of Urban Planning and Development*, 140(4): 1-8.

5장 한남동: 낯선 사람들이 만든 공동체

Creative Class Struggle 홈페이지, https://creativeclassstruggle.wordpress.com/

UPPjt 페이스북, www.facebook.com/UPPjt/ (2015.3.28 접속)

테이크아웃드로잉 홈페이지, http://www.takeoutdrawing.com/take3/tod.asp

“‘건물 비워라’ ‘못나가’…… 싸이, 세입자와 소송”, 〈한겨레〉, 2015.3.13.

“‘꼼데가르송 길 효과’…… 한남동 대사관 빌라촌 ‘변신 중’”, 〈조선비즈〉, 2011.10.20.

“그들은 왜 가로수길에 열광하는가”, 〈동아일보〉, 2008.3.21.

“글로벌 동네, 이태원 잇플레이스④”, 〈앳스타일 스타&스타일 매거진〉, 2012.11.28.

“삼성, 1,100평 추가 매입—이건희 회장 자택부근 땅 사재기”, 〈동아일보〉, 1996.7.20.

“삼성 덕분에 뜨는 이태원 ‘꼼데가르송 길’”, 〈조선경제〉, 2010.9.1.

“옛 건물 틈새 번쩍이는 아티스트의 숨결—이태원 우사단길”, 〈Visit Seoul〉, 2015.6.16,
http://www.visitseoul.net/kr/article/article.do?_method=view&m=0006023001003&
p=03&art_id=80645&lang=kr (2015.11.20 접속).

“이상하고 신기한 동네…… 이태원 꼭대기 ‘높은 한남동’”, 〈한겨레〉, 2013.12.18.

“이태원과 쌍벽 한남동 ‘유엔빌리지—한국의 베벌리 힐스’”, 〈경향신문〉, 1991.4.2.

“[‘자산관리의 꿈’ 빌딩③] 연예인의 빌딩 투자 지도—청담동·홍대 이면도로에 별들의
전쟁”, 〈이코노미스트〉, 1291, 2015.6.29.

“[조정구의 서울 진真풍경⑨] 이태원 도깨비시장길—두 개의 종교 품은 언덕…… 한국인이
이방인 같은 동네”, 〈미주중앙일보〉, 2012.5.15.

“판자촌민 수명이 중경상—한남동서 철거반대 코 소동”, 〈동아일보〉, 1962.9.9.

“패션거리, 청담동은 ‘신세계’, 한남동은 ‘삼성’ 주도”, 〈데일리안〉, 2014.5.19.

“한강진길 품은 이태원 상권, 개성 넘치는 작은가게 20여개…… 1년 새 임대료 30~50퍼센트↑”,
〈매일경제〉, 2015.8.16.

“한강진길, 빨간 벽돌집 옛 골목 사이사이 아주 특별한 가게들”, 〈중앙일보〉, 2015.8.12.

“한남동 꼼데가르송 길 문화·예술의 거리로 주목 의류매장·공연장 등 속속 들어서”,
〈조선비즈〉, 2011.11.24.

"한남동의 '뜨는 곳'과 '지는 곳'", 〈시사인〉, 2013.3.29.

"[한남오거리 리첸시아 골목길 산책②]", 〈중앙일보〉, 2013.8.29.

"한남동 땅 6천 평 20년 걸쳐 사들여—이건희 회장 집 주변 땅매입 실태", 〈동아일보〉, 1996.7.18.

"[한국의 숙제 ①] 판자집", 〈경향신문〉, 1964.11.18.

김은실. 2004. 〈지구화 시대 근대의 탈영토화된 공간으로서 이태원에 대한 민족지적 연구〉, 한국여성연구원 편, 《변화하는 여성문화, 움직이는 지구촌》: 13-61. 푸른사상.

김용창. 2015. 〈신자유주의 도시화와 도시 인클로저(I)—이론적 검토〉, 《대한지리학회지》 50(4): 431-449.

서울역사박물관. 2006. 《서울지도》, 서울역사박물관.

서울역사박물관. 2010. 《이태원—공간과 삶》, 서울역사박물관.

서울역사박물관. 2015. 《대경성부대관》, 서울역사박물관.

송도영. 2007. 〈종교와 음식을 통한 도시공간의 문화적 네트워크—이태원 지역 이슬람 음식점들의 사례〉, 《비교문화연구》 13(1): 98-136.

신현준. 2015. 〈오래된 서울에서 진정한 도시 동네authentic village 만들기의 곤란—서촌/ 세종마을의 젠트리피케이션 혹은 복합적 장소형성〉, 《도시연구—역사·사회·문화》 14: 7-41.

신현준·김지윤. 2015. 〈서울의 젠트리피케이션과 도시재생 혹은 개발주의 이후 도시 공간의 모순과 경합〉, 《사이間SAI》 19: 221-246.

이기웅. 2015. 〈젠트리피케이션 효과—홍대지역 문화유민의 흐름과 내안적 징소의 형성〉, 《도시연구—역사·사회·문화》 14: 43-85.

임석재. 2006. 《서울, 골목길 풍경》, 북하우스.

이나영·정민우. 2010. 〈탈식민성의 공간, 이태원과 한국의 대중음악—이태원 '클럽'들의 형성과 변화 과정을 중심으로(1950-1991)〉, 《사회와 역사》 87: 191-229.

청년허브. 2014. 《청년, 서울의 마을을 탐하다—60명 청년들의 120일간 마을탐사보고서》, 서울특별시.

한영주 외. 2001. 《이태원 장소마케팅 전략 연구》, 서울시정개발연구원.

허자연 · 정연주 · 정창무. 2015. 〈상업공간의 젠트리피케이션 과정 및 사업자 변화에 관한 연구—경리단길 사례〉, 《서울도시연구》 16(2): 19-33.

Bourdieu, P. 1986. "The Forms of Capital," in Richardson, J. (eds.), *Handbook of Theory and Research for the Sociology of Education*, 241-258. Westport, CT: Greenwood.

Butler, T. and Lees, L. 2006. "Super-gentrification in Barnsbury, London: Globalization and gentrifying global elites at the neighbourhood level", *Transactions of the Institute of British Geographers* 31(4): 467-487.

Cresswell, T. 2013. *Place: A Short Introduction*, Malden, MA: Wiley-Blackwell.

Cummings, J. 2015. "Confronting favela chic: The gentrification of informal settlements in Rio de Janeiro, Brazil", in Lees, L., Shin, H.B. and López-Morales, E. (eds.), *Global Gentrifications: Uneven Development and Displacement*, 81-99, Bristol: Policy Press.

Davidson, M. 2007. "Gentrification as global habitat: a process of class formation or corporate creation?," *Transactions of the Institute of British Geographers* 32(4): 490-506.

Eisinger, P.R. 2000. "The politics of bread and circuses: Building the city for the visitor class," *Urban Affairs Review* 35(3): 316-333.

Florida, R. 2002. *The Rise of the Creative Class and How It's Transforming Work, Leisure, Community and Everyday Life*, New York: Basic Books.

Gornostaeva, G. and Campbell N. 2012. "The creative underclass in the production of place: Example of Camden Town in London," *Journal of Urban Affairs* 34(2): 169-188.

Harvey, D. 1990. "Flexible accumulation through urbanization reflections on 'post-modernism' in the American city", *Theater, Theatricality, and Architecture* 26: 251-272.

Hodkinson, S. 2012. "The new urban enclosures," *City: Analysis of Urban Trends, Culture, Theory, Policy, Action* 16(5): 500-518.

Kim, J.Y. 2014. "Community of strangers: Itaewon from 'Americanized' ghetto to 'multicultural' space, PhD Thesis, Department of Sociology, National University of Singapore.

Lees, L. 2003. "Super-gentrification: The case of Brooklyn Heights, New York City," *Urban Studies* 40: 2487-2509.

Ley, D. 2003. "Artists, aestheticisation and the field of gentrification", *Urban Studies* 40(12): 2527-2544.

Lloyd, R. 2002. "Neo-Bohemia: Art and neighborhood redevelopment in Chicago". *Journal of Urban Affairs* 24(5): 517-532.

Morgan, G. and Ren, X. 2012. "The creative underclass: Culture, subculture, and urban renewal," *Journal of Urban Affairs* 34(2): 127-130.

O'Connor, J. 2005. "Creative exports: Taking cultural industries to St. Petersburg," *International Journal of Cultural Policy* 11(1): 45-60.

Orum, A.M. and Chen, X. 2003. *The World of Cities: Places in Comparative and Historical Perspective*, Malden, MA: Wiley-Blackwell

Peck, J. 2005. "Struggling with the creative class," *International Journal of Urban and Regional Research* 29: 740-770.

Pratt, A. C. 2008. "Creative cities: The cultural industries and the creative class," *Geografiska Annaler: Series B - Human Geography* 90(2): 107-117.

6장 구로공단: 전신성형, 그리고 유리빌딩의 환청

"女工아 미안해", 〈아시아경제〉, 2012.8.31.

"골방서 하루 16시간 노동", 〈경향신문〉, 1970.10.7.

"그 많던 공장은 어디로 갔을까", 〈금천 in〉, 2011. 4호지: 8.

"밤잠 설쳐도 고왔던 그 얼굴 '수출의 여인상' 부활한다", 〈아시아경제〉, 2014.7.11.

"서울디지털산업단지로 바뀐 구로공단, 착취 더 고도화됐다", 〈미디어스〉, 2015.5.13.

"오세훈, 과잉복지 비난하며 시장직 사퇴", 〈한겨레〉, 2011.8.26.

"팬지꽃 아픔—한국의 산업화와 여성 그리고 여성노동자", 〈위민넷〉, 2011.4.1.

"모노즈쿠리 재무장하라, 칼가는 中企 사무라이들", 〈아시아경제〉, 2013.10.28.

강철웅 · 김선민 · 최영숙 · 홍서희. 2013.《구로공단 19662013—노동, 생산, 이주 그리고 꿈》, 서울특별시.

강현수. 1993. 〈80년대 후반 한국자본주의의 변화와 서울의 산업 재구조화〉, 《서울연구—유연적 산업화와 새로운 도시, 사회, 정치》, 한국공간환경연구회 엮음, 한울아카데미: 89-128.

구양미. 2002. 〈구로공단(서울디지털산업단지) 산업구조 개편에 관한 연구〉, 《지리학논총》 39: 1-48.

금기용·반정희·김묵한. 2012.《서울시 우리동네 특화업종 생태계 연구》, 서울연구원.

김경민·박재민. 2013.《리씽킹 서울—도시, 과거에서 미래를 보다》, 서해문집.

김영훈·박형근. 2014.《인더스트리 4.0, 독일의 미래 제조업 청사진》, 포스코경영연구소.

김원. 2015. 〈구로공단이라는 장소의 소멸—90년대 구로공단의 '재영토화'를 중심으로〉, 《한국학 논집》 59: 99-174.

금천구. 2012.《금천통계연보 2012》.

문미성. 1993. 〈제조업의 지역특수적 재편과정〉,《서울연구—유연적 산업화와 새로운 도시, 사회, 정치》, 한국공간환경연구회 엮음: 89-128.

박준도. 2014.《서울디지털산업단지 노동환경 실태 2011-2013》, 노동자의 미래.

법무부출입국. 2012.《외국인정책 통계연보 2012》.

사단법인 한국무역박람회. 1969.《종합보고서 제 1회 한국무역박람회》.

사센, 사스키아. 1998.《경제의 세계화와 도시의 위기》, 남기범, 유환종, 홍인욱 옮김, 푸른길.

서울문화재단. 2015. 〈젠트리피케이션, 도시와 예술가의 공존은 가능한가〉,《문화+서울》 97: 28-33.

이상철. 2012. 〈수출산업단지의 형성과 변모—구로공단 (1963-1987)〉,《동향과 전망》 85: 223-263.

최영숙. 2013. 〈창의도시 담론에 대한 경계—자본의 창의, 도시생산계급의 이분화〉, 《공공도큐멘트2—누가 우리의 이웃을 만드는가》, 구정연 · 이성민 · 임경용 엮음, 미디어버스: 27-37.

최영숙. 2014. 〈구로디지털단지(a.k.a.구로공단) 괴담—창의도시에서 누락된 생산의 손들〉, 《공공도큐멘트3—다들 만들고 계십니까?》, 구정연 · 임경용 · 청개구리제작소 엮음, 미디어버스: 12-26.

한국공단연구소. 1987.《한국공단총람》.

한국수출산업공단. 1994.《한국수출산업공단 30년사》.

Cumings, B. 2005. *Korea's Place in the Sun: A Modern History*, New York & London: W. W. Norton & Company.

Curran, W. 2007. "From the frying pan to the oven: Gentrification and the experience of industrial displacement in Williamsburg, Brooklyn", *Urban Studies* 44(8): 1427-1440.

Florida, R. 2002. *The Rise of the Creative Class: And How It's Transforming Work, Leisure, Community, and Everyday Life*, New York: Basic Books.

Florida, R. 2004. *Cities and the Creative Class*, New York & London: Routledge.

Lees, L. 2012. "The geography of gentrification: Thinking through comparative urbanism", *Progress in Human Geography* 36(2): 155-171.

Lees, L., Slater, T. and Wyly, E. 2008. *Gentrification*, New York & London: Routledge.

Lewicka, M. 2008. "Place attachment, place identity, and place memory: Restoring the forgotten city past", *Journal of Environmental Psychology* 28: 209-231.

Paton, K. 2014. *Gentrification: A Working-Class Perspective*, Farnham: Ashgate.

Peck, J. 2005. "Struggling with the creative class", *International Journal of Urban and Regional Research* 29(4): 740-770.

Phillips-Fein, K. 2015. "The still-industrial city", *The American Prospect*, 2002.1.25

Sassen, S. 1991. *The Global City: New York, London and Tokyo*, Princeton: Princeton University Press.

Shin, H.B. 2009. "Property-based redevelopment and gentrification: The case of Seoul, South Korea", *Geoforum* 40(5): 906-917.

Shin, H.B. and Kim, S.H. 2016. "The developmental state, speculative urbanisation and the politics of displacement in gentrifying Seoul", *Urban Studies* 53(3): 540-559.

Slater, T. 2006. "The eviction of critical perspectives from gentrification research", *International Journal of Urban and Regional Research* 30(4): 737-757.

Smith, N. 1996. *The New Urban Frontier: Gentrification and the Revanchist City*, London: Routledge.

7장 창신동: 글로벌 도시만들기와 도시재생 사이

서울디자인문화재단 홈페이지, https://www.seouldesign.or.kr/plaza2/summary.jsp
(2015.12.15 접속)

종로구청 홈페이지, "[골목길투어 코스─14번 코스] 창신동─마음을 여는 사람의 추억길",
http://tour.jongno.go.kr/tour/tour/roadTravTalker.do?menuNo=110740&param=_14
(2015.12.15 접속)

통계청. 《2010년 인구주택총조사》, http://kostat.go.kr (2015.12.15. 접속)

"동대문디자인플라자, 문화창조중심지 육성", 〈한겨레〉, 2012.12.11.

"서울시, '도시재생선도지역' 27곳 선정", 〈파이낸셜투데이〉, 2015.3.9.

"오세훈은 왜 '디자인'에 집착하는가?─디자인, 신자유주의 도시 담론의 수사", 〈프레시안〉,
2010.3.3.

"인간회복─밤낮 없는 연소공원들", 〈동아일보〉, 1977.2.7.

"좀더 실속 있는 아파트를⋯⋯", 〈매일경제〉, 1970.2.4.

"창신동 '봉제박물관' 앞세워 문화·관광 중심지로 뜬다", 〈헤럴드경제뉴스〉, 2015.8.3.

"창신동 '재봉틀 소리' 다시 커진다─서울시 봉제박물관 거리 조성", 〈동아닷컴〉,
2015.10.16.

도시재생사업단. 2012. 《함께하는 희망, 도시재생》, 국토교통부.

서울특별시. 2015. 〈서울시 종로구 도시재생선도지역 근린재생형 활성화 계획〉,
서울특별시.

오유석. 2001. 〈청계천과 동대문 시장〉, 서울학연구소 편, 《20세기 서울변천사 연구 I,
청계천─시간, 장소, 사람》, 서울학연구소.

이순우. 2014. 〈개화의 거리, 종로〉, 서울역사박물관 편, 《서울의 길》, 서울역사박물관.

조달호 · 최봉 · 홍석기. 2011. 《동대문 의류, 패션산업 활성화방안 연구》, 서울시정개발연구원.

전남일 · 손세관 · 양세화 · 홍형옥. 2008. 《한국 근현대 주거의 역사1—한국 주거의 사회사》, 돌베개.

전순옥. 2004. 《끝나지 않은 시다의 노래—1970년대 한국 여성노동운동에 대한 새로운 자리매김》, 한겨레신문사.

전순옥 · 권은정. 2015. 《소공인—전순옥이 만난 우리 시대의 장인들》, 뿌리와 이파리.

한국의류산업협회. 2013a. 《2013 봉제업체 실태조사 결과 보고서》, 한국의류산업협회.

한국의류산업협회. 2013b. 《국내 의류제조 실태조사 및 지원정책 개발》, 한국의류산업협회.

Harvey, D. 1985. *The Urbanization of Capital: Studies in the History and Theory of Capitalist Urbanization*, Baltimore: The Johns Hopkins University Press.

Harvey, D. 1989. "From managerialism to entrepreneurialism: The transformation in urban governance in late capitalism," *Geografiska Annaler. Series B, Human Geography* 71(1): 3-17.

Hubbard, P, 2006. *City*, London and New York: Routledge.

Lees, L. 2014. "The urban injustices of new labour's new urban renewal': The case of the Aylesbury Estate in London," *Antipode* 46(4): 921-947.

Loftman, P. and Nevin, B. 2003. "Prestige projects, city centre restructuring and social exclusion: Taking the long-term view," in *Urban Futures: Critical Commentaries on Shaping the City*, Miles, M. and Hall, T. (eds.), 76-91, London and New York: Routledge.

Pahl, R.E. 1975. *Whose City?: And Further Essays on Urban Society*, Harmondsworth: Penguin.

Rancière, J. 2001. "Ten thesis on politics," *Theory & Event* 5(3): 1-21.

Žižek, S. 2002. "Afterword: Lenin's choice," *Revolution at the Gates: A Selection of Writings from February to October 1917*, Žižek, S. and Lenin, V. I. (eds.),165-336, New York;Verso.

8장 해방촌: 도시난민의 정착지 또는 실험실

국가통계포털, http://kosis.kr

드로잉작가 어니 홈페이지, http://eonilee.com

서울통계 홈페이지, http://stat.seoul.go.kr

서울특별시 홈페이지, "자치구별 동 현황", http://www.seoul.go.kr/v2012/seoul/990908.html

"5000억 '임금폭탄' 맞나…… 비상 걸린 학원가", 〈한국경제〉, 2015.7.14.

"골목 접수한 해방촌 '그린공작원'", 〈나 · 들〉, 2013.11.4.

"꾸불꾸불 해방촌 골목에 봄볕 들었네", 〈한겨레〉, 2013.2.27.

"돈 몰리는 경리단길…… 장사 잘 돼도 '대기업 들어온다' 소문에 상인들 불안", 〈조선비즈〉, 2014.10.29.

"소박한 골목 사이 찾은 맛의 천국, 해방촌과 경리단길", 〈조선일보〉, 2015.8.8.

"이느 경리단길 골목사장의 고백", 〈Ize〉, 2014.11.14

"'연립 · 단독주택 짓고 싶다' 재개발 해방촌 주민 아파트 건립 취소 진정", 〈동아일보〉, 1979.2.23.

"예술 해방촌, 신흥로", 〈리빙센스〉, 2015.2.9.

참고문헌

"예술로 살아난 남산 밑 달동네…… 맛의 '아지트'로", 〈푸드조선〉, 2013.10.8.

"오래된 동네가 개발된 곳보다 더 좋다─달동네 해방촌, 다른 삶의 방식 모색하는 '대안공동체' 거점으로 떠올라", 〈주간경향〉 1013, 2013.2.19.

"우리구 우리동 새해살림 용산", 〈경향신문〉, 1990.2.9.

"[우리동네 ②] 실향민의 보금자리─해방촌 용산동 2가", 〈경향신문〉, 1981.9.12.

"이태원의 떠오르는 핫플레이스 해방촌", 〈블루리본〉, 2014.10.20.

"장진우 거리를 아십니까", 〈한겨레〉, 2014.3.26.

"한정식에 스테이크…… 여기는 '장진우 골목'", 〈중앙일보〉, 2014.4.14.

"'핫' 이태원, '쿨' 해방촌", 〈동아일보〉, 2014.10.18.

"해방촌, 또 하나의 코즈모폴리스", 〈한겨레21〉 970, 2013.7.18.

"해방촌이 투자 해방구라고?", 〈동아일보〉, 2007.4.30.

"홍대 앞 좀먹은 힙스터들, 다음 타깃은 이태원?─'n+1의 힙스터에 주의하라'", 〈프레시안〉, 2011.7.8.

곰자. 2013. 〈곰자가 만난 해방촌 사람들〉, 빈노트.

김장호. 2002. 〈해방촌〉, 《문예운동》 6: 232-235.

박배균. 2012. 〈한국학 연구에서 사회─공간론적 관점의 필요성에 대한 소고〉, 《대한지리학회지》 47(1): 37-59.

박지일. 2014. 〈해방촌 재개발을 위한 Prototype 제안〉, 건국대학교 건축전문대학원 석사학위 논문.

박현정. 2015. "신흥시장은 아직도 살아 있다", 〈남산골 해방촌〉 8: 26-29.

배영욱 외. 2012. 〈다른동네 해방촌─해방촌 그 다른 매력의 발견〉, 서울문화포럼

지역문화발굴 워크숍 '서울을 큐레이팅하다', 서울문화포럼.

배영욱. 2012. "3세대 토박이 해방촌의 변화를 말하다", 〈남산골 해방촌〉 2: 11-14.

배영욱. 2015. "해방촌 도시재생사업을 바라보는 한 도시설계 전공자의 기대 그리고 다짐", 〈남산골 해방촌〉 8: 4-8.

서선영. 2009. 〈해방촌의 지속가능한 물리적 요소에 관한 연구〉, 한양대학교 대학원 도시공학과 석사학위 논문.

서울역사박물관. 2010. 《이태원—공간과 삶(2010 서울생활문화자료조사)》, 서울역사박물관.

성승현. 2014. "협동조합을 품은 성당", 〈남산골 해방촌〉 6: 17-21.

송도영. 2007. 〈종교와 음식을 통한 도시공간의 문화적 네트워크—이태원 지역 이슬람 음식점들의 사례〉, 《비교문화연구》 13(1): 98-136.

심주영. 2012. 〈해방촌에서 나타나는 정원지향적 장소문화의 특성 연구〉, 서울대학교 환경대학원 석사학위 논문.

이기웅. 2015. 〈이주민들의 탈영토화된 음악실천과 코즈모폴리턴 문화공간의 생산—서양계 이주민 밴드를 중심으로〉, 《대중음악》 15: 74-92.

이선영 · 주경식. 2008. 〈젠트리피케이션 과정으로서 용산 재개발 지구의 근린 변화〉, 《한국도시지리학회지》 11(3): 113-123.

이신철. 2000. 〈월남인 마을 '해방촌' (용산2가동) 연구—공동체의 성격을 중심으로〉, 《서울학연구》 14: 83-116.

이희수 · 전영하 · 윤금진 · 김현임. 2008. 〈서울 이태원동 일대의 이슬람 타운화 과정에 관한 연구〉, 《한국이슬람학회 논총》 18(2): 47-85.

정민. 2013. 〈용산2가동(해방촌)의 역사와 현황에 대한 대략적인 개괄〉, 빈노트.

정병호 · 송도영. 2011. 《한국의 다문화 공간—우리 사회 다문화 이주민들의 삶의 공간을 찾아서》, 현암사.

참고문헌

정진회. 1996. 〈해방교회—해방촌에서 땅끝까지〉, 《역사와교회》 35: 76-81.

조재훈. 2010. 〈남산 그린웨이에 대응한 해방촌 복합문화시설의 친환경적 계획 연구〉, 한양대학교 대학원 건축학과 석사학위 논문.

진보신당 서울시당. 2012. 〈거점공간네트워크 1차 워크숍〉, 거점공간네트워크 특별위원회 주최, 2012.1.19.

청년허브. 2014. 《청년, 서울의 마을을 탐하다—60명 청년들의 120일간 마을탐사보고서》, 서울특별시 문화정책과.

한건수. 2003. 〈타자만들기—한국사회와 이주노동자의 재현〉, 《비교문화연구》 9(2): 157-193.

한건수. 2005. 〈국내 아프리카 이주노동자의 유입과정과 실태〉, 《한국아프리카학회지》 21: 215-239.

허자연·정연주·정창무. 2015. 〈상업공간의 젠트리피케이션 과정 및 사업자 변화에 관한 연구—경리단길 사례〉, 《서울도시연구》 16(2): 19-33.

Glazer, N. 1975. *Affirmative Discrimination: Ethnic Inequality and Public Policy*, Cambridge, MA: Harvard University Press.

Glazer, N. 1983. *Ethnic Dilemmas 1965-1982*, Cambridge, MA: Harvard University Press.

Hou, J. 2013. *Transcultural Cities: Border-Crossing and Placemaking*, New York: Routledge.

Huang, Shu-Mei. 2013. "Displacement as class processes and spatial relations in moments of expatriation," in *International Conference Resourceful Cities* 21(RC21), Berlin(Germany), Aug 2013, Berlin, Germany. http://www.rc21.org/conferences/berlin2013/RC21-Berlin-Papers/8-Huang.pdf

Kim, E-S. 2004. "Itaewon as an alien space within the nation-state and a place in the globalization era," *Korean Journal* 2004(Autumn): 35-64.

Kim, J.Y. 2014. "Community of strangers: Itaewon from 'Americanized' ghetto to 'multicultural' space," PhD Thesis, Department of Sociology, National University of Singapore.

Kymlicka, W. 1995. *Multicultural Citizenship: A Liberal Theory of Minority Rights*, Oxford: Clarendon Press.

Latham, A. 2003. "Urbanity, lifestyle and making sense of the new urban cultural economy: Notes from Auckland, New Zealand," *Urban Studies* 40(9): 1699-1724.

Lee, S.Y. 2014. "Urban redevelopment, displacement and anti-gentrification movements," *Journal of Korean Geographical Society* 49(2): 299-309.

Lees, L., Slater, T. and Wyly, E. 2008. *Gentrification*, London: Routledge.

Lunström, C. 2014. *White Migrations: Gender, Whiteness and Privilege in Transnational Migration*, Basingstoke: Palgrave.

Marable, M. 1995. *Beyond Black and White: Rethinking Race in American Politics and Society*, New York: Verso.

Zukin, S. 2008. "Consuming authenticity: From outposts of difference to means of exclusion," *Cultural Studies* 22(5): 724-748.

Zukin, S. 2010. *Naked City: The Death and Life of Authentic Urban Places*, Oxford: Oxford University Press.

서울, 젠트리피케이션을 말하다

첫판 1쇄 펴낸날 2016년 8월 1일
  7쇄 펴낸날 2021년 7월 20일

엮은이 신현준 · 이기웅
기획 성공회대학교 동아시아연구소
발행인 김혜경
편집인 김수진
책임편집 조한나
편집기획 김교석 이지은 유승연 임지원
디자인 한승연 성윤정
경영지원국 안정숙
마케팅 문창운 박소현
회계 임옥희 양여진 김주연

펴낸곳 (주)도서출판 푸른숲
출판등록 2003년 12월 17일 제 406-2003-000032호
주소 경기도 파주시 심학산로 10(서패동) 3층 우편번호 10881
전화 031)955-9005(마케팅부), 031)955-9010(편집부)
팩스 031)955-9015(마케팅부), 031)955-9017(편집부)
홈페이지 www.prunsoop.co.kr
페이스북 www.facebook.com/prunsoop   인스타그램 @prunsoop

ⓒ성공회대학교 산학협력단, 2016
ISBN 979-11-5675-659-0 (04330)

이 저서는 2007년도 정부(교육과학기술부)의 재원으로 한국연구재단의 지원을 받아 수행한 연구결과물임(NRF-2007-361-AM0005).